Christian Winkler
Christina Winkler



# MIT DEM WOHNMOBIL NACH ENGLAND

**Teil 1: Der Süden**

Die Anleitung für einen Erlebnisurlaub

DER WOHNMOBIL-VERLAG
D-98634 Mittelsdorf/Rhön

Die Deutsche Bibliothek – CIP-Einheitsaufnahme

**Bibliografische Information der Deutschen Bibliothek**

Die Deutsche Bibliothek verzeichnet diese Publikation in der Deutschen Nationalbibliografie.
Detaillierte bibliografische Daten sind im Internet über <http://dnb.ddb.de> abrufbar.

Titelbild: Tower Bridge, London
Innenumschlag: King`s College Chapel, Cambridge
Seite 5: Küste bei Coombe, Cornwall

1. Auflage 2017

Druck:
www.schreckhase.de

Vertrieb:
GeoCenter, 70565 Stuttgart

Herausgeber:
WOMO-Verlag, 98634 Mittelsdorf/Rhön
GPS: N 50° 36' 38.2" E 10° 07' 55.6"

Fon: 0049 (0) 36946-20691
Fax: 0049 (0) 36946-20692
eMail: verlag@womo.de
Internet: www.womo.de

Autoren-eMail: winkler@womo.de


ISBN 978-3-86903-891-9

# EINLADUNG

Liebe Leserinnen und Leser,

mit dem Kauf dieses Buches haben Sie schon eine Entscheidung getroffen, nämlich die, sich mit einer Wohnmobilreise nach England näher auseinanderzusetzen.

Wir möchten Ihnen Mut machen, diesem Ansinnen auch Taten folgen zu lassen. Denn England ist nicht schwer zu bereisen und auch die immer wieder geäußerte Angst, keine Stellplätze zu finden, ist unbegründet. Zumindest dann, wenn Sie bereit sind, umzudenken und sich auf einen bunten Mix aus freien Stellplätzen, Pubs und Campgrounds einzulassen.
Die Sache mit dem Linksverkehr hat man im Nu raus und die Umsichtigkeit, Freundlichkeit und Höflichkeit, mit denen einem fast immer und überall begegnet wird, suchen, nicht nur im Straßenverkehr, anderswo in Europa ihresgleichen.

England ist eben einfach nur etwas anders und wenn Sie daran denken, werden Sie genau wie wir eine wunderbare Zeit auf der Insel verleben. Mit den Touren, Tipps und Informationen in diesem Buch wollen wir Ihnen das nötige Rüstzeug dafür an die Hand geben.

Im hier behandelten Teil, dem Süden Englands, begegnen Ihnen fantastische Herrenhäuser und Burgen, dramatische Küsten und herrliche Strände, üppig-subtropische Gärten und pulsierende Metropolen, jahrtausendealte Kultstätten und moderne Konsumtempel.

Sie erleben die absoluten Topspots, wie London, Cornwall, Stonehenge und die weißen Kreidefelsen der Südküste, sowie viele hierzulande eher unbekannte Plätze, die Sie sich auch nicht entgehen lassen sollten.

Und was gibt es Besseres, als einen erlebnisreichen Tag auf einer weiten Farm-Campingwiese mit Aussicht aufs Meer in aller Stille oder bei einem Pint Bier und einem Plausch mit den Einheimischen im urigen Dorfpub ausklingen zu lassen!
Für all das finden Sie kaum irgendwo bessere Plätze als in England.
Viel Vergnügen, yours sincerely

Christian Winkler

***TIPP:*** ***Denken Sie daran rechtzeitig vor der Reise den Infoteil hinten im Buch zu lesen. Auch die Einführung des London-Kapitels ist hilfreich, wenn Sie die Stadt und ihr Umland besuchen möchten!***

## Sehr geehrter Leser, lieber WOMO-Freund!

Reiseführer sind für einen gelungenen Urlaub unverzichtbar – das beweisen Sie mit dem Kauf dieses Buches. Aber aktuelle Informationen altern schnell, und ein veralteter Reiseführer macht wenig Freude.
Sie können helfen, Aktualität und Qualität dieses Buches zu verbessern, indem Sie uns nach Ihrer Reise mitteilen, welchen unserer Empfehlungen Sie gefolgt sind (freie Stellplätze, Campingplätze, Wanderungen, Gaststätten usw.) und uns darüber berichten (auch wenn sich gegenüber unseren Beschreibungen nichts geändert hat).
Bitte füllen Sie schon während Ihrer Reise das Info-Blatt am Buchende aus und senden Sie es uns sofort nach Ihrer Rückkehr zu (per Brief, Fax oder formlos als eMail). Dafür gewähren wir Ihnen bei Ihren nächsten Buchbestellungen direkt beim Verlag ein Info-Honorar von 10%.
Bitte schreiben Sie evtl. Korrekturen auch in unser Forum unter: forum.womoverlag.de

Um die freien Übernachtungs- und Campingplätze auf einen Blick erfassen zu können, haben wir diese im Text in einem Kasten nochmals farbig hervorgehoben und, wie auf den Karten, fortlaufend durchnummeriert. Wir nennen dabei wichtige Ausstattungsmerkmale und geben Ihnen eine kurze Zufahrtsbeschreibung. "Max. WOMOs" soll dabei andeuten, wie viele WOMOs dieser Platz maximal verträgt und nicht, wie viele auf ihn passen würden (schließlich gibt es auch Einwohner und andere Urlauber)!
Übernachtungsplätze mit **B**ademöglichkeit sind mit hellblauer Farbe unterlegt. **W**anderparkplätze sind grün gekennzeichnet. **P**icknickplätze erkennen sie an der violetten Farbe. Auf Schlafplätzen, denen die gerade genannten Merkmale fehlen – also auf einfache **S**tellplätze – weist die Farbe Gelb hin.
Empfehlenswerte **C**ampingplätze haben olivgrüne Kästchen.
Wanderungen, die wir Ihnen besonders ans Herz legen möchten, haben wir hellgrün unterlegt.

**Und hier kommt das Kleingedruckte:**
Jede Tour und jeder Stellplatz sind von uns meist mehrfach überprüft worden, wir können jedoch inhaltliche Fehler nie ganz ausschließen. Bitte achten Sie selbst auf Hochwasser, Brandgefahr, Steinschlag und Erdrutsch!
Verlag und Autoren übernehmen keine Verantwortung für die Legalität der veröffentlichten Stellplätze und aller anderen Angaben. Unsere Haftung ist, soweit ein Schaden nicht an Leben, Körper oder Gesundheit eingetreten ist, ausgeschlossen, es sei denn, unsere Verantwortung beruht auf Vorsatz oder grober Fahrlässigkeit.

# Inhalt

## Auf 9 Touren durch Englands Süden

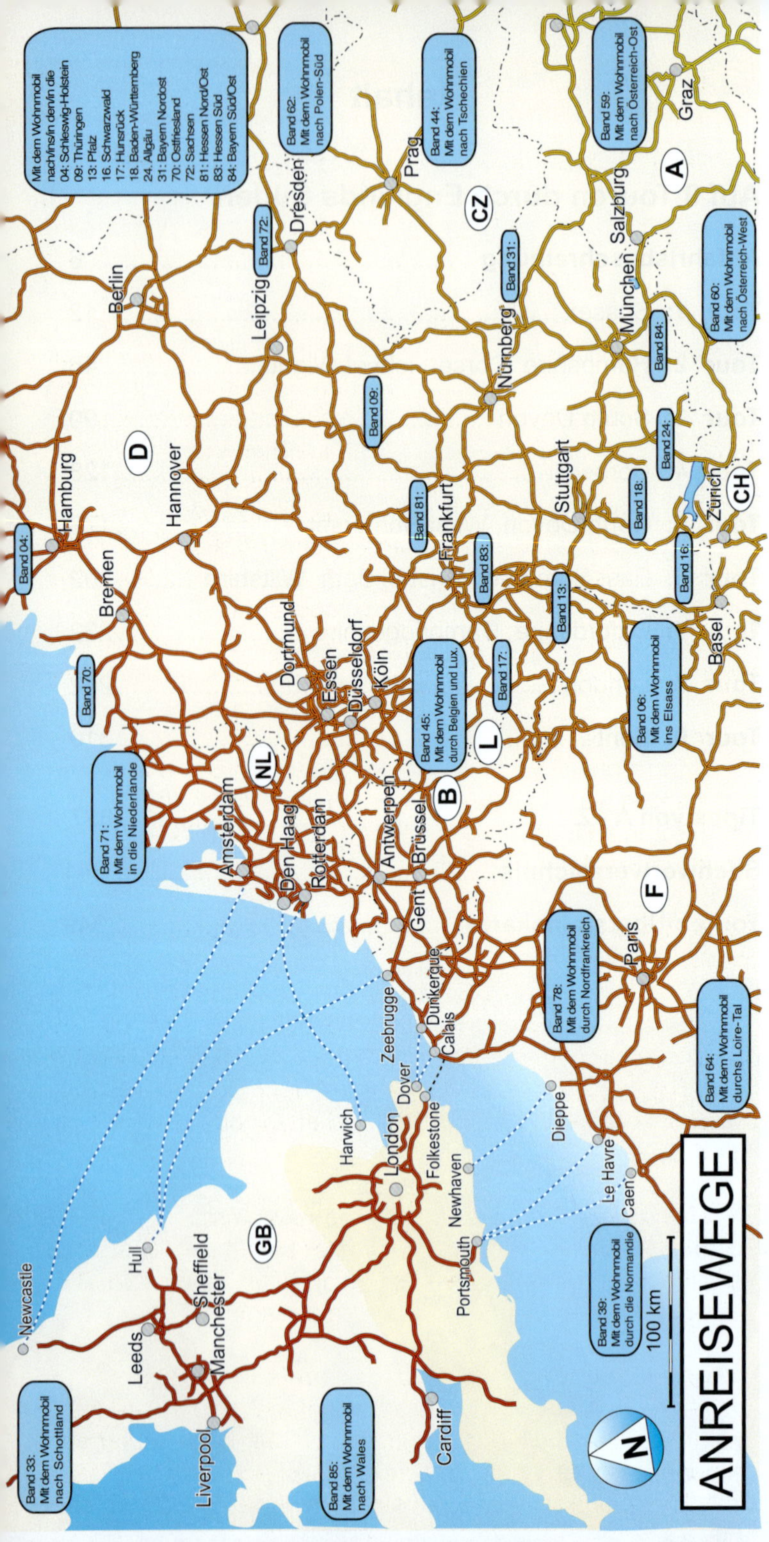
ANREISEWEGE
Mit dem Wohnmobil nach/ins/in den/in die
04: Schleswig-Holstein
09: Thüringen
13: Pfalz
16. Schwarzwald
17: Hunsrück
18. Baden-Württemberg
24. Allgäu
31: Bayern Nordost
70: Ostfriesland
72: Sachsen
81: Hessen Nord/Ost
83: Hessen Süd
84: Bayern Süd/Ost
Band 62: Mit dem Wohnmobil nach Polen-Süd
Band 44: Mit dem Wohnmobil nach Tschechien
Band 59: Mit dem Wohnmobil nach Österreich-Ost
Band 60: Mit dem Wohnmobil nach Österreich-West
Band 45: Mit dem Wohnmobil durch Belgien und Lux.
Band 06: Mit dem Wohnmobil ins Elsass
Band 71: Mit dem Wohnmobil in die Niederlande
Band 78: Mit dem Wohnmobil durch Nordfrankreich
Band 64: Mit dem Wohnmobil durchs Loire-Tal
Band 39: Mit dem Wohnmobil durch die Normandie
Band 33: Mit dem Wohnmobil nach Schottland
Band 85: Mit dem Wohnmobil nach Wales
Band 04:
Band 70:
Band 72:
Band 09:
Band 81:
Band 83:
Band 13:
Band 17:
Band 31:
Band 84:
Band 24:
Band 18:
Band 16:
D
NL
B
L
F
CZ
A
CH
GB
Hamburg
Bremen
Hannover
Berlin
Leipzig
Dresden
Prag
Graz
Salzburg
München
Nürnberg
Stuttgart
Zürich
Basel
Frankfurt
Köln
Düsseldorf
Essen
Dortmund
Amsterdam
Den Haag
Rotterdam
Antwerpen
Brüssel
Gent
Zeebrugge
Dunkerque
Calais
Dover
Folkestone
London
Harwich
Newhaven
Portsmouth
Dieppe
Le Havre
Caen
Paris
Newcastle
Hull
Leeds
Sheffield
Manchester
Liverpool
Cardiff
100 km
N

## Anreisewege und Fährpassagen

Wenn Sie sich für England als Reiseziel entschieden haben, steht, wie so oft, vor dem Urlaub die Anreise. Je nachdem, aus welchem Land und welcher Region Sie starten, liegen zwischen 340 km (von Aachen aus) und 1380 km (von Wien aus) vor Ihnen. Die gute Nachricht: Sie können durchgängig auf Autobahnen oder Schnellstraßen ordentlich Boden gutmachen und die Dauer der Reise hält sich somit in mehr oder weniger überschaubaren Grenzen. Je nachdem, aus welcher Richtung Sie kommen, steht eine Vielzahl an möglichen und sinnvollen Anreiserouten zur Auswahl. Die genaue Planung und Überlegung, welche Autobahnen Sie konkret einschlagen werden, vielleicht unter Einbeziehung möglicher Staupunkte und aktueller Baustellen, können Sie mithilfe eines Straßenatlas, Ihres Navis oder einer Routenplanungssoftware im Internet sicher besser bewerkstelligen, als es hier möglich ist. Wir wollen Ihnen aber eine kurze Übersicht der grundsätzlichen Anreiseansätze und vor allem der Fährüberfahrten geben.

**Anfahrt aus Norddeutschland:**
Alle, die, in etwa, nördlich von Hannover und Berlin aus starten, werden wohl den Anreiseweg über die Niederlande wählen. Fähren können Sie gleich dort (Den Haag) oder am Weiterweg in Frankreich besteigen.

**Anfahrt aus Mitteldeutschland, Südostdeutschland und Ostösterreich:**
Wer südlich von Hannover und Berlin und nördlich der Achse „Mannheim – München – Salzburg – Graz" seine Fahrt beginnt, ist dagegen wohl am besten mit einem direkten Grenzübertritt nach Belgien beraten. Die Fahrt geht dann bis ins nordöstliche Eck Frankreichs (Fähre ab Dunkerque oder Calais bzw. Eurotunnel).

**Anreise aus Südbayern und Westösterreich:**
Die beste Anreiseroute führt Sie in der Regel zunächst nach Luxemburg und dann weiter über Belgien und Frankreich. Dort starten die meisten Fähren nach Großbritannien.

**Anreise aus Südwestdeutschland und der Schweiz:**
Wer seine Fahrt im Südwesten beginnt, wird wohl den direkten Grenzübergang nach Frankreich wählen und, immer nah an der belgischen Grenze entlang, auf diesem Weg bis Calais oder Dunkerque fahren. Eventuell ist in diesem Fall auch eine

Überfahrt von einem der weiter westlich gelegenen Fährhäfen wie Dieppe. Le Havre oder Caen eine Option.

## Maut auf den Anreiserouten:

**Maut in den Niederlanden:**
Auch wenn Sie immer wieder mal im Gespräch war/ist: Bis heute gibt es keine Straßennutzungsgebühren in den Niederlanden.

**Maut in Belgien:**
Auch in Belgien sind Sie bislang mautfrei unterwegs. Im April 2016 trat allerdings eine Straßennutzungsgebühr für Fahrzeuge über 3,5 t in Kraft. Sie gilt nach aktuellem Stand aber nur für Transportverkehr; sicherheitshalber sollten Sie sich, vor Fahrtantritt aber über mögliche Änderungen informieren.

**Maut in Luxemburg:**
Auf Luxemburgs Straßen wird keine Maut erhoben.

**Maut in Frankreich:**
In Frankreich sind die meisten Autobahnen mautpflichtig. Eine Ausnahme bilden einige Stadtautobahnen sowie die grenznahen Strecken zu Belgien hin. Wer also über Belgien Richtung Fährhafen anreist, kommt in der Regel kostenlos davon.
Auf anderen Strecken erfolgt die Abrechnung nach gefahrenen Kilometern; es sind Zahlstationen eingerichtet. Die meisten Wohnmobile fallen in die Kategorie 2 (bis 3,5 t und 3 m Höhe) oder 3 (über 3,5 t und/oder mehr als 3 m Höhe), was einen deutlichen Preisunterschied ausmacht. Mehr unter www.autoroutes.fr.

**Maut in Großbritannien:**
Auch in Südengland besteht keine Straßennutzungsgebühr. Ausnahme können wenige Straßenabschnitte und Brücken sein, die in privater Hand sind. Dabei handelt es sich wenn aber nur um sehr geringe Beträge, im Penny- oder unteren einstelligen Pfundbereich.

## Verbindungen nach Südengland *(Stand: 12/16)*:

### *Fähren ab den Niederlanden:*

• **Von Hoek van Holland (Den Haag) nach Harwich**
2 x täglich, mit Stena Line ab ca. 250 € (hin und zurück), Überfahrt ca. 7 Stunden, mehr unter www.stenaline.de.

Hafen von Dover

**Campingplatz Hoek van Holland**

**GPS**: N 51°59'23" E 4°07'40", Wierstraat 100.
Platz nahe dem Fährhafen, daher gut geeignet für eine Zwischenübernachtung vor/nach der Überfahrt.

Außerdem besteht von Den Haag und Zeebrugge (Belgien) eine Verbindung nach Hull in Mittelengland und von Amsterdam nach Newcastle kurz unterhalb der schottischen Grenze.

## *Fähren ab Frankreich:*

- **Von Dunkerque (Dünkirchen) nach Dover**
12 x täglich, mit DFDS Seaways ab ca. 120 € (hin und zurück), Überfahrt ca. 2 Stunden, mehr unter www.dfdsseaways.de.

**Stellplatz Dunkerque**

**GPS**: N 51°00'59" E 2°11'51", Route du Petit Denna.
Der Parkplatz vor dem Hafengebäude wird regelmäßig von Wohnmobilen für die Übernachtung vor/nach der Fährfahrt genutzt. Folgen Sie den Schildern zum Ticket Sale, sonst geht es direkt zur Wartespur.

- **Von Calais nach Dover**
15 x täglich, mit DFDS Seaways ab ca. 120 € (hin und zurück), Überfahrt ca. 1.30 Stunden, mehr unter www.dfdsseaways.de.
18–23 x täglich, mit P&O Ferries ab ca. 140 € (hin und zurück), Überfahrt ca. 1.30 Stunden, mehr unter www.poferries.com.

Nicht schön, aber praktisch: Stellplatz in Calais

**Stellplätze Calais**

**GPS**: N 50°57'58" E 1°50'38", Digue Gaston Berthe.
Offizieller Stellplatz inkl. V/E an der Ortsspitze mit Blick auf den gegenüberliegenden Hafen.

• **Von Dieppe nach Newhaven**
2–3 x täglich mit DFDS Seaways ab ca. 250 € (hin und zurück inkl. Kabine), Überfahrt ca. 4.30 Stunden, mehr unter www.dfdsseaways.de.

**Stellplatz Dieppe**

**GPS**: N 49°55'48" E 1°05'11", Quai de la Marne.
Offizieller Stellplatz inkl. V/E gleich westlich des Hafengeländes.

• **Von Le Havre nach Portsmouth**
1 x täglich mit Brittany Ferries ab ca. 300 € (hin und zurück), Überfahrt ca. 4.30 Stunden, mehr unter www.brittanyferries.de.

**Stellplatz Le Havre**

**GPS**: N 49°30'17" E 0°10'18", Rue Andrei Sakharov.
Offizieller Stellplatz inkl. V/E rund 5 km vom Hafen entfernt.

• **Von Caen nach Portsmouth**
4 x täglich mit Brittany Ferries ab ca. 350 € (hin und zurück), Überfahrt ca. 4.30 Stunden, mehr unter www.brittanyferries.de.

**Stellplatz Caen**

**GPS**: N 49°11'58" W 0°23'09", Avenue du Maréchal Montgomery.
Offizieller Stellplatz im Ort neben dem Memorial de Caen, ca. 17 km vom Hafen entfernt.

Außerdem bestehen von den noch weiter westlich gelegenen Häfen Cherbourg, Saint-Malo und Roscoff weitere Verbindungen nach England.

## *Eurotunnel ab Frankreich:*

- **Von Calais nach Folkestone**

Ca. 48 x täglich mit dem Eurotunnel-Shuttle ab ca. 200 € (hin und zurück),
Durchfahrt ca. 35 Min., mehr unter www.eurotunnel.com.

**Stellplatz Eurotunnel**

**GPS**: N 50°55'58" E 1°48'50", Boulevard du Kent, Coquelles.
Für Wohnmobile freigegebener, beleuchteter Parkplatz am Einkaufszentrum Cité Europe, direkt neben dem Abfertigungsbereich des Eurotunnels. Alternativ geht auch der Stellplatz in Calais.

Dover
Folkestone
Densole
Hawkinge
Monks Horton
Hythe
Lympne
West Hythe
New Romney
Dungeness
Lydd
Camer
Rye Bay
Ashford
Tenterden
Iden
Rye
Guestling Green
Brede
T. Oaks
Hastings
Cranbrook
Bodiam
Staplehurst
Robertsbridge
Battle
Bexhill
Pevensey Bay
Netherfield
Burwash
Heathfield
Tunbridge Wells
Wadhurst
Hailsham
Eastbourne
Crowborough
Polegate
Alciston
Alfriston
Uckfield
Glyndebourne
Newhaven
Seaford
East Grinstead
Ouze
Crawley Down
Ardingly
Haywards Heath
Burgess Hill
Lewes
Stanmer
Rodmell
Peacehaven
Rottingdean
Crawley
Handcross
Horsham
Southwater
Brighton
Billingshurst
West Chiltington
South Downs N.P.
Worthing
Arun
Storrington
Ferring
East Preston
Pulborough
Arundel
Littlehampton
10 km
N
TOUR 1

## Tour 1: Sussex (290–380 km)

**Dover – Port Lympne – Dungeness – Rye**
**Bodiam – Bateman`s – Battle – Hastings**
**Eastbourne – Birling Gap – Alfriston**
**Monk`s House – Brighton – Sheffield Park**
**Wakehurst – Nymans – Horsham – Arundel**

| | |
|---|---|
| Stellplätze (gratis): | Dover, Dungeness (2x), Robertsbridge, Hastings, Lullington, Brighton (2x), Goring |
| Stellplätze (€): | Rye, Newhaven, Brighton, Arundel |
| Pub-Stellplätze: | Folkestone, Monks Horton, New Romney, Lydd on Sea, Iden, Bodiam, Netherfield, Three Oaks, Cuckmere Haven, Berwick, Telescombe Cliffs, Ardingly, Southwater, Worthing |
| Campingplätze: | Densole, West Hythe, Robertsbridge, Battle, Brede, Polegate, Alfriston, Firle, Brighton, Worthing, Wick |
| Besichtigen: | White Cliffs of Dover, Dover Castle, Roman Painted House, Dover Museum, Battle of Britain Museum, Port Lympne Resort, RH&DR Railway, Rye, Bodiam Castle, Kent & East Sussex Railway, Bateman`s, 1066 and Battle Abbey, Hastings, Redoubt Fortess & How we lived then Eastbourne, Alfriston, Drusillas Park, Glynde Place, Monk`s House, Paradise Park, Newhaven Fort, Brighton, Sheffield Park, Wakehurst Place, Nymans, Horsham Museum, Arundel Castle |
| Baden: | Camber, Birling Gap, Newhaven, Brighton, Goring |
| Wandern: | Dungeness, RSPB Dungeness, Beachy Head, Birling Gap, Seven Sisters Beach, Friston Forest, Long Man of Wilmington, WWT Arundel |

**Die Grafschaft Sussex empfängt Sie in England mit weißen Kreidefelsen, den berühmten Seebädern Eastbourne und Brighton, historischen Schauplätzen zwischen Battle und Hastings, herrschaftlichen Gärten, Burgen und den Wohnsitzen interessanter Persönlichkeiten wie Virginia Woolf und Rudyard Kippling.**

Zunächst kommen Sie aber mit der Fähre in Dover oder per Zugpassage durch den Eurotunnel in Folkestone an und müssen vor allem an eines denken: **Ab jetzt wird links fahren!**

### DOVER

Die Industriestadt am Ärmelkanal ist auf den ersten Blick sicher keine Schönheit. Laut und hektisch, voller Schwerlastverkehr, Busse und Pkws, die Tag und Nacht zu Englands größtem Fährterminal drängen. Es gibt aber, vor allem in der Peripherie, einige Ziele, die es genauer anzusehen lohnt. Wenn Sie spät am Abend ankommen, werden Sie zunächst einen Übernachtungsplatz benötigen. Durch Parkverbote und Bauarbeiten am Stadtparkplatz sind zuletzt nicht mehr viele übrig geblieben. Eine Möglichkeit gibt es aber direkt am Kieselstrand von Dover.

### (001) WOMO-Badeplatz: Esplanade

**GPS**: N 51°07'12" E 1°18'46", Esplanade, CT17 9TF, DOVER.
**Max. WOMOs:** 10+.
**Ausstattung/Lage**: Parkstreifen hinter der Strandbucht von Dover, auf denen das Über-Nacht-Stehen von Wohnmobilen geduldet wird. Entweder in Höhe der Koordinaten auf der Esplanade oder etwas weiter entlang der Straße im Abschnitt Marina Drive. Tags Toiletten, sonst keine Einrichtungen.
**Ortszentrum**: ca. 1 km.
**Zufahrt**: Vom Hafen bzw. der A20 kommend im Kreisverkehr am Ende von Dover links Richtung Hotels/Seafront abzweigen.
**Preis**: tagsüber kostenpflichtig.

Auch wenn man vom Meer aus den besten Blick auf die Kreidefelsen **White Cliffs of Dover** hat und Sie vielleicht schon das ein oder andere Foto von Bord Ihrer Fähre schießen konnten, lohnt die Fahrt hinauf zum Besucherparkplatz. Vom Visitor Centre aus führen markierte Spazierwege oberhalb der imposanten Felsen entweder zum rund 600 m entfernten Aussichtspunkt mit Blick auf Küste und Hafen oder Sie wählen die längere Variante bis zum **Leuchtturm South Foreland** aus viktorianischer Zeit mit kleinem Café *(ca. 3 km/50 Min., Leuchtturmführung möglich)*. Unterwegs passieren Sie die Fan Bay, vor deren Strand gleich meh-

Dover Castle

rere, meist historische Schiffe untergegangen sind. Infotafeln geben Auskunft. Ein besonderes Erlebnis verspricht das **Fan Bay Deep Shelter** oberhalb der Bucht. Der in den 40er-Jahren erbaute Tunnelkomplex diente als Wohnraum für die an ihren Flakgeschützen stationierten Soldaten. Erst seit Kurzem ist ein geführter Taschenlampenrundgang möglich.

*[N 51°07'49" E 1°19'59"], Upper Road, CT16 1HJ, Parkplatzzufahrt teils steil und eng, Kreidefelsen März–Okt. 10.00–17.00 Uhr, sonst 11.00–16.00 Uhr, Eintritt frei, aber 3,50 £ Parkgebühr, NT-Mitglieder frei, Leuchtturm: Apr.–Okt. Fr–Mo 11.00–17.30 Uhr, Erw. 6 £, Kinder 3 £, Familien 15 £, Tunnel: Fr–Mo, genaue Zeiten am Ticketoffice des Visitor Centres, Eingang 40 Gehminuten entfernt, Erw. 10 £, Kinder 5 £, NT-Mitglieder frei, www.nationaltrust.org.uk*

Am Weg hinauf zu den Kreidefelsen haben Sie bereits das zweite Wahrzeichen der Stadt passiert. **Dover Castle** thront unübersehbar auf einer Anhöhe. Schon seit mehr als 2000 Jahren besteht die Burg und wurde in ihrer heutigen Form in den 1180er-Jahren durch Henry II. errichtet. Sie gehört zu den größten und besterhaltenen Anlagen in ganz England, unter anderem aufgrund ihrer strategisch bedeutenden Lage, die bis ins 20. Jahrhundert hinein militärischen Zwecken diente. Kein Wunder also, dass man neben den mittelalterlichen Mauern auch Geschützstellungen des Ersten und ein Unter-Tage-Hospital aus dem Zweiten Weltkrieg zu sehen bekommt. Planen Sie unbedingt genug Zeit ein, die Anlage ist wirklich umfangreich.

*[N 51°07'41" E 1°19'10"], Canons Gate Rd., CT16 1HU, 10.00–17.00 Uhr, Erw. 18,10 £, erm. 16,50 £, Kinder 5–15 J. 11 £, Familien 47,60 £, EH-Mitglieder frei, www.english-heritage.org.uk*

Wer sich in die Stadt Dover selbst „hineintraut", sollte sich das **Roman Painted House** nicht entgehen lassen. Um das Jahr 200 erbaut, war es eine Art Hotel für Reisende, die den Kanal gekreuzt hatten. Als rund 70 Jahre später ein neues, größeres Fort von den Römern an gleicher Stelle erbaut wurde, musste das Haus weichen. Einige Räume blieben aber intakt und wurden vollständig unter den neuen Gebäuden begraben. Heutige Besucher erhalten so die Möglichkeit, das größte römische Mosaik nördlich der Alpen oder zahlreiche bemalte Wandverkleidungen zu betrachten, die in 25-jähriger Arbeit freigelegt wurden.

*Parken am angegebenen Stellplatz „Esplanade“ oder am zuletzt durch Bauarbeiten blockierten Parkplatz in der Russell St. bei [N 51°07'30" E 1°18'59"], New Street, CT17 9AJ, Apr.–Sept. Di–Sa 10.00–17.00 Uhr, So ab 13.00 Uhr, Erw. 3 £, erm./Kinder 2 £, www.theromanpaintedhouse.co.uk*

Im nahen **Dover Museum** mitten im Zentrum können Sie sich dann noch über die Geschichte der Stadt informieren und das mit ca. 3000 Jahren älteste, seetaugliche Schiff der Welt betrachten.

*Market Square, CT16 1PH, Mo–Sa 9.30–17.00 Uhr, Apr.–Sept. auch So 10.00–15.00 Uhr, Eintritt frei*

**Gastrotipps Dover: Hythebay Seafood Restaurant*****, Esplanade, CT17 9FS, **Happy Chef***, 131 Snargate St., CT17 9DA, **Blakes of Dover****, 52 Castle St., CT16 1PJ, **The Allotment****, 9 High Street, CT16 1DP.

## FOLKESTONE

In Folkestone starten Sie, wenn Sie die Britischen Inseln durch den Eurotunnel erreicht haben. Die Stadt selbst ist nicht sonderlich spannend, es gibt aber viele Einkaufsmöglichkeiten, um sich zum Reisestart mit lokalen Lebensmitteln einzudecken. Auch einen Pub-Übernachtungsplatz gibt es.

### (002) WOMO-Pub: The Nailbox

**GPS**: N 51°05'04" E 1°09'06", Coolinge Ln., CT20 3QE, FOLKESTONE.
**Max. WOMOs:** 2–3.
**Ausstattung/Lage**: klassischer Pub mit Dart und Pool Table, Asphaltparkplatz hinter dem Haus.
**Ortszentrum**: ca. 2,2 km.
**Zufahrt**: Von der A20 Richtung Folkestone abbiegen. Nach der Bahnunterführung rechts in die Shorncliffe Rd. lenken. Nach ca. 250 m links.
**Internet:** www.nailboxshorncliffe.co.uk

Eine Alternative dazu wäre die **Black Horse Farm Caravan Club Campsite** etwas weiter nördlich *(**003:** [N 51°07'57" E 1°09'32"], 385 Canterbury Rd., CT18 7BG, Densole, ganzjährig, alle Einrichtungen, 27–37 £, CC-Mitglieder 15–25 £).* Wer Interesse hat, findet gleich in der Nähe auf einem ehemaligen Militärflugplatz auch das **Battle of Britain Museum** mit der landesweit größten Ausstellung an Zweiten-Weltkriegs-Memorabilien: Flug- wie Fahrzeuge, Waffen, Bildmaterial und über 600 Teile abgestürzter britischer und deutscher Bomber.

*[N 51°06'48" E 1°09'06"], Aerodrome Rd., CT18 7AG, Hawkinge, März–Mai/*

*Okt. 10.00–16.00 Uhr, Juni–Sept. bis 17.00 Uhr, Erw. 7 £, erm. 6,50 £, Kinder ab 5 J. 3 £, www.kbobm.org*

**Gastrotipps Folkestone: Rocksalt*****, 4 Fishmarket, CT19 6AA, **Googies****, 15 Rendezvous St., CT20 1EY, **The Pullman****, 7 Church St., CT20 1SE, **Papas Fish and Chips***, 110 Sangate Rd., CT20 2BW, **Steep Street Coffee House**, 18 Old High St., CT20 1RL.

Port Lympne Reserve

### Port Lympne Reserve

Nahe dem kleinen Ort Lympne befindet sich mit dem **Port Lympne Reserve** ein ziemlich außergewöhnlicher Zoo. Neben Laufwegen, auf denen man Affen, darunter den seltenen Bergland-Gorillas, Raubtieren, z.B. den riesigen Berberlöwen, und Nashörnern begegnet, wird man für den zweiten Teil des Zoos auf echte Safaritrucks verladen und durch die thematisch getrennten Bereiche Asien und Afrika gefahren. Die dort lebenden Tiere bewegen sich frei um die Fahrzeuge herum und lassen, mitten in England, echtes Savannen-Feeling entstehen. Wasserbüffel, Giraffen, Gazellen und Wildhunde sind nur einige der Spezies, denen Sie ganz nahe kommen können. Schließlich erkunden Sie auch noch einen Dinosaurierwald und herrschaftliche Gartenanlagen unterhalb des parkeigenen Hotelrestaurants, wenn Sie möchten.

*[N 51°04'53" E 1°00'39"], Aldington Road, CT21 4LR, Apr.–Okt. 9.30–18.30 Uhr, Nov.–März nur bis 17.00 Uhr, Erw. 25 £, Kinder 3–15 J. 21 £, Familien 82 £, www.aspinallfoundation.org/port-lympne*

Ein nahe gelegenes Womo-Pub gibt es in Monks Horton.

#### (004) WOMO-Pub: The Black Horse Pub

**GPS**: N 51°07'26" E 1°00'57", Fiddling Ln., TN25 6AP, MONKS HORTON.
**Max. WOMOs**: 2–3.
**Ausstattung/Lage**: großer Schotterparkplatz neben dem Landpub.
**Ortszentrum**: kein größerer Ort in der Nähe.
**Zufahrt**: Von Port Lympne Richtung Autobahn M20 fahren, diese über-

queren und etwas später links Richtung Sellindge abbiegen. Bei nächster Gelegenheit rechts in eine kleine Seitenstraße einfahren und rund 1,8 km bis zum Pub auf der rechten Seite fahren.
**Internet:** www.theblackhorse.uk.com

Die passende Campingplatz-Alternative heißt **Daleacres Caravan Club Campsite** *(**005:** [N 51°03'33" E 1°00'46"], Lower Wall Rd., CT21 4NW, West Hythe, Mitte März–Anfang Nov., alle Einrichtungen, 28–39 £, CC-Mitglieder 16–27 £).*

**DUNGENESS**

Die Gegend um Dungeness ist in vielerlei Hinsicht bemerkenswert – sie wird, einzigartig in Großbritannien, als Wüste deklariert und besteht, Meile für Meile, aus nichts als Kieseln. Es ist sogar die größte reine Kiesellandschaft der Erde. Eine recht schöne Rundfahrt entlang der Landzunge startet in NEW ROMNEY links ab Richtung LITTLESTONE und dann immer der Küste nach. Vorher finden Sie noch ein Übernachtungspub. Doch auch direkt am Kiesstrand gibt es einige Kilometer weiter eine zweite Gelegenheit zum Einkehren und Rasten.

### (006) WOMO-Pub: The Plough Inn

**GPS**: N 50°59'28" E 0°56'54", Dymchurch Rd., TN28 8UF, NEW ROMNEY.
**Max. WOMOs:** 2–3.
**Ausstattung/Lage**: familienfreundliches Pub mit Biergarten an der Hauptstraße. Asphaltparkplatz neben dem Haus.
**Zufahrt**: an der Hauptstraße A259 Richtung Dungeness/Rye rechter Hand.

### (007) WOMO-Pub: The Pilot Inn

**GPS**: N 50°55'45" E 0°58'27", Battery Rd., TN29 9NJ, LYDD ON SEA.
**Max. WOMOs:** 3–4.
**Ausstattung/Lage**: Asphaltparkplatz neben dem direkt am Kieselstrand gelegenen Food-Pub. Außenterrasse und toller Blick aufs Meer.
**Ortszentrum**: Pub ist das Ortszentrum.
**Zufahrt**: In New Romney links über die B2071 nach Littlestone abbiegen und an der Uferstraße rechts halten. Pub liegt am Ende des Coastal Drive nach rund 5,5 km.
**Internet:** www.thepilotdungeness.co.uk

Leuchtturm in Dungeness

Vorbei an vielen windschief wirkenden und irgendwie seltsam planlos in den Raum gestellten Fischerhütten und Urlaubslodges können Sie bis zur Landspitze nahe dem Leuchtturm gelangen. An warmen Tagen lässt sich der Platz auch gut zum Ausspannen am Strand nutzen, es findet sich immer ein einsames Plätzchen. Baden ist allerdings verboten. Problematisch wird mancher dabei nur das unschön im Hintergrund prangende Atomkraftwerk empfinden... Die Engländer stören sich daran aber nicht weiter und scheinen Erinnerungsfotos genauso gern mit Meiler wie mit Leuchtturm im Hintergrund zu machen. Wer mag, kann mit der **RH&DR Railway**, der kleinsten Personeneisenbahn der Welt eine Runde drehen oder sich schon von einem der vorgelagerten Orte wie Romney oder Hythe bis zum Ende der Landzunge befördern lassen *(Zeiten und Preise auf der Website www.rhdr.org.uk)*. Auch Stellplätze finden sich.

Cottages in Dungeness

### (008) WOMO-Stellplatz: Dungeness

**GPS:** [N 50°54'50" E 0°58'12"], The Round House Rd., TN29 9NB, DUNGENESS.
**Max. WOMOs:** 2–3.
**Ausstattung/Lage:** Schotterparkplatz zwischen Leuchtturm und Bahnhof ohne Einrichtungen – in Sichtweite eines Atomkraftwerks.
**Ortszentrum:** –
**Zufahrt:** In Dungeness bis zum Ende der Straße durchfahren. Parkplatz neben dem Leuchtturm.
**Info:** Weiter vorne an der Straße gibt es noch zwei weitere Parkmöglichkeiten bei [N 50°54'49" E 0°58'28"] und bei [N 50°55'01" E 0°58'37"].

Wer etwas genauer in die einmalige Flora und Fauna mit über 600 teils endemisch auftretenden Arten eintauchen möchte, wird am Weiterweg Richtung LYDD noch am **RSPB Resort Dungeness** stoppen wollen. Die Schotterpiste zum Besucherzentrum zweigt links von der Hauptstraße ab. Vom Parkplatz am Ende können Sie auf einem zwei Meilen langen Rundweg mit sechs Ausgucken Tümpel, Marschland und Röhricht überblicken. Schlangen, Vögel, seltene Tageslichtmotten und viele interessante Pflanzen werden dabei vorgestellt und können selbst entdeckt werden.

*Dungeness Rd., TN29 9PN, 9.00–21.00 Uhr, Visitor Centre Apr.–Okt. 10.00–17.00 Uhr, Erw. 4 £, erm. 3 £, Kinder 2 £, www.rspb.org.uk*

Gegenüber der Einfahrt liegt der kurze, frei begehbare **Willow Trail** mit zwei weiteren Ausgucken. Der Parkplatz dazu verzeichnet kein Nachtparkverbot, ***009:*** *[N 50°56'25" E 0°56'06"]*.

Kite-Surfer am Strand von Camber

Bei CAMBER erreichen Sie erneut die Küste. Der Ort ist von einem Mobilheim-Park fast vollständig aufgefressen worden, hat aber einen ganz schönen Sandstrand. Auch als „Tourer" kommen Sie mit dem Wohnmobil unter, wenn Ihnen der Platz tatsächlich gefällt. Wer am bei Kitesurfern besonders beliebten Strand einfach mal „nur so" anhalten möchte, wird durch penetrante Höhenbarrieren entlang der Straße davon abgehalten. Nur am Ortsparkplatz selbst bei [N 50°56'01" E 0°47'46"] in der **Old Lydd Road** kommen Sie gegebenenfalls unter.

## RYE

Die einstige Hafenstadt gehörte im Mittelalter zum politisch wie wirtschaftlich wichtigen Bündnis „Cinque Ports". Das half ihr allerdings wenig gegen die stetig wiederkehrenden Angriffe, meist von Meeresseite her, bei denen sie mehr als einmal geplündert und dem Erdboden gleichgemacht wurde. Später machte Rye dann als verrufenes Schmugglernest Schlagzeilen. Doch je stärker der Hafen versandete, desto mehr versank auch Rye in der Bedeutungslosigkeit. Vielleicht konnte es sich aber gerade deswegen seinen historischen Ortskern bewahren. Ein Gästemagnet, der jährlich reichlich Besucher anspült.

Ein geeigneter Parkplatz findet sich in Rye am Bahnhof. Da Tickets für 24 Stunden verfügbar sind und es keine speziellen Verbote gibt, können Sie auch die Nacht über bleiben. Größere Fahrzeuge müssen allerdings, nicht ganz korrekt, auf die reichlich vorhandenen Busparkplätze ausweichen *(bei **010:** [N 50°57'11" E 0°43'57"], Station Approach, TN3 7AB, Tickets 2,70 £/24 h).*

**Rundgang durch Rye**

Für einen Rundgang durch das Städtchen starten Sie z.B. am Ende des Parkplatzes rechts am **Rope Walk**. Er führt den **Conduit Hill** entlang direkt in die Altstadt hinauf. Rechtsherum schlendern Sie durch die **High Street** mit recht vielen Geschäften. In einem leichten Bogen

zieht die Straße den Verlauf der ehemaligen Stadtmauer nach, die an anderen Stellen bis heute vorhanden ist. Die Straße öffnet sich schließlich zu einem Platz hin. Dort finden sich zwei empfehlenswerte Lokale wie das **Standard Inn**** *(The Mint, TN31 7EN)* und **The Cobbles Tea Room** *(1 Hylands Yard TN31 7EN)*. Rechts können Sie ein paar Meter hinab zum Fluss Brede schlendern, dort befindet sich auch das **Heritage Centre** mit der **Touristeninformationsstelle**. Zurück am Platz zieht sich die kopfsteingepflasterte **Mermaid Steet** den Hügel hinauf. Sie gilt nicht zu Unrecht als schönste Gasse Ryes. Namensgebend ist das linker Hand gelegene Mermaid Inn. Es war einst wichtigster Treffpunkt zwielichtiger Geschäftemacher und Verbrecher. Heute können Sie gefahrlos eintreten, um das noch recht intakte Bild eines Hauses aus dem 16. Jahrhundert zu erleben. Auch das gegenübergelegene **House Opposite** kam zu einiger Bekanntheit, denn wer zum Mermaid Inn wollte, landete oft fälschlicherweise dort. Am Ende der Straße biegen Sie nach rechts in die **West Street** ab. Dort treffen Sie auf das backsteinerne **Lamb House**. Es war das Zuhause der Schriftsteller Henry James und später E.F. Benson. Schön ist der stille kleine Garten mit seinen Rosen, Lilien und dem Teich – eine Oase der Ruhe in der geschäftigen Ortsmitte *(TN31 7ES, Mitte März–Okt., Di/*

Mermaid Street in Rye

*Fr/Sa 11.00–17.00 Uhr, Erw. 5,60 £, Kinder 2,80 £, Familien 13,30 £, NT-Mitglieder frei, www.nationaltrust.org.uk).*
Die Richtung beibehaltend gelangen Sie zur **Kirche Saint Mary**, die Sie einmal halb umrunden. Bemerkenswert ist die Turmuhr von 1560, die soll die älteste im ganzen Land sein.
Ein Stück nach rechts versetzt steht der mächtige **Ypres Tower**. Er stammt aus dem 13. Jahrhundert und war ursprünglich Teil einer ganzen Burganlage. Später wurde er lange Zeit als Gefängnis genutzt. Vom Canon Garden unterhalb sieht man weit hinaus in die Umgebung. Im Turm selbst ist ein Museum untergebracht, das unter anderem die Geschichte des Fünf-Häfen-Bundes beleuchtet. Auch die Sicht vom Balkon ist einen Blick wert *(TN31 7HE, Apr.–Okt. 10.30–17.00 Uhr, sonst bis 15.30 Uhr, Erw. 4 £, erm. 3 £, Kinder bis 16 J. frei, www.ryemuseum.co.uk)*. Entlang des **Church Square** und dann rechts durch **Market Street** und **East Street** kommen Sie noch zum **Rye Castle Museum**. Im einstigen Schlachtereigebäude sind viele Gegenstände zur Geschichte des Ortes ausgestellt, darunter auch der erste Feuerwehrwagen von 1745, der ganze 120 Jahre im Einsatz war *(TN31 7JY, Apr.–Mitte Okt. Sa/So 10.30–17.30 Uhr, in der Saison auch öfters, Erw. 2,50 £, erm. 2 £, Kinder bis 16 J. frei, www.ryemuseum.co.uk)*. Geradeaus die Straße hinab gelangen Sie zurück zum Parkplatz. Am Weg dorthin finden sich noch einige gastronomische Adressen: **The Union Steakhouse**** *(East Street, TN31 7JY)*, **Edith's House Café** *(105a High St., TN31 7JE)* und **Webb's at the Fish Café***** *(17, Tower St., TN31 7AT)*.

Eine zum Bahnhofsparkplatz alternative, recht nahe gelegene Übernachtungsgelegenheit bietet ein Pub im Dorf IDEN an:

### (011) WOMO-Pub: The Bell Inn

**GPS**: N 50°58'56" E 0°43'51", Church Ln., TN31 7PU, IDEN.
**Max. WOMOs:** 1–2.
**Ausstattung/Lage**: gemütliches Dorfpub mit Biergarten. Familienfreundlich mit mittelgroßem Schotterparkplatz neben dem Haus.
**Ortszentrum**: Pub ist das Ortszentrum.
**Zufahrt**: Rye in nördlicher Richtung auf der A268 Richtung Playden verlassen. Dann noch rund 2 km bis Iden zum Pub auf der linken Seite.
**Internet:** www.thebelliden.co.uk

## Bodiam Castle

Für eine kleine Runde verlassen Sie nun die Küstenregion und fahren auf teils schmalen, aber gut bewältigbaren Straßen zum **Bodiam Castle**. Das von einem Wassergraben umgebene Bauwerk aus dem 14. Jahrhundert ist eine der schönsten Burgen in England und ein echtes Postkartenmotiv. Während es von außen weitgehend unversehrt ist, sind im Inneren nur mehr Bruchstücke erhalten geblieben. Sie können dennoch einige Türme und Wehrgänge auf den Spuren der Ritter, die hier einst wachten, erkunden. Bemerkenswert ist auch das Torhaus mit der imposanten hölzernen Pforte, die im Original erhalten ist. Versäumen Sie nicht, beim Zugang über den Steg einen Blick ins Wasser zu werfen: Die riesigen Zierkarpfen, die dort

mit den meist kleineren Enten um das Futter streiten, sind legendär... Im Außengelände der Burg sind außerdem oft Stände von Schmieden oder Marketendern in historischen Kostümen aufgebaut, die zu Aktivitäten einladen und Geschichten von einst erzählen. Im Info Centre gibt es dann noch ein kleines Burgmuseum und einen Tea Room.

*[N 51°00'02" E 0°32'25"], TN32 5UA, Bodiam, 10.00–17.00 Uhr, Parken 3 £, Erw. 8,20 £, Kinder 4,10 £, Familien 20,50 £, NT-Mitglieder frei, www.nationaltrust.org.uk*

Am Parkplatz hinter dem **Castle Inn**, gleich gegenüber der Burg-Einfahrt, kann man gegen Einkehr die Nacht verbringen, ***012:** [N 51°00'02" E 0°32'23"]*. Alternativ gibt es nicht weit entfernt mit dem **Park Farm Caravan & Camping** auch einen gemütlichen Campingplatz mit etwas mehr Komfort *(**013:** [N 50°59'52" E 0°31'13"], Junction Road, TN32 5XA, Robertsbridge, alle Einrichtungen, 18–20 £, www.parkfarm-camping.co.uk)*.

Falls Ihnen von der Burg aus schon eine vorbeidampfende historische Lok aufgefallen ist und Sie Lust bekommen haben, selbst einmal mitzufahren: Die Museumsbahn **Kent & East Sussex Railway** verkehrt im Sommer regelmäßig ab Bodiam bis Tenterden weiter im Landesinneren *(Bahnhof bei [N 50°59'48" E 0°32'25"], mehr unter www.kesr.org.uk)*. Noch nicht abgeschlossen, aber in Bau und kurz vor der Fertigstellung ist ein weiteres Stück Bahnstrecke ab dem bereits wieder instand gesetzten historischen Bahnhof in ROBERTSBRIDGE. Es soll 2017/2018 erstmals wieder in Betrieb genommen werden. Einstweilen kann man am Parkplatz aber schon einmal die Nacht verbringen. Das ist eher zweckmäßig als schön, aber dafür (noch) erlaubt *(**014:** [N 50°59'08" E 0°28'10"], Brightling Rd., TN32 5DD, mehr zur Bahn unter www.rvr.org.uk)*.

Rosengarten mit Bateman`s House im Hintergrund

## Bateman ´s

Ein lohnender Abstecher, noch ein Stück weiter nach Nordwesten, führt Sie dann zum jakobinischen Haus **Bateman's**, einst Heim des Schriftstellers Rudyard Kipling und seiner Familie. Sein „Dschungelbuch" ist auch heute noch aus kaum einem Kinderzimmer wegzudenken, für andere seiner Werke erhielt er im Jahr 1907 sogar den Literatur-Nobelpreis. Das Innere des Hauses wurde weitgehend so belassen, als ob die Familie gleich von einem Ausflug zurückkehren würde. Der sehenswerte Garten mit schönem Café ist voller bunter Blumen, einem Teich und man kann einen Spaziergang bis zur historischen, alten Mühle am nahen Bach machen. Am Ende fällt es nicht schwer zu verstehen, warum Kipling gerade dieses abgelegene Haus wählte und es nach der ersten Besichtigung sofort kaufte.

*[N 50°59'24" E 0°22'46"], Bateman's Ln., TN19 7DS, Burwash, Erw. 10 £, Kinder 5 £, Familien 25 £, NT-Mitglieder frei, www.nationaltrust.org.uk*

## BATTLE

Am Weg nach Battle, beziehungsweise rund 4km westlich davon, finden Sie zwei weitere Nachtplätze.

### (015) WOMO-Pub: The White Hart

**GPS**: N 50°56'35" E 0°25'50", B2096, TN33 9QH, NETHERFIELD.
**Max. WOMOs:** 1–2.
**Ausstattung/Lage**: WiFi, schönes, modern eingerichtetes Landpub mit umfangreichem Speisenangebot und Freiterrasse. Großer Schotterparkplatz neben dem Haus.
**Ortszentrum**: kein Ortzentrum vorhanden.
**Zufahrt**: Von Bateman's kommend in südlicher Richtung über Brightling und die B2096 Richtung Battle fahren. Unterwegs in Netherfield rechter Hand.
**Internet:** www.thewhitehartnetherfield.com

Zufahrt zur Battle Abbey

**(016) WOMO-Campingplatz: Battle Normanhurst Court Caravan Club Campsite**

**GPS**: N 50°54'32" E 0°25'50", Stevens Crouch, TN33 9LR, BATTLE.
**Max. WOMOs**: 139.
**Ausstattung/Lage**: alle Einrichtungen, großer Platz, teils schattig, mit Plätzen auf Rasen und Schotter.
**Zeiten**: Mitte März–Anfang November.
**Ortszentrum**: ca. 4,8 km.
**Zufahrt**: Von Battle auf der A271 westlich in Richtung Eastbourne fahren. Nach knapp 5 km links.
**Richtpreis:** 31,90–39,40 £, CC-Mitglieder 19,90–27,40 £.
**Internet:** www.caravanclub.co.uk

Battle ist vor allem eines: Schauplatz des vielleicht wichtigsten Kampfes um England überhaupt. Als Schlacht bei Hastings am 14. Oktober 1066 ging er in die Geschichte ein. Dabei besiegten die von Frankreich aus eingefallenen Normannen unter Wilhelm dem Eroberer die bis dahin herrschenden Angelsachsen unter König Harald II. – wäre die Schlacht anders ausgegangen, wäre auch die englische Kultur, Sprache und auch die Bedeutung des Königreiches in der Weltgeschichte sicher eine andere geworden. Als Erinnerung und um Buße zu tun, ließ Wilhelm nach seinem Sieg anstelle des Kriegsschauplatzes eine riesige Kathedrale, Battle Abbey, erbauen. Deren Überreste und das einstige Schlachtfeld können Sie unter dem Titel **1066 Battle of Hastings** und unterstützt durch eine spannende Audioguide-Führung, auch auf Deutsch, täglich besichtigen. Ein kostenpflichtiger Parkplatz steht ebenfalls bereit.

*[N 50°54'54" E 0°29'06"], Park Ln., TN33 0AD, 10.00–17.00 Uhr, Erw. 10,10 £, erm. 9,10 £, Kinder 5–15 J. 6 £, Familien 26,20 £, EH-Mitglieder frei, www.english-heritage.org.uk*

**Gastrotipps Battle: Pilgrims Rest***, 1 High St., TN33 0AE, **Mrs. Burton's***, 2 High St., TN33 0AE, **Bluebell's Café**, 87 High St., TN33

0AQ, **Battle Deli and Coffee Shop**, 58 High St., TN33 0EN, **Chequer's Inn****, Lower Lake, TN33 0AT.

Auf der Weiterfahrt erwarten Sie dann noch ein Camping- und ein Pubübernachtungsplatz, beide etwas östlich der Hauptroute.

**(017) WOMO-Campingplatz: Dogwood Cottage Campsite**

**GPS**: N 50°56'23" E 0°35'38", Cackle St., TN31 6DY, BREDE.
**Max. WOMOs:** 15.
**Ausstattung/Lage**: V/E, Dusche/WC, Spülgelegenheit, Minishop, netter kleiner Platz im Grünen, Stellplätze auf Rasen, teils schattig.
**Öffnungszeiten:** ganzjährig.
**Ortszentrum**: 750 m.
**Zufahrt**: Ab Battle auf der A2100 Richtung Hastings fahren, dann aber links auf die A21 wechseln und sofort wieder rechts in die Westfield Lane Richtung Westfield abbiegen (A28). Bis Brede fahren, dort an der großen Gabelung rechts halten. Nach 150 m Einfahrt rechts.
**Richtpreis:** 10–24 £, je nach Saison.
**Internet:** www.dogwoodcamping.co.uk

**(018) WOMO-Pub: Three Oaks**

**GPS**: N 50°54'07" E 0°36'52", Butchers Ln., TN35 4NH, THREE OAKS.
**Max. WOMOs:** 1–2.
**Ausstattung/Lage**: WiFi, klassisches Dorfpub mit Essensangebot, Biergarten vor dem Haus, Parkplatz dahinter.
**Ortszentrum**: Pub ist das Ortszentrum.
**Zufahrt**: Von Battle auf der A2100 Richtung Hastings fahren. Dann aber weiter geradeaus (B2093), bis Sie links Richtung Coghurst Hall Holiday Park abbiegen können. Ca. 1,5 km nach dem Ferienresort links.
**Internet:** www.thethreeoakspub.com

**HASTINGS**

Gleich drei Städtepartnerschaften nach Deutschland (Düsseldorf, Pforzheim und Schwerte) pflegt das klassische englische Seebad Hastings. Die größten Zeiten des Tourismus liegen schon etwas zurück, dennoch ist der bei Sprachschülern beliebte Ort mit seiner 5 km langen Strandpromenade bis heute recht bekannt. Nicht gerade wohnmobilfreundlich sperren Höhenbarrieren die großen Parkplätze an der Küstenstraße vollständig ab. Somit bleibt nur die Hoffnung, einen Längsparker zu ergattern, wenn nicht vorne am Strand, dann etwas zurückversetzt hinter der Burg zwischen **Castle Hills Rd.** und **Priory Rd.**, ca. bei [N 50°51'29" E 0°35'15"] – oder Hastings einfach sein zu lassen. Falls Sie sich für das Bleiben entscheiden, sind, neben der Strandpromenade, die Net Shops einen Blick wert. Das sind schwarze, hoch aufragende Bretterbuden, in denen die Fischernetze zum Trocknen aufgehängt werden – der Strand bietet bei Flut dafür einfach nicht genug Platz. Weitere Anziehungspunkte sind die Überreste von **Hastings Castle** mit schönem Blick zur Küste hinab sowie alte Tunnel und Katakomben ganz in der Nähe, die einst von Schmugglern und Seeräubern genutzt wurden. Sie werden, mit Lichtinstallati-

Hastings Castlle

onen und lebensgroßen Puppen ausgestattet, als **Smugglers Adventure** vermarktet.

*Burg: Castle Hill Rd., TN34 3QZ, Apr.–Okt. 10.00–17.00 Uhr, Erw. 4,75 £, erm. 4,25 £, Kinder 3,95 £, Familien 15,40 £; Smugglers Ad.: St. Clement's Caves, TN34 3HY, Apr.–Okt. 10.00–17.30 Uhr, Mitte Febr.–März/Nov. nur bis 16.30 Uhr, Erw. 8 £, erm. 7 £, Kinder 6 £, Familien 25 £, Kombitickets, incl. Aquarium, erhältlich, smugglersadventure.co.uk*

Nicht weit entfernt steht am Strand, ganz im Osten der Promenade, auch das **Blue Reef Aquarium** mit Unter-Wasser-Tunnel.

*Rock-a-Nore Rd., TN34 3DW, Apr.–Okt. 10.00–17.00 Uhr, sonst bis 16.00 Uhr, Erw. 9 £, erm. 8 £, Kinder 3–12 J. 6,95 £, Familien 29,90 £, bei Onlinekauf ca. 20 % Ermäßigung, www.buereefaquarium.co.uk/hastings*

Neben dem Aquarium befinden sich dann noch ein **Schiffswrack- und Fischereimuseum** sowie gegenüber die **East Hill Cliff Railway**. Der Schrägaufzug befördert Sie auf einen östlich des Ortes gelegenen Aussichtshügel oberhalb der Klippen. Weiter westlich gelangen Sie hinter dem Wasserpark und Adventure-Minigolfanlagen über die **High Street** in die Altstadt oder, links vom Burghügel, in die Neustadt von Hastings.

Nur für Puristen zu empfehlen ist der sehr einfache Parkplatz am westlichen Ende der Stadt links der Uferstraße. Eine schlichte, kostenpflichtige Schotterfläche zwischen den Häusern ohne Nachtparkverbot *(**019:** [N 50°50'54" E 0°30'59"], 410 Bexhill Rd., TN38 8AR).*

**Gastrotipps Hastings: Maggie's Fish and Chips***, Fishmarket Rd., TN34 3DW, **The Crown****, 64 All Saints St., TN34 3BN, **Webbe's Rock-a-Nore****, 1 Rock-a-Nore Rd., TN34 3DW, **Two Bulls Steak House*****, 61c High St., TN34 3EJ, **Latham's Brasserie*****, 63 George St., TN34 3EE, **Hanushka Coffee House**, 28 George St., TN34 3EA.

Die kleinen Küstenorte NORMANS BAY und PEVENSEY BAY geben im Anschluss Gelegenheit, einen etwas ruhigeren

Platz am Wasser zu finden. Etwas zurückversetzt befindet sich bei POLEGATE ein Campingplatz.

**(020) WOMO-Campingplatz: Cuckoo's Rest**
**GPS**: N 50°50'18" E 0°15'16", Sayerlands Ln., BN26 6QX, POLEGATE.
**Max. WOMOs:** ca. 20.
**Ausstattung/Lage**: V/E, Duschen/Toiletten, Spülgelegenheit, Minishop, Spielplatz, gemütlicher, einfacher Platz mit Blick ins Land, Rasenplätze, teils etwas Schatten.
**Öffnungszeiten:** Apr.–Okt.
**Ortszentrum**: ca. 2,3 km.
**Zufahrt**: Rye in nördlicher Richtung auf der A268 Richtung Playden verlassen. Dann noch rund 2 km bis Iden zum Pub auf der linken Seite.
**Richtpreis:** 20 £.
**Internet:** www.cuckoosrest.webeden.co.uk

## EASTBOURNE und die Seven Sisters

Vieles, was für Hastings gilt, trifft auch auf Eastbourne zu. Das Seebad ist allerdings noch ein ganzes Stück größer und mit einem intakten, zentralen Pier versehen. Sprachstudenten und Senioren stellen das Gros der Gäste. Zum Halten müssen Sie auf einen Längsparker entlang der **Grand Parade** hoffen oder sich ins Ortsinnere trauen. Der Parkplatz am Bahnhof bietet in der Regel Kapazitäten *([N 50°46'16" E 0°16'56"], Commercial Rd.)*. Neben der lebendigen Innenstadt, besagtem Pier und der Promenade mit Strand gibt es auch zwei interessante Museen in Eastbourne. Eines ist die **Redoubt Fortress** an der Küste. Sie ist eine von nur drei bis heute bestehenden Festungen aus napoleonischer Zeit. Neben der umfangreichen Ausstellung im Inneren kann man sich auch Führungen anschließen – beliebt sind beispielsweise die Special-Spukführungen zur Dämmerung.

*Royal Parade, BN22 7AQ, Apr.–Sept. 10.00–17.00 Uhr, Sept./Okt. 11.00–16.00 Uhr, Erw. 4,50 £,* erm. 3,25 £, Kinder *2,50 £, Familien 12 £ incl. Tagesführung, www.eastbournemuseums.co.uk*

Blick vom Beachy Head
zurück nach Eastbourne

Wirklich sehenswert ist auch das Museum für Läden und Sozialgeschichte **How we lived then** im Zentrum. Die Eigentümer haben in mehr als 50 Jahren auf vier Stockwerken viele Tausend Ausstellungsstücke, vor allem aber komplette Wohnräume und Läden in das Museum transloziert: Juwelier, Pub, Süßigkeitenshop und ein Tante-Emma-Laden sind nur einige der liebevoll eingerichteten Räume, in denen Sie auf Spurensuche in die „gute alte Zeit" gehen können.

Leuchtturm am Beachy Head

*20 Cornfield Terrace, BN21 4NS, ab 10.00 Uhr, je nach Saison bis 15.00–18.00 Uhr, Erw. 6 £, erm. 5 £, Kinder 5–15 J. 4,50 £, Familien 17 £, www.how-we-lived-then.co.uk*

**Gastrotipps Eastbourne: The Marine***, 61 Seaside, BN22 7NE, **Fusciardi Ice Cream Parlour**, 30 Marine Parade, BN22 7AY, **The Crown and Anchor***, 15 Marine Parade, BN21 3DX, **Nelson Coffee Co.**, 4 Terminus Rd., BN21 3LP, **Bill's Restaurant****, 153 Terminus Rd., BN21 3NU.

Gleich hinter Eastbourne schwingt sich die Küstenstraße wieder die Klippen hinauf, um links ab Richtung **Beachy Head** einen der eindrucksvollsten Abschnitte von Englands Uferlinie zu erschließen. Ab hier beginnt der **Southern Downs National Park**, der auf knapp 160 km bis nach Winchester die meeresnahe Landschaft schützt. Einen Parkplatz finden Sie nahe dem **Countryside Visitor Centre** bei [N 50°44'29" E 0°15'12"] an der **Beachy Head Road**. Im Inneren wird eine kostenfreie Ausstellung zur Gegend mitsamt ihrer Flora und Fauna sowie zum Leuchtturm unterhalb der Klippen gezeigt.

*Apr.–Sept. und Sa/So im Okt. 10.00–16.00 Uhr, restlicher Okt. 13.00–16.00 Uhr, Nov. Sa/So 11.30–14.30 Uhr*

Viel schöner ist allerdings das eigene Erleben. Dazu machen Sie sich zu einer Kurzwanderung Richtung Lighthouse auf. Der Blick hinab zum 115 m tiefer gelegenen Turm ist atem-

Jedes Jahr einige Zentimeter weniger: die Klippen am Birling Gap

beraubend. ACHTUNG: Wagen Sie sich nicht zu nah an die Abbruchkante! Die Kreidefelsen sind in dieser Gegend äußerst instabil und brechen regelmäßig weg! Entweder gehen Sie zurück zum Fahrzeug und fahren zum nächsten Halt, dem Burling Gap, wo sich die Klippen etwas absenken, oder machen eine Wanderung dorthin *(Rückfahrt wahlweise mit dem Bus)*.

Nirgends kann man die Erosion und den Landverlust besser beobachten als am **Birling Gap**. Noch stehen die letzten vier Reihenhäuser einer einst doppelt so langen Wohnanlage. Auf Schaubildern aus den letzten 120 Jahren kann man sehen, wie Wind und Meer die Felsen schon so weit abgetragen haben, dass der einst komfortable Abstand zu den Klippen völlig weggeschmolzen ist. Über eine Stahltreppe gelangen Sie vom Café hinab an den Kieselstrand, der bei Sonnenanbetern, Badegästen an warmen oder Spaziergängern an kälteren Tagen gleichsam beliebt ist. Rechts sind die als **Seven Sisters** bekannten sieben Felsklippen gut zu erkennen. Nach links sollten Sie nicht zu weit gehen, da der Weg aufgrund herabfallender Steine und schnellen Gezeitenwechsels nicht sicher ist!

**Wanderung zum Seven Sisters Beach**

Ein paar schöne Wanderwege oberhalb der Klippen und zu einem weiteren Strand verlaufen durch den **Seven Sisters Country Park** ein Stück weiter westlich in Richtung Brighton. Fahren Sie dazu bis zum Parkplatz am Visitor Centre bei *[N 50°46'30" E 0°09'11"]* an der A259, alternativ etwas zurückversetzt auch gegenüber bei *[N 50°46'33" E 0°09'05"]*. Der mit einer Flusslandschaft markierte **Park Trail** führt in rund 4,8 km neben dem Fluss Cuckmere bis an den vorgelagerten Kiesstrand. Zunächst steigt der Weg rund 800 m leicht an, fällt dann zu den Klippen und zum Strand hin aber wieder ab. Letzteren erreichen Sie nach einigen steilen Stufen. Von dort haben Sie einen schönen Blick auf die Klippen östlich von Ihnen. Der Rückweg erfolgt direkt neben dem Flussbett. Alternativ können Sie auch den einfachen **Beach**

**Trail** wählen, der ebenfalls zum Strand und wieder zurück führt, dies allerdings nicht als Rundweg *(Länge dann ca. 3,2 km)*. Je nach Wasser- und Gezeitenstand können Sie den Fluss, kurz bevor er ins Meer mündet, auch überqueren und auf der gegenüberliegenden Seite zurückwandern. Sie enden dann am schönen **Pub Cuckmere Inn**, von dem es noch ein kurzer Marsch entlang der Straße zurück zum Ausgangspunkt ist. Am Pub ist gegen Anfrage und Einkehr auch das Übernachten gestattet, bitte nutzen Sie dafür den oberen Parkplatz *(**021:** [N 50°46'25" E 0°08'45"], BN25 4AB, Cuckmere Haven)*.

Wenn Sie nach der Wanderung Lust auf einen ruhigen Picknickplatz haben, empfiehlt sich, gleich hinter dem Visitor Centre ein paar Hundert Meter entlang der **Litlington Road** bis zum **Friston Forest Car Park** zu fahren. Ruhig und gemütlich parkt und sitzt man auf der Wiese oder Picknickbänken an einer Waldlichtung bei [N 50°46'54" E 0°09'07"]. Wer noch Energie hat, kann eine kleine Runde entlang des **White Horse View Trails** gehen. Er bietet gute Sicht auf ein in den Hügel gekratztes Pferdeabbild *(ca. 2,5 km)*.

## ALFRISTON

Kurz darauf in SEAFORD zweigt rechts eine kleine Straße nach Alfriston ab. Das hübsche Dorf ist einen Rundgang wert, leider sind die beiden offiziellen Parkplätze für Wohnmobile gesperrt. Abhilfe schaffen die von der Hauptdurchfahrt etwas zurückversetzten Anliegerstraßen **The Furlongs** und **North Rd.** *(ca. bei [N 50°48'38" E 0°09'10"])*. Achtung: Die Fahrwege im Ort sind teils sehr schmal. Wer über Nacht bleibt, hat es einfacher, ein Campingplatz steht am Anfang des Ortes bereit.

Bunte Mohnblumen am Clergy House

**(022) WOMO-Campingplatz: Pleasant Rise Farm**
**GPS**: N 50°48'16" E 0°09'02", Cuckmere Rd., BN26 5TN, ALFRISTON.
**Max. WOMOs:** 30+.
**Ausstattung/Lage**: Versorgung, Toiletten/Duschen, Spülgelegenheit, einfache Campingwiese am Ortsrand, schöne Lage, teils schattig.
**Ortszentrum**: 450 m.
**Zufahrt**: Am Ortsbeginn von Alfriston, dort, wo die Hauptstraße eine starke Rechtskurve macht, links abbiegen. Nach 250 m links.
**Richtpreis:** 14 £.
**Internet:** www.alfristoncamping.co.uk

Neben der schönen Bausubstanz und den zahlreichen Cafés im Ort ist auch noch das **Clergy House** einen Besuch wert. Das mittelalterliche Wohnhaus aus dem 14. Jahrhundert mit seinem stillen Wildblumengarten befindet sich etwas abseits, östlich der Hauptstraße. Es war 1896 das erste Anwesen, das an den National Trust überschrieben wurde.

*The Tye, BN26 5TL, Mitte März–Okt. Sa–Mi 10.30–17.00 Uhr, Nov./Dez. 11.00–16.00 Uhr, Erw. 5,15 £, Kinder 2,55 £, Familien 12,85 £, NT-Mitglieder frei, www.nationaltrust.org.uk*

Wenn Sie noch weiter in die Geschichte des Ortes eintauchen wollen oder aktuelle Infos suchen, empfiehlt sich die Website www.alfriston-village.co.uk.

**Gastrotipps Alfriston**: **Badgers Tea House**, North St., BN26 5UG, **Singing Kettle Teahouse**, 6 Waterloo Square, BN26 5UD, **The Apiary**, High St., BN26 5SY.

Etwas weiter nordöstlich des Ortes können Sie in Richtung LULLINGTON zum **Long Man of Wilmington** fahren. Das etwa 70 m hohe Bodenkratzbild zeigt einen Mann mit zwei Speeren. Es wurde 1710 wiederentdeckt, sein Entstehungszeitpunkt ist unbekannt. Zur besseren Sichtbarkeit sind die Umrandungen heute mit weißen Betonblöcken markiert. Leider gibt es kaum

Parkmöglichkeiten. Es bleibt nur ein sehr holpriger Streifen neben der Straße.

### (023) WOMO-Wanderparkplatz: Long Man

**GPS**: N 50°48'31" E 0°10'22", The Street, BN26 5RH, LULLINGTON.
**Max. WOMOs:** 1–2.
**Ausstattung/Lage**: Achtung: extrem holpriger Schotterparkplatz neben der kleinen Straße. Bei Womos mit langem Überhang besteht Aufsitzgefahr. Sehr ruhig und einsam, kein Schatten.
**Zufahrt**: Am Ende von Alfriston rechts Richtung Lullington abbiegen und dann links auf die Milton Road einfahren. Stellplatz links nach rund 500 m.

Nördlich von Alfriston liegt dann noch **Drusillas Park**. Der kleine Zoo ist vor allem mit Kindern einen Halt wert und wurde mit seinen auf junge Besucher zugeschnittenen Attraktionen zu einer der Top-Ausflugs-Adressen in East Sussex gewählt – neben den Tieren gibt es z.B. auch noch einen Hello Kitty Secret Garden...

*[N 50°49'27" E 0°09'45"], Alfriston Rd., BN26 5QS, Sommerhalbjahr 10.00–18.00 Uhr, Winter nur bis 17.00 Uhr, Preise je nach Tag/Saison Erw. 14–18,50 £, erm. 13–17,50 £, Familien 54–72 £, bei Onlinekauf ca. 18 % Ermäßigung, www.drusillas.co.uk*

Nur wenige Hundert Meter entfernt im Dorf BERWICK steht mit dem **Cricketers Arms** ein weiteres Pub, das Womos auf Anfrage und gegen Einkehr auch über Nacht willkommen heißt (***024:** [N 50°49'37" E 0°09'24"], The Village, BN26 6SP, www.cricketersberwick.co.uk)*. Die nahe Campingplatz-Alternative heißt Firle Camp.

### (025) WOMO-Campingplatz: Firle Camp

**GPS**: N 50°51'03" E 0°06'04", 77 Heighton St., BN8 6NZ, FIRLE.
**Max. WOMOs:** 1–2.
**Ausstattung/Lage**: schönes Campingfeld im Grünen, Bereiche für Familien und „Adults only". Sehr einfache Ausstattung: Versorgung, Duschen/WC, Spülgelegenheit, kaum Schatten.
**Öffnungszeiten**. Apr.–Okt.
**Ortszentrum**: ca. 8 km (Lewes).
**Zufahrt**: Von der A27 links nach Firle abbiegen, nach rund 350 m links.
**Richtpreis:** 20 £, an Wochenenden Mindestaufenthalt 2 Tage.
**Internet:** www.firlecamp.co.uk

Bevor Sie in Höhe LEWES links wieder in Richtung Küste lenken, können Opernfans vorher noch einen Besuch des Anwesens **Glynde Place** bei GLYNDEBOURNE in Betracht ziehen. Die Privatbühne hat sich über die Jahre zu einer der ersten Adressen Südenglands gemausert und zieht jährlich Tausende Besucher an *(Tickets online auf www.glyndebourne.com)*.

Wie eben noch verwendet:
Sekretär im Monk`s House

**Monk`s House**

Vom Autobahnkreisel der A27 führt eine schmale Straße dann Richtung KINGSTON und nach RODMELL hinüber. Die Warnung „max. 2 m Breite“ können Sie in dem Fall missachten, sie soll in erster Linie Lkws fernhalten und bezieht sich nicht auf eine spezielle Engstelle. So kommen Sie zum **Monk's House**, dem ehemaligen Wohnsitz der Schriftstellerin Virginia Woolf. Das kleine, aus dem 17. Jahrhundert stammende verwitterte Cottage wurde von der Schriftstellerin und ihrem Mann Leonard von 1919 bis zu dessen Tod 1969 bewohnt. Einige Räume des bescheidenen Zuhauses und der wilde, aber romantisch-schöne Garten können besichtigt werden. Dabei steigen Sie auf Wunsch auch tiefer in das bewegte, mutige, aber auch immer am Rande des Wahnsinns balancierende Leben Woolfs und der sie umgebenden Bloomsbury Group ein.

*Womos müssen schon vor Erreichen des Hauses an der Zugangsstraße längsseitig parken, Straße ist später zu schmal und es gibt Höhenbarrieren, ca. ab [N 50°50'12" E 0°00'49"], BN7 3HF, Rodmell, Erw. 5,50 £, Kinder 2,85 £, Familien 14 £, www.nationaltrust.org.uk*

**NEWHAVEN**

Nicht mehr weit ist es nun zur Hafenstadt Newhaven. Am Ortsbeginn wirbt der **Paradise Park** um Gäste. Es ist eine Mischung aus Gartenerlebnis, mit formellen Pflanzungen, kleinen Fischtümpeln, Springbrunnen und tropischen Gewächshäusern, einem erdgeschichtlichen Museum und Dinosaurierpark plus großem Spielareal für Kinder. Insgesamt gar keine so schlechte Mischung für Familien, wo jeder etwas findet, das ihn interessiert. Kurz danach an der Mole gibt es dann einen guten Übernachtungsplatz.

*[N 50°48'09" E 0°03'16"], Avis Rd., 9.00–18.00 Uhr, BN9 0DH, Erw. und Kinder ab 3 J. 9,99 £, erm. und Familien ab 3 Pers. je 7,99 £*

**(026) WOMO-Badeplatz: Newhaven**

**GPS**: N 50°46'55" E 0°03'19", Fort Rd., BN9 9DN, NEWHAVEN.
**Max. WOMOs:** 10–12.
**Ausstattung/Lage**: offizieller Stellplatz an der Hafeneinfahrt/Mole von Newhaven auf einem weitläufigen Parkplatz. Suchen Sie sich selbst den Ort, der Ihnen am meisten zusagt, entweder an der Hafenmauer

oder weiter hinten auf einer Grünfläche. Keine Einrichtungen, Spielplatz, aber wenige Hundert Meter dahinter, Kiesstrand fußläufig erreichbar, Pub direkt an der Einfahrt.
**Ortszentrum**: 1,5 km.
**Zufahrt**: Im Ort den Fluss Ouse überqueren, unmittelbar danach links halten und erneut die dritte Straße links (an der Ampel), South Rd., wählen. Bis zum Parkplatz ganz am Ende durchfahren.
**Richtpreis:** 3 £.
**Info:** Sie müssen bis spätestens 17.00 Uhr da sein, denn dann, manchmal schon etwas früher, macht der Parkwächter Feierabend. Er muss Ihnen aber die Höhenbarriere öffnen. Sie werden dann bis zum nächsten Morgen gegen 9.00 Uhr „eingesperrt"...

Neben dem Strand gelangen Sie vom angegebenen Parkplatz auch ganz einfach zum direkt dahinterliegenden **Newhaven Fort**. Es wurde in den 1860er-Jahren auf Empfehlung der Royal Commission erbaut, um als größte Verteidigungsanlage Sussex' die Südküste zu schützen. 1962 wurde es aufgegeben, danach entstand ein Museum. Die gesamte, direkt ins Kliff getriebene Anlage kann somit von Ihnen inspiziert werden.
*[N 50°47'02" E 0°03'18"], Fort Rise, BN9 9DW, Mitte Febr.–Anfang Nov. 10.00–17.00 Uhr, Erw. 7 £, erm. 5,75 £, Kinder 4–15 J. 4,60 £, Familien 21 £, www.newhavenfort.org.uk*

**Gastrotipps Newhaven**: **The Hope Inn***, West Pier, BN9 3DN, **The Ark***, West Quay, BN9 9BP.

## BRIGHTON

Wenn Sie zu spät dran waren, um am Stellplatz in Newhaven noch Einlass zu finden, oder sowieso ein Pub für die Nacht bevorzugen, können Sie in TELESCOMBE CLIFFS kurz vor Brighton noch einmal unterkommen. Das **Smugglers Rest**, gleich an der Hauptstraße A259, erlaubt Womo-Gästen das Nächtigen *(wie immer gegen Anfrage und bei Einkehr,* ***027:*** *[N 50°47'44" W 0°01'18"], 444 South Coast Rd., BN10 7BE)*. In Brighton können Sie dann zwischen einem Campingplatz oder Übernachtungsplätzen entlang der Uferstraße wählen. Nicht ganz günstig, aber auch für Tagesbesucher die beste Parkmöglichkeit *(ab* ***028****: [N 50°49'01" W 0°07'15"], Madeira Drive, BN2 1EN, kostenpflichtig 9.00–18.00 Uhr, März–Okt. 1–4 h 3,20–11 £, ganztags 16 £, Nov.–Febr. 1–4 h 1–4,20 £, ganztags 11 £)*.

Tag- (und Nacht-) Parkplatz in Brighton

## (029) WOMO-Campingplatz: Brighton Caravan Clubsite

**GPS**: N 50°49'14" W 0°05'52", East Brighton Park, BN2 5TS, BRIGHTON.
**Max. WOMOs:** 214.
**Ausstattung/Lage**: alle Einrichtungen, großer Campingplatz am östlichen Ortsrand im East Brighton Park. Plätze auf Schotter, Beton und Rasen.
**Öffnungszeiten:** ganzjährig
**Ortszentrum**: 2,8 km.
**Zufahrt**: Am Ortsbeginn von Brighton rechts Richtung Roedean School abzweigen. Dann geradeaus, bis rechts der Campingplatz bereits angeschrieben steht.
**Richtpreis:** 32,70–43,90 £. CC-Mitglieder 20,70–31,90 £.
**Internet:** www.caravan-club.co.uk

**Rundgang durch Brighton**

Im bekanntesten Seebad Großbritanniens ist eigentlich immer etwas los. Wochenendausflügler, Urlauber und Sprachschüler sowie die wachsende Einwohnerzahl tragen dazu bei, dass der Ort unter anderem die größte Dichte an Clubs, Bars und Restaurants im ganzen Land ausweist. Weltberühmt ist der Brighton Pier und natürlich der Royal Pavillon, der wohl außergewöhnlichste Palast in ganz Europa.
Wenn Sie sich einen wirklich umfassenden Eindruck von der Stadt machen wollen, empfiehlt sich, eine Runde mit dem **Sightseeing-Bus** zu drehen. Auf 15 Stationen werden Sie in rund 50 Min. zu allen interessanten Punkten gefahren, auch zu weniger leicht erreichbaren wie den schönen, ruhigen **St. Ann's Well Gardens** im Nordwesten der Stadt oder dem neuen Prestigeprojekt **Brighton Marina** ganz in Südosten mit vielen Cafés und Restaurants. Die Haupthaltestelle befindet sich am Pier, Sie können aber auch schon nahe Ihrem Stellplatz am Madeira Drive zusteigen *(Apr./Mai und Sa/So im Okt. 10.00–17.45 Uhr alle 60 Min., Juni–Sept. Mo–Fr 10.00–18.15 Uhr, Sa/So bis 19.45 Uhr im Hop-on-/Hop-off-Service, Erw. 15 £, erm. 10 £, Kinder 5–15 J. 7 £, Familien 30 £, www.city-sightseeing.com)*.
Wenn Sie lieber per pedes zu einem Rundgang durch Brightons Zentrum starten möchten, halten Sie sich zunächst an der Uferstraße auf den berühmten Brighton Pier zu.
Die von Anfang an als Vergnügungsmeile geplante Seebrücke wurde

im Mai 1899 eröffnet. Damals gab es gleich drei Piers, die ins Meer ragten und vor allem für reiche Gäste gedacht waren. Man wollte, statt baden zu gehen, dem Wasser nur mit einem Boot oder auf einem Pier ganz nahe kommen. Bis 2002 standen noch zwei davon; der West Pier ging damals aber in Flammen auf, heute ist nur mehr ein Rest des Stahlskeletts zu sehen. Der noch existierende **Brighton Pier** wurde ursprünglich von einem Theater geziert, das die Hauptattraktion stellte. Es ist längst abgerissen und hat Spielarkaden und einem ganzen Rummelplatz mit diversen Fahrgeschäften Platz gemacht. Dazu kommt eine Vielzahl an Ständen, die sich um den Hunger und Durst der Besucher kümmern. Laut, bunt und schrill, ist der Pier nicht jedermanns Sache, allein für den Blick auf die Stadt und den an schönen Tagen dicht bevölkerten Kiesstrand links und rechts davon ist er aber eine Stippvisite wert *(Mo–Fr ca. 10.00–21.00 Uhr, Sa/So bis 22.00 Uhr, www.brightonpier.co.uk)*.
Einen noch besseren Blick aus der Vogelperspektive bietet nur Brightons neueste Attraktion, der erst im August 2016 eröffnete **„British Airways i360"-Tower**, etwa in Höhe des alten West Piers, direkt am

Royal Pavillon

Strand. Man steigt in eine Art überdimensionierten, gläsernen Aufzug und wird damit am Turm entlang in 173 m Höhe befördert. Von dort genießt man einen 360-Grad-Rundumblick. Gut 100 km schweift der Blick von oben in die Ferne – entsprechende Sicht natürlich vorausgesetzt. Rund 25 Min. dauert der Spaß *(King's Rd., BN1 2LN, Fr/Sa 10.00–22.00 Uhr, sonst bis 20.00 Uhr, Erw. 15 £, erm. 12,50 £, Kinder 4–15 J. 7,50 £, bei Onlinebuchung ca. 10 % Ermäßigung, www.britishairwaysi360.com)*.

Zurück am Pier sehen Sie, wenn Sie landseitig nach schräg rechts schauen, schon die nächste Attraktion. Im Aquariumbau von 1872, also noch aus viktorianischer Zeit, präsentiert heute die **Sealife**-Kette einen Meereszoo im besonderen Ambiente. Alt und Neu erschaffen gemeinsam ein ganz besonderes Erlebnis, bei dem man beispielsweise durch und über ein Großbecken mit Haien und Meeresschildkröten gehen kann oder einen Rochenpool findet *(Marine Parade, BN2 1TB, ab 10.00 Uhr und saisonabhängig bis 16.00/17.00/18.00 Uhr, Erw. und Kinder ab 3 J. ab 17,50 £, bei Onlinebuchung ab 10,50 £, www.2.visitsealife.com/brighton)*.

Über die **Steine Gardens**, den Platz, der schräg dahinterliegt, und die anschließende Grünfläche gelangen Sie zum **Royal Pavillon**. Um in den wie aus einem indischen Märchen stammenden Palast zu gelangen, gehen Sie noch ein Stück nach Norden und dann linksherum, durch das **North Gate**, in die **Pavillon Gardens**. Zuvor können Sie rechts noch der **Brighton Museum & Art Gallery** neben dem Veranstaltungszentrum Brighton Dome einen Besuch abstatten. Kunst, lokale Geschichte und wechselnde Sonderausstellungen aus aller Welt bilden die Kernthemen der interessanten Ausstellung *(BN1 1EE, Di–So 10.00–17.00 Uhr, Erw. 5,20 £, erm. 4,20 £, Kinder 3 £, Familien 13,40 £, www.brightonmuseums.org.uk)*.

Der Eingang zum Palast befindet sich dann schräg gegenüber. Er war das Spielzimmer des exzentrischen Königs George IV., der den Palast schon vor seiner Regentschaft noch als Prinz erbauen ließ. Mit Absicht stand er mitten in der Stadt, wenig abgeschirmt und gut erreichbar, denn George liebte das pralle Leben, Partys und Pomp. All das konnte er in Brighton, weit genug vom Hof entfernt, ausleben. All dem frönte er ausgiebig im Palast, den er, seinen persönlichen Vorlieben nach, im indischen Stil errichten ließ. Das Innere ist aufwendig, meist mit asiatisch anmutenden Motiven gestaltet, und steigert sich von der Eingangshalle bis zum Speisesaal furios. Mithilfe eines deutschsprachigen Audioguides erfahren Sie viel zum Leben des Prinzen, zum

Bauwerk und der Zeit, als er der Mittelpunkt des gesellschaftlichen Lebens in Brighton war. Auch Königin Victoria wird erwähnt, die als Nachfolgerin von George in den Palast zog, ihm aber weit weniger abgewinnen konnte. Was der eine liebte, war ihr ein Dorn im Auge: zu nah an den Menschen, zu wenig Ruhe und Abgeschiedenheit... *(Apr.–Sept. 9.30–17.45 Uhr, sonst 10.00–17.15 Uhr, Erw. 12,30 £, erm. 10,50 £, Kinder 5–15 J. 6,90 £, Familien 31,50 £, brightonmuseum.org.uk).*

Verlassen Sie den Palast und halten Sie sich links und dann durch die **North Lane** nach rechts, erreichen Sie links von Ihnen das als **The Lanes** bekannte verkehrsfreie Gebiet voller kleiner Gassen. Wie eine englische Version einer mediterranen Stadt führen die schmalen, verschachtelten Laufwege kreuz und quer, was leicht zu Orientierungsschwierigkeiten führen kann. Boutiquen und individuelle Geschäfte, wie der originelle Schokoladenladen „Choccywoccydoodah", sind typisch für das Viertel. Auch gastronomisch sind Sie hier richtig aufgehoben, z.B. im **Riddle and Finns***** *(128 Meeting House Ln., BN1 1HB)*, **64 Degrees**** *(54 Meeting House Ln., BN1 1HB)*, **Food for Friends**** *(17 Prince Albert St., BN1 1HF)*, **English's of Brighton****** *(29 East St., BN1 1HL)* oder im **Cloud 9 Café** *(15 Brighton Place, BN1 1HJ)*.

Einkaufsstraßen „The Lanes"

Wenn Sie ausgiebig umhergeschlendert sind, sollten Sie irgendwann auf die **Prince Albert Street**, **Bartholomews Street** oder **East Street** stoßen, denen Sie dann in südöstliche Richtung folgen. Am Ende erreichen Sie entweder die Uferstraße oder die **Steine Gardens** erneut. Von dort finden Sie sicher zu Ihrem Fahrzeug zurück.

Noch ein Hinweis zum Schluss: Falls Sie streifenfrei bräunen möchten: Neben dem regulären Strand gibt es am östlichen Ende des Madeira Drive einen der wenigen offiziellen FKK-Strände Englands!

## *Abstecher ins Hinterland: Zu East Sussex bunten Gärten*

Wenn Sie der englischen Gartenkunst etwas abgewinnen können, interessiert Sie vielleicht dieser kleine Abstecher ins Hinterland. Hinter Brighton gibt es zunächst noch zwei gute Übernachtungsplätze, entweder als Zwischenstation oder nach bzw. vor einem Besuch der Stadt.

### (030) WOMO-Wanderparkplatz: Stanmer Park

**GPS**: N 50°51'45" W 0°05'38", Stony Mere Way, BRIGHTON.
**Max. WOMOs:** 10–12.
**Ausstattung/Lage**: keine Einrichtungen bis auf Mülleimer, Parkbuchten ab den angegebenen Koordinaten in nördliche Richtung, überall links

und rechts der Straße, meist schattig, die regelmäßig von Wohnmobilen, bislang geduldet, zum Übernachten genutzt werden. Schöne Gegend, viele Spazierwege und, ein paar Hundert Meter weiter, am Ende ein Restaurant und Café.
**Ortszentrum**: 5 km.
**Zufahrt**: Brighton über die hinter dem Pier nach hinten rechts wegführende A270, erst Grand Parade, dann Richmond Terrace und Lewes Street verlassen. Schließlich angeschrieben links Richtung Stanmer Park verlassen.

## (031) WOMO-Wanderparkplatz: Devil's Dyke

**GPS**: N 50°51'49" W 0°11'04", Devils Dyke Rd., BN1 8YR, BRIGHTON.
**Max. WOMOs:** 58.
**Ausstattung/Lage**: keine Einrichtungen bis auf Mülleimer, Parkplatz im Wandergebiet des National Trusts. Wandermöglichkeiten zur tiefsten und längsten Schlucht Englands. Kein Schatten.

**Ortszentrum**: 5 km.
**Zufahrt**: Halten Sie sich in Brighton hinter dem Pier auf die landeinwärts nach Nordwesten abführende North Street, später Dyke Road. Sie führt, immer geradeaus, bis zum angegebenen Parkplatz.
**Info:** Nach den angegebenen Koordinaten folgen noch einige weitere Parkplätze, suchen Sie sich einen aus: bei [N 50°52'09" W 0°11'29"], [N 50°52'39" W 0°12'17"] und [N 50°53'07" W 0°11'48"]. Die letzten beiden liegen am nächsten zur Schlucht.

Schließlich halten Sie sich erneut Richtung LEWES, das Sie auf dieser Tour schon einmal passiert haben, und dann auf der **A275** nordwärts bis zu den **Sheffield Park and Gardens**. Die Anlage ist über Jahrhunderte entstanden und trägt, unter anderem, die Handschrift des genialen Landschaftsgärtners „Capability" Brown, der im 18. Jahrhundert als größtes Gartenbaugenie seiner Zeit galt und die Grundgestaltung der Sheffield Gardens vornahm. Rund um die vier Seen im Zentrum befinden sich Anhöhen, Baumgruppen und Wasserspiele; jeder Besitzer des Sheffield-Anwesens hat im Lauf der Zeit seine Spuren hinterlassen. Auch der weitläufige Park ringsum, der teilweise vom Fluss Ouze begrenzt wird, bietet schöne Rundwege, auf denen sich viele Fluginsekten und Vögel beobachten lassen.

Rhododenron am Wasserfall im Sheffield Park and Garden

*[N 50°59'50" E 0°00'46"], Uckfield, TN22 3QS, 10.00–17.00 Uhr, Erw. 10,50 £, Kinder 5,25 £, Familien 26,25 £, NT-Mitglieder frei, www.nationaltrust.org.uk*

Um nach **Wakehust Place** zu kommen, sollten Sie nicht nur dem Navigationsgerät vertrauen, sondern auch einen Blick in die Straßenkarte werfen – allzu kleine Straßen bedeuten meist ein langsameres und mühsameres Vorankommen, als wenn Sie die etwas besser ausgebauten, selbst gewählten Varianten nehmen, auch wenn diese ein paar Kilometer Umweg bedeuten. In Wakehurst angekommen, betreten Sie einen botanischen Garten mit dem weltgrößten Saatgut-Konservierungsprojekt der Erde. 2010 wurde ein erster Meilenstein geschafft: Rund 10 % aller bekannten Pflanzenarten waren zu diesem Zeitpunkt eingelagert. Der National Trust betreibt die Anlage in Kooperation mit den Royal Botanic Gardens Kew, die ihren Hauptsitz in London haben. Rund um die Saatgutbank mit eigenem Ausstellungsbereich können Besucher das abwechslungsreiche Wald- und Seengebiet samt lebenden Skulpturen und Weidetunnel durchstreifen. Es umfasst ein Arboteum, formelle Gärten, ein Haus aus elisabethanischer Zeit und vieles mehr.

*[N 51°04'05" W 0°05'04"], Selsfield Rd., RH17 6TN, März–Okt. 10.00–18.00 Uhr, sonst bis 16.30 Uhr, Erw. ab 17 J. 12,50 £, NT-Mitglieder mit Jahresmitgliedschaft frei, Parkgebühren 2–10 £ je nach Dauer, www.kew.org*

Gleich südlich davon befindet sich ein Womo-Pub gegenüber den **South of England Showgrounds** der Agricultural Society. Die teils interessanten Veranstaltungen, die dort stattfinden, sind vielleicht einen weiteren Stopp wert; informieren können Sie sich über das aktuelle Veranstaltungsprogramm auf der Website www.seas.org.uk.

### (032) WOMO-Pub: The Gardeners Arms

**GPS**: N 51°03'36" W 0°05'09", Selsfield Rd., RH17 6TJ, ARDINGLY.
**Max. WOMOs:** 2–3.
**Ausstattung/Lage**: schönes Food-Pub an der nachts relativ ruhigen Hauptstraße. Großer Asphalt- und Schotterparkplatz neben dem Haus, Biergarten, familienfreundlich.
**Ortszentrum**: 1,3 km.
**Zufahrt**: direkt südlich von Wakehurst, nur wenige Hundert Meter entfernt.
**Internet:** www.gardenersarmsardingly.co.uk

Auch am Weg nach **Nymans** denken Sie bitte daran, auf die Straßenwahl zu achten und etwas größeren Fahrwegen den Vorzug zu geben. Das Anwesen war eines der ersten an den dem National Trust gestifteten Gärten und das Zuhause der Künstlerfamilie Messel mit Wurzeln im hessischen Darmstadt. Erforschen Sie das weitläufige und abwechslungsreiche Anwesen voller versteckter Ecken und Blicken ins weitläufige Umland. Außergewöhnlich ist auch das Wohnhaus, in dem der Kameramann Oliver Messel Gäste wie die Filmdiva Vivian Westwood willkommen hieß: Es ist in die Ruinen einer Kirchenruine gebaut worden – eine interessante Symbiose aus Neu und Alt.

Nymans

*[N 51°03'08" W 0°12'01"], B2114, RH17 6EB, Handcross, 10.00–17.00 Uhr, Erw. 11,50 £, Kinder 6,20 £, Familien 29 £, NT-Mitglieder frei, www.nationaltrust.org.uk*

Wenn Sie nun noch einkaufen möchten oder einen Bummel durch eine Fußgängerzone machen wollen, bevor Sie zurück zur Küste fahren, ist die Kleinstadt HORSHAM dafür keine schlechte Wahl. Vom zentralen Parkplatz bei [N 51°03'39" W 0°19'39"] in der **Denne Road** sind Sie im Nu im Zentrum oder im sich direkt anschließenden beliebten **Horsham Museum**. Es unterhält Abteilungen zu Kunst, Kostümen, Schmuck und Spielwaren, aber auch zu Themen wie „Verbrechen und Bestrafung", sowie ein Kuriositätenkabinett.

*9 Causway, RH12 1HE, Mo–Sa 10.00–17.00 Uhr, Eintritt frei, www.horsham-museum.org*

**Gastrotipps Horsham**: **Bill's****, Market Square, RH12 1EU, **Tristan*****, 3 Stans Way, RH12 1HU, **Sugar and Snow Café**, 3 Pines Place, RH12 1EH.

Letzter Nacht-Halt auf dieser Zusatzrunde ist das Pub **Cock Inn** etwas weiter südlich in SOUTHWATER *(**033:** [N 51°01'25" W 0°21'10"], Worthing Rd., RH13 9HG, www.thecockinnsouthwater.com)*.

### ARUNDEL

Egal ob Sie unsere Extratour mitgemacht haben oder direkt von Brighton aus nach Westen weitergefahren sind, stoßen beide Wege in Höhe WORTHING wieder aufeinander. Bevor Sie zum letzten Ziel auf dieser Tour, dem schmucken Dörfchen Arundel, gelangen, finden Sie weitere Übernachtungsplätze bei Worthing. Sie haben sogar die breite Auswahl: Mit dem **Pub Sussex Yeoman** *(**034:** [N 50°49'25" W 0°25'27"], 140 Palatine Rd., BN12 6JN, www.hungryhorse.co.uk/locations/sussex-yeoman)*, dem einfach ausgestatteten **Northbrook Farm Caravan Club Campsite** *(**035:** [N 50°49'47" W 0°26'00"], Titnore Way, BN13 3RT, Mitte März–Anfang Nov., 26–31,50 £, CC-Mitglieder 14–19,50 £)* oder dem **Littlehampton Caravan Club Site** mit allen

Innenhof von Arundel Castle

Einrichtungen *(**036:** [N 50°49'37" W 0°32'31"], Mill Ln., Wick, BN17 7PH, Mitte März–Dez., 30–38 £, CC-Mitglieder 18–26 £)* und einem freien Stellplatz können Sie nach Belieben wählen.

**(037) WOMO-Badeplatz: Marine Drive**

**GPS**: N 50°48'18" W 0°25'58", Marine Drive, BN12 4QN, GORING.
**Max. WOMOs:** 8–10.
**Ausstattung/Lage**: Mülleimer, sonst keine Einrichtungen, Längsparkstreifen an der kleinen Küstenstraße ohne Bebauung, bei Womo-Fahrern beliebt, nachts recht ruhig, kein Schatten, direkt hinter dem Strand.
**Ortszentrum**: 1,5 km.
**Zufahrt**: Ab der A27 fahren Sie in Richtung Littlehampton ab und dann im Kreisverkehr die erste Straße links nach Goring. Nun immer geradeaus, bis Sie schlussendlich auf den Marine Drive stoßen. Rechtsherum gelangen Sie zu den Parkplätzen.

**Arundel Castle**, auf einer Anhöhe am Fluss Arun erbaut, blickt weit in die South Downs hinein. Das in Privatbesitz befindliche Schloss wurde Ende des 11. Jahrhunderts gegründet und wird damit seit fast 1000 Jahren von den Dukes of Norfolk bewohnt. Einige Bauabschnitte, Bergfried und Torhaus, Vorwerk und der untere Teil des Bevis-Turms, sind noch im Originalzustand. Viele andere Bereiche wurden in den 1870er- bis 1890er-Jahren im gotischen Stil neu geschaffen. In der Burg begegnen Sie der Familiengeschichte der Bewohner bis in die Gegenwart und können die kostbare Ausstattung, kreiert von Künstlern wie van Dyk, Gainsborough oder Canaletto, betrachten. Die Schnitzereien und Möbel in der Bibliothek gehören zum Besten, was an Interieur im Regency-Stil hergestellt wurde. Auch außerhalb der Burg gibt es noch viel zu entdecken: Neben der Fitzgerald-Kapelle aus dem 14. Jahrhundert mit der Familiengruft sind vor allem die wunderschönen Gärten erwähnenswert. Thematisch sortiert finden Sie Rosengarten, Kapellgarten, Schnitt-

Wunderschön: die Castle Gardens

garten und ein viktorianisches Gewächshaus mit exotischen Frucht- und Gemüsepflanzen. Die Wasserspiele an „Oberons Palast“, italienische Terrassen und Pflanzungen von Palmen, Bananen, Kaiserkrone und Blumenrohr bleiben in Erinnerung. Gegenüber dem Burgeingang befindet sich ein großer Parkplatz mit ausgewiesenen Womo-Stellplätzen im begrünten hinteren Bereich. Von 18.00–9.00 Uhr wird die Einfahrtschranke geschlossen und das Über-Nacht-Parken ist nur nach Genehmigung der Parkwächter erlaubt, die aber erteilt zu werden scheint. Während unserer Recherche nutzten mehrere Fahrzeuge den Platz für die Nacht. Ist niemand vor Ort ist auf den Infotafeln eine Telefonnummer notiert. Vom Parkplatz ist man nach 200 m im Ortszentrum mit Restaurants und einigen Geschäften *(Parken bei* ***038:*** *[N 50°51'16" W 0°33'07"], Apr.–Okt. für Wohnmobile geöffnet, 4,50 £).*

*Mills Rd., BN18 9AB, Apr.–Okt. Di–Fr 10.00–17.00 Uhr, Tickets nach Umfang unterteilt: nur Garten/+ Bergfried/+ Repräsentationsräume/+ Privaträume Erw. 9–18 £, erm. 9–15,50 £, Kinder 5–16 J. 9 £, Familien 41–45 £, www.arundelcastle.org*

Auch Raum für Dickschiffe: Parkplatz am Arundel Castle

Letzte Station auf Tour 1 ist das **WWT Arundel Wetland Centre** nur wenige Hundert Meter nach der Burg. Dort können Sie Otter auf einer Boots-Safari sehen, seltene Gänse von Hand füttern und von stillen Verstecken andere Wildtiere in ihrem natürlichen Lebensraum beobachten. Kinder wie Erwachsene, die sich für Natur begeistern, kommen bei einem Besuch auf ihre Kosten. Kamera, Fernglas und genügend Zeit sollten Sie mitbringen, denn anders als in einem Zoo muss man manchmal warten, bis sich die tierischen Bewohner des Areals blicken lassen.

Bootsfahrten am Wetland Cantre Arundel

*[N 50°51'49" W 0°33'07"], Mill Rd., BN18 9PB, Apr.–Mitte Okt. 9.30–17.30 Uhr, sonst bis 16.30 Uhr, Erw. 10,86 £, erm. 8,64 £, Kinder 4–16 J. 5,45 £, Familien 29,18 £, www.wwt.org.uk/wetland-centres/arundel*

Und wenn Sie bei der Boots-Safari auf den Geschmack gekommen sind und im Anschluss noch selbst eine Runde drehen möchten, können Sie das zwischen Wetland Centre und Burg am **Swanbourne Lake** tun. Ruderboote stehen bereit, zur Stärkung erwartet Sie am Ufer ein Café.

**Gastrotipps Arundel**: **The Town House*****, 65 High St., BN18 9AJ, **The Parsons Table*****, 2 Castle Mews, BN18 9DG, **Butlers*****, 25 Tarrant St., BN18 9DG, **Berties of Arundel**, 31 Tarrant St., BN18 9DG, **Motte and Bailey Café**, 49 High St., BN18 9AG, **The Swan****, 27 High St., BN18 9AG.

TOUR 2
10 km
N
Aldershot
Farnham
Haslemere
South Downs N.P.
Petworth
Bignor
Arundel
Bognor Regis
Midhurst
Chichester
Selsey
Somerley
West Wittering
Bracklesham Bay
South-bourne
Havant
Petersfield
Waterloo-ville
Hayling
South
Bishop's Waltham
Wickham
Portchester
Fareham
Ports-mouth
Gosport
Bembridge
St. Helens
Ryde
Yaverland
Sandown
Shanklin
Brading
Newport
New-church
Ventnor
Godshill
Niton
The Solent
Cowes
Winchester
Eastleigh
South-hampton
Fawley
Andover
Beaulieu
Totton
Ashurst
Romsey
Mottisfont
Lockerley
Lop-combe C.
Yarmouth
Freshwater
Brighstone
Atherfield Bay
Brighstone Bay
Isle of Wight
Compton Bay
Colwell Bay
Lymington
Boldre
Setley
Brockenhurst
Lyndhurst
Minstead
Plaitford
New Forest N.P.
Ringwood
Christchurch
Christchurch Bay
Avon
Amesbury
Salisbury
Wilton
Winterbourne
Bourne-mouth
Ferndown
Wimborne Minster
Poole
Studland Bay
Studland
Swanage Bay
Swanage
Corfe C.
Arne
Lytchett Minster
Tarrant Key.
Cashmoor
Ludwell
Semley
Shaftesbury
Stourton
Gillingham
Wincanton
Blandford Forum
Sandford
Wareham
Church K.
Kingston
Kimmeridge
Kimmeridge Bay
Lulworth
East Knighton
Puddletown
Piddlehinton
Dorchester
Crossways
Osmington
Weymouth
Weymouth Bay
Fortuneswell
Chesil Beach
Abbots-bury
Cerne Abbas
Yeovil

## Tour 2: Hampshire, Dorset, Isle of Wight (530–760 km)

**Bignor – Petworth – Midhurst – Chichester**
**West Wittering – Portsmouth – Isle of Wight**
**Portchester – Winchester – Romney – Beaulieu**
**Salisbury – Stonehenge – Longleat – Stourhead**
**Shaftesbury – Poole – Corfe Castle – Lulworth**
**Weymouth – Isle of Portland – Dorchester**

| | |
|---|---|
| Stellplätze (gratis): | Houghton, Bignor, West Stoke, Hayling Island, Portsmouth, Farley Mount Country Park, Woodhenge, Warminster (2x), Wardour Castle, Win Green, Kingston Lacy, Kingston, Kimmeridge, Maiden Castle |
| Stellplätze (€): | Salisbury, Hardy`s Cottage |
| Pub-Stellplätze: | West Wittering, Havant, Southsea, Godshill, Niton, Whippingham, Lockerley, Redbridge, East Boldre, Brockenhurst, Lyndhurst, Plaitford, Winterbourne Stoke, Corsley Heath, Tarrant Keyneston, Wimborne Minster, Lytchett Minster, Church Knowle, East Knighton, Portland, Piddlehinton |
| Campingplätze: | West Wittering, St. Helens, Sandown, Newchurch, Atherfield Bay, Freshwater, Northwood, Wickham, Winchester, Ashurst, Lyndhurst, Lopcombe Corner, Longleat, Norden, Corfe Castle (2x), Langton Matravers, Moreton, Fleet |
| Besichtigen: | Bignor Roman Villa, Petworth House, South Downs NP Centre, West Dean Gardens, Chichester, Fishbourne Roman Palace, Portsmouth mit Spinnaker Tower und Historic Dockyards, Quarr Abbey, Isle of Wight Zoo, Shanklin, Godshill Model Village, Ventnor Botanic Garden, Mottistone Gardens, The Needles und Alum Bay, Carisbrooke Castle, Osborne House, Monkey Haven, Portchester Castle, Fort Nelson, Winchester, Mottisfont Abbey, New Forest Wildlife Park, Beaulieu mit Motor Museum, Salisbury, Old Sarum, Woodhenge, Stonehenge, Longleat, Stourhead Garden, Old Wardour Castle, Shaftesbury, Kingston Lacy, Poole, Corfe Castle, Lulworth Castle, Lulworth Cove, Weymouth, Isle of Portland, Bennetts Water Gardens, Dorchester, Maiden Castle, Hardy`s Cottage, Cerne Abbas Giant |
| Baden: | West Wittering, Hayling Island, Ryde Beach, St. Helens Beach, Bembridge Beach, Yaverland Beach, Shanklin Beach, Steephill Cove Beach, Compton Beach, Studland Bay, Knoll Beach, Shell Bay, Kimmeridge Bay, Durdle Bay, Weymouth |
| Wandern: | Kingley Vale, Shanklin Chine, St. Catherine`s Lighthouse, Farley Mount Country Park, New Forest NP, RSPB Arne Nature Reserve, Hartland Moor, Studland Heath Nature Reserve, Studland Bay, Durdle Door |

**In und rund um die Countys West Sussex, Hampshire, Wiltshire und Dorset lernen Sie interessante Städte kennen, machen sich einen Eindruck von uralten Kultstätten wie Stonehenge und gelangen zu einigen schönen Küstenregionen, die Fischerdörfer, Strände und viel Natur bieten.**

Sie können mit Tour 2 direkt in Chichester beginnen, wenn Sie von Arundel auf der Schnellstraße **A27** nach Westen weiterfahren. Wir möchten Ihnen aber vorher noch eine weitere kleine Runde ins Landesinnere anbieten.

## BIGNOR

Gleich hinter Arundel finden Sie einen Stellplatz direkt angrenzend an die recht befahrene Straße **B2139**. Kein Traumplatz, aber auch nicht die schlechteste Wahl, wenn Sie frei stehen möchten.

### (039) WOMO-Stellplatz: Houghton Hill Car Park

**GPS**: N 50°53'29" W 0°34'03", B2139, HOUGHTON.
**Max. WOMOs:** 1–2.
**Ausstattung/Lage**: besserer Rastplatz neben der Straße, asphaltiert, teils schattig, keine Ausstattung.
**Ortszentrum**: ca. 5,8 km (Arundel).
**Zufahrt**: Arundel in nördliche Richtung auf der A284 verlassen. Dann am Kreisverkehr die dritte Ausfahrt Richtung Storrington wählen. Nach ca. 550 m links.

Am Kreisverkehr kurz zuvor, an dem Sie für die Weiterfahrt nach Norden die **A29** wählen, befindet sich auch ein recht großer Rast- und Picknickplatz, vielleicht eine weitere Alternative.

Inmitten ländlich genutzter Flächen liegen nahe dem Dorf BIGNOR dann die Ausgrabungen einer römischen Villa. Auf der ziemlich schmalen Straße müssen Sie, immer den Schildern nach, rund 3 km zurücklegen, wenn Sie die schönen, recht gut erhaltenen Mosaike aus dem 3. und 4. Jahrhundert ansehen möchten. Vor allem für sie ist die **Bignor Roman Villa** bekannt. Falls Sie sich dagegen entscheiden, haben Sie später aber nochmals die Möglichkeit, ein Römerhaus auf dieser Tour zu sehen.

*[N 50°55'14" W 0°35'49"], Bignor Ln., RH20 1PH, Mai–Okt. 10.00–17.00 Uhr, Juni–Sept. bis 18.00 Uhr, Erw. 6 £, Kinder 3 £, www.bignorromanvilla.co.uk*

Die kleine Straße führt, vorbei an der Villa und dann bei nächster Gelegenheit links ab, nach rund 2,6 km noch zu einem abgelegenen Wanderparkplatz ohne Nachtparkverbot. Die zeitweise recht zugewachsene Anfahrt ist für große Womos nur bedingt geeignet und Sie müssen den ganzen Weg am Ende auch wieder zurück *(**040:** [N 50°54'28" W 0°36'59"], South Downs Way)*. Dafür gibt es dort am **Bignor Hill** neben Einsamkeit auch Wandermöglichkeiten, eine Infotafel dazu wurde angebracht.

**Petworth House**

Ihr nächstes Ziel heißt dann **Petworth House**. In dem repräsentativen Anwesen kommen auch Kunstliebhaber auf ihre Kosten, denn es beherbergt die wichtigste Gemäldesammlung im Besitz des National Trusts. Werke von Blake, Titian oder van Dyk werden gemeinsam mit Skulpturen aus verschiedenen Epochen gezeigt. Ansonsten wandeln Sie durch die ehemaligen Wohnbereiche des dritten Earl von Egremont, die im starken Kontrast stehenden Bedienstetenräume, Küchen und den großen, sehenswerten Park – eine weitere Landschaftsarbeit von Lancelot ‚Capability' Brown.

*[N 50°59'41" W 0°36'41"], London Rd., GU28 9LR, Mitte März–Anfang Nov. 11.00–17.00 Uhr, Parken 4 £, Erw. 13,50 £, Kinder 6,75 £, Familien 33,60 £, NT-Mitglieder frei, www.nationaltrust.org.uk*

## MIDHURST

In Midhurst steuern Sie schließlich wieder südlich auf die Küste zu, können aber zuvor noch einen Blick in den **South Downs National Park Centre** werfen. Wenn Ihnen die Gegend gefällt, können Sie sich dort mit Informationen, Broschüren und Kartenmaterial eindecken. Falls der kleine Parkplatz vor dem Haus voll sein sollte, gibt es einen weiteren etwas zurückversetzt fast gegenüber hinter dem Busterminal.

*[N 50°59'22" W 0°44'16"], North St., GU29 9DH, Mo–Do 9.00–17.00 Uhr, Fr bis 16.30 Uhr, So/Ft 10.30–14.30 Uhr, www.southdowns.gov.uk*

**Gastrotipps Midhurst: The Exclusive Cake Shop**, North St., GU29 9BY, **Seven Fish*****, Rothermere North St., GU29 9DJ, **Cockburn's Tea Room**, Knockhundred Row, GU29 9DQ.

Bevor Sie Chichester erreichen, kommen Sie noch an den erwähnenswerten **West Dean Gardens** vorbei. Es ist eine

Chichester Cathedral und Fußgängerzone mit Chichester Cross

der größten Gartenanlagen im Land und bietet Bereiche wie eine edwardianische Pergola, einen ummauerten und einen restaurierten versunkenen Garten.

*[N 50°54'33" W 0°46'06"], A286, PO18 0RX, Febr.–Mitte Dez. Mo–Fr 10.30–17.00 Uhr, Sa/So 9.00–17.00 Uhr, Erw. 5,50–8,50 £ je nach Jahreszeit, www.westdean.org.uk/gardens*

## CHICHESTER

Die hübsche Stadt Chichester ist auch „einfach nur so" für einen kleinen Stadtbummel zwischendurch eine gute Wahl. Ihre Hauptattraktion ist aber zweifelsfrei die 900 Jahre alte **Kathedrale**. Sie befindet sich, unübersehbar, direkt im Zentrum, welches Sie von einem der zahlreichen Parkplätze rund um die Innenstadt schnell zu Fuß erreichen *(z.B. ab [N 50°50'07" W 0°46'25"] an der Market Rd.)*. Sehenswert ist der Mix aus Alt und Neu, normannischen, viktorianischen und zeitgenössischen Einflüssen im Inneren.

*West St., PO19 1PX, 7.15–19.00 Uhr, Winter bis 17.00 Uhr, Eintritt frei*

**Gastrotipps Chichester: Real Burger Kitchen****, 5 South St., PO19 1EH, **Bill's****, 131 North St., PO19 1QL, **Cloisters Café**, Cathedral Cloisters, PO19 2PX, **Park Tavern***, 11 Priory Rd., PO19 1NS, **Field and Folk*****, 4 Guildhall St., PO19 1NJ.

Auch im Umkreis gibt es einige interessante Anlaufpunkte. Westlich der Stadt können Sie zum **Kingley Vale** fahren. Das Naturschutzgebiet umfasst einen der schönsten Eibenwälder Europas. Zu ihm gehören auch einige echte Baum-Methusalems, vermutlich mit 6000–9000 Jahren die ältesten Lebewesen der Britischen Inseln. Auch 14 historische Monumente und eine artenreiche Flora und Fauna verstecken sich in dem

Gelände. Ein rund 5,5 km langer Rundweg erschließt es ab dem Wanderparkplatz West Stoke, den Sie auch zum Übernachten nutzen können.

**(041) WOMO-Wanderparkplatz: West Stoke**

**GPS**: N 50°52'21" W 0°49'46", Downs Rd., PO18 9BE, CHICHESTER.
**Max. WOMOs:** 1–2.
**Ausstattung/Lage**: recht großer Schotterparkplatz am Naturschutzgebiet Kingley Vale. Keine Einrichtungen, kein Schatten, nachts sehr ruhig.
**Ortszentrum**: ca. 6,7 km.
**Zufahrt**: Von der Ringstraße in Chichester nordwestlich auf der B2178 Richtung Funtington fahren. Nach dem Dorf rechts zum National Nature Reserve und nach West Stole abbiegen. Nach rund 1 km rechts.

## WEST WITTERING

Südlich von Chichester führt die an schönen Tagen leider sehr stark befahrene **A286** zu den Küstenorten East und West Wittering. Sie sind vor allem bei Tagesausflüglern beliebt, da sie die schönsten Strände der Gegend bieten. Die Landzunge bei West Wittering bietet einen auch bei Flut existierenden sehr schönen weißen Sandstrand, an dem man Spaziergänge unternehmen – und natürlich auch baden – kann.

*Kostenpflichtiger Parkplatz bei [N 50°46'32" W 0°54'21"], West Strand, PO20 8AJ*

Falls Sie länger bleiben wollen, finden Sie den nächstgelegenen Campingplatz **Nunnington Farm Campsite** direkt an der Zufahrtsstraße *(**042:** [N 50°46'59" W 0°53'26"], Rockwood Rd., PO20 8LZ, 22–29 £, alle Einrichtungen, www.camping-in-sussex.com).*

Als Alternative bietet das Pub **Lamb Inn**, ebenfalls an der Zufahrtsstraße **B2179**, Gästen auf Nachfrage die Möglichkeit

West Wittering Beach

Strand auf Hayling Island

zum Übernachten am Parkplatz *(**043:** [N 50°47'12" W 0°51'37"], Chichester Rd., PO20 8QA, West Wittering, www.thelambwittering.co.uk).*

**FISHBOURNE und HAYLING ISLAND**

Unweit Chichesters, entlang der weiterführenden **A27**, haben Sie dann erneut die Möglichkeit zur Besichtigung einer römischen Villa an den **Fishbourne Roman Palace and Gardens**. Noch eine Spur umfangreicher als die Villa in Bignor und samt gestalteten Außenanlagen kein schlechter Zwischenstopp, wenn Sie sich für Archäologie interessieren. Die Überreste sind bis zu 2000 Jahre alt.

*[N 50°50'15" W 0°48'38"], Roman Way, PO19 3QR, März–Okt. 10.00–17.00 Uhr, Febr./Nov.–Mitte Dez. bis 16.00 Uhr, Erw. 8,90 £, erm. 8,20 £, Kinder 5–16 J. 4,70 £, Familien 24 £, www.sussexpast.co.uk*

Die durch eine Brücke mit dem Festland verbundene **Insel Hayling** hat zwar nur Kieselstrände zu bieten, ist aber vielleicht trotzdem interessant für Sie. Vor allem an schönen Tagen haben Sie bei Querung des Fahrstegs eine wunderbare Sicht auf die Bucht **Langstone Harbour**. Genau am Beginn befindet sich auch das aussichtsreiche **Ship Inn** gleich am Wasser. Gästen wird das Übernachten in der Regel gestattet *(**044:** [N 50°50'15" W 0°58'51"], 77 Langstone Rd., PO9 1RD, Havant, www.shiplangstone.co.uk).*

Der nächste Stellplatz auf einer öffentlichen Fläche lässt nicht lange auf sich warten. Nur wenige Hundert Meter nach der Überfahrt können Sie rechts, gleich nach einer Tankstelle, in eine kleine Zufahrtsstraße abzweigen. Sie führt zu einem attraktiv am Wasser gelegenen Wanderparkplatz, der 1–2 Womos für die Nacht aufnehmen kann. Er ist tags bei Kitesurfern als Basis beliebt, einige Spazierwege

Stellplatz 45, Hayling Island

verlaufen an der Küste entlang *(**045:** [N 50°49'18" W 0°58'59"], Victoria Ln., PO11 0LG, Hayling Island, Vorsicht bei hohem Gezeitenstand, Überflutungsgefahr!).*

Die Parkplätze ganz vorne am Strand von Hayling erreichen Sie schließlich ab der Straße **Sea Front** mit mehreren Abfahrten bei *([N 50°47'13" W 0°59'54"], PO11 0AT).*

## PORTSMOUTH

Die 200.000-Einwohner-Stadt Portsmouth liegt auf der Insel **Portsea Island** und gehört zu den wichtigsten Fährhäfen des Landes. Im Zweiten Weltkrieg stark beschädigt, war sie in den folgenden Jahren als unschöne Industriestadt verrufen. Doch daran hat sich einiges geändert. Über 130 Millionen Pfund wurden für die Umgestaltung der alten Dockanlagen verwendet. Das Ergebnis kann sich durchaus sehen lassen. Bevor Sie in die Innenstadt fahren, können Sie in den Hügeln hinter der Stadt zuvor noch auf einer Anhöhe, gleich neben der Festung Widley aus dem 19. Jahrhundert, die Nacht verbringen. Der Hauptparkplatz ist zwar mit einer Höhenbarriere versperrt, an den Parkstreifen davor gibt es aber keinerlei Verbote. Ein Pub und ein Burger-Foodtruck liegen gleich daneben *(**046:** [N 50°51'14" W 1°03'50"], Widley Walk, PO6 3LS, Portsmouth).*

Eine zentrumsnähere Stellplatzvariante bietet das Pub Thatched House.

### (047) WOMO-Pub: Thatched House

**GPS**: N 50°47'40" W 1°02'26", Longsway Rd., PO4 8LT, SOUTHSEA.
**Max. WOMOs:** 2–3.
**Ausstattung/Lage**: Pub der „Fayre & Sqare"-Kette mit großen Parkflächen rund ums Haus. Freischankfläche vorhanden.
**Ortszentrum**: ca. 4 km (Portsmouth).
**Zufahrt**: Von der zentralen A3 (Anglesea Rd.) in Portsmouth links Richtung New Theatre Royal abbiegen. Dann an den nächsten fünf Kreisverkehren immer geradeaus fahren. Schließlich links dem Schild „Out of City" folgen und gleich danach wieder rechts dem zum St. Jame's Hospital. Nach rund 1,3 km rechts.
**Internet**: www.fayre-square.com

**Rundgang in Portsmouth**

Zunächst brauchen Sie einen zentralen Parkplatz in Portsmouth, das ist leider gar nicht so einfach. Die meisten sind mit Höhenschranken bestückt oder zu Parkhäusern ausgebaut worden. Die besten Möglichkeiten sind wohl der nicht gerade üppige **Harbour Car Park** in der **Havant Street** bei *[N 50°47'53" W 1°06'20"]* (natürlich wie immer gebührenpflichtig; wenn zwei Parkbuchten benötigt werden, müssen diese unbedingt auch gezahlt werden) oder der gegenüber dem Fährterminal zur Isle of Wight in der **Gunwharf Road** *[N 50°47'39" W 1°06'15"]*. In den südlich daran anschließenden Straßen besteht auch die Möglichkeit, einen Parkplatz am Straßenrand zu finden.
Vom Fährterminal aus starten wir den Rundgang. Unmittelbar rechts neben den Abfertigungsgebäuden können Sie auf einen schmalen

Portsmouth Harbour mit dem Emirates Spinnaker Tower

Durchgang zum **Millennium Walkway** schlüpfen und dann am Wasser, vorbei an modernen Wohnhäusern, auf das Wahrzeichen des „neuen Portsmouth“ zugehen. Der modern gestaltete **Emirates Spinnaker Tower** mit seinen 170 m Höhe ist nicht zu übersehen. Seit der Eröffnung 2005 haben sich schon bald 3 Millionen Besucher per Lift auf die Aussichtsplattformen in 100, 105 und 110 m Höhe transportieren lassen. Sie erschließen eine 350-Grad-Sicht, fast ringsum, auf Stadt, Küste und die Insel Wight in nicht allzu weiter Ferne. Vom untersten Deck aus können Sie per iView-Display oder mit einem Audioguide mehr über die Stadt und Landschaft zu Ihren Füßen erfahren (auch auf Deutsch verfügbar) oder Ihre Schwindelfreiheit auf einer Glasbodenbrücke testen. Deck zwei beherbergt ein Café und das nach oben geöffnete, höchstgelegene Deck drei lässt Sie den Wind in den Haaren fühlen... *(Gunwharf Quays, PO1 3TT, 10.00–17.30 Uhr, Erw. 9,95 £, erm. 8,95 £, Kinder 3–15 J. 7,95 £, Familien 33 £, bei Onlinebuchung 15 % Ermäßigung, www.spinnakertower.co.uk).*

Direkt hinter dem Turm schließt sich das teilüberdachte **Gunwharf Quays Outlet Centre** mit über 100 Markengeschäften an. Durch die tolle Lage am Meer und mit vielen Freiflächen und zahlreichen Cafés aufgelockert, ist er auch für Shoppingmuffel eine kleine Runde wert *(Mo–Fr 10.00–20.00 Uhr, Sa ab 9.00 Uhr, So bis 18.00 Uhr, www.gunwharf-quays.com).*

Spinnaker Tower Aussichtsplattform

Hinter dem Centre auf der Straße **The Hard** nach links passieren Sie das **Feed Café*** *(7 The Hard, PO1 3EA)* und das **Ship Anson*** *(10 The Hard, PO1 3DT)*. Dann gelangen Sie nach wenigen Metern zu einer zweiten Hauptattraktion Portsmouths, den **Historic Dockyards**. Auf dem riesigen Hafengelände mit seinen Docks und alten Lagerhallen ist ein äußerst interessantes Museum entstanden, das ganze elf Einzelattraktionen umfasst. Selbst wenn Sie mit dem Thema „Schifffahrt" bislang nichts anfangen konnten, wird Sie die umfangreiche Ausstellung, in der über 800 Jahre Marinegeschichte zusammenfasst sind, begeistern können. Absolute Highlights sind sicher die voll begehbaren Schiffe: die **HMS Victory**, eines aus Admiral Nelsons Flotte, auf dem bis heute eine Crew Dienst tut, und die **HMS Warrior** von 1860, ein Kriegsschiff mit Stahlpanzer, das niemals in ein Gefecht verwickelt wurde. Auch die neueste Attraktion sollten Sie nicht verpassen: Nachdem es ganze 400 Jahre am Meeresboden gelegen hatte, haben Archäologen ein Schiff Heinrichs VIII. geborgen und samt den umfangreichen noch vorhandenen Ausrüstungsgegenständen für die Öffentlichkeit zugänglich gemacht. Geschützt durch eine futuristisch anmutende Halle sind die Überreste der **Mary Rose** zu erleben und viele mit ihr verknüpfte Geschichten werden wiederbelebt. Zusätzlich finden Sie auf dem Gelände mit der **HMS M.33** ein weiteres, kleineres Kriegsschiff aus dem Ersten Weltkrieg, das M**useum** für Marinegeschichte, eine Ausstellung zum Thema „Schiffsbau" im **Boathouse 4** sowie eine Action-Halle für Kinder mit Laser Quest Parcours und anderen Stationen. Ein Schiff verbindet die Dockyards regelmäßig mit dem nur wenige Hundert Meter entfernten Ort GOSPORT auf der gegenüberliegenden Seite der Hafen-

Historic Dockyards:
HMS Victory

Historic Dockyards: HMS Warrior

bucht. Ihr Ticket gilt auch dort für das **Royal Navy Submarine Museum** samt dem begehbaren, letzten verbleibenden U-Boot aus dem Zweiten Weltkrieg, der HMS Alliance. Im benachbarten **Firepower Museum** werden Torpedos, andere Geschütze und sogar eine Atombombe (!) gezeigt. Noch mehr Marinegeschichte gibt es im einige Kilometer entfernt gelegenen **Royal Marines Museum** in Eastney zu erleben, das Sie später mit Ihrem Ticket auch noch besuchen können *(Victory Gate, PO1 3LJ, Adresse Gosport: Haslar Jetty Rd., PO12 2AS, Adresse Eastney: Eastney Espalanade, PO4 9PX, Apr.–Okt. 10.00–18.00 Uhr, sonst bis 17.30 Uhr; Tickets behalten ein Jahr ihre Gültigkeit: Erw. 33 £, erm. 30 £, Kinder 26 £, Familien 79 £, bei Onlinekauf ca. 30 % Ermäßigung; es können für alle Attraktionen auch Einzeltickets gekauft werden, z.B. Erw. je 10–18 £, www.historicdockyards.co.uk)*. Nach Verlassen des Museumsgeländes gehen Sie auf dem gleichen Weg zurück oder könnten sich alternativ links über die **Queen Street** noch ins Ortszentrum aufmachen. Rund 1200 m sind es bis zur Fußgängerzone **Commercial Road** und dem angrenzenden **Cascade Shopping Centre**. Von dort führt der schnellste Rückweg zurück zum Ausgangspunkt durch den südwestlich angrenzenden **Victoria Park**, dann links entlang der **Anglesea Road** mit der **Anglican Cathedral** und rechts in die **Lombardi Street**. Dort treffen Sie zum Schluss noch auf das beliebte Restaurant **Abarbistro**** *(58, White Hart Rd., PO1 2JA)*.

Wenn Sie im Anschluss an Ihren Stadtrundgang noch Lust auf weitere Sehenswürdigkeiten haben, fahren Sie über **Lombardi Street**, **Duisburg Way** (eine Hommage an die deutsche Partnerstadt!) und **South Parade** zu den am Südende der Insel im Ortsteil SOUTHSEA ansässigen Attraktionen. Sie stoßen dort auf das **D-Day Museum** *(PO5 3NT, www.ddaymuseum.co.uk)* – von Portsmouth aus starteten die Alliierten im Zweiten Weltkrieg zur Landung in der Normandie – und das **Blue Reef Aquarium** *(PO5 3PB, www.bluereefaquarium.co.uk/portsmouth)*. Dann folgen die kostenfreien, hübsch bepflanzten **Southsea Rock Gardens** *(PO5 3ST)*, das **Southsea Model Village** *(PO4 9RU)*, das **Cumberland Naturhistorische Museum** *(PO4 9RF, www.portsmouthnationalhistory.co.uk)* und schließlich das bereits erwähnte **Royal Marines Muse-**

**um** *(PO4 9PX www.royalmarinesmuseum.co.uk)*. Mehr erfahren Sie bei Interesse auf den jeweils angegebenen Websites.

**Ausflug zur ISLE OF WIGHT**
Die nur durch einen recht schmalen Meeresarm vom Festland getrennte Insel gehört zu den beliebtesten inländischen Urlaubsrefugien der Briten. Entsprechend voll kann es auf der nur 20 x 35 km großen Landscholle im August werden. Ist dann noch Cowes Week, eine der weltweit wichtigsten Segelveranstaltungen, sollte man sich den Besuch mit dem Wohnmobil gut überlegen. Sonst können Sie auf dem Eiland aber eine gute Zeit verleben, schöne Strände erobern und einige interessante Sehenswürdigkeiten kennenlernen. Auch wenn es keine freien Stellplätze gibt, kommt man mit Campingplätzen und Pub-Stopps sehr gut über die Runden – sofern man die hohen Kosten für die 40-minütige Überfahrt nicht scheut ... Die beste Verbindung besteht von Portsmouth aus nach FISHBOURNE *(je nach Tag, Zeit, Wohnmobil und Buchungszeitraum 100–300 £, www.wightlink.co.uk)*. Weitere bestehen von Southampton und Lymington aus.

Wenn Sie eine Rundtour im Uhrzeigersinn über die Insel machen, kommen Sie an folgenden Sehenswürdigkeiten und Stellplätzen vorbei, die wir Ihnen zumindest kurz vorstellen wollen:

**Quarr Abbey:** ein großes, bis heute betriebenes katholisches Kloster der Benediktiner – eine Seltenheit im anglikanischen England. Mit Visitor Centre *([N 50°43'48" W 1°12'23"], Quarr Rd., PO33 4ES, Ryde, www.quarrabbey.org)*.

**Ryde Beach:** schöne, vom Ort locker eingerahmte flache Sandbucht, großer Parkplatz *([N 50°43'38" W 1°08'37"], Appley Ln., PO33 1ND, Ryde)*.

**St. Helens Beach:** schmale Sandbucht an weitgehend unverbautem Küstenstreifen, im nördlichen Bereich am schönsten *([N 50°42'04" W 1°05'59"], zweiter Parkplatz etwas zurückversetzt, Duver Rd., PO33 1YB, Ryde)*.

**Carpenters Farm Camp Site, 048:** [N 50°41'38" W 1°07'39"], Carpenters Rd., PO33 1YN, St. Helens, ganzjährig, 14–20 £, alle Einrichtungen, www.carpentersfarm.co.uk.

**Bembridge Beach:** langer Sand- und Kiesstrand im Landschaftsschutzgebiet, zum Spazierengehen schöner als zum Baden *([N 50°41'39" W 1°05'31"], Embankment Rd., PO35 5NZ, Bembridge)*.

**Yaverland Beach und Isle of Wight Zoo:** Sandbucht neben den Kliffs, nur bei Ebbe wirklich gut, daneben der für seine Tiger, Löwen und Jaguare bekannte Inselzoo *(Strandparkplatz bei [N 50°39'40" W 1°08'13"], Zooparkplatz gegenüber, Yaverland Rd., PO36 8QB, Sandown, Sommer 10.00–17.00/18.00 Uhr, sonst bis 16.00 Uhr, Erw. 11 £, erm. 10 £, Kinder 9 £, Familien 35 £, www.isleofwightzoo.com)*.

**Old Barn Touring Park, 049:** [N 50°38'48" W 1°11'34"], Newport Rd., PO36 9PJ, Sandown, Mai–Sept., 16,50–26 £, alle Einrichtungen, www.oldbarntouring.co.uk.

The Needles, Isle of Wight

**Southland Caravan Club Site, 050:** [N 50°39'36" W 1°12'43"], Winford Rd., PO36 0LZ, Newchurch, Mitte März–Anfang Nov., 29–38,90 £, CC-Mitglieder 17–26,90 £ alle Einrichtungen, www.caravanclub.co.uk.

**Shanklin:** netter Ort mit einigen urigen, reetgedeckten Häusern. Recht schöner, vom Ortskern durch Aufzug erreichbarer Strand unterhalb der Klippen und begehbare Klamm Shanklin Chine *(Ortsparkplatz in der Chine Ave. bei [N 50°37'34" W 1°10'41"], PO37 6AQ, Klamm Apr.–Mai 10.00–17.00 Uhr, Juni–Aug. bis 22.00 Uhr, Sept./Okt. 11.00–16.00 Uhr, Erw. 4,30 £, erm. 4,20 £, Kinder 2,50 £, Familien 12 £).*

**Godshill mit Model Village:** sehenswertes Dorf mit szenisch aufgestelltem, beliebtem Miniaturland *(Ortsparkplatz in der Hollow Ln. bei [N 50°37'58" W 1°15'07"], Model Park: High St., PO38 3HH, Godshill, Apr.–Okt. 10.00–17.00 Uhr, Aug. bis 18.00 Uhr, Febr. bis 16.00 Uhr, Erw. 4,75 £, erm. 4,25 £, Kinder 3,75 £, Familien 16 £, www.modelvillagegodshill.co.uk).*

Alum Bay

**The Chequers Inn, 051:** [N 50°38'40" W 1°16'43"], Chequers Inn Rd., PO38 3NZ, Godshill, www.chequersinn-iow.co.uk.

**Ventnor Botanic Garden und Steephill Cove Beach:** Parken am Botanischen Garten mit vielen subtropischen Pflanzen, die im hiesigen Mikroklima gedeihen, schräg darunter gelegen die schöne, mediterran anmutende Sandbucht *([N 50°35'24" W 1°13'36"], Undercliff Dr., PO38 1UL, Ventnor, 10.00–17.00 Uhr, Erw. 9,50 £, erm. 8,50 £, Kinder 5 £, Familien 20 £, Parken für die Strandbucht 5 £, www.botanic.co.uk).*

**St. Catherine's Lighthouse und Black Gang Chine:** beliebter Ausflugsort mit wilden, unbebauten Klippen und Wanderpfaden, am Wasser vom Leuchtturm getoppt. Weiter westlich Klippen mit rötlich schim-

CarisbrookeCastle

merndem Sandstreifen davor *(Parkplatz am Ende der sehr schmalen Old Blackgang Rd. bei [N 50°34'50" W 1°18'09"], Niton. Besser ab dem Black Gang Chine Aussichts- und Wanderparkplatz bei [N 50°35'18" W 1°18'27"], A3055. Von dort Wanderung entlang der Klippen).*

**Buddle Inn, 052:** [N 50°34'45" W 1°17'28"], St. Catherine's Rd., PO38 2NE, Niton, www.buddleinn.co.uk.

**Chine Farm Campsite, 053:** [N 50°37'12" W 1°22'06"], Military Rd., PO38 2JH, Atherfield Bay, Apr.–Sept., 12–19 £, V/E, Strom, WC/Duschen, www.chine-farm.co.uk.

**Mottistone Gardens:** romantisch-verwunschener Garten rund um ein altes Herrenhaus in einem abgeschiedenen Tal mit ungewöhnlichen Pflanzungen *([N 50°39'11" W 1°25'51"], B3399, PO30 4EA, Brighstone, Mitte März–Okt. So–Do 10.30–17.00 Uhr, Erw. 5,80 £, Kinder 2,90 £, Familien 14,50 £, NT-Mitglieder frei, www.nationaltrust.org.uk).*

**Compton Beach and Bay:** lange, einsame und wilde Sandbucht unterhalb der Klippen *([N 50°39'19" W 1°27'58"], A3055, PO30 4HB, Freshwater, www.nationaltrust.co.uk).*

**The Needles Battery und Alum Bay:** markante Felsformation im äußersten Westen der Insel mit Befestigungsanlage aus dem 19. Jahrhundert. Daneben ein Rummelplatz über dem Sandkiesstrand, Wanderwege *([N 50°40'05" W 1°33'55"], Alum Bay New Rd., PO39 0JD, Todland Bay, Festung: Mitte März–Okt. So–Do 10.30–17.00 Uhr, Erw. 6,20 £, Kinder 3,10 £, Familien 15,50 £, NT-Mitglieder frei, www.nationaltrust.org.uk).*

**Heathfield Camping, 054:** [N 50°41'21" W 1°31'34"], Heathfield Rd., PO40 9SH, Freshwater, Mai–Sept., 13–25 £, V/E, Strom, WC/Duschen, www.heathfieldcamping.co.uk.

**Camp Wight, 055:** [N 50°42'06" W 1°26'27"], 20 Coronation Ave., PO41 0XP, Northwood, nur Aug., 12,50 £, einfach, nur V/WC, www.campwight.co.uk.

**Carisbrooke Castle:** Inbegriff einer romantischen Burg, einst Befestigung, Gefängnis und Königsresidenz, samt edwardianischen Gartenanlagen *([N 50°41'13" W 1°18'56"], Castle Hill, PO30 1XY, Newport, 10.00–17.00 Uhr, Erw. 8,80 £, erm. 7,90 £, Kinder 5,20 £, Familien 22,80 £, EH-Mitglieder frei, www.english-heritage.org.uk).*

**Osborne House:** großartiger Privatsitz von Königin Victoria und Albert mit privaten Appartements, eigenem Strand und der Möglichkeit zu intimen Einblicken ins royale Leben *([N 50°44'56" W 1°16'23"], York Ave., PO32 6JX, East Cowes, 10.00–17.00 Uhr, Erw. 15 £, erm. 13,50 £, Kinder 9 £, Familien 39 £, EH-Mitglieder frei, www.english-heritage.org.uk).*

**The Folly Inn, 056:** [N 50°44'01" W 1°16'49"], Folly Ln., PO32 6NB, Whippingham, www.folly-inn-east-cowes.co.uk.

**Monkey Haven:** Rettungsstation für Primaten, sehr beliebtes Ziel mit vielen verschiedenen Affen *([N 50°42'20" W 1°15'44"], Staplers Rd., PO30 2NB, Newport, März–Sept. 10.00–17.00 Uhr, Okt. bis 16.00 Uhr, Erw. 10 £, erm. 9 £, Kinder 8 £, Familien 32 £, www.monkeyhaven.org).*

## PORTCHESTER

Nachdem Sie Portsmouth verlassen haben, erreichen Sie die Stadt Portchester am Ende der Bucht Portsmouth Harbours. In exponierter Lage, ganz am äußersten Ende einer Landzunge, liegen die Überreste des **Portchester Castle**. Schon seit dem 3. Jahrhundert, damals ursprünglich von den Römern erbaut, befindet sich eine Befestigung an dieser Stelle, die in den folgenden Jahrhunderten immer wieder aus-, um- und neu gebaut wurde. Fundstücke und eine Audiotour erzählen aus der Vergangenheit dieses geschichtsträchtigen Ortes.

*[N 50°50'15" W 1°06'57"], Church Rd., PO16 9QW, Apr.–Okt. 10.00–17.00 Uhr, Erw. 5,80 £, erm. 5,30 £, Kinder 3,40 £, Familien 15 £, www.english-heritage.org.uk*

Ungefähr in gleicher Höhe befindet sich nördlich der Autobahn **M27** noch eine weitere große Befestigungsanlage. **Fort Nelson** stammt allerdings erst aus dem 19. Jahrhundert und ist heute ein Ausstellungsort der Royal Armouries. Wälle, Mauern, Munitionsbunker und unterirdische Geheimgänge prägen die Anlage. Sie können auch eine Sammlung von Artilleriegeschützen ansehen – alles eine Frage des Interesses. Ein Campingplatz ist nur wenige Kilometer entfernt.

*[N 50°51'36" W 1°08'10"], Portsdown Hill Rd., PO17 6AN, Apr.–Okt. 10.00–17.00 Uhr, sonst bis 16.00 Uhr, Eintritt frei, www.royalarmouries.org*

**(057) WOMO-Pub: Rookesbury Park Caravan Club Site**
**GPS**: N 50°54'20" W 1°09'13", Hundred Acres Rd., PO17 6JR, WICKHAM.
**Max. WOMOs:** 154.
**Ausstattung/Lage**: alle Einrichtungen, großer, schöner und abseits gelegener Campingplatz auf einer Waldlichtung, teils schattig.

**Öffnungszeiten:** Mitte März–Oktober
**Ortszentrum**: ca. 3 km (Wickham).
**Zufahrt**: Von der M27 die Ausfahrt zur A32 Richtung Alton wählen. Bis Wickham fahren, dort rechts den Schildern zur Rookesbury Park School folgen und diese Wegweisung weiter beibehalten. Links kommt dann, mitten im Wald, die Abfahrt zum Campsite.
**Preis**: 32,30–40,50 £, CC-Mitglieder 20.30–28,50 £.
**Internet**: www.caravan-club.co.uk

Winchesters Fußgängerzone

## WINCHESTER

Mit seinen 40.000 Einwohnern ist Winchester heute nur mehr von regionaler Bedeutung. Vor 1000 Jahren war das anders, denn zwischen 827 und 1066 war der Ort unter den Angelsachsen Hauptstadt des Königreichs Wessex und für über 100 Jahre sogar von ganz England. Auch große Namen wie John Keats und Jane Austin sind mit ihm verknüpft. Besucher kommen heute in erster Linie wegen der mächtigen, um 1079 erbauten **Winchester Cathedral**, in der Letztere bestattet wurde. Auch andere Spuren dieser Zeit finden sich noch. Ein zentraler Parkplatz (Vorsicht: enge Ein- und vor allem Ausfahrt) liegt an der **Lower Brock Street** bei [N 51°03'48" W 1°18'37"]. Gleich gegenüber gelangen Sie zur Fußgängerzone **Market Lane** und der dahinterliegenden Kathedrale. Wenn Sie das Innere sehen möchten, müssen Sie ein Ticket erstehen.

*Mo–Sa 9.30–17.00 Uhr, So 12.30–15.00 Uhr, Erw. 7,95 £, erm. 4,45–5,95 £, Kinder bis 16 J. frei, Turm 6 £, Audioguide 3 £, www.winchester-cathedral.org.ouk*

Das **Winchester City Museum** zur Stadtgeschichte befindet sich am nordwestlichen Ende des Kirchplatzes gleich in der Nähe. Gleich nach dem verkehrsberuhigten Bereiches können Sie die **High Street** am Kreisverkehr dann noch links

058: Morn Hill Caravan Club Site

zum Verwaltungsbereich der Stadt hin verlassen. Dort steht auch die mittelalterliche **Great Hall** mit dem anschließenden Queen Eleanor's Garden. Die Halle ist vor allem für den darin aufgehängten runden Tisch bekannt: angeblich der von König Artus und seiner sagenumwobenen Tafelrunde. Tatsächlich stammt er aber aus dem 14. Jahrhundert und wurde erst später unter König Heinrich VIII. mit Bildern und den Namen der zugehörigen Ritter bemalt, um die Legende zu unterstreichen.

*Castle Ave., SO23 8PJ, ca. 10.00–17.00 Uhr, Eintritt frei*

Im direkten Umkreis befindet sich dann auch noch eine ganze Reihe weiterer, kleinerer Museen: Je nach Interessenlage können Sie dem **Westgate-Stadttormuseum**, dem **Royal Green Jackets Museum** oder dem nepalesischen **Gurkha Museum** einen Besuch abstatten.

**Gastrotipps Winchester: Forte Kitchen****, 78 Parchment St., SO23 8AT, **The Old Vine****, 8 Grest Minster St., SO23 9H, **Coffee Lab**, 18a Little Minster St., SO23 9HB, **Fish Tail Bar*****, 3 Eastgate St., SO23 8EB, **Chesil Rectory*****, 1 Chesil St., SO23 0HU, **Caracoli Café**, 100 High St., SO23 9AH.

Außerhalb, ein paar Kilometer weiter westlich, finden Sie den **Morn Hill Caravan Club Site** *(**058:** [N 51°03'43" W 1°15'35"], Alresford Rd., SO21 1HL, Winchester, Mitte März–Anfang Nov., 27,30–34,70 £, CC-Mitglieder 15,30–22,70 £ alle Einrichtungen, www.caravan-club.co.uk)*.

Kostenlos stehen Sie, ziemlich abgelegen und nur über schmale Straßen erreichbar, an den Parkplätzen des **Farley Mount Country Park**, z.B. am **Juniper Car Park** *(**059:** [N 51°03'42" W 1°25'05"], SO21 2JG), alternativ gibt es auch zuvor schon zwei Parkflächen ab [N 51°03'37" W 1°24'09"])*. Verschiedene Wanderwege führen durch den Country Park; einen auffälligen Punkt in der Landschaft stellt das südlich gelegene, skurrile **Horse Monument** dar. Der asymmetrisch spitz zulaufende Bau soll an ein Pferd namens „Beware Chalk Pit" erinnern, das unterhalb begraben liegt: Der Wundergaul soll 1733 einen 8-m-Sturz in eine Kreidegrube überlebt und im Folgejahr ein großes Pferderennen gewonnen haben.

Der Rosengarten von Mottisfont Abbey

**Mottisfont Abbey**

Die Richtung haltend, können Sie auch die idyllisch an einem Flusslauf gelegene **Mottisfont Abbey** mitnehmen. Aus einer aufgelösten mittelalterlichen Abtei hervorgegangen ist das Haus mit einer recht bunten Mischung aus Kunst und Tinnef ausgestattet. Die schöne Umgebung lädt zu ausgedehnten Spaziergängen ein. In der Nähe gibt es auch einen Pub-Stellplatz.

*[N 51°02'20" W 1°31'59"], Mottisfont Ln., SO51 0LP, Mottisfont, Erw. 13,60 £, Kinder 6,80 £, Familien 34 £, NT-Mitglieder frei, www.nationaltrust.org.uk*

**(060) WOMO-Pub: The Star Inn**

**GPS**: N 51°02'54" W 1°35'00", East Titherley Rd., SO51 0LW, LOCKERLEY.

**Max. WOMOs:** 2–3.

**Ausstattung/Lage**: WiFi, uriges Country-Pub samt Zimmervermietung und Speisenangebot mit großem Schotterparkplatz neben dem Haus. Freischankfläche vor dem Haus.

**Ortszentrum**: kein nennenswerter Ort in der Nähe.

**Zufahrt**: Von Dunbridge erst Richtung West Dean fahren, dann aber rechts Richtung East Tytherley fahren. Achtung: Die Straßen sind teils ziemlich schmal...

**Internet**: www.thestarinn.com

**New Forest National Park**

Das schöne, 2005 zum Nationalpark erklärte Gebiet westlich der Industriestadt SOUTHAMPTON ist für seine sanft geschwungene Landschaft mit einem Mosaik aus Heideflächen und Waldstücken bekannt. Ursprünglich war es ein königliches Jagdrevier. Damwild, Hirsche und chinesische Muntjaks leben bis heute frei darin, aber vor allem die zahlreichen wilden New-Forest-Ponys werden Ihnen auffallen. Da jederzeit eines auf der Straße vor Ihnen auftauchen kann, ist vorausschauendes Fahren ratsam. Zunächst passieren Sie am Hin-

Ponies im New Forest National Park

weg aber noch das **Broadlands Estate**. Er ist Sitz der adeligen Mountbattens Family und gibt Gelegenheit, einmal einen Blick in ein bis heute existierendes, normalerweise nicht touristisch vermarktetes Anwesen zu werfen. Lediglich für zwei Monate werden im Sommer Interessierten die Türen in beschränktem Rahmen geöffnet.

*[N 50°59'13" W 1°29'42"], Bypass Rd., SO51 9DZ, Romsey, Juli/Aug. nur Mo–Fr mit Führungen zwischen 13.00 und 16.00 Uhr, Erw. 10 £, erm. 8 £, Kinder 5–16 J. 5 £, mehr unter www.broadlandsestate.co.uk*

In REDBRIDGE, dort, wo der Fluss Test ins Meer mündet, finden Sie am Pub **The Anchor** einen Stellplatz gegen Einkehr *(**061:** [N 50°55'19" W 1°28'28"], 61 Test Ln., SO16 9BH, Redbridge)*. Bald darauf zweigen Sie links in Richtung BEAULIEU ab oder stoppen vorher eventuell noch am Campingplatz in ASHURST.

**(062) WOMO-Campingplatz: Camping in the Forest**

**GPS**: N 50°53'22" W 1°31'48", 158 Lyndhurst Rd., SO40 7AR, ASHURST.
**Max. WOMOs:** 280.
**Ausstattung/Lage**: V/E, Dusche/WC, Spülgelegenheit, Waschmaschine/Trockner, keine Hunde erlaubt.
Toller Platz am Rand des New Forest. Mit vielen Stellplätzen auf großen Wiesenflächen, meist schattig durch Baumbestand.
**Öffnungszeiten**: Apr.–Sept.
**Ortszentrum**: 1000 m.
**Zufahrt**: Statt links Richtung Beaulieu abzubiegen, auf der A35 weiter geradeaus fahren. Platz kommt am Ende von Ashurst auf der linken Seite.
**Preis**: 16–31 £.

Wenn Sie für die Weiterfahrt die **Deerleap Lane** ab COBURY gewählt haben, kommen Sie zum **New Forest Wildlifepark**. Der Schwerpunkt liegt auf in Europa heimischen Wildtieren, wie Fuchs, Luchs, Otter oder Wolf. Kinder können sich nach

Herzenslust am Abenteuerspielplatz austoben.

*[N 50°53'07" W 1°30'00"], SO40 4UH, Apr.–Sept. 10.00–17.30 Uhr, sonst bis 16.30 Uhr, Erw. 10,95 £, erm. 9,50 £, Kinder 3–16 J. 7,95 £, Familien 32,75 £, www.newforestwildlifepark.co.uk*

Direkt gegenüber der Parkeinfahrt befindet sich der **Deerleap Carpark**, ein recht großer Wanderparkplatz, von dem aus Sie zu einem Spaziergang durch den New Forest aufbrechen können.

**Deerleap Rundweg (ca. 90 Min.)**
Starten Sie vom Weg am Ende des Parkplatzes. Er verläuft auf einem breiten Gras- und Heidestreifen zwischen bewaldetem Gebiet. New-Forest-Ponys und Vieh weiden oft in diesem Bereich. Nach gut 1500 m wählen Sie die erste Möglichkeit durch ein Tor rechts in den Wald hinein. Dabei überqueren Sie einen Trittsteig und folgen dem Weg bergab, über eine kleine Brücke, und biegen nach links. Dann stoßen Sie auf eine Kreuzung mit einem Kiesweg. Gehen Sie nach links und folgen Sie dem Pfad nach oben. Dort verlassen Sie das Waldgebiet erneut durch ein Tor. Sie sind nun wieder von Heide umgeben und halten sich rechts, um die Bahnbrücke zu überqueren. An einer Gabelung gehen Sie links, durchqueren ein weiteres, kleines Waldstück und halten sich danach erneut links. Nach Bahnunterführung und Kreuzen des Beaulieaubachs an einem Wegkreuz nach schräg links vorne weiter. Wenn Sie nach einer Weile wieder auf Wald treffen, wählen Sie an der Gabelung den Weg nach links und bei der nächsten Gabelung nach rechts. Dieser führt Sie zurück zum Parkplatz.

Das wunderschön im Naturpark gelegene Anwesen **Beaulieu** bietet gleich eine ganze Reihe an Sehenswertem. Herzstück und Hauptanziehungspunkt für die meisten Besucher ist sicherlich das **National Motor Museum**. Es versucht, die Entwicklung der Motorisierung in Großbritannien von ihren Anfängen bis heute nachzuzeichnen. Dies gelingt mit einer riesigen Menge an Fahrzeugen, von den ersten Veteranen bis zu aktuellen Modellen und einigen Bild- und Tondokumenten. Ein besonderes Augenmerk wird beispielsweise auf die1920er-Jahre gelegt, das „Goldene Zeitalter", in dem britische Automobilhersteller wie Pilze aus dem Boden schossen, ganze 149 Marken gab es damals. Sie sehen Kleinwagen, Luxuslimousinen, Rennwagen und Nutzfahrzeuge. Auch einige Motorräder gehören zur umfangreichen Sammlung. In zwei Extrahallen wird eine Tonbildschau für Fans der Serie „Top Gear" präsentiert und berühmte Filmautos gezeigt, z.B. Mr. Beans Minicooper. Wenn Sie möchten, können Sie auch mit einer Einschienen-Schwebebahn über das Gelände schweben. Weiter hinten am Grundstück wandeln Sie durch einen viktorianischen Blumen- und Küchengarten zum Herrenhaus der Anlage. Es geht auf eine im 14. Jahrhundert gegründete Abtei zurück und ist Heim der Dukes of Montagu. Eine Vielzahl an Zimmern über zwei

Beaulieu: House, Schwebebahn und Caravan-Veteran im Motor Museum

Stockwerke können Sie besichtigen. Selbst das bis heute regelmäßig genutzte Speisezimmer der Familie ist an vielen Tagen geöffnet. Vorbei an einer kleinen Geheimdienstausstellung mit Schwerpunkt Zweiter Weltkrieg erreichen Sie dann die **Beaulieu Abbey**. Das einst von Zisterziensermönchen gegründete Kloster ist heute halb Ruine, halb Ausstellung.

*[N 50°49'28" W 1°27'31"], Hatchett Ln., SO42 7ZN, Juni–Sept. 10.00–18.00 Uhr, sonst bis 17.00 Uhr, Erw. 24 £, erm. 23 £, Kinder 5–17 J. 12 £, Familien 64 £, www.beaulieu.co.uk*

Durchfahren Sie noch für einige Meilen den schönen Nationalpark und machen Sie an einem der zahlreichen Parkplätze ein Picknick oder eine kleine Wanderung.

In EAST BOLDRE finden Sie das **Turfcotters Arms** *(**063:** [N 50°48'09" W 1°28'13"], East Boldre Ln., SO42 7WL, East Boldre, www.the-turfcotters-new-forest.co.uk)*, in Brockenhurst das **Filly Inn** *(**064:** [N 50°48'04" W 1°34'21"], Lymington Rd., SO42 7UF, Brockenhurst, www.thefillyinn.co.uk)* und zurück im Norden des Parks, im hübschen Örtchen LYNDHURST, das **Crown Stirrup** *(**065:** [N 50°51'43" W 1°34'22"], Clayhill, SO43 7DE, Lyndhurst, WiFi, www.thecrownstirrup.co.uk)*.

An einer Nebenstraße südöstlich von Lyndhurst finden Sie mitten im Park auch noch einige einfache, aber sehr schön gelegene Campingplätze, z.B. den im Denny Wood.

### (066) WOMO-Campingplatz: Denny Wood Campsite

**GPS**: N 50°51'41" W 1°31'36", Beaulieu Rd., SO43 7FZ, LYNDHURST.
**Max. WOMOs:** 170.
**Ausstattung/Lage**: V/E, sonst keine Einrichtungen, keine Hunde erlaubt. Naturnaher Platz mitten im New Forest, teils schattig durch Baumbestand. Öffnungszeiten: Mitte März–Sept.
**Ortszentrum**: 1,6 km.

**Zufahrt**: In Lyndhurst rechts auf die A35 und dann erneut rechts auf die Beaulieu Road einbiegen. Nach rund 1,5 km rechts.
**Preis**: 10–20 £.

Ein letztes Übernachtungspub ist dann das **Shoe Inn**, schon auf direktem Weg nach Salisbury an der A36 *(**067:** [N 50°58'23" W 1°36'26"], Salisbury Rd., SO51 6EE, Plaitford, www.theshoe-inn.co.uk)*.

## SALISBURY

Die Kleinstadt im Bezirk Wiltshire gehört zu den schönsten in Südengland und besitzt ein wirklich hübsches Zentrum mit einigen Sehenswürdigkeiten, ohne zu museal zu wirken. Für einen Rundgang finden Sie einen geeigneten Parkplatz an der Parkanlage **Churchill Gardens**, der auch für die Nacht geeignet wäre. Alternativ gibt es etwas außerhalb auch einen Campingplatz.

### (068) WOMO-Stellplatz: Churchill Gardens

**GPS**: N 51°03'51" W 1°47'14", Southampton Rd., SP1 2HS, SALISBURY.
**Max. WOMOs:** 2–3.
**Ausstattung/Lage**: Stellplatz an einer Parkanlage in Salisbury. Tags gebührenpflichtig (max. 8 £) mit WC, Mülleimer, Innenstadt fußläufig erreichbar.
**Ortszentrum**: ca. 750 m.
**Zufahrt**: Von der A36 kommend ca. 200 m nach dem Industriegebiet am Ortsanfang. Noch vor dem großen Kreisverkehr links.
**Preis**: Tagsüber gebührenpflichtig.

### (069) WOMO-Campingplatz: Salisbury Hillside Caravan Club Site

**GPS**: N 51°07'21" W 1°38'08", Andover Rd., SP5 1BY, LOPCOMBE CORNER.
**Max. WOMOs:** 50.
**Ausstattung/Lage**: alle Einrichtungen, schöner kleiner Platz mit vielen kleinen Stellplatzbuchten, oft unter Bäumen.
**Öffnungszeiten:** Mitte März–Sep.
**Ortszentrum**: 1,6 km.
**Zufahrt**: Auf der A30 bis Lopcombe Corner fahren, dort links auf die A343 Richtung Andover wecheln. Nach 500 m rechts.
**Preis**: 28,90–32,20 £, CC-Mitglieder 16.90–20,20 £.
**Internet:** www.caravanclub.co.uk

**Rundgang durch Salisbury**
Gleich neben der Parkplatzeinfahrt führt ein Fußweg parallel zur Einfallstraße nach Westen. Er macht dann einen Rechtsknick und gleich danach können Sie durch eine Unterführung die Hauptstraße umgehen. Sie passieren einen Hausdurchgang und halten sich dann durch

Salisbury Cathedral

die **Greyfriars Close** und am Ende durch die **Friary Lane** jeweils nach rechts. An der größeren **St. Ann Street** geht es nach links und weiter geradeaus bis zur **Salisbury Cathedral**. Der mächtige Kirchenbau aus dem 13. Jahrhundert steht dem von Winchester in kaum etwas nach. Auffällig ist beispielsweise die reich verzierte Westfassade. Der 123 m hohe Kirchturm ist der höchste in ganz England und musste wegen statischer Probleme bereits mehrfach nachgearbeitet werden. Vielleicht möchten Sie sich zu einer Rast im Park ringsum niederlassen oder im kleinen **Café Bernieres Tea Room** *(58 The Close, SP1 2EX)* schräg neben der Kirche. Wenn Sie auch das Innere ansehen möchten, müssen Sie zwar nicht, werden aber gebeten, eine Spende zu leisten. Zu den wichtigsten Artefakten zählt eine der letzten vier noch existierenden Ausgaben der Magna Carta von 1215, auf der bis heute die englische Gesetzgebung beruht. Sie befindet sich als Mittelpunkt einer Ausstellung im Kapitelsaal. Auch geführte Touren werden angeboten *(6 The Close, SP1 2EJ, Mo–Sa 9.00–17.00 Uhr, So 12.00–16.00 Uhr, Spende Erw. 7,50 £, erm. 4,50–6,50 £, Kinder 5–15 J. 3 £, Familien 15 £, www.salisburycathedral.org.uk)*.

Verlassen Sie die Grünfläche gegenüber dem Eingangsportal und halten Sie sich am **West Walk** rechts. Sie kommen so links zum Haus des ehemaligen britischen Premierministers von 1970 bis 1974, Sir Edward Heath, **Arundells**. Auch wenn das Thema für Sie vielleicht weniger interessant sein mag als für Briten, ist das schöne Anwesen, das in Teilen auf das 13. Jahrhundert zurückgeht, mit seinem schönen Stadtgarten, den original ausgestatteten Räumen und Sammelgegenständen Heaths, wie Bildern, Keramiken und Modellschiffen, vielleicht einen Blick wert *(59 Cathedral Close, SP1 2EN, Mitte März–Anfang Nov. Sa–Mo 11.00–17.00 Uhr, Erw. ab 12 J. 6 £, www.arundells.org)*. Direkt daneben befindet sich noch das militärische **The Rifles Berkshire and Wiltshire Museum**.

Rechts vor Ihnen befindet sich ein begrünter kleiner Platz. An dessen Ende steht **Mompesson House**. Das Stadthaus aus dem 18. Jahrhundert entführt in eine vergangene Zeit. Vor einigen Jahren war es Teildrehort der Verfilmung von „Sinn und Sinnlichkeit“ aus der Feder von Jane Austin. Auch der **Walled Garden** im Hinterhof ist hübsch, ein

Marktkreuz und Fußgängerzone

kleines, aber sympathisches Haus, das Sie, zumindest wenn Sie National-Trust-Mitglied sind, besuchen sollten *(The Close, SP1 2EL, Mitte März–Okt. Sa–Mi 11.00–17.00 Uhr, Aug. täglich, Erw. 6,30 £, Kinder 3 £, Familien 15,75 £, NT-Mitglieder frei, www.nationaltrust.org.uk)*.
Rechts neben dem Haus führt die **High Street** durch ein verbliebenes Stadttor dann ins eigentliche Ortszentrum hinein. Vorbei am Café **Bosten Tea Party** *(13 High St., SP1 2NJ)* halten Sie sich am Ende rechts und gelangen so über die **Silver Street** in den verkehrsberuhigten Bereich. An dieser Stelle steht auch das schöne alte Fachwerkhaus des **Haunch of Venison****-Pubs *(1 Minster St., SP1 1TB)*, davor das auffällige Marktkreuz **Poultry Cross**. Gegen Ende der nun mit **Butcher Row** benannten Straße befindet sich links das **Touristeninformationsbüro**. Direkt hinter dem Gebäude schließt der große Marktplatz der einstigen Textilstadt an. Dort finden Sie mit dem **Charter 1227***** *(6 Ox Row, SP1 1EU)* und dem **Market Inn***** *(16 Butchers Row SP1 1EP)* zwei gute Restaurants.
Um den Rundgang weiterzuführen, gehen Sie aber vom Infocentre aus nach rechts und erneut rechts in den **New Canal**. Von dort können Sie links in das Stadteinkaufszentrum **Old George Mall** wechseln. Es entstand aus einstigen Pferdeställen. Am Ende nach links geht es durch das Stadttor zurück zur Kathedrale und weiter bis zu Ihrem Parkplatz. Unterwegs bietet sich im **Chapter House**** *(9 St. Johns St., SP1 2SB)* nochmals die Gelegenheit zur Einkehr.

Nördlich der Stadt, an der **A345**, liegen die Überreste von **Old Sarum**, dem Ur-Salisbury. Das eisenzeitliche Fort ist kaum zu übersehen. Die beeindruckenden Befestigungen bestehen aus zwei Erdwällen, die durch einen Graben getrennt sind. Schon 400 v.Chr. wurde die Anlage wohl errichtet und später von den Römern übernommen. Doch auch die Sachsen und Normannen hinterließen ihre Spuren. In der Mitte erhebt sich ein weiterer befestigter Hügel, dort, wo die Königsburg Wilhelms des Eroberers stand. Außerhalb dieses inneren Rings lag die Stadt und auch die erste Kathedrale von Salisbury aus dem Jahr 1092 stand hier. Ihre Fundamente sind noch gut erkennbar. Sie können zum Parkplatz inmitten des befestigten Bereichs fahren und von dort aus die Anlage erkunden.

*[N 51°05'35" W 1°48'08"], Castle Rd., SP1 3SD, Apr.–Okt. 10.00–17.00 Uhr, sonst bis 16.00 Uhr, Erw. 4,50 £, erm. 4 £, Kinder 5–15 J. 2,70 £, Familien 11,70 £, EH-Mitglieder frei, www.english-heritage.org.uk*

**Stonehenge**

Nur rund 17 km nördlich von Salisbury gelangen Sie zur wohl berühmtesten Sehenswürdigkeit Großbritanniens außerhalb Londons. Der Steinkreis Stonehenge ist UNESCO-Weltkulturerbe und jedes Kind hat irgendwann einmal ein Bild dieses monumentalen Bauwerks aus grauer Vorzeit gesehen. Ein klein wenig müssen Sie sich aber noch gedulden, denn kurz zuvor liegt noch eine Art kleiner Bruder an Ihrer Wegstrecke.

**Woodhenge** ist eine weitere Kultstätte, die schon 2300 Jahre v.Chr. erbaut wurde. Ursprünglich waren Stämme in sechs konzentrischen Ringen anstelle der heute stellvertretend angebrachten kurzen Steinsäulen in den Boden gerammt worden. In der Mitte stand wohl ein rundes Gebäude. Welche zeremoniellen Funktionen tatsächlich durch das Bauwerk erfüllt wurden, ist bis heute ein Rätsel. Einige Vermutungen und Erklärungen liefern die Infotafeln am Eingang des Platzes *(Zugang kostenfrei, www.english-heritage.org.uk)*. Am kleinen Parkplatz neben dem Kultplatz können 1–2 kleinere Womos die Nacht verbringen *(**070:** [N 51°11'24" W 1°47'06"], Fargo Rd., SP4 7AR)*.

Während man früher die Überreste von **Stonehenge** noch begehen konnte und bis vor wenigen Jahren das Bauwerk und der Besucherparkplatz direkt daneben an der Straße lagen, ist das Gebiet mittlerweile abgesperrt und ein rund 2 km entferntes Besucherzentrum eröffnet worden. Es soll der 4500 Jahre alten Stätte einen Teil ihres Kontexts und ihrer Ehrwürdigkeit zurückgeben, die vorher verloren gegangen waren. Auch der lange Anfahrtsweg, die schon damals bestehende „Avenue", wurde somit wiederbelebt. Ausgerüstet mit Audioguide, auch auf Deutsch, werden Sie zunächst durch eine Ausstellung geführt, auf der Sie multimedial in den Steinkreis geführt werden und ihn im Laufe der Jahreszeiten erleben. Danach treffen Sie neben allerlei Gegenständen aus dem neolithischen Zeitalter auch auf ein

070: Stellplatz Woodhenge

Stonehenge

5500 Jahre altes Skelett und viele Schautafeln, die erklären, wie und warum Stonehenge errichtet wurde – vermutlich zumindest...Im Außengelände wurde ein Dorf der Zeit nachgebaut und im Anschluss verkehren Zubringerbusse zum eigentlichen Highlight, dem Steinkreis. Alternativ kann man auch einen Spaziergang, der allerdings an vielen Tagen zur Völkerwanderung ausartet, dorthin machen. Wie stark die Anlage auf Sie wirkt, wird nicht zuletzt mit dem Gästeansturm bei Ihrem Besuch zu tun haben. Wenn schon Hauptsaison, ist es daher ratsam, möglichst früh oder spät am Tag anzureisen, wenn das Gros der Busse mit Tagesausflüglern und Schulklassen nicht (mehr) vor Ort ist. Da neuerdings Tickets mit festgelegter Besichtigungszeit ausgegeben werden, macht es Sinn, schon online einen passenden Zeitpunkt zu buchen.

*[N 51°11'06" W 1°51'33"], A360, SP4 7DE, 9.30–17.00 Uhr, Erw. 15,50 £, erm. 13,90 £, Kinder 5–15 J. 9,30 £, Familien 40,30 £, EH- und NT-Mitglieder frei, www.english-heritage.org.uk*

Der nächstgelegene Nachtstellplatz am Pub **The Bell Inn** befindet sich dann bei **071:** [N 51°10'09" W 1°53'28"], High St., SP3 4SZ, Winterbourne Stoke.

***Abstecher nach Longleat***

Nahe der Stadt WARMINSTER befindet sich das Herrenhaus **Longleat** mit dem größten Safaripark des Landes ringsum. Auf einer rund 10 km langen Rundfahrt im eigenen Fahrzeug erleben Sie Giraffen, Affen und Nashörner. Auch Großkatzen wie Löwen, Tiger und Geparden leben in dem Gelände. Per Jungle-Express oder Jungle-Boot geht es dann zu Seelöwen, Pinguinen und Gorillas. Auch das 460 Jahre alte Anwesen am

Rande des Parks und ein großer Abenteuerbereich für Kinder mit Labyrinth und Co stehen für Besucher bereit.

*[N 51°11'14" W 2°16'44"], BA12 7NW, Apr.–Okt. täglich 10.00–19.00 Uhr, sonst saisonal wechselnde Öffnungszeiten an 2–6 Tagen 10.00–16/17.00 Uhr, Erw. 33,95 £, erm. 26,95 £, Kinder 3–15 J. 24,95 £, bei Onlinebuchung 15 % Ermäßigung, www.longleat.co.uk*

Ringsum finden Sie gleich eine ganze Reihe an möglichen Übernachtungsplätzen:

### (072) WOMO-Wanderparkplatz: Heaven's Gate

**GPS:** N 51°10'46" W 2°14'53", BA12 7LG, WARMINSTER.
**Max. WOMOs:** 2–3.
**Ausstattung/Lage**: großer Wanderparkplatz an einer kleinen Straße, nachts einsam.
**Ortszentrum**: ca. 6 km.
**Zufahrt**: Auf der A36 Richtung Warminster in nördliche Richtung fahren. Dann links auf die A362 Richtung Longleat abbiegen und kurz danach links Richtung Center Parcs Longleat abfahren. Geradeaus, nach rund 2,9 km auf der schmalen Straße links.

### (073) WOMO-Wanderparkplatz: Cley Hill

**GPS**: N 51°11'50" W 2°14'01", A362, BA12 7RE, WARMINSTER.
**Max. WOMOs:** 1–2.
**Ausstattung/Lage**: Wanderparkplatz neben der Straße auf Schotter. Durch Bäume abgetrennt.
**Ortszentrum**: ca. 3,4 km.
**Zufahrt**: Auf der A36 Richtung Warminster in nördliche Richtung fahren. Dann links auf die A362 Richtung Longleat abbiegen. Nach rund 1,1 km rechts.

### (074) WOMO-Pub: The Royal Oak

**GPS**: N 51°12'28" W 2°15'35", Lanes End Hill, BA12 7PR, CORSLEY HEATH.
**Max. WOMOs:** 2–3.
**Ausstattung/Lage**: recht schönes Dorfpub an der Hauptstraße, Schotterparkplatz neben dem Haus. Speisenangebot, einige Plätze im Freien, familienfreundlich.
**Ortszentrum**: Das Pub ist das Dorfzentrum.
**Zufahrt**: Auf der A36 Richtung Warminster in nördliche Richtung fahren. Dann links auf die A362 Richtung Longleat abbiegen. Nach rund 3,3 km links.
**Internet**: www.theroyaloakcorsley.co.uk

### (075) WOMO-Campingplatz: Longleat Caravan Club Site

**GPS**: N 51°11'28" W 2°16'44", Longleat, BA12 7NL, WARMINSTER.
**Max. WOMOs:** 164.
**Ausstattung/Lage**: alle Einrichtungen, gepflegter Platz mit Stellplätzen auf Schotter und Rasen, teils schattig.
**Öffnungszeiten:** Mitte März–Anfang Januar.
**Ortszentrum**: 1,6 km.
**Zufahrt**: Auf der A36 Richtung Warminster fahren. Dann der Beschilderung zum Safaripark und Herrenhaus Longleat folgen. Der Platz befindet sich gleich neben dem Park.
**Preis**: 34,10–42,20 £, CC-Mitglieder 22,10–30,20 £.
**Internet:** www.caravanclub.co.uk

Stourhead, Apollo-Tempel am See

**Stourhead Gardens**

Einige Kilometer südlich liegen auf über 1000 Hektar die Parkanlagen und Gärten von **Stourhead**. Schon 1740 öffnete der Landschaftspark erstmals seine Pforten und wurde auch damals schon als eine Art Kunstwerk angesehen. Daran hat sich nichts geändert. Rund um einen idyllisch angelegten See gruppieren sich Tempel, Grotten und exotische Bäume, bunt blühende Rhododendren im Frühling und ebenso bunt leuchtende Blätter im Herbst. Auch das zugehörige Haus im palladianischen Stil können Sie mitsamt seiner Einrichtung besuchen.

*[N 51°06'20" W 2°18'57"], High St., BA12 6QF, Stourton, Apr.–Okt. 9.00–18.00 Uhr, sonst bis 17.00 Uhr, Haus nur 11.00–16.30 bzw. 15.30 Uhr, Erw. 14,10 £, Kinder 7,10 £, Familien 35,30 £, NT-Mitglieder frei, www.nationaltrust.org.uk*

**Old Wardour Castle**

Gar nicht so leicht zu finden ist das wunderschön neben einem See in die Landschaft eingebettete **Old Wardour Castle**. Die abgelegene Burgruine steuern Sie am besten von der **A350** aus und über den Ort SEMLEY an. Schon deswegen, weil

Old Wardour Castle

Stellplatz 76, Old Wardour Castle

viele Bahnunterführungen von Norden her nicht auf Womo-Größe ausgelegt sind und bei 2,80 bis 3 m Durchfahrtshöhe Schluss ist. Wenn Sie schließlich die schmale Zufahrt zur Burg gemeistert haben, erwartet Sie eine Luxusvilla des 14. Jahrhunderts oder das, was man sich damals darunter vorstellte. Im Bürgerkrieg zerstört, erlebte die Ruine im 18. Jahrhundert eine zweite Blüte, als reiche Städter durch den verklärt romantischen Zeitgeist von Gemäuern wie Wardour Castle magisch angezogen wurden. Vor einigen Jahren war sie dann Vorbild für die Burg im Film „Robin Hood" mit Kevin Costner. Sie können heute, mit Audioguides ausgestattet, die verschiedenen Stockwerke, die Grotte und Außenanlagen unter die Lupe nehmen. Der Parkplatz hat übrigens kein Übernachtungsverbot und macht Wardour Castle somit vielleicht doppelt interessant für Sie *(**076:** [N 51°02'14" W 2°05'23"], SP3 6RR, Tisbury)*.

*Apr.–Okt. 9.00–17.00 Uhr, sonst Sa/So bis 16.00 Uhr, Erw. 4,70 £, erm. 4,20 £, Kinder 5–15J. 2,80 £, Familien 12,20 £, incl. Audioführer, EH-Mitglieder frei, www.english-heritage.org.uk*

## SHAFTESBURY

Nächster größerer Ort ist die hübsche Marktgemeinde Shaftesbury *(Parken bei [N 51°00'26" W 2°11'53"], Blake Street oder [N 51°00'24" W 2°11'39"], Angel Lane).* Das nette kleine Zentrum befindet sich direkt südlich bzw. westlich an die Parkplätze angrenzend und ist oval angeordnet. Es gibt mehrere Cafés und Restaurants, auch eine **Touristeninformationsstelle**. Die meisten Besucher zieht es aber zum Stadtratsgebäude mit dem befestigten Uhrturm in der Mitte. Es liegt am südwestlichen Eck der Innenstadt. Dahinter fällt der Straßenzug **Gold Hill** recht steil ab. Er gilt als einer der schönsten und originärsten im ganzen Land. Tatsächlich scheint die Zeit vor vielen Jahrzehnten stehen geblieben zu sein, wenn man von oben hinabblickt. Das kleine **Gold Hill Museum** erzählt Geschichten zur Stadt und Hügel.

*Apr.–Okt. 10.30–17.30 Uhr, Eintritt frei, www.goldhillmuseum.org.uk*

Nur eine Straße weiter am **Park Way** befindet sich der Zugang zur **Shaftesbury Abbey**, die mit ihrem Klostermuseum und Garten auch viele Besucher anzieht.

Shaftesbury Gold Hill

*Apr.–Okt. 10.00–17.00 Uhr, Erw. ab 16 J. 3 £, erm. 2,50 £, www.shaftesburyabbey.co.uk*

**Gastrotipps Shaftesbury: Salt Cellar****, 2 Gold Hill, SP7 8LY, **The Grosvenor Arms*****, High St., SP7 8JA, **Ugly Duckling Café**, Swans Yard, SP7 8JQ, **Ridings Café Artisans**, 17 Bells St., SP7 8AR, **John Peel Restaurant***, 52 High St., SP7 8AA.

Einen schönen Übernachtungsplatz mit Weitblick und Spaziermöglichkeit zu einer aussichtsreich gelegenen Baumgruppe am Hochplateau gibt es am National-Trust-Grundstück **Win Green** unweit der Stadt.

### (077) WOMO-Wanderparkplatz: Win Green

**GPS**: N 50°59'01" W 2°06'38", Donhead Hollow, CHARLTON.

**Ausstattung/Lage**: Schotterparkplatz des National Trusts ohne Nachtparkverbot mit weitem Blick über das Land auf einer Anhöhe. Etwas holprige Zufahrt.

**Ortszentrum**: ca. 9 km (Shaftesbury).

**Zufahrt**: Von Shaftesbury auf der A30 nach Osten bis Ludwell fahren, dort rechts abbiegen. Nach rund 2,5 km zweigt links die Schotterzufahrt zum Parkplatz ab.

Ein nettes Pub mit eigenem kleinen Campingplatz in ländlicher Umgebung finden Sie an der Nebenstraße **B3062** ab BLANDFORD am Weg Richtung WIMBORNE MINSTER.

### (078) WOMO-Pub: True Lovers Knot

**GPS**: N 50°50'28" W 2°05'50", Wimborne Rd., DT11 9JG, TARRANT KEYNESTON.

**Max. WOMOs**: 8.

Kingston Lacy

**Ausstattung/Lage**: nettes Dorfpub mit eigenem kleinen Campingplatz hinter dem Haus. Stellplätze auf Rasen mit allen Einrichtungen.
**Ortszentrum**: Das Pub ist das Dorfzentrum.
**Zufahrt**: Von Shaftesbury Richtung Blandford fahren. Von der Ringstraße links Richtung Wimborne Minster abzweigen. Nach rund 3,7 km links.
**Preis**: 15–24 £, je nach Standplatz. Campinggäste erhalten einen Nachlass auf Speisen und Getränke im Pub.
**Internet**: www.trueloversknot.co.uk

## Kingston Lacy

An der gleichen Straße erreichen Sie wenig später auch **Kingston Lacy**, das ehemalige Heim der Bankes-Familie. Es wurde 1981 an den National Trust übereignet. Ziel war es, einen italienischen Palazzo nachzubauen und diesen im Osten Dorsets passend zu etablieren. Zur Ausstattung gehören einige ungewöhnliche Souvenirs aus dem Familienbesitz, die größte private Sammlung ägyptischer Artefakte in England und Gemälde von Ruben, Titian und Brueghel. Im riesigen Park gibt es einen japanischen Garten, Spazierwege durch weites Baumland, Spielplätze für die Kinder und noch einiges mehr zu entdecken.

*[N 50°49'01" W 2°01'50"], BH21 4EA, Wimborne Minster, März–Okt. Park 10.00–18.00 Uhr, Haus 11.00–17.00 Uhr, sonst nur Park 10.00–16.00 Uhr, Erw. 13,50 £, Kinder 6,70 £, Familien 33,70 £, ohne Haus 8,60/5,30/21,60 £, NT-Mitglieder frei, www.nationaltrust.org.uk*

Gleich nach dem Grundstück führt rechts die **Abbott Road**, vorbei an den Küchengärten, zu einem kleinen Schotterparkplatz. 1–2 Fahrzeuge parken dort auch über Nacht *(**079:** [N 50°48'21" W 2°01'54"])*.

Nahe WIMBORNE MINSTER können Sie dann noch am Pub **The Horns Inn** einkehren und übernachten *(**080:** [N 50°48'37" W 1°58'30"], Burt's Hill, BH21 7AA, Wimborne, www.theshoeinn.co.uk)*, im Anschluss fahren Sie nach Poole weiter.

## POOLE

Die Stadt am größten Naturhafen Großbritanniens, dem Poole Harbour, ist mit dem etwas größeren Nachbarn BOURNEMOUTH längst zusammengewachsen. Mit der **Sandbank Peninsula**, dem **Poole Quay**, dem **Shore Road Beach** und der Altstadt gibt es einiges zu sehen und entdecken.

**Rundfahrt durch Poole**

Statt Ihr Womo zu bemühen, ist es deutlich einfacher und stressfreier, einmal mehr in einen Sightseeingbus umzusteigen, der Sie zu allen wichtigen Punkten der Region bringt. Ein gut geeigneter Ausgangsparkplatz mit eigenen Flächen für Campervans liegt nahe dem **Poole Quay** *([N 50°42'43" W 1°58'29"], 97 Labrador Drive, BH15 1UY)*. Rund 900 m sind es dann, immer am Meer entlang in westlicher Richtung zum Bootshafen am Kai und der Zustiegsstelle der Rundfahrten-Busse *(ca. Höhe „Titan Leathercraft"-Shop, Ende März–Ende Sept., Abfahrten 10.00–17.00 Uhr stündlich, 24-h-Ticket Erw. 12 £, erm. 10 £, Kinder 5–16 J. 6 £, Familien 30 £, auch für 48 h oder in Kombination mit Bootstour erhältlich, www.citysightseeing-bournemouth.co.uk)*.

Besonders interessante Zwischenziele sind z.B. die Haltestellen:

- „Westbourne" für einen Bummel entlang der verkehrsberuhigten Geschäftsstraße mit individuellen Geschäften,
- „Bournemouth Square" für die geschäftige Innenstadt von Bournemouth,
- „Bournemouth Pier", mit der Touristeninformationsstelle, dem Pier und dem Unterwasserzoo **Oceanarium** gleich daneben *(Pier Approach, BH2 5AA, je nach Saison 10.00–16/17/18.00 Uhr, Erw. 11,95 £, erm. 9,95 £, Kinder 3–15 J. 7,95 £, Familien 29,95 £, Ermäßigungen bei Onlinebuchung, www.oceanarium.co.uk)*,
- „Canford Cliffs" für den Besuch der schönen, subtropischen Gartenanlage **Compton Acres** *(164 Canford Street, BH13 7ES, Apr.–Okt. 10.00–18.00 Uhr, sonst bis 16.00 Uhr, Erw. 7,95 £, erm. 6,95 £, Kinder 5–16 J. 4,25 £, Familien 18,50 £, www.comptonacres.co.uk)*,
- „Sandbanks Beach" – der Name sagt es schon, der beste Strand am Beginn einer ins Meer ragenden Halbinsel.

Poole Quay

Brownsea Island

Am Poole Quay selbst können Sie die schöne Altstadt gleich hinter Ihnen erkunden, die interessante stadtgeschichtliche Ausstellung **Poole Museum** besuchen *(4, High St., BH15 1BW, 10.00–17.00 Uhr, Eintritt frei, www.poolemuseum.co.uk)* oder eine Bootstour unternehmen. Ein Ziel wäre die gleich vor Ihnen liegende naturgeschützte **Insel Brownsea**. Sie ist bekannt für ihre Austernfischer, Eisvögel und roten Eichhörnchen, die Sie auf einem Rundgang beobachten können. Auch ein Visitor Centre, das zu den Rundwegen und aktuellen Veranstaltungen auf dem Eiland informiert, ist vorhanden *(Boote fahren ab Poole Quay oder Sandbanks Mitte März–Okt. ca. alle 30 Min. von 10.00–17.00 Uhr, von Febr.–Mitte März nur Sa/So bis 16.00 Uhr, Überfahrt hin und zurück Erw. 10,75 £, Kinder 6,75 £, Familien 28,25 £, Eintritt zur Insel Erw. 6,30 £, Kinder 3,15 £, Familien 15,75 £, NT-Mitglieder Eintritt frei, www.nationaltrust.org.uk)*.

**Gastrotipps Poole Quay und Altstadt: Banana Wharf****, Dolphin Quays, BH15 1HH, **The Poole Arms****, 19 The Quay, BH15 1HJ, **The Little Teapot**, High St., BH15 1AD, **The Guildhall Tavern******, 15 Market St., BH15 1NB, **The Guildhall Tavern******, 15 Market St., BH15 1NB, **The Courtyard Tea Rooms**, 48a High St., BH15 1BT, **Brewhouse and Kitchen Poole****, 3 Dear Hay Ln., BH15 1NZ.

Eine recht nah gelegene Möglichkeit, für die Nacht unterzukommen, bietet das schöne, reetgedeckte Pub **Bakers Arms** gleich am Roundabout der **A35** in Höhe LYTCHETT MINSTER *(**081:** [N 50°44'01" W 2°03'55"], Dorchester Rd., BH16 6JF, Lytchett Minster, www.vintageinn.co.uk)*.

## Arne Nature Reserve

Unterhalb von Poole reckt sich die beliebte Ferienregion der Purbeck-Halbinsel ins Meer. Nach WAREHAM können Sie links einer Stichstraße zum **Arne-Naturreservat** folgen. Das vom RSPB gemanagte Gelände besteht weitgehend aus Heideflächen und alten Eichenwäldern. Vor allem zum Beobachten

Corfe Castle

von Vögeln und Insekten kommen viele Besucher. Im Sommer hält man nach Grasmücken, Nachtschwalben und 22 Libellenarten Ausschau. Im unterhalb gelegenen **Poole Harbour** suchen Jahr für Jahr Tausende Vögel, Enten und Gänse nach Futter. Auch Fischadler kommen regelmäßig zu Besuch. Nähere Informationen zu aktuellen Sichtungen und den Wegen durch das Reservat erhalten Sie an der Besucherhütte am Ende des Parkplatzes.

*[N 50°41'23" W 2°02'30"], Arne Rd., Wareham, Parkplatz 8.30 Uhr bis Sonnenuntergang, 2 h 2,50 £, länger für 5 £, www.rspb.org.uk*

Statt bis ganz zur Hauptstraße **A35** zurückzufahren, können Mutige von Arne aus schon auf halbem Weg links ab die **Soldier Road** zur Weiterfahrt Richtung CORFE nehmen. Die Straße beginnt an einem Viehgitter und führt auf einer sehr schmalen, aber wunderschön gelegenen Straße durch das **Hartland Moor** mit einigen Wanderwegen beidseitig.

Zwei nette Campingplätze gibt es am Weg nach Corfe Castle. Unterwegs öffnet im Sommer sogar ein Campingplatz für einige Wochen, das **Camp Hartland** *(**082:** [N 50°39'48" W 2°05'09"], Hartland Stud, BH20 5DU, Norden, nur im August, 15 £, Versorgung, WC/Duschen, www.hartlandstud.co.uk)*.

## CORFE CASTLE

Zurück an der Hauptstraße gibt es dann noch den Platz **Norden Farm Camping** *(**083:** [N 50°38'44" W 2°04'08"], A531, BH20 5DS, Corfe Castle, März–Okt., 11,50–22,50 £, alle Einrichtungen, www.nordenfarm.com)*.

Er befindet sich kurz vor **Corfe Castle**. Schon von Weitem sehen Sie die Überreste der majestätisch auf einem Felsen thronenden königlichen Festung. Sie wurde 1646 von Parlamentariern im Bürgerkrieg zerstört, doch an Faszination haben auch die Ruinen kaum verloren. Ein großer Parkplatz befindet sich direkt unterhalb. Nur der Vollständigkeit halber sei erwähnt, dass es auch ein Modelldorf neben der Burg gibt sowie eine Museumsbahn, die im Sommer regelmäßig bis Swanage stampft.

*[N 50°38'30" W 2°03'33"], The Square, BH20 5EZ, Apr.–Sept. 10.00–18.00 Uhr, März/Okt. bis 17.00 Uhr, sonst bis 16.00 Uhr, Erw. 8,50 £, Kinder 4,25 £, Familien 21,24 £, NT-Mitglieder frei, www.nationaltrust.org.uk, mehr zum Modelldorf und zur Bahn unter corfecastlemodelvillage.co.uk und swanagerailway.co.uk*

Auch das hübsche Dorf hinter der Burg ist mit seinen alten Steinhäusern und der historischen Kirche einen Rundgang wert. Störend kann nur der Verkehr werden, denn Corfe Castle ist Dreh- und Angelpunkt der Halbinsel. Alle östlich verlaufenden Straßen beschreiben einen Bogen und kommen wieder hierhin zurück.

## STUDLAND BAY

Auch Sie brechen gleich nach der Burg links ab zur **Studland Bay** auf. Etwas nach links versetzt passieren Sie noch die Zufahrt zum **Burnbake Campsite** *(084: [N 50°39'08" W 2°00'42"], Rempstone, BH20 5JH, Corfe Castle, Apr.–Sept., 13–15 £, V/E, Dusche/WC, www.burnbake.com)*, dann erreichen Sie die schöne lange Sandbucht. Ganze 6 km goldener Sand machen den Streifen zu einem der beliebtesten Baderefugien Südenglands. Am rechten Ende wird die Bucht vom Steinmassiv **Old Harry Rocks** begrenzt, am spitz zulaufenden Ende links schließen sich nur durch eine schmale Durchfahrt getrennt die Poole Sandbanks an. Mehrere Parkplätze nehmen auch größere Fahrzeuge auf, am besten eignet sich der am nördlichen Abschnitt **Knoll Beach.**

*[N 50°39'06" W 1°57'17"], Ferry Road, BH19 3AH, Studland, Parkgebühren je nach Aufenthaltsdauer, NT-Mitglieder frei*

Selbst wenn kein perfektes Badewetter sein sollte, lohnt ein Aufenthalt, denn direkt nördlich des Parkplatzes schließt sich das schöne **Studland Heath Nature Resort** mit vielen Pfaden durch die Natur an. Am Strand davor befindet sich in diesem Bereich auch Englands bekanntester, fast 1 km langer FKK-Strand.

Nur für den Fall, dass es am Hauptstrand voll ist und Sie keinen Parkplatz bekommen, können Sie es auch ganz am Ende der Landzunge in Höhe **Shell Bay** versuchen. Die Schotterfläche liegt rechts neben der Fährzufahrt zu den Poole Sandbanks – eine Abkürzung zur Straße, falls Sie dorthin zurück möchten.

*[N 50°40'35" W 1°57'08"], Fährinfos unter sandbanksferry.co.uk*

Studland Bay

Weiter südlich liegt der Ort SWANAGE an der Küste, den Sie, alternativ zum Wohnmobil, auch auf einer sehr schönen Küstenwanderung zu Fuß erreichen.

**Wanderung: Von der Studland Bay nach Swanage (6,8 km)**
Ausgangspunkt der Wanderung ist der südlichste Parkplatz Studlands in der **Manor Road** bei [N 50°38'32" W 1°56'52"].
Gehen Sie am Pub Bankes Arms vorbei und nehmen Sie den Weg nach links, der mit einem Coast-Path-Zeichen markiert ist, sobald Sie die öffentlichen Toiletten erreichen. Die Tour verläuft nun zur Küste hin durch wildes Grasland. Im Frühling wachsen Tausende von Wildblumen auf dem nicht mehr bewirtschafteten, vom National Trust gepflegten Gebiet. Immer wieder haben Sie freien Blick zurück zur Studland Bay und der Stadt Poole ganz am Ende. Die Kreidefelsen unter Ihnen sind in diesem Bereich Heimat vieler Seevögel. Die größte Kormoran-Kolonie von Dorset lebt beispielsweise gleich neben der Felsformation Old Harry, die Sie an der Landspitze erreichen – ein beliebtes Fotomotiv. Folgen Sie dem Pfad einfach immer weiter bis zu den ersten Ausläufern von Swanage. Außer bei sehr hoher Flut oder schlechtem Wetter können Sie an dieser Stelle auch einen steilen Weg hinab zum Strand wählen und dort für rund 200 m entlanglaufen, bevor Sie, rechts hinauf, wieder dem offiziellen Weg folgen. Dieser biegt nun zwischen den Häusern in den Ort hinein. Gehen Sie auf der **Ballard Street** weiter bis zu einem Geschäft mit Briefkasten, dort biegen Sie scharf nach links auf die **Redcliffe Road**. Gehen Sie weiter, bis die Straße in die **Ulwell Road** übergeht. Sie können nun noch ein wenig in dem beliebten Urlaubsort umherstreifen, sich den viktorianischen Pier oder den Wellington Clock Tower ansehen, der bis 1867 Teil der London Bridge in der Hauptstadt war, bevor Sie den Küstenbus Nr. 50 zurück nach Studland nehmen.

Wenn Sie mit dem Auto in Swanage ankommen, finden Sie Parkplätze, um sich den Ort anzusehen, am ehesten entlang der Küstenstraße. Für die Weiterfahrt nehmen Sie am Ende des Ortes links die Straße **B3069**, zumindest wenn Sie noch eine Übernachtungsgelegenheit suchen. Unterwegs befindet sich entweder der Campground **Tom's Field** *(**085:** [N 50°36'23" W 2°00'30"], Tom's Field Rd., BH19 3HN, Langton Matravers, Apr.–Okt., 15–16 £, V/E, Strom, Dusche/WC, www.tomsfield-camping.co.uk)* oder versteckt hinter dem kleinen Ort KINGSTON ein einsam gelegener Parkplatz.

### (086) WOMO-Wanderparkplatz: Sheep Pens Car Park

**GPS**: N 50°36'47" W 2°04'53", West St., BH20 5LP, KINGSTON.

**Max. WOMOs:** 2–3.
**Ausstattung/Lage**: keine Einrichtungen, einsamer Wanderparkplatz am Ende einer schmalen Straße hinter dem kleinen Ort Kingston.
**Ortszentrum**: 3,5km (Corfe Castle)
**Zufahrt**: In Kingston am Pub The Scott Arms vorbeifahren, dann immer geradeaus bis zum Parkplatz nach rund 1,6 km links.
**Info**: Schon auf halber Strecke befindet sich alternativ der Waldparkplatz Houns Tout linker Hand gleich nach dem Dorf Kingston [N 50°36'55" W 2°03'59"].

## Kimmeridge Bay

Sie kommen am Ende der Rundfahrt über die Purbeck-Halbinsel wieder nach Corfe Castle und setzen Ihre Tour links über CHURCH KNOWLE mit dem schönen **The New Inn** fort *(**087:** [N 50°38'08" W 2°05'20"], Tyneham Rd., BH20 5NQ, Church Knowle, Apr.–Okt., 15–16 £, V/E, Strom, Dusche/WC, www.newinn-churchknowle.co.uk)*.

Schöner als die Fahrt auf der Hauptstraße ist die Variante entlang der Küste. Sie ist wegen ihres Reichtums an Fossilien aus der Dinosaurierzeit als **Jurassic Coast** bekannt und stellt Englands einziges Weltnaturerbe dar. Bei KIMMERIDGE finden Sie einen Stellplatz. Dann können Sie zur privaten Bucht hinabfahren. Ob die Maut von 10 £ lohnt, müssen Sie, je nach Wetter, Gezeitenstand und Vorlieben, selbst entscheiden...

### (088) WOMO-Stellplatz: Kimmeridge

**GPS**: N 50°37'12" W 2°07'01", KIMMERIDGE.
**Max. WOMOs:** 1–2.
**Ausstattung/Lage**: Parkplatz neben der Zufahrtsstraße nach Kimmeridge links unterhalb eines Felsvorsprungs. Im hinteren Bereich durch Bäume

Oberhalb der Kimmeridge Bay

nicht von der Straße einsehbar, schattig.
**Ortszentrum**: 500 m.
**Zufahrt**: Von Church Knowle weiter Richtung Kimmeridge fahren. Kurz vor dem Ort auf der linken Seite.

## LULWORTH

Über militärisches Gelände geht es dann auf einem schmalen Teerband, das nicht immer für zivilen Verkehr freigegeben ist, bis nach Lulworth. Der Ort teilt sich in einen Ost-, West- und Küstenteil namens Lulworth Cove auf. In der Tourismuswerbung heißt es, nicht ganz zu Unrecht, dass man an nun an einem der schönsten Flecken der Erde angekommen ist. Sicher ist jedenfalls, dass es weit schlechtere gibt. Zuerst kommen Sie nach East Lulworth mit dem **Lulworth Castle**. Das aus dem 17. Jahrhundert stammende Gebäude gehört zu den schönsten der Region. Ursprünglich als Jagd- und Lustschloss des Hochadels errichtet, ist es schon seit mehreren Hundert Jahren im Besitz der Familie Weld. 1929 brannte es komplett aus, wurde gemeinsam mit dem English Heritage danach aber

Durdle Door

teilrenoviert. Vom Turm hat man einen tollen Blick entlang der „Jurassic Coast“ genannten Küstenregion, die sich von hier bis fast nach Exmouth erstreckt. Auch eine Kirche, Kapelle, Park, Wald und Spielplatz gilt es rund um die Burg zu entdecken, ein zugehöriges Café versteht sich da von selbst.

*[N 50°38'16" W 2°12'14"], Cockles, BH20 5QS, East Lulworth, März–Dez. So–Fr 10.30–17.00 Uhr, die Burg selbst ist auch an einigen Do/Fr im Sommer wegen Veranstaltungen geschlossen, der Park bleibt dann geöffnet, Parken 3 £, Erw. 5 £, Kinder 4–15 J. 3 £, EH-Mitglieder frei, www.lulworth.com*

Der größte Ortsteil West Lulworth ist Sitz einer Army Base. Sie können ihn getrost durchfahren und direkt hinab zur **Lulworth Cove** schaukeln. Vom Großparkplatz (*[N 50°37'13" W 2°15'11"], Main Road, BH20 5RJ, Gebühr je nach Parkdauer 4–9* £) sind es nur wenige Hundert Meter durch den hübschen, wenn auch touristisch stark frequentierten Ort hinab zum fast kreisrunden Naturhafen. Wenn Sie dann am Boat Shed Café ganz vorne rechts über den Hügel aufsteigen, können Sie eine kleine Runde aus dem Spaziergang machen und unterwegs noch einen Blick in das zerklüftete **Stair Hole** wagen. Rechts führt der Weg dann wieder zum Parkplatz. Das kleine, kostenlose **Museum of Jurassic Marine Life** klärt über Geschichte und Natur der Gegend auf.

Wenn Sie noch ein Stück wandern möchten und einen etwas anstrengenden Anstieg nicht scheuen, können Sie auch noch westlich des Parkplatzes zur Felsformation **Durdle Door** gehen. Das spektakuläre Felstor zwischen **Man O' War** und **Durdle Beach** ist die Anstrengung wert. Wem das zu viel ist, der kann aber trotzdem den Anblick genießen, denn es gibt auch einen weiteren Parkplatz gleich oberhalb bei [N 50°37'27" W 2°16'04"], direkt hinter dem Mobile Home Holiday Park.

Zurück an der Hauptstraße finden Sie in EAST KNIGHTON das Pub **The Countryman Inn** *(**089:** [N 50°40'15" W 2°16'08"], Blacknoll Ln., DT2 8LL, East Knighton, WiFi, www.thecountrymaninndorset.co.uk)* für Einkehr und Übernachtung. Ein gut ausgestatteter Campingplatz befindet sich einige Kilometer weiter nördlich.

**(090) WOMO-Campingplatz:**
**Crossways Caravan Club Site**

**GPS**: N 50°41'56" W 2°19'01", DT2 8BE, MORETON.
**Max. WOMOs:** 93.
**Ausstattung/Lage**: alle Einrichtungen, weitläufiger Platz mit vielen kleinen Lichtungen auf einem Waldgrundstück, schattig.
Öffnungszeiten: Mitte März–Anfang Oktober.
**Ortszentrum**: kein Ortszentrum in der Nähe.
**Zufahrt**: Am Kreisverkehr nach Owermoigne rechts über Warmwell und Crossways zum Campingplatz kurz danach auf der rechten Seite fahren.
**Preis**: 28,10–35,60 £ , CC-Mitglieder 16,10 £–23,60 £.
**Internet:** www.caravanclub.co.uk

Richtung Westen geht es dann vorbei am Ort OSMINGTON mit einem weißen, in den Fels geritzten Pferd am Berghang, Richtung Weymouth. Augen offen halten, dann können Sie es sogar rechts von der Hauptstraße aus bei der Durchfahrt sehen.

## WEYMOUTH

Der klassische englische Urlaubsort Weymouth ist nicht gerade verträumt und niedlich, sondern eine richtige Stadt mit viel Verkehr, urbaner Bebauung und entsprechender Infrastruktur. Das ist vielleicht nicht jedermanns Sache, er besitzt aber eine große, teils verkehrsberuhigte Innenstadt mit vielen Einkaufsgelegenheiten, eine schöne, lange Promenade mit der bunten **Jubilee Clock**, dem Wahrzeichen Weymouths, und einen gut erreichbaren Sandstrand gleich unterhalb. Das, plus ein gewisses Maß an Amüsement in einer Mischung aus Spielhallen, Kirmes und Fish-and-Chips-Buden, ergibt ein im Königreich nach wie vor recht beliebtes Ganzes. Die „Bespaßungsmaschine" läuft aber noch in erträglichem Maße ... Für Strand und Zentrum parken Sie am besten ganz vorne an der Landspitze am Großparkplatz in der **Esplanade** bei [N 50°36'34" W 2°26'53"]. Sie stehen dann auch schon ganz nah am beliebten Aussichtsturm **Jurassic Skyline**, der einen tollen Blick über die umliegende Küstenlandschaft garantiert. Ähnlich wie in Brighton schwingt sich eine Art Glasgondel bis ganz nach oben.

*DT4 8ED, ab 11.00 Uhr, je nach Saison bis 15/16/17.00 Uhr, Eintritt ab 3 J. 7,50 £, bei Onlinebuchung 1 £ Ermäßigung, www.jurassicskyline.com*

Ein weiterer Anlaufpunkt am Beginn der Stadt mag der Parkplatz am **Lodmoor Country Park** sein. Neben einer Miniatur-

Weymouth

Parkbahn und einem Abenteuerminigolfplatz locken vor allem das große **Sealife**-Aquarium und **SandWorld** Besucher an. Dort werden von Sandkünstlern riesige Skulpturen aus dem fein vergänglichen Material erbaut, die erstaunlich stabil sind: Es kommt auf die richtige Mischung mit Wasser an, dann entstehen mannshohe Dinosaurier und Elefanten, Löwen und natürlich Schlösser.

*Parken bei [N 50°37'27" W 2°26'43"], Greenhill, DT4 7SL, Sealife: 11.00–17.00 Uhr, Eintritt ab 3 J. 23,50 £, bei Onlinekauf 7 £ Ermäßigung, www2.visitsealife.com/weymouth, Sandworld: Apr.–Okt. 10.30–16.30/17.30 Uhr, Erw. 6,95 £, erm. und Kinder 5–16 J. 4,95 £, Familien 13,45 £, ww.sandworld.co.uk*

**Gastrotipps Weymouth: Restaurant 43 ltd****, 43 Maiden St., DT4 8AZ, **Crustacean Seafood*****, 59 St. Mary St., DT4 8PP, **Dorset Burger Company***, 8 King St., DT4 7BH, **Marlboro Restaurant***, 49 St. Thomas St., DT4 8AW, **The George Bar****, 2 House Quay, DT4 8BE, **The Gloucester****, 96 Esplanade, DT4 7AT, **Cactus Tea Room**, 34 Esplanade, DT4 8DJ, **Suttons Coffee Shop**, 6 St. Alban St., DT4 8BZ.

Falls es Sie schließlich noch bis auf die vorgelagerte **Isle of Portland** zieht, sollten Sie die Fahrt bis ganz zur Spitze machen. Dort befindet sich auf einem schmalen Felsstreifen mit dem **Bill Portland and Visitor Centre** der meistbesuchte Leuchtturm Englands.

*[N 50°30'58" W 2°27'22"], Portland Bill Rd., DT5 2JT, Apr.–Okt., Erw. 7 £, erm. 6 £, Kinder 3–16 J. 5 £, Familien 20 £*

Auch übernachten können Sie gleich an der Zufahrtsstraße am **Pulpit Inn** (***091:** [N 50°31'03" W 2°27'19"], Portland Bill Rd., DT5 2JT, Portland, www.thimbleinn.co.uk, auch ohne Einkehr, dann 10 £).*

Falls Sie, statt noch Richtung Dorchester zu fahren, anschließend gleich an der Küste entlang Richtung Abbotsbury weiterfahren wollen, kommen Sie am Westende von Weymouth an **Bennetts Water Gardens** vorbei. In dem von Teichen und Seen durchzogenen, rund 3,2 Hektar großen Areal dreht sich alles um Seerosen. Einheimische sowie exotische

Arten blühen zwischen Frühsommer und Herbst überall auf den Wasserflächen und geben dem Garten somit ein echtes Alleinstellungsmerkmal. Auch ein Tropenhaus und ein Museum für Lokalgeschichte gehören zum Paket.

*[N 50°36'59" W 2°29'40"], Putton Ln., DT3 4AF, Chickerell, Apr.–Sept., 10.00–17.00 Uhr, Erw. 8,75 £, Kinder 5–15 J. 4,25 £, Familien 24 £, www.bennettswatergardens.com*

Etwas weiter finden Sie unterwegs einen schön gelegenen Campingplatz mit Meerblick.

### (092) WOMO-Campingplatz: Sea Barn Farm

**GPS**: N 50°37'25" W 2°31'45", Fleet Rd., DT3 4ED, FLEET.
**Max. WOMOs:** 250.
**Ausstattung/Lage**: alle Einrichtungen, Swimmingpool, schöner Blick über die Jurassic Coast, keine Parzellen, kein Schatten.
**Öffnungszeiten:** März–Okt.
**Ortszentrum**: kein Ortszentrum in der Nähe.
**Zufahrt**: Von Weymouth aus auf der Küstenstraße B3157 Richtung Portesham und Abbotsbury fahren. Ca. 1 km nach dem Chickerell links.
**Preis**: 14–28 £.
**Internet:** www.seabarnfarm.co.uk

## DORCHESTER

Die historische Marktstadt wirkt auf den ersten Blick etwas grau und fällt vor allem durch den dichten Verkehr auf. Dabei ist das Zentrum mit Fußgängerzone durch große, zentrale Parkplätze, auch speziell für Wohnmobile, am **Top O' Town Car Park** *([N 50°42'53" W 2°26'33"], Britport Rd., DT1 1RR)* gut zu erreichen und besitzt eine ganze Menge ungewöhnlicher Ausstellungen. Gleich sieben Museen tummeln sich jeweils in Laufweite voneinander entfernt, das Militärmuseum **The Keep** in einer alten Festung befindet sich gleich nebenan.

*Barrack Rd., DT1 1RN, Apr.–Sept. Mo–Sa 10.00–17.00 Uhr, sonst Di–Sa 10.00–16.30 Uhr, Erw. 7 £, erm. 5,50 £, Kinder 5–16 J. 2,50 £, Familien 15 £, www.keepmilitarymuseum.org*

Auch alle anderen liegen rund um die zentrale **South Street**, die Sie rund 450 m westlich des angegebenen Parkplatzes finden. Dort ist auch Dorchesters **Touristeninformation** untergebracht. Neben dem traditionellen **Dorset County Museum** in einem alten Kirchenbau mit Abteilungen zur Region sind das ein **Dinosauriermuseum**, ein **Teddybärmuseum**, ein **Terracotta-Armee-Museum**, eine **Tutenchamun-Ausstellung** und eines zum Thema **Mumien** gleich nebenan.

*Dorset Country Mus.: High West St., DT1 1XA, März–Okt. 10.00–17.00 Uhr, sonst bis 16.00 Uhr, Erw. 6,95 £, erm. 5,90 £, Kinder ab 5 J. 3,50 £, Familien 16,20 £, www.dorsetcountymuseum.org; Dinomus.: Icen Way, DT1 1EW, www.thedinosaurmuseum.com; Teddymus.: High East St., DT1 1JU, www.teddybearmuseum.co.uk; Terracotta-Mus.: Eastgate, DT1 1JU, www.terracottawarriors.co.uk; Tutenchamun-Mus.: High West St., DT1 1UW, www.tutankhamunexhibition.com; Mumien-Mus.: Alington St., www.mummiesexhibition.co.uk; für die letzten fünf gibt es den Gold Saver Pass. Sie zahlen dann nur den Preis für zwei Museen, haben aber zu allen fünf Zutritt; alle Apr.–Sept. 10.00–17.00 Uhr, sonst bis 16.00 Uhr, einzeln Erw. 5,99–8,99 £, Kinder ab 3 J. 3,99–6,99 £, Familien 17,99–28,99 £, im Paket Erw. 16,95 £, Kinder 11,95 £, Familien 48,95 £, www.goldsaverpass.com*

**Gastrotipps Dorchester: The Old Tea House**, 44 High Street West, DT1 1UT, **Taste****, Trinity St., DT1 1UB, **ReLoved Tea Rooms**, 2 Cornhill, DT1 1BA, **Blue Raddle***, 9 Church St., DT1 1JN, **Potters Bistro***, 19 Durngate St., DT1 1JP, **The Pantry**, 50a South St., DT1 1DQ.

Etwas außerhalb liegt **Maiden Castle**, eines der größten und komplexesten eisenzeitlichen Forts in Europa. Es hat den Umfang von 50 Fußballfeldern. Seine bis heute existierenden Erdwälle boten Hunderten Einwohnern Schutz. Schautafeln erläutern die Funktionen und ehemaligen Bauten. Schon seit 3500 v.Chr. war die Anlage in Betrieb, ihre heute noch erkennbaren Konstruktionen wurden im 1. Jahrhundert v.Chr. errichtet. Nicht nur ein Spaziergang durch die heute als Schafsweide genutzte Anlage können Sie machen, sondern auch am Parkplatz die Nacht verbringen (***093:** [N 50°41'57" W 2°28'15"], Maiden Castle Rd., DT2 9EY).*

Stellplatz 93: Maiden Castle

Voller Schafe: Maiden Castle

*Zutritt frei, www.english-heritage.org.uk*

Der vielleicht bekannteste Sohn der Stadt ist der Schriftsteller Thomas Hardy gewesen. Wenn Sie noch Lust haben, auf seinen

Hardy`s Cottage

Spuren zu wandeln, interessiert Sie vielleicht sein Haus **Max Gate** am Ostende der Stadt.

*[N 50°42'27" W 2°25'11"], Carne View Rd., DT1 2AB, Anfang März–Okt. Mi–So 11.00–17.00 Uhr, Erw. 6 £, Kinder 3 £, Familien 15 £, NT-Mitglieder frei, www.nationaltrust.org.uk*

Auch sein unweit davon entferntes Geburtshaus, **Hardy`s Cottage**, ist für Besucher geöffnet. Es ist ein typisches, reetgedecktes Landhaus seiner Zeit mit Bauerngarten in schöner Natur. Auch dort gibt es am Parkplatz kein Nachtparkverbot, eine Instandhaltungsgebühr von mindestens 1 £ sollten Sie tags wie nachts aber in die Honesty Box einwerfen *(**094:** [N 50°43'42" W 2°23'26"], Bockhampton Ln., DT2 8QJ).*

Stellplatz 94

*Öffnungszeiten und Eintritt wie Max Gate, www.nationaltrust.org.uk*

**Cerne Abbas Giant**

Ein letzter Abstecher auf Tour 2 führt Sie zum **Cerne Abbas Giant**. Das riesige Abbild einer in den Kalkstein geritzten, rund 55 m hohen Figur gibt bis heute Rätsel auf. Ist es ein neolithisches Fruchtbarkeitssymbol? Zeigt es den Helden Herkules und stammt aus römischer Zeit? Oder hat sich Oliver Cromwell einen Scherz erlaubt? Wenn Sie mitraten wollen, finden Sie einen Aussichtsparkplatz bei [N 50°48'46" W 2°28'50"], Duck St., DT2 7LA in Cerne Abbas. Ein Picknickplatz liegt nur wenige Meter die Straße hinab links. Am Weg zum oder vom Giganten gibt es unterwegs einen letzten Pub-Stellplatz am **Thimble Inn** für maximal zwei Fahrzeuge *(**095:** [N 50°46'36" W 2°24'25"], High St., DT2 7UE, Piddlehinton, www.thimbleinn.co.uk).*

TOUR 3
10 km
N
Plymouth
Saltash
Tamerton Foliot
Down T.
Wembury
Wembury Bay
Plympton
Cornwood
Ivybridge
Modbury
Bigbury Bay
Bantham
Malborough
Salcombe
Kingsbridge
East Prawle
Torcross
Start Bay
Blackpool
Dartmouth
Dittisham
Totnes
Littlehempston
Brixham
Tor Bay
Paignton
Torquay
Babbacombe Bay
Shaldon
Teignmouth
Dawlish
Exmouth
Newton Abbot
Kingsteignton
Sandygate
Bovey Tracey
Ashburton
Buckfastleigh
Dartmoor N.P.
Widdon Down
Whitestone
Exeter
Exminster
Killerton
Woodbury
Budleigh Salterton
Ladram Bay
Colaton R.
Sidmouth
Sidbury
Ottery St. Mary
Honiton
Branscombe
Beer
Seaton
Axminster
Chard
Lyme Regis
Charmouth
Seatown
Eype
Bridport
Burton Bradstock
Abbotsbury
Chesil Beach
Martinstown
Weymouth
Fortuneswell
Yeovi
Okehampton
Lydford
Mary Tavy
Merrivale
Princetown
Yelverton
Tavistock
Milton Combe
WC
P&R

# Tour 3: South Devon (560–690 km)

**Abbotsbury – Lyme Regis – Branscombe**
**Exmouth – Budleight Salterton – Exeter**
**Newton Abbot – Teignmouth – Torquay – Paignton**
**Totnes – Dartmouth – East Prawle – Salcombe**
**Wembury – Plymouth – Princetown – Lynton**

| | |
|---|---|
| Stellplätze (gratis): | Trinity Hill, Woodbury, Danes Wood, Combeinteignhead, Little Dartmouth, East Prawle, Jennycliff |
| Stellplätze (€): | Cogden Beach, Slapton Sands |
| Pub-Stellplätze: | Abbotsbury, Uplyme, Exeter, Ide, Nadderwater, Whiddon Down, Kingsteignton, Paignton, Littlehempston, Blackatown, Plymstock, Ivybridge, Cornwood, Princetown, Mary Tavy, Ottery |
| Campingplätze: | Burton Bradstock, Lyme Regis, Sidbury, Paignton, Totnes, South Allington, Rew, Modbury, Moortown, Gulworthy |
| Besichtigen: | Abbotsbury Swannery und Subtropical Gardens, Charmouth Heritage Centre, Lyme Regis Museum, Branscombe, Donkey Sanctuary, A la Ronde, Killerton, Exeter mit Cathedral und Underground Passages, Castle Drogo, Heytor, Hound Tor, Bradley Manor, Teignmouth, RSPB Labrador Bay, Torquay, Paignton Zoo, Berry Pomeroy Castle, Totnes Castle, Woodlands, Greenway, Dartmouth, Saltcombe mit Overbeck`s, Dartmoor Zoo, Plymouth mit National Marine Aquarium, Buckalnd Abbey, Dartmoor Prison Museum |
| Baden: | Abbotsbury, Cogden Beach, Hive Beach, Seatown, Charmouth, Lyme Regis, Budleigh Salterton, Oddiscombe Beach, Saltcombe Sands, Prawle Point, Bantham Beach, Wembury Beach |
| Wandern: | Branscombe, Teign Valley, Becky Falls, Prawle Point, Dartmoor, Lydford Gorge |

**Ursprüngliche Küstendörfer und tolle Sandstrände finden Sie auf Tour 3 durch Devons Süden genauso wie lebendige Städte und natürlich eine ganze Reihe Herrenhäuser, Parks und Gärten verschiedenster Art. Wer Natur und Wandern liebt, wird auch im weiten Dartmoor National Park auf seine Kosten kommen.**

## ABBOTSBURY

Zunächst müssen Sie aufpassen, dass Sie die kleine Abfahrt links von der **A35** in Richtung Abbotsbury und damit zurück zur Küste nicht verpassen. Gleich am Ortsbeginn stoßen Sie

Abbotsbury Swannery

auf das Pub **The Swan**, der Parkplatz befindet sich auf der gegenüberliegenden Seite und Gäste dürfen auf Nachfrage über Nacht bleiben *(**096:** [N 50°39'56" W 2°35'48"], 1 Rodden Row, DT3 4JL, Abbotsbury, www.swan-inn.net).*

Es gibt gleich eine ganze Reihe sehenswerter Plätze in der Umgebung. Zunächst können Sie sich auf Wunsch den Ort selbst ein wenig näher ansehen, der mit seinen alten Steinhäusern durchaus lohnend ist *(Parken bei [N 50°39'56" W 2°35'52"] neben der Rodden Row)*. Kurz danach biegen Sie links ab, vorbei an der **Children's Farm**, einem Spaß für ganz junge Besucher, zur Hauptattraktion, der **Abbotsbury Swannery**. Es ist die einzige betreute Höckerschwan-Kolonie der Welt. Schon seit 600 Jahren werden dort Schwäne gezüchtet. Ursprünglich durch ein Kloster betreut und als Nahrung gedacht, hat sich daraus ein Naturreservat und eine Touristenattraktion entwickelt, in der zeitweise mehr als 600 Tiere leben. Sie können bei einem Rundgang die Schwäne bei der Brut und Aufzucht beobachten und zu festgelegten Zeiten bei der Fütterung zusehen oder auch mithelfen. Ein durchaus beeindruckendes Erlebnis, nicht nur für Kinder. Interessant ist übrigens auch, dass traditionell alle Schwäne Großbritanniens dem Königshaus gehören. Es gibt nur drei Ausnahmen, die bei Weitem größte stellt die Swannery dar.

*[N 50°39'36" W 2°35'56"], New Barn Rd., DT3 4JG, Mitte März–Okt. 10.00–17.00 Uhr, Erw. 12 £, Kinder 5–15 J. 9 £, Familien incl. Children's Farm und Subtropical Gardens 43 £, bei Onlinebuchung mindestens 7 Tage im Voraus 20 % Ermäßigung, www.abbotsburyswannery.co.uk*

Etwas weiter außerhalb Richtung Westen ist der Weg zu den **Subtropical Gardens** angeschrieben. Er wurde erstmals 1765 als Küchengarten für die erste Countess von Ilminster angelegt. Sie war es auch, die Pflanzenjäger ausschwärmen ließ, um tropische und andere nicht auf der Insel heimische Gewächse zu importieren, und sie in ihren Garten integrierte. Seit damals sind noch einige mehr dazugekommen und das Gelände füllt mittlerweile rund 20 Hektar aus. Neben dem vie-

Abbotsbury Subtropical Gardens

len Grün sind auch die begehbare burmesische Seilbrücke sowie die Aussichtspunkte hinab zur Jurassic Coast und auf die historische **St. Catherine's Chapel**, unweit entfernt auf einem Hügel, echte Höhepunkte eines Rundgangs.

*[N 50°39'50" W 2°37'10"], Bullers Way, DT3 4LA, Mitte März–Okt. 10.00–17.00 Uhr, Nov.–Mitte Dez. und Jan.–Mitte März bis 16.00 Uhr, Preise wie bei der Swannery, www.abbotsburygardens.co.uk*

Folgen Sie der Garten-Zufahrtsstraße bis zum Ende, kommen Sie auch noch zum kilometerlangen Kiesstrand von Abbotsbury mit recht großem Parkplatz hinunter.

**Gastrotipps Abbotsbury: The Old School House Tea Room**, 1 Back St., DT3 4JP, **Abbotsbury Tea Rooms**, 26 Rodden Row, DT3 4JL, **Illchester Arms****, 9 Market St., DT3 4JR.

## Jurassic Coast

Auf den folgenden Kilometern haben Sie immer wieder die Möglichkeit, zu Parkplätzen am Meer hinabzufahren. Die erste gute Gelegenheit dafür ist der Abschnitt **Cogden Beach** mit etwas feinerem Kies als noch zuvor in Abbotsbury. Er wird vom National Trust betreut, hat eine Stellfläche nahe der Hauptstraße und Sie müssen ein paar Hundert Meter hinabwandern. Dafür gibt es hier kein Nachtparkverbot.

### (097) WOMO-Badeplatz: Cogden Beach

**GPS**: N 50°41'41" W 2°42'22", B3157, BURTON BRADSTOCK.
**Max. WOMOs:** 2–3.
**Ausstattung/Lage**: Schotterparkplatz neben der Hauptstraße mit Fußweg zum Strand, etwas uneben und abschüssig.
**Ortszentrum**: ca. 2,5 km.
**Zufahrt**: An der B3157 linksseitig.
**Preis**: Parkgebühr je nach Dauer, frei für NT-Mitglieder.

Strand bei Burton Bradstock und Golden Cap zwischen Seatown und Lyme Regis

Noch etwas feiner und schon mit Sand vermischt wird der Kiesstrand dann nahe BURTON BRADSTOCK am vorgelagerten **Hive Beach**. Auch dort gibt es bei *[N 50°41'50" W 2°43'18"]*, **Beach Road**, einen großen Tagesparkplatz und außerdem mehrere Strandcafés. Einen schönen Blick zusammen mit guter Ausstattung und recht fairen Preisen vereint ein naher Campingplatz etwas außerhalb des Ortes.

**(098) WOMO-Campingplatz:**
**Graston Corpse Holiday Park**

**GPS**: N 50°42'26" W 2°42'46", Annings Ln., DT6 4QP, BURTON BRADSTOCK.
**Max. WOMOs:** 78.
**Ausstattung/Lage**: alle Einrichtungen, aber nur wenige Plätze mit Stromanschluss. Schöne, freie Lage zwischen den Feldern mit Meerblick, nahe zum Strand, kein Schatten.
**Öffnungszeiten:** Mai–Sept.
**Ortszentrum**: 1500m.
**Zufahrt**: In Burton Bradstock am Anchor Inn rechts Richtung Shipton Gorge abbiegen und die 3. Straße rechts, Annings Lane, bis zum Campingplatz nach rund 1,2 km rechts.
**Preis**: 13,50–26 £ je nach Saison und Stellplatz.
**Internet**: www.grastoncorpseholidaypark.co.uk

Wenn Sie „Ihren" Strand noch nicht gefunden haben, bietet sich in SEATOWN dann die nächste Gelegenheit *(Parken bei [N 50°43'23" W 2°49'21"], Sea Hill Lane)*, bevor Sie die beiden etwas größeren Orte CHARMOUTH und LYME REGIS erreichen. Ersterer hat neben Strand und Klippen auch ein kleines **Heritage Coast Centre** im Angebot. Dort können Sie Fossili-

Charmouth Beach und Heritage Coast Centre

en ansehen, die allesamt gleich hier unterhalb des Klippengesteins und vom Wasser freigespült am Strand entdeckt wurden. Wenn Sie selbst unter die Fossilienjäger gehen möchten, können Sie eine geführte Sammlertour mitmachen, die von hier aus organisiert wird, oder selbst unterhalb der Kliffs Ihr Glück versuchen. Den „Fossiliensammlercode" sollten Sie dabei immer im Auge haben: So darf man beispielsweise keine Stücke aus dem Fels herausstemmen, sondern nur -nehmen, was leicht vom Boden oder Wand lösbar ist. Mit den meisten Womos (max. 3,5 t) parken Sie am ersten Parkplatz links *([N 50°44'06" W 2°54'03"], Lower Sea Ln.)*, die vorderen beiden sind für Fahrzeuge über 3 t gesperrt.

## LYME REGIS

Vorbei an der Zufahrt zum **Wood Farm Caravan Site** *(**099:** [N 50°44'31" W 2°54'58"], Axminster Rd., DT6 6BT, Mitte März–Okt., 17–38 £, alle Einrichtungen, www.woodfarm.co.uk)* und dann links auf die **A3052** gelangen Sie zu einem großen Tagesparkplatz mit Extrabereich für Wohnmobile *([N 50°43'45" W 2°55'53"], Charmouth Rd., DT7 3DW, alternativ am Ortsende auch bei ([N 50°43'28" W 2°56'27"], Pound St., DT7 3HZ)*. Ein Teil des örtlichen Strandes wurde hier sogar mit reinem Sand versehen, um Badegäste anzulocken. Noch mehr Besucher kommen allerdings der Fossilien wegen nach Lyme Regis.

Noch erfolgversprechender als im benachbarten Charmouth scheint ein Ausflug zu den Klippen; noch mehr Fossilien gibt es im **Lyme Regis Museum**, gleich neben der **Touristeninformation** am östlichen Ende der Promenade, zu sehen. In dem außergewöhnlichen Backsteingebäude werden Sie darüber hinaus auch mit Abteilungen zur lokalen und Literaturgeschichte sowie Gemälden unterhalten.

*Bridge St., DT7 3QA, wegen Umbau bis Juni 2017 geschlossen, sonst 10.00–17.00 Uhr, www.lymeregismuseum.co.uk*

Natürlich starten auch von diesem Ort geführte Fossilienwanderungen und sie können obendrein ein wenig durch die ganz hübsche Hauptstraße flanieren. Etwas zurückversetzt im oberen Teil des Ortes befindet sich das Pub **Talbot Arms**. Der Parkplatz liegt auf der gegenüberliegenden Seite *(**100:** [N 50°44'09" W 2°57'30"], Lyme Rd., DT7 3TF, Uplyme, www.talbotarms.com)*.

**Gastrotipps Lyme Regis: The Volunteer Inn****, 31 Broad St., DT7 3QE, **The Whole Hog***, 6a Broad St., DT7 3QD, **LBK Gourmet Burger Bar****, 44 Combe St., DT7 3PY, **The Harbour Inn*****, 23 Marina Parade, DT7 3JF, **The Millside Restaurant*****, 1 Mill Ln., DT7 3PU, **Herbies Dino Bar***, Marine Parade, DT7 3HS, **Penny Black Café**, 37 Broad St., DT7 3QF, **Courtyard Café**, Town Mill, DT7 3PU.

Der nächste freie Stellplatz folgt dann nicht weit entfernt rechts ab an einer kleinen Nebenstraße.

### (101) WOMO-Stellplatz: Trinity Hill

**GPS**: N 50°45'32" W 2°59'00", Trinity Hill Rd., EX13 5SS, AXMINSTER.
**Max. WOMOs:** 1–2.
**Ausstattung/Lage**: kleine Parkfläche neben der schmalen Zufahrtsstraße ohne Einrichtungen. Wanderwege, kein Schatten.
**Ortszentrum**: ca. 3,5 km.
**Zufahrt**: Ca. 3,3 km hinter Lyme Regis gegenüber der Zufahrt zur Charton Farm unbeschildert nach rechts abbiegen. Dann nach ca. 5,3 km rechts.

## BRANSCOMBE

„Verborgen in einem schmalen, zum Strand hin abfallenden Tal zwischen den Klippen duckt sich ein altes Dorf, in dem die Zeit stehen geblieben scheint, in die Landschaft." Tatsächlich trifft es die Werbung des National Trusts für das ihm unterstellte Branscombe ganz gut. Nur ein paar verstreute Häuser, eine der letzten noch betriebenen handwerklichen Kunstschmieden das Landes, eine restaurierte Wassermühle und ein Café in der alten Bäckerei, dazu viel freie Landschaft, Felder, Wald, Strand und die dramatischen Klippen – fertig ist eine hübsche Erlebniswelt, die man sich allerdings hart erkaufen muss. Die Zufahrtsstraße ist äußerst schmal und lässt auch geübte Womo-Fahrer zwischendurch mal tief Luft holen. Zur Beruhigung

Old Bakery in Branscombe

sei gesagt, dass sie großteils als Einbahnweg verläuft und sich sogar Linienbusse hinabquälen. Eine gute, allerdings nicht sehr große Parkgelegenheit befindet sich neben der Schmiede bei [N 50°41'32" W 3°08'16"] *(kostenpflichtig, NT-Mitglieder frei)*. Der Parkplatz direkt am Strand ist meist mit einer Höhenbarriere blockiert. Eine Alternative wäre die Fahrt ins benachbarte ehemalige Schmugglernest BEER, dort gibt es weitere Parkgelegenheiten.

**Rundwanderung von Branscombe nach Beer (ca. 9,5 km)**
Vom kleinen Parkplatz aus überqueren Sie die Straße und nehmen den Pfad unmittelbar links neben dem gegenüberliegenden Gebäude. Folgen Sie ihm durch die Obstplantage vorbei am National-Trust-Inforaum und dem Tea Room in der alten Bäckerei. Überqueren Sie die Fußgängerbrücke und wandern Sie geradeaus durch das Feld und über die mit einem Tor versehene zweite Brücke. Der weiterführende Pfad folgt nun einer Wasserleitung, die eine Mühle an einem Landgut versorgt. Nehmen Sie die Stufen links von der Mühle, gehen Sie den Fahrweg hinab und durch das Tor rechts, um den ausgetretenen Pfad, der an einem Schuppen vorbeiführt, einzuschlagen (Schild **Public Footpath Branscombe Mouth**). Wenn der Pfad sich gabelt, nehmen Sie die rechte Abzweigung, die einem Zaun folgt und eine Holzbrücke überquert. Gehen Sie bis zur Küste. Wenn Sie möchten, können Sie einen Zwischenstopp am Kiesstrand einlegen und den 13,5 t schweren Anker der MSC Napoli bestaunen, der hier liegt.
Schlagen Sie dann den **Coast Path Beer** beim Lokal **Sea Shanty** nach links ein. Sie gehen über eine Betonbrücke und bleiben, rechts haltend, auf dem Coast Path über das Ostkliff. Nachdem Sie an zwei Feldern vorbei ein Stück bergauf gewandert sind, folgen Sie der Beschilderung **Hooken Cliff/Beer** eine steile Treppe nach oben. Von der Bank an dieser Stelle haben Sie eine fantastische Aussicht auf Branscombe, Sidmouth und die Küstenlinie unter Ihnen.
Nach einer kurzen Rast geht es durch ein Viehgatter und über ein Feld

mit den Überresten eines alten Ausgucks weiter. Immer geradeaus, durch zwei Tore hindurch, dann halten Sie sich am unteren Ende des Feldes links. Nach einem weiteren Tor gehen Sie erneut links auf einem Pfad, der einer Hecke folgt. Sie erreichen nach noch einem Tor den **Beer Head Caravan Park**. Am Ende des Weges orientieren Sie sich an der Beschilderung **Beer** und gehen die **Common Lane** bis ins Ortszentrum hinab. Sehen Sie sich ein bisschen um oder nutzen Sie die Zeit für eine Einkehr.
Nachdem Sie Beer erkundet haben, gehen Sie zunächst auf dem gleichen Weg zurück. Vorbei am Beer Head Caravan Park folgen Sie dem **South West Coast Path** entlang der Küstenlinie für rund 1,2 km. Dann nehmen Sie diesmal den unteren Pfad, der durch ein Tor mit dem Wegweiser **Coast Path Branscombe Mouth** auf dem unter den Kliffs verlaufenden Rückweg nach Branscombe leitet. Sie passieren auf dem etwas holprigen Weg den **Sea Shanty Caravan Park**. Nach einem Tor neben einem Viehgitter wandern Sie auf dem Betonweg mit dem Weghinweis **Coast Path Public Footpath** durch ein Feld. Gehen Sie hinter der Branoc-Brauerei bis zum Ende des Weges. Biegen Sie nach rechts auf eine Straße und dann sofort bei einer Bank wieder nach links auf einen Pfad durch eine Piniengruppe gegenüber dem **Great Seaside B&B**. Folgen Sie ihm nach rechts weiterführend, klettern Sie über einen Tritt und wandern Sie durch ein weiteres Feld und ein Tor, um danach wieder auf den vom Hinweg bekannten Branscombe-Valley-Pfad zu stoßen. Nach rechts gelangen Sie auf bekanntem Terrain, vorbei an Landgut und Mühle, zurück zum Parkplatz, an dem Sie gestartet sind.

Mögen Sie Esel? Vielleicht haben Sie dann Interesse, am Weg von Branscombe zurück Richtung Hauptstraße noch einen Halt am **Donkey Sanctuary** einzulegen. Die vielen zotteligen Gesellen lassen sich streicheln und beobachten. Es gibt auch Gelegenheit, sich über die Arbeit des Tierasyls näher zu informieren. Zugang und Parken sind kostenlos, über eine Spende freut man sich aber, Sie müssen ja nicht gleich eines der Tiere adoptieren...

*[N 50°41'46" W 3°11'31"], Northern Ln., EX10 0NU, 9.00 Uhr bis zur Dämmerung, www.thedonkeysanctuary.org.uk*

Von der **A3052** können Sie dann rechts zu einem Campingplatz abbiegen. Ein alternativer freier Stellplatz befindet sich auf einer Anhöhe bei WOODBURY, ein Stück weiter südwestlich.

### (102) WOMO-Campingplatz: Putts Corner Caravan Club Site

**GPS**: N 50°45'36" W 3°13'12", Annings Ln., EX10 0QQ, SIDBURY.
**Max. WOMOs:** 117.
**Ausstattung/Lage**: alle Einrichtungen, parzellierte Stellplätze, großteils auf Schotter, teils schattig.
**Öffnungszeiten:** Mitte März–Anfang November.
**Ortszentrum**: ca. 4 km (Ottery St. Mary).
**Zufahrt**: Nach Ortseinfahrt Sidford rechts über die A375 in Richtung Honiton
**Preis**: 31,80–40,20 £, CC-Mitglieder 19,80–28,20 £.
**Internet**: www.caravanclub.co.uk

A la Ronde bei Exmouth

**(103) WOMO-Stellplatz: Estuary View**
**GPS**: N 50°40'36" W 3°22'17", B3180, EX5 1JL, WOODBURY.
**Max. WOMOs:** 2–3.
**Ausstattung/Lage**: Parkplatz mit Schotter-/Lehmboden neben der Straße an einem gegenüberliegenden Aussichtspunkt, keine Einrichtungen, teils schattig.
**Ortszentrum**: ca. 2,7 km.
**Zufahrt**: an der B3180 linksseitig in Richung Exmouth.

## EXMOUTH

Zum letzten Mal an den Strand der Jurassic Coast können Sie dann bei BUDLEIGH SALTERTON fahren, ein großer Parkplatz steht bei [N 50°37'49" W 3°18'47"] am Ende der **Granary Lane** bereit.

Gleich am nördlichen Rand der Exeter vorgelagerten Schwesterstadt Exmouth finden Sie das außergewöhnliche Anwesen **A la Ronde**. Die Cousinen Jane und Mary Parminter ließen es sich 1796 nach der Rückkehr von einer ausgedehnten Europareise errichten. Schon von außen sieht man dem fast runden, 16-seitigen Haus an, dass es alles andere als gewöhnlich ist. Im Inneren bestätigt sich dieser Eindruck: Allerorts aufgestellte Reiseerinnerungen, Wandschmuck aus Federbändern und Glitzer sowie eine mit rund 25.000 Muscheln geschmückte Galerie sind nur einige der vielen Besonderheiten von A la Ronde.

*[N 50°38'33" W 3°24'34"], Summer Ln., EX8 5BD, Exmouth, Mitte März–Okt. 11.00–17.00 Uhr, Febr.–Mitte März nur mit Führung, Erw. 8,40 £, Kinder 4,20 £, Familien 21 £, NT-Mitglieder frei, www.nationaltrust.org.uk*

## EXETER

Bevor Sie in die Stadt einfahren, bietet sich wenige Kilometer nördlich noch ein Besuch des schönen Anwesens **Killerton House** an. 1944 ging es nach fast 200 Jahren im Besitz

Historische Poststation in Killerton

der Acland-Familie als Schenkung an den National Trust über. Grund dafür war aber nicht wie in vielen anderen Fällen eine erdrückende Erbschaftssteuerlast, sondern die politische Überzeugung des letzten Eigentümers Sir Richard, der als Parlamentarier in London ein Zeichen gegen Großgrundbesitz und Gutsherrenmentalität setzen wollte. Auch eine eigene Partei gründete er dafür – die allerdings nicht allzu lange überlebte. Heute können Sie aus diesem Grund das intime Familienheim samt einer umfangreichen Ausstellung zum Thema „Mode im Wandel der Zeit“ im Obergeschoss besichtigen. Im verborgenen Wandschrank werfen sich nicht nur Kinder in „Kleider der Epochen“ und posieren anschließend für Fotos. In Killerton ist auch der Landschaftspark von großem Interesse: Viele verschiedene Rundwege führen durch Obstplantagen, vorbei an Rhododendren und Magnolien bis zu einem erloschenen Vulkan und einer eisenzeitlichen Befestigungsanlage. Karten zum Wegenetz erhalten Sie am Eingang. Gleich nebenan im Dorf können Sie dann noch die Mühle und die ehemalige **Poststation** besichtigen.

*[N 50°47'29" W 3°27'08"], EX5 3LE, Killerton, Anwesen: Mitte Febr.–Dez. 11.00–16/17.00 Uhr, Erw. 10,50 £, Kinder 5,25 £, Familien 26,25 £, Post und Mühle: Mitte Febr.–Dez. 10.00–17.30 Uhr, sonst 11.00–16.00 Uhr, Erw. 5 £, Kinder 2,50 £, Familien 12 £, NT-Mitglieder jeweils frei, www.nationaltrust.org.uk*

Rund um Exeter finden Sie auch mehrere Stellplätze. Der erste, freie befindet sich an einem Wäldchen gleich südlich von Killerton, die nächsten beiden Pubs dann westlich bzw. südwestlich der Stadt. Das letzte liegt günstig, wenn Sie nach einer Besichtigung vor der Weiterfahrt auf der angegebenen Route noch einen Zwischenstopp einlegen möchten.

### (104) WOMO-Wanderparkplatz: Danes Wood

**GPS**: N 50°46'55" W 3°27'50", 2 Danes Hill, EX5 3LQ, BROADCLYST.
**Max. WOMOs:** 1–2.
**Ausstattung/Lage**: schattiger Parkplatz auf Schotter, direkt neben einer kleinen Nebenstraße an einem Waldstück des National Trusts mit Spazierwegen.
**Ortszentrum**: kein Ortszentrum in der Nähe.
**Zufahrt**: Vom Killerton Estate kommend nach Parkplatzausfahrt rechts abbiegen und dann immer geradeaus bis zum Parkplatz nach rund 2 km rechts.

### (105) WOMO-Pub: Double Locks

**GPS**: N 50°42'02" W 3°30'45", Canal Banks, EX2 6LT, EXETER.
**Max. WOMOs:** 2–3.
**Ausstattung/Lage**: schönes, abgelegenes Pub an einer Kanalschleuse, großer Biergarten, Speisenangebot, familienfreundlich, Rad- und Spazierwege. Der erste Parkplatz ist, theoretisch, öffentlich, ansonsten wie immer gegen Anfrage und Einkehr.
**Ortszentrum**: ca. 4 km.
**Zufahrt**: Vom Zentrum kommend die Stadt in südlicher Richtung auf der A377 Richtung Torquay verlassen. Dann links die Ausfahrt nach Alphington nehmen und am Kreisverkehr die erste Ausfahrt nach Dawlish. Immer geradeaus fahren, auch wenn die Hauptstraße nach rechts abknickt. Die kleine Brücke überfahren und danach rechts zum Pub abbiegen.
**Internet**: www.doublelocks.com
**Info:** Dieser Stellplatz ist aufgrund einer schwachen Brücke kurz vor dem Ende nur für kleine Womos bis maximal 3 t anfahrbar!

### (106) WOMO-Pub: The Huntsman Inn

**GPS**: N 50°42'16" W 3°33'32", 2 High St., EX2 9RN, IDE.
**Max. WOMOs:** 2–3.
**Ausstattung/Lage**: recht nettes Dorfpub am Rande Exeters mit großem Asphalt-/Schotterparkplatz links daneben. Biergarten hinter dem Haus, große Speisenauswahl, familienfreundlich.
**Ortszentrum**: ca. 3,8 km (Exeter).
**Zufahrt**: Vom Zentrum kommend die Stadt südwestlich Richtung Moretonhampstead verlassen (B3212). Kurz nach Ortsende links in Richtung Twisted Oak abbiegen und nach der Autobahnunterführung rechts nach Ide lenken. 200 m bis zum Pub rechts.
**Internet**: www.thehuntsmaninn.com

### (107) WOMO-Pub: The Royal Oak

**GPS**: N 50°43'47" W 3°34'18", EX4 2JH, NADDERWATER.
**Max. WOMOs:** 1–2.
**Ausstattung/Lage**: familiäres Dorfpub mit kleinem Biergarten, Speisenangebot, Parkplatz neben dem Haus.
**Ortszentrum**: ca. 3,1 km (Exeter).
**Zufahrt**: Das Zentrum direkt südlich des Flusses Exeter über die Okehampton Street in westliche Richtung verlassen. Immer geradeaus bis zum Pub auf der linken Seite.
**Internet**: www.theroyaloaknadderwater.co.uk

**Rundgang durch Exeter**

Um sich Exeter genauer anzusehen, müssen Sie zunächst entscheiden, ob Sie es wagen wollen, mit dem Wohnmobil ins Zentrum zu fahren, oder lieber einen P&R-Platz ansteuern, um dann bequem mit dem Bus in die Innenstadt zu gelangen. Ersteres macht nur für Fahrzeuge bis ca. 6,50 m Länge Sinn. Sie finden eventuell am Parkplatz in der

Exeter Cathedral

**Howell Road** bei *([N 50°43'40" W 3°31'40"], EX4 4EY)* eine nutzbare Lücke. Alternativ steuern Sie den **Matford-P&R-Parkplatz** südlich Exeters bei *([N 50°41'41" W 3°31'15"]), Matford Park Rd., EX2 8NL)* an. 10 Parkplätze, extra für Autos mit Überhöhe, wurden vor den Höhenbarrieren eingerichtet. Der Pendelbus „Green" fährt ca. im 12-Min.-Rhythmus bis zum Halt **South Street**, gleich bei der **Exeter Cathedral**. Die 100.000-Einwohner-Stadt zählt zu den attraktivsten im Land und hat eine ganze Reihe interessanter Bauwerke, schöner Straßenzüge und umfangreicher Einkaufsmöglichkeiten zu bieten. Je nach Laune können Sie sich, um mehr über Exeter zu erfahren, einer der kostenlosen, mehrmals täglichen und mit wechselnden Schwerpunkten stattfindenden **Red Coat Walking Tours** anschließen. Start ist am **Royal Clarence Hotel** am Ende der **Cathedral Yard**, von Ihrer Bushaltestelle aus gleich ums Eck in Sichtweite zur Kirche *(Apr.–Okt., täglich 2–5 Führungen, Infos in den ausliegenden Flyern oder unter www.exeter.gov.uk/guidedtours)*.
Wenn Sie sich lieber selbst auf den Weg machen, gehen Sie auch die Cathedral Yard entlang, um einen Blick auf oder in das große Kirchenschiff zu werfen. Die Arbeiten an dem ursprünglich romanischen Bau begannen 1114. Zwischen 1270 und 1350 wurde dann nochmals im großen Stil umgebaut und vergrößert. Das Ergebnis war die gotische Kathedrale, die Sie heute sehen *(1 The Cloisters, EX1 1HS, Mo–Sa 9.00–17.00 Uhr, So ab 11.30 Uhr, Erw. 7,50 £, erm. 6 £, Kinder bis 17 J. frei, www.exeter-cathedral.org.uk)*. Zu einer ersten Rast lädt das Café **Tea on the Green** ein *(2 Cathedral Close, EX1 1EZ)*. An der St. Martin Church am nördlichen Eck des Kathedralplatzes verlassen Sie den Ort dann über den intimen **Catherine Square**. Dort befinden sich die Ruinen der historischen **St. Catherine's Chapel**, ein ehemaliges Armenhaus von 1457. Es wurde während des schwersten Bombenangriffs auf die Stadt im Mai 1942 während des Zweiten Weltkriegs von deutschen Bombern zerstört und bleibt seitdem als Mahnmal erhalten. Auch das beliebte **Lloyd's Kitchen**** liegt gleich nebenan *(16 Catherine St., EX1 1EU)*.
Am Ende des Platzes rechts und dann gleich wieder links durchque-

ren Sie ein großes, verkehrsfreies Shoppingareal, errichtet als eine Art Open-Air-Mall.
Halten Sie sich nach dem „Giraffe"-Restaurant rechts auf den Roman Walk. Am Ende des Weges erreichen Sie linker Hand die Touristeninformation der Stadt, die Sie nicht auslassen sollten. Hier erhalten Sie umfangreiches Infomaterial, unter anderem auch zu drei Heritage-Trails. Anhand dieser Faltblätter gehen Sie von hier an selbst geführt auf eine Historienrunde durch die Stadt. Zusätzlich werden auch Wegstrecken zu den Themen „Essen", „Cafékultur" und „Boutiqueshopping" bereitgehalten.
Wenn Ihnen stattdessen eine Kurzvariante ausreicht, wechseln Sie nach dem Haus links zum Halbrund der **Paris Street**. Nach dem Café **The Real Food Store** *(11 Paris St., EX1 2JB)* rechts und einer Fußgängerpassage links erreichen Sie den unscheinbaren Eingang zur zweiten großen Attraktion der Stadt, den **Underground Passages**. Das unterirdische Labyrinth wurde schon ab dem 14. Jahrhundert zur Wasserversorgung der Stadt erbaut und in den Folgejahren immer weiter um- und ausgebaut. Nachdem Sie zunächst eine interessante Ausstellung zur Geschichte von Stadt und Tunneln ansehen, startet die eigentliche Tour mit einem 10-minütigen Infofilm (auf Wunsch mit deutschen Untertiteln). Danach geht es, mit Helmen ausgerüstet, durch die dunklen Gänge. Achtung: An einigen Stellen wird es sehr schmal und niedrig, wer unter Klaustrophobie leidet, sollte sich die spannende Führung daher besser sparen *(2 Paris St., EX1 1GA, Führungen laufend, Juni–Sept. Mo–Sa 9.30–17.30 Uhr, So 10.30–16.00 Uhr, Okt.–Mai Di–Fr 10.30–16.30 Uhr, Sa 9.30–17.30 Uhr, So 11.30–16.00 Uhr, Erw. 6 £, erm. 5 £, Kinder 4 £, Familien 18 £, www.exeter.gov.uk/passages)*.
Am Haus mit der ovalen Fassade schwenken Sie dann links in die zentrale **High Street**. Wenn Sie möchten, können Sie rechts über die **Queen Street** noch einen Abstecher zum **Royal Albert Memorial Museum** machen. In dem schönen, palastartigen Stadthaus gibt es eine umfangreiche Sammlung, vor allem naturhistorischer Art. Aber auch eine Galerie, eine ägyptische und eine Altertumsabteilung gehören zum Angebot *(Queen St., EX4 3RX, Di–So 10.00–17.00 Uhr, Eintritt frei, www.rammuseum.org.uk)*. Auch das **Devon Café** *(88 Queen St.,*

In den Underground Passages

*EX4 3RP)* finden Sie am Weg.
Zurück an der High Street stehen Sie kurz darauf vor der **Guildhall**, dem ältesten öffentlichen Gebäude Großbritanniens. Es ist bis heute in Benutzung. Bankette und Sitzungen der County-Verwaltungen werden beispielsweise abgehalten. An anderen Tagen können Sie jederzeit vorbeischauen, einige Räume sind frei zugänglich. Dahinter befindet sich eine Shopping-Mall.
Werfen Sie dann noch im Anschluss rechts einen Blick in die **Parliamant Street**. Diese winzige Gasse, in der kaum zwei Personen aneinander vorbeikommen, galt bis vor wenigen Jahren als schmalste Straße der Welt und stellt einen Durchgang zur dahinterliegenden Waterbeer Street dar.
An der nächsten Kreuzung von der High zur South Street erreichen Sie linker Hand wieder Ihre Bushaltestelle und können zum P&R-Parkplatz zurückfahren. Oder Sie halten sich geradeaus noch hinab in Richtung Fluss **Exe**. Rund um den Platz **The Quay** ist dort in den letzten Jahren ein hübsches Eck entstanden, das einen Blick lohnt. Auch ein Visitor Centre ist vorhanden und es werden auch dort 2–3-mal pro Woche kostenfreie Rundgänge angeboten *(The Quay, EX2 4AN)*. Für die gastronomische Versorgung sorgen z.B. das **Prospect Inn**** *(The Quay, EX2 4AN)* und das **On The Waterfront**** *(4 Southside Warehouse, EX2 4AP)*.

## Dartmoor National Park, Ostteil

Auf der **A30** in westliche Richtung fahren Sie nun bis WHIDDON DOWN. Dort können Sie am Pub **The Post Inn** übernachten *(**108:** [N 50°43'04" W 3°51'21"], Exeter Rd., EX20 2QT, Whiddon Down, www.thepostinnwhiddon.co.uk)*.

Außerdem erreichen Sie dort bereits die östlichen Ausläufer des **Dartmoor National Parks**. Nicht entgehen lassen sollten Sie sich an dieser Stelle das bemerkenswerte **Castle Drogo** mit seiner Umgebung. Die Burg sieht zwar alt aus, wur-

An der Fingle Bridge

de aber erst im 20. Jahrhundert im Auftrag des exzentrischen Julius Drewe erbaut. Er war Besitzer einer der seinerzeit größten Handelsketten auf den Britischen Inseln und ließ sich die Burg vom bekannten Architekten Edwin Lutyens, dramatisch am Rande des Dartmoors mit Blick auf die darunterliegende Teign-Schlucht, errichten. 1911 begonnen, wurde der Bau erst 1930, ein Jahr bevor Drewe 75-jährig starb, fertiggestellt. Es ist bis heute die letzte Burg und das letzte komplett aus Granit gefertigte Gebäude Englands. Da die Dachkonstruktion leider fehlgeplant war und fast von Anfang an leckte, wird das Haus noch bis 2017/18 umgebaut, um es zuverlässig gegen Wasserschäden abzusichern. Besucher können aber auch währenddessen einen Blick auf die Arbeiten werfen und Teile des Inneren erforschen. Da aber auch die Gärten und die gleich benachbart gelegene Schlucht zum Erlebnis gehören, sollten Sie diesen ebenso Beachtung schenken. Ein schöner Rundweg startet direkt am Parkplatz.

*[N 50°41'51" W 3°48'20"], EX6 6PB, Drewsteignton, neue Öffnungszeiten der Burg noch nicht bekannt, Erw. 9 £, Kinder 4,45 £, Familien 22,50 £, nur Park und Garten 11.00–16.00 Uhr, März–Okt. 10.00–17.30 Uhr, Erw. 5,70 £, Kinder 3,10 £, NT-Mitglieder frei, www.nationaltrust.org.uk*

**Teign-Valley-Runde (ca. 5,5 km)**

Folgen Sie ab dem Parkplatz den Schildern zum **Teign Valley Estate** entlang der Zufahrt. Halten Sie sich rechts auf den **Hunters Path**, der Sie einige Stufen hinabführt und dann zu einem schmalen Tor. Gehen Sie nach links, beschildert mit **Fingle Bridge**. Sie passieren Überreste der Befestigung **Sharp Tor** zu Ihrer Rechten und kommen etwas weiter zu einem Durchgang zwischen zwei Granitpfosten, dem **Hunters Gate**. Nach 50 m nehmen Sie den rechten Pfad, später eine Straße, weiter Richtung **Fingle Bridge**. Die Gegend am Fluss bietet sich für einen Halt an, auch das Pub **Fingle Bridge Inn** liegt gleich neben der Brücke.

Queren Sie diese und gehen Sie am Parkplatz mit WC unmittelbar rechts. Durch eine Wiese gehen Sie auf eine Holzbrücke zu und folgen dem anschließenden Weg, immer dem Fluss folgend, zurück. Dabei kommen Sie an einem Wasserkraftwerk vorbei und danach am **Whiddon Deer Park** mit einer Herde Damwild. Am Ende des umzäunten Bereichs klettern Sie über einen steinernen Tritt und wechseln an einer Hängebrücke erneut die Flussseite. Flussabwärts erkennen Sie die Überreste des alten Drogo-Wehrs. Die bisherige Richtung haltend, schließen Sie sich nun dem diesseits verlaufenden **Fishermans Path** an. Erst links, dann rechts den Schildern zum **Castle Drogo** nach. Nahe dem Gibb-Haus wird der Weg zur Fahrstraße, Sie gehen bergauf weiter, bis Sie ein Holztor zwischen zwei Eichen auf der rechten Seite erreichen. Rechts ab folgen Sie den Hunters-Path-Schildern vorbei an der Burg. Über die Stufen am Ende kommen Sie zu Ihrem Ausgangspunkt zurück.

Bevor Sie vorübergehend das Dartmoor wieder verlassen, finden Sie rechter Hand Ihrer Route ein beliebtes Freizeit- und Wanderareal mit den namensgebenden Wasserfällen **Becky**

Heytor

**Falls**. Das rund 20 Hektar große Gelände ist touristisch gut erschlossen. Neben drei verschiedenen Rundgängen und einer Klettertour gibt es Gastronomie, Streichelzoo und verschiedene Shows, vor allem für Kinder, die täglich angeboten werden.

*[N 50°36'24" W 3°45'22"], Manaton, TQ13 9UG, Bovey Tracey, Mitte Febr.–Okt. 10.00–17.00 Uhr, Erw. 8,25 £, erm. und Kinder 4–15 J. 7,25 £, Familien 30 £, www.beckyfalls.com*

Nicht weit entfernt befinden sich bei der Felsformation **Heytor** dann noch ein **Nationalpark-Visitor-Centre** und, ein Stück weiter, die Überreste der mittelalterlichen Moorsiedlung **Hound Tor**. Wenn Sie dort noch vorbeischauen möchten, steuern Sie erst den **Heytor Car Park** und später den **Swallerton-Gate-Parkplatz** an. Zu den Dorfüberresten sind es ab dort rund 750 m bergauf.

*Heytor: [N 50°34'52" W 3°44'43"], B3387, TQ13 9XT, März–Okt. 10.00–17.00 Uhr, sonst Do–So 10.30–15.30 Uhr, Hound Tor: [N 50°35'55" W 3°46'57"], TQ13 9XQ, Zugang frei, www.english-heritage.org.uk*

## NEWTON ABBOT

Bevor Sie wieder das Meer erreichen, müssen Sie das Ortsgebiet von Newton Abbot und KINGSTEIGNTON durchfahren. Keine der beiden Städte ist von größerer touristischer Bedeutung, allerdings liegt im nahen Vorort SANDYGATE ein möglicher Übernachtungsspot am Pub **The Sandygate Inn** *(**109:** [N 50°33'40" W 3° 36'00"], Lower Sandygate, TQ12 3PU, Kingsteignton, www.thesandygateinn.co.uk)*. Im Süden der Ortschaften finden Sie außerdem mit dem **Bradley Manor** ein schönes, weitgehend ursprüngliches Gutshaus aus mittelalterlicher Zeit. Räume, die aussehen wie eben noch genutzt, ein stiller Garten am River Lemon – all das nur wenige Hundert Meter vom Zentrum der Stadt entfernt und somit vielleicht ein prima Zwi-

Blick auf Teignmouth

schenhalt, wenn Sie beispielsweise einkaufen möchten und etwas Kultur obendrauf vertragen könnten.

*[N 50°31'29" W 3°37'12"], Totnes Rd., TQ12 6BN, Apr.–Sept. Di–Do 11.00–17.00 Uhr, Erw. 6,30 £, Kinder 3,10 £, Familien 15,60 £, NT-Mitglieder frei, www.nationaltrust.org.uk*

Zur Weiterfahrt an die Küste wählen Sie dann die A381 nördlich des Teign-Flusses – außer Sie suchen einen Stellplatz für die Nacht. Den finden Sie südlich davon an der schmalen, beschwerlicher zu befahrenden **Shaldon Road**.

### (110) WOMO-Stellplatz: Combeinteignhead

**GPS**: N 50°32'18" W 3°32'24", Shaldon Rd., COMBEINTEIGNHEAD.
**Max. WOMOs:** 1–2.
**Ausstattung/Lage**: kleiner Parkplatz direkt am River Teign, gleich an der Straße; aber nachts ist wenig Verkehr. Kein Schatten.
**Ortszentrum**: ca. 2,4 km (Shaldon).
**Zufahrt**: Statt von der A380 bzw. von Newton Abbot am großen Kreisverkehr nach der Stadt Richtung Norden zu fahren, um auf die A381 zu wechseln, fahren Sie geradeaus in die Shaldon Road und folgen dieser für rund 5,5 km zum Stellplatz.
**Achtung:** die Straße ist abschnittsweise ziemlich schmal.

## TEIGNMOUTH

Teignmouth ist, wie die ganze Küstenregion dieser Gegend, von mildem Klima und oftmals gutem Wetter verwöhnt und entspricht damit so gar nicht dem Klischee des nebligen, regnerisch-kalten Englands, an das viele Mitteleuropäer denken. Kein Wunder also, dass an der Promenade Palmen wachsen und der Ort schon seit vielen Jahrzehnten ein recht beliebtes Seebad ist – auch wenn der Besucherandrang über die letzten 20 Jahre etwas abgeebbt ist. Gäste möchte man heute nicht mehr nur mit Pier und dem schönen Kiesstrand locken, sondern setzt auf die recht stattliche Zahl an Läden, Restaurants,

Unterwegs am Küstenpfad bei Torquay

Pubs und Cafés, die sich rund um **Bank** und **Wellington Street** angesiedelt haben. Je nachdem wo Ihre Hauptinteressen liegen, finden Sie einen Parkplatz nah am Geschäftszentrum bei *[N 50°32'45" W 3°29'59"]* in der **Quay Road**, das strandnahe Pendant dazu befindet sich unweit in der **Powderham Terrace** bei *[N 50°32'34" W 3°29'49"]*.

**Gastrotipps Teignmouth: Crab Shack On The Beach*****, 3 Queen St., TQ14 8BY, **The Oystercatcher Café**, 12 Northumberland Place, TQ14 8DD, **The Owl and Pussycat******, 3 Teign St., TQ14 8EA, **Perrylicious Café**, 2 Bank St., TQ14 8AL, **Finley Brown's Café**, 24 Bank St., TQ14 8FN, **Old Java Coffee House**, 2 Den Rd., TQ14 8AJ, **The Riviera Bar***, Den Crescent, TQ14 8BQ, **Beachcomber***, Den Promenade, TQ14 8SZ.

Über die große Brücke hinter der Teign-Flussmündung kreuzen Sie dann hinüber nach SHALDON und bleiben weiterhin auf der Küstenstraße. Dabei kommen Sie an einem Parkplatz direkt an der Straße vorbei, der zum **RSPB Nature Reserve Labrador Bay** gehört. Auch wenn Sie nur kurz zwischenstoppen, ein guter Platz, um den Ausblick auf die Küsten und hinüber zur Jurassic Coast zu genießen. Die Wanderwege sind vor allem für Vogelbeobachter zu empfehlen: In dem Schutzbereich unterhalb lebt eine endemisch vorkommende Ammernart, die mit etwas Glück aufgespürt werden kann, außerdem sieht man oft Wanderfalken und eine beträchtliche Anzahl bunter Schmetterlinge *([N 50°31'26" W 3°30'36"], A379, TQ1 4TP)*.

## TORQUAY

Schließlich erreichen Sie Torquay, einen weiteren beliebten Badeort an der Küste Devons. Am interessantesten ist der eingemeindete, nördlichste Ortsteil Babbacombe.

**Rundgang durch Torquay**

Parken Sie an der **St. Marychurch Road** links ab bei *[N 50°28'58" W 3°31'18"]* und setzen Sie von dort an Ihren Weg zu Fuß fort. Je nach Interessenlage finden Sie direkt am Parkplatz das **Babbacombe Model Village**. Mit viel Liebe zum Detail wurden auf dem Gelände alle möglichen Szenen aus dem britischen Leben der letzten 60 Jahre in Szene gesetzt – und das alles im Miniformat. Über 400 Häuser und ganze 13.000 Figuren beleben Szenen wie beispielsweise Stonehenge, Burgen, Strände – samt Nudistenbereich, Fußballstadien und einem Zoo. Wer mag, kann mit Forscherbögen gezielt auf die Suche nach bestimmten Charakteren gehen. Zum Gelände gehört außerdem ein 4-D-Kino *(Hampton Ave., TQ1 3LA, 10.00–17.30 Uhr, Juli/Aug. bis 21.00 Uhr, Nov./Dez. bis 16.00 Uhr, Erw. 10,95 £, erm. 9,95 £, Kinder 3–14 J. 8,95 £, Familien 36,50 £, Kino extra je 1,50 £, www.model-village.co.uk)*.

Wenn Sie am hinteren Ende des Parkplatzes die linke Straße, **Cliffside Road**, hinabgehen, erreichen Sie bald die **Babbacombe Cliff Railway**. Als eine Art Schrägaufzug verkehrt die kleine Bahn schon seit 1926 und befördert Strandgäste zum darunterliegenden **Oddiscombe Beach** und auch wieder nach oben *(Babbacombe Downs Rd., TQ1 3LF, 9.30–17.55 Uhr, Erw. 2,20 £, Kinder 2–16 J. 1,50 £, Familien 6,50 £, www.babbacombecliffrailway.co.uk)*. Alternativ können Sie natürlich auch hinabgehen, der gewundene Weg verläuft gleich daneben. Unten erwartet Sie eine schöne Sand-Kies-Strandbucht, von der bei Flut allerdings fast nur die betonierten Befestigungsstufen übrig sind. Beliebt ist das **Three Degrees West Café**.

Wenn Sie Zeit und Lust haben, auch noch das belebte Zentrum Torquays zu sehen, ist eine tolle Möglichkeit, dorthin zu gelangen, eine Wanderung entlang des Küstenpfades. Sie können direkt am oberen Ende des Strandes nach Süden starten und erleben rund um das vorgereckte Kap einen besonders schönen Wegabschnitt. Folgen Sie einfach den Markierungen bis zum großen Hafen. Für den Rückweg können Sie die Buslinien 22 und 32 nehmen, die Sie zurück in die **Fore Street** bis fast an Ihren Parkplatz bringen.

Dort befindet sich auch das **Bygones Victorian Museum**. Die Ausstellung hat sich, ganz dem Namen nach, all dem verschrieben, was einst war und nicht mehr ist: Memorabilien und Nostalgika, von Produktverpackungen, 50er-Jahre-Sammlungen und alten Spielautomaten bis zu Militaria aus den Weltkriegen. Absolutes Highlight ist aber ein komplett nachgebauter Straßenzug aus viktorianischer Zeit. Ganze 15 Geschäfte und neun Wohnräume können von Besuchern erforscht werden *(Fore St., TQ1 4PR, 10.00–16/17.00 Uhr, Juli–Sept. bis 18.00 Uhr, Erw. 8,75 £, erm. 7,75 £, Kinder 4–14 J. 6,50 £, Familien 27,95 £, www.bygones.co.uk)*. Falls Sie nach alledem Hunger bekommen haben, werden Sie rund um die Fore Street fündig. Je nach Wunsch empfehlen sich das **Bay Tree Café** *(3 Babbacombe Rd., TQ1 3SB)*, **The Silver Goose***** *(9 Fore St., TQ1 4PU)*, das **Driftwood Café** *(55 Fore St., TQ1 4PU)* und das **Memories Bistro**** *(68 Fore St., TQ1 4LX)*.

In der freien Wildbahn ausgestorben:
das Spitzmaulnashorn

## PAIGNTON

Auch der anschließende Ort Paignton bietet Strand, Pier und Amüsement. Viele Gäste kommen aber, um entweder eine Bahnfahrt mit der **Dartmouth Steam Railway** zu machen *(mehr unter www.dartmouthrailriver.co.uk)* oder den schönen **Paignton Zoo** zu besuchen. Er gehört zu den größten und beliebtesten im Land, beheimatet mehr als 2000 Tiere und hat sich auch international einen Namen für die Nachzucht und Haltung besonders seltener Spezies gemacht. Spitzmaulnashörner, Tieflandgorillas und Sulawesi-Makaken sind nur einige publikumswirksame Beispiele dafür.

*[N 50°25'42" W 3°35'00"], Totnes Rd., TQ4 7EU, 10.00–17/18.00 Uhr, Erw. 16,95 £, erm. 14,45 £, Kinder 3–15 J. 12,75 £, Familien 53,45 £, www.paigntonzoo.org.uk*

Speziell für Sie sind außerdem das Womo-Pub **The Parkers Arms** *(**111:** [N 50°25'43" W 3°35'49"], Totnes Rd., TQ4 7DE, Paignton, WiFi)* und der nahe Campingplatz **Broadleigh Farm Park** interessant *(**112:** [N 50°25'03" W 3°37'02"], Coombe House Ln., TQ9 6PU, Paignton, Mitte März–Okt., 12,50–21,50 £, V/E, Strom, WC/Dusche, www.broadleighfarm.co.uk)*.

## TOTNES

Auch wenn sich das **Berry Pomeroy Castle** tief in ein bewaldetes Tal duckt und Sie es somit nicht schon von Weitem erkennen können, fahren Sie kurz vor Totnes nur rund 1 km daran vorbei. Vielleicht haben Sie ja Lust, an der stattlichen Ruine mit ihrer bunt-intriganten Geschichte einen Halt einzulegen? Die im 15. Jahrhundert erbaute und später erweiterte Burg war einst das größte und prächtigste Anwesen Devons und Zuhause der Familien Pomeroy und Seymour. Als es, nie ganz vollendet, im 17. Jahrhundert aufgegeben wurde, machte es sich in der Folgezeit durch blutrünstige Gespenstergeschichten als Spukschloss einen Namen. Auf einer Audiotour erfahren Sie mehr dazu und können anschließend das Gehörte bei einem Spaziergang im Park oder einer Rast im Café wieder verdauen.

*[N 50°26'36" W 3°38'23"], TQ9 6LJ, Apr.–Okt. 10.00–17.00 Uhr, sonst nur Sa/So bis 16.00 Uhr, Erw. 5,60 £, erm. 5 £, Kinder 5–15 J. 3,30 £, Familien 14,50 £, EH-Mitglieder frei, www.english-heritage.org.uk*

Bei Totnes erwarten Sie dann wieder zwei Übernachtungsplätze, der etwas südlicher gelegene **Steamer Quay Caravan Club Site** *(**113:** [N 50°25'46" W 3°40'51"], Steamer Quay Rd., TQ9 5AL, Totnes, Mitte März–Anfang Okt., 27,70–32,10 £, CC-Mitglieder 15,70–20,10 £, alle Einrichtungen, www.caravanclub.co.uk)* oder ein Pub im nördlichen Vorort.

**(114) WOMO-Pub: The Pig & Whistle Inn**

**GPS**: N 50°27'05" W 3°39'56", Newton Rd., TQ9 6LT, LITTLEHEMPSTON.
**Max. WOMOs:** 2–3.
**Ausstattung/Lage**: traditionelles Landpub in Einzellage an einer Hauptstraße, großer Asphaltparkplatz, Freiterrasse, familienfreundlich.
**Ortszentrum**: ca. 2,9 km (Totnes).
**Zufahrt**: Am Ortsbeginn von Totnes im Kreisverkehr Richtung Newton Abbot abbiegen. Nach ca. 2,6 km links.
**Internet**: www.thepigandwhistleinn.co.uk

Die alte Marktstadt selbst lohnt durchaus einen Rundgang. Mit ihren engen Gassen und alten Häusern im Kern rund um **Fore** und **High Street** bietet sie einige hübsche Bauwerke, wie das über die Straße ragende **Eastgate**, die **Saint Mary Church** oder das elisabethanische Haus mit Museum. Auch Skurriles gibt es zu sehen, wie das kurz vor dem Tor liegende Time House mit „Bedarf für Zeitreisende", einige Cafés und am Ende der Straße die Überreste des massiven, runden **Totnes Castle.**

*Castle St., TQ9 5NU, Apr.–Okt. 10.00–17.00 Uhr, sonst nur Sa/So bis 16.00 Uhr, Erw. 4,00 £, erm. 3,60 £, Kinder 5–15 J. 2,40 £, Familien 10,40 £, EH-Mitglieder frei, www.english-heritage.org.uk*

Zum Parken eignen sich gut die Stellflächen am Morrison's Supermarket, direkt am Fluss Devon und nahe dem Beginn der **Fore Street** *([N 50°25'56" W 3°40'59"], Coronation Rd., TQ9 5GN)*. Sie sind mit „Pay & Display"-Automaten ausgerüstet und somit auch für Nichtkunden nutzbar. Auch die Touristeninformation befindet sich hier.

**Gastrotipps Totnes: Pie Street***, 26 High St., TQ9 5RY, **Rumour*****, 30 High St., TQ9 5RY, **The Wild Fig Deli****, 53 Fore St., TQ9 5NJ, **King William IV****, 45 Fore St., TQ9 5HN, **Woods Bistro***, 82 High St., TQ9 5SN.

## DARTMOUTH

Die schönste Weiterfahrt Richtung Dartmouth erfolgt über die kleinen, flussnahen Dörfer wie TUCKENHAM und CORNWORTHY. Die Straßen sind allerdings sehr schmal und damit nur für kleinere Campingbusse geeignet. Mit größeren Fahrzeugen wählen Sie besser den Umweg über **A381** und **A3122**.

Am Weg zum Greenway Estate: Dittisham Harbour

So kommen Sie auch direkt am Familien-Themenpark **Woodlands** vorbei. Vor allem Kinder sind von der Mischung aus Zoo, Falknerei, Vergnügungspark mit Outdoor- und Indoorfahrgeschäften und mehr als zehn Themen-Spielplätzen begeistert. *[N 50°21'34" W 3°40'16"], A3122, TQ9 7TQ, Blackawton, Apr.–Okt. 9.30–17/18.00 Uhr, sonst nur Sa/So mit Teilöffnung zu vergünstigten Preisen, regulär Erw. 18,25 £, Kinder 92–110 cm 13,30 £, Familien 70,40 £, bei Onlinebuchung ca. 20 % Ermäßigung, www.woodlandspark.com*

Ein Stück weiter, am Womo-Pub **Sportsmans Arms** *(**115:** [N 50°21'31" W 3°38'40"], A3122, TQ9 7DE, Blackawton, www.sportsmansarmsdartmouth.co.uk)*, macht die Hauptstraße einen Rechtsknick. Wenn Sie sich geradeaus halten, nehmen Sie einen Abstecher in das hübsche Flussdorf DITTISHAM mit. Der Grund für diese Extratour ist aber nicht nur der Ort, sondern auch die schnellste und kostengünstigste Möglichkeit, mit einer Personenfähre zum wunderschön gelegenen ehemaligen Haus der Schriftstellerin Agatha Christie überzusetzen – die reguläre Zufahrt ab Paignton ist für Womos nämlich gesperrt *(alternativer Zugang: via Dampfzug ab Paignton oder Flusskreuzfahrt ab Dartmouth)*. Einmal angekommen, gibt es zwei geeignete Parkplätze, die aufgrund der schmalen und recht steilen Zufahrten allerdings schon etwas Mut voraussetzen: einmal im Ort bei [N 50°22'55" W 3°36'02"], **The Level**, und einmal am Fluss in der **Ham Lane** bei [N 50°23'04" W 3°35'54"], jeweils mit Toiletten.

Die kleine Fähre startet über den pittoresken Fluss vom Pier aus. Läuten Sie einfach die Glocke, der Fährmann holt Sie dann ab.

*Apr.–Sept. 9.00–17.00 Uhr, sonst 9.30–16.00 Uhr, Erw. 2 £, Kinder 1,50 £*

Nach kurzem, ansteigendem Fußweg erreichen Sie dann Christies **Greenway Estate**. Sie selbst beschrieb den Ort als „schönsten auf der ganzen Welt“. Auch wenn es nicht durchgängig bewohnt wurde, war es über viele Monate der Sommer- und Weihnachtssitz der Familie, an dem mit Freunden Feste gefeiert, ausgespannt, geschrieben und Sport getrieben wurde. Neben dem komplett ausgestatteten Haus erwarten Sie ein schöner Garten und ein weitläufiges Waldstück mit verschiedenen Wegeangeboten, die immer wieder Blicke auf die tolle Flusslandschaft darunter gewähren. Sogar eine Runde Softball am alten Tennisplatz können Sie bei gutem Wetter spielen.

*Greenway Rd., TQ5 0ES, Mitte Febr.–Okt. 10.30–17.00 Uhr, Nov.–Mitte Dez. Sa/So 11.00–16.00 Uhr, Erw. 10,30 £, Kinder 5,10 £, Familien 25,80 £, NT-Mitglieder frei, www.nationaltrust.org.uk*

Die alte Hafenstadt Dartmouth zieht sich im Mündungsgebiet des Darts an den Hügeln entlang und ist vor allem bei Seglern ein beliebter Haltepunkt. Gemeinsam mit dem durch eine Fähre verbundenen KINGSWEAR am anderen Flussufer bildet es eine tolle Kulisse. Ein recht großer Parkplatz befindet sich bei [N 50°21'11" W 3°34'40"] in der **Mayor's Avenue**, mit Touristeninformation am hinteren Ende. Machen Sie einen

Dartmouth Castle

Spaziergang am Flussufer oder lassen Sie sich einfach etwas durch die dahinterliegenden Geschäftsstraßen treiben. Mehrere Bootsunternehmen bieten an der Promenade Flussfahrten an, eine ganze Reihe Pubs und Galerien ziert die Häuserreihen. Wenn Sie Lust auf einen etwas längeren Spaziergang haben, wandern Sie an den Ruinen des **Bayard's Cove Forts** vorbei immer flussabwärts. Am Ende erreichen Sie das beschilderte **Dartmouth Castle**. Die Anlage wurde ab 1388 für fast 600 Jahre betrieben, bis zum Zweiten Weltkrieg war die Burg bemannt. Einst wurden massive Ketten über den Fluss zum Kingswear Castle gespannt, wenn ein Angriff von Seeseite auf Dartmouth drohte, und aus den Scharten schoss man scharf. Heute können Sie durch die Burg streifen und nach Delfinen und Robben Ausschau halten, die sich häufig vor der Flussmündung zeigen.

Einfahrt zum Dartmouth Harbour

*Castle Rd., TQ6 0JN, Apr.–Sept. 10.00–18.00 Uhr, Okt. bis 17.00 Uhr, sonst nur Sa/Sa bis 16.00 Uhr, Erw. 6,10 £, erm. 5,50 £, Kinder 5–15 J. 3,70 £, Familien 15,90 £, EH-Mitglieder frei, www.english-heritage.co.uk*

**Gastrotipps Dartmouth: Taylor's Restaurant******, 8 The Quay, TQ6 9PS, **Kendrick's Restaurant****, 29 Fairfax Pl., TQ6 9AB, **Seahorse Restaurant******, 5 South Embankment, TQ6 9BH, **Woodroast Café**, 2a Smith St., TQ6 9QR, **Wheelhouse***, 7 Fairfax Pl., TQ6 9AD, **Rockfish****, 8 South Embankment, TQ6 9BH, **Café Al Fresco**, Lower St., TQ6 9AN, **Bullshell's Riverside*****, 24 South Embankment, TQ6 9BB, **Bayaard's Cove Inn****, 27 Lower St., TQ6 9AN.

Kurz hinter Dartmouth befindet sich auf einer Anhöhe zwischen den Feldern dann noch eine Stellplatzgelegenheit.

**(116) WOMO-Wanderparkplatz: Little Dartmouth**

**GPS**: N 50°19'53" W 3°35'00", Redlap Rd., DARTMOUTH.
**Max. WOMOs:** 2–3.
**Ausstattung/Lage**: Schotterparkplatz des National Trusts ohne Nachtparkverbot zwischen den Feldern mit Wandermöglichkeiten. Keine Einrichtungen, teils schattig.

**Ortszentrum**: ca. 3,2 km.
**Zufahrt**: Dartmouth über denselben Weg, auf dem Sie gekommen sind, wieder verlassen (A379, Townstal Rd.). Dann gegen Ortsende am kleinen Kreisverkehr links Richtung Stoke Fleming auf die Yorke Rd. wechseln. Nach rund 1,7 km bei der 4. Möglichkeit links auf einer sehr schmalen, unbeschilderten Straße mit Strommasten daneben abwärts in Richtung Küste fahren. Nach rund 900 m links.

## Blackpool und Salton Sands

Auf den nächsten Kilometern kommen Sie vor allem dann auf Ihre Kosten, wenn Sie sich mit Strand, Meer und Küste wohlfühlen. Zu einer ersten tollen Sandbucht gelangen Sie an den **Blackpool Sands**, gleich links neben der Straße *(Parken bei [N 50°19'12" W 3°36'39"], Blackpool Hill)*. Großer Vorteil sind die umfangreichen Parkgelegenheiten und die einfache Erreichbarkeit, das wird weiter südlich teils etwas schwieriger.

Genauso gut, wenn auch weniger geschützt gelingt die Anfahrt aber auch noch am langen Sandstreifen vor der Lagune an den **Slapton Sands**. Parkplatz, Sand und ganz viel Platz, dazu sogar die Möglichkeit, über Nacht zu bleiben.

Blackpool Sands

## (117) WOMO-Badeplatz: Slapton Sands Monument

**GPS**: N 50°17'09" W 3°38'45", A379, TQ7 2TQ, SLAPTON.

**Max. WOMOs:** 4–5.
**Ausstattung/Lage**: großer Parkplatz am Slapton Monument zwischen Strand und Lagune Slapton Ley. Direkt am Strand, tolle Lage, kein Schatten.
**Ortszentrum**: ca. 1,5 km.
**Zufahrt**: direkt an der Hauptstraße zwischen Dartmouth und Slapton kurz vor dem Ort am Beginn der Lagune links.
**Preis**: Tagsüber 2–5 £ Parkgebühr, je nach Dauer, nachts pauschal 2 £ am Parkautomaten.

## EAST PRAWLE

Direkt nach dem Strand verlässt die Hauptstraße bei TORCROSS die Küste und verläuft nun weiter landeinwärts ein ganzes Stück entfernt. Viele kleine und kleinste Sträßchen, oftmals ungeeignet für Womos, verlaufen zu den Weilern am

Slapton Sands

Meer. Ganz gut befahrbar ist da noch die Straße ab STOKENHAM links nach East Prawle. Unterwegs gibt es einen ungewöhnlichen Campingplatz an einem Herrenhaus und auch im Ort selbst könnte man eine Nacht stehen. Richtig Spaß macht auch eine Wanderung entlang der See, unterwegs mit Badegelegenheit.

### (118) WOMO-Campingplatz: South Allington House Campsite

**GPS**: N 50°14'10" W 3°41'44", The Maltings, TQ7 2NB, SOUTH ALLINGTON.
**Max. WOMOs:** 35.
**Ausstattung/Lage**: Versorgung, WC/Dusche, Spülgelegenheit, Waschmaschine und Trockner, ungewöhnlicher Platz neben einem Herrenhaus in schöner Landschaft. Plätze auf Rasen, meist etwas schräg.
**Öffnungszeiten:** Mai–Okt.
**Ortszentrum**: kein Ortszentrum in der Nähe.
**Zufahrt**: In Stokenham an der A379 links Richtung East Prawle abbiegen, dann der Beschilderung über kurvige, ziemlich schmale Straßen immer weiter folgen. Nach rund 5,5 km beim Schild „South Allington" links ab bis zur Einfahrt kurz darauf rechter Hand.
**Preis**: 18–20 £.
**Internet**: www.southallingtonhouse.co.uk

### (119) WOMO-Stellplatz: East Prawle

**GPS**: N 50°12'53" W 3°42'36", Shippen, TQ7 2BY, EAST PRAWLE.
**Max. WOMOs:** 1–2.
**Ausstattung/Lage**: Parkfläche an einem kleinen begrünten Platz am Ortsrand nahe dem „Pigs Nose"-Pub. Toiletten vorhanden. Nur für Womos bis maximal 7 m geeignet.

**Ortszentrum**: direkt im Ortszentrum.
**Zufahrt**: Am Kreisverkehr in Stokenham von der A379 links nach East Prawle abbiegen und der Beschilderung über schmale Straßen bis in den kleinen Ort folgen.
**Info**: Im August und September gibt es auch einen öffentlichen Campingplatz (ab 12 £) im Ort, in dieser Zeit besser den nutzen. Mehr Infos dazu erhalten Sie im Pub.

**Rundwanderung zum Prawle Point (ca. 6 km)**
Neben Stränden erwarten Sie auf dieser Wanderung dramatische Klippen, eine Station der Küstenwache und herrliche Ausblicke.
Starten Sie am kleinen Platz in East Prawle und gehen Sie mit Blickrichtung zur Telefonzelle nach links die Straße hinab. Nur zu Beginn müssen Sie dem schmalen Teerband folgen, das zu einer vorgelagerten Ferienanlage führt. Die ersten drei Kurven rechts, links und wieder rechts machen Sie noch mit, dann verlässt ein Wanderweg nach links die Straße und führt zwischen den Feldern in Richtung Meer. Dort schließen Sie sich in Höhe Wollow Cove und Landing Cove dem Küstenpfad nach rechts an. Der Weg kreuzt unterwegs nun immer wieder kleine Stein-

Maceleybucht

mauern, die schon seit Hunderten von Jahren existieren. Sie kommen an einem als Schafstall genutzten alten Bunker vorbei und sehen dann rechts etwas erhöht die Ferienhäuser und Zielpunkt der Straße, die Sie gerade noch genutzt haben. Gehen Sie nicht nach oben, sondern passieren Sie die Zeile einfach unterhalb am Pfad über die Wiese. Links vorne sehen Sie dann schon die **Lookout Station Prawle Point**. Nachdem sie schon vor Jahren offiziell aufgegeben wurde, haben sich Freiwillige zusammengeschlossen und, wie übrigens an einer ganzen Reihe solcher Orte entlang der englischen Küste, die Funktion der Küstenwache übernommen. Gäste sind gerne gesehen und Sie dürfen fast immer zu einem kleinen Plausch in die Aussichtskanzel kommen und den gerade Diensthabenden über die Schulter schauen. Im Nebengebäude befindet sich auch noch eine Ausstellung zur Arbeit der Coastspotter.

Beim Verlassen des Ausgucks wählen Sie nun den linken Pfad durch die Heide. Er arbeitet sich über der folgenden Elender Cove durch das Gestein, ein wenig Trittsicherheit und Schwindelfreiheit schaden da nicht ...

Der Pfad umrundet die sandige **Maceleybucht** unter Ihnen. Sie hat einen steilen, aber machbaren Zugang und bietet somit auch Gelegenheit zum Baden. Der weitere Wegverlauf bleibt, statt nach rechts abzuzweigen, links immer an der Küste. Sie queren dabei die auskragende Landzunge Gammon Head und wandern Richtung **Pig's Nose**. Dort wurde ab 1857 nur für 3 Jahre erfolglos versucht, eine Eisenmine zu etablieren.

Geradeaus könnten Sie noch ein Stück zum **Gara Rock Beach** und damit zu einer weiteren Badestelle gehen. Ansonsten biegen Sie am Wegweiser jedoch rechts landeinwärts ab. Halten Sie immer weiter die Richtung, zunächst immer geradeaus bis zum Ende der Klippen und dann durch dicht bewachsenes Gelände, im Sommer meist voller Schmetterlinge, später stetig flacher werdend. Schließlich wandern Sie durch ein Tor und entlang einer Schafsweide. Bei der nächsten Gelegenheit halten Sie sich wieder rechts und gehen dort über einen grob steinigen, teils mit Bäumen überwucherten Fahrweg. Am Ende erreichen Sie die Fahrstraße, der Sie nach schräg rechts geradeaus auf East Prawle zu folgen. Im Ort halten Sie sich schließlich rechts zurück zu Ihrem Fahrzeug.

Unterwegs bei East Prawle

## SALCOMBE

Ein nächster schöner Abstecher von der Hauptstraße leitet Sie hinter KINGSBRIDGE links ab nach Salcombe. Nahe MALBOROUGH kommen Sie unterwegs auch noch an einer Campinggelegenheit vorbei.

**(120) WOMO-Campingplatz: Higher Rew**

**GPS**: N 50°13'50" W 3°48'19", Higher Rew, TQ7 3BW, REW.
**Max. WOMOs:** 70.
**Ausstattung/Lage**: alle Einrichtungen, schön gelegener Rasenplatz mit tollem Blick, etwas uneben, Tennisplatz, vor allem im Ort schmale Zufahrt.
**Öffnungszeiten:** Mitte März–Okt.
**Ortszentrum**: 2,8 km (Malborough).
**Zufahrt**: Biegen Sie in Malborough an der Zufahrtsstraße nach Saltcombe rechts Richtung Town Centre ab (Campingschild ab hier schon vorhanden). An der Kirche vorbei und dem Straßenverlauf folgen, bis der Platz nach links angeschrieben ist. Dann nach wenigen Hundert Metern.
**Preis**: 15–25 £.
**Internet**: www.higherrew.co.uk

Der Ort lockt Gäste mit seinen karamellfarbenen Stränden, Wassersportmöglichkeiten und den hübschen, pastellfarbenen Häuschen an. Die Straßen im Ort sind allerdings sehr eng. Steuern Sie daher für einen Rundgang besser gleich die großen Parkplätze bei [N 50°14'21" W 3°46'14"], TQ8 8DX in der **Shadycombe Road** oder gleich dahinter am Hafen in der **Gould Road** an.

Eine beliebte Institution stellt das seit 1869 existierende Süßwarengeschäft **Cranch's Original Sweet Shop** dar, das Sie bei einem Rundgang sicher entdecken werden ...

**Gastrotipps Salcombe: Salcombe Coffee and Co**, 73 Fore St., TQ8 8BU, **The Victoria Inn****, Fore St., TQ8 8BU, **dick and wills******, Fore St., TQ8 8JG, **No.55*****, 55 Fore St., TQ8 8JE, **Sailor V***, 36 Fore St., TQ8 8JE, **The Ferry Inn****, Fore St., TQ8 8JE.

Salcome North Sands

Wenn Sie im Anschluss noch Lust auf Baden haben oder eine Besichtigung, fahren Sie den Parkplatz an der geschützten Bucht **Salcome North Sands** an *([N 50°13'49" W 3°46'53"], Cliff Rd., TQ8 8LD)*. Die schmale, steile weiterführende Straße bis zu den sogar noch etwas schöneren **South Sands** sollten Sie sich dann gut überlegen ... oder einfach besser erwandern. Auch von dort können Sie übrigens mit einem lustigen Gefährt, halb Automobil, halb Schwimmbrücke, ins Zentrum gelangen, falls Sie dieses vorher ausgelassen haben ... oder umgekehrt.

Noch ein Anstieg, den braunen Schildern mit dem National-Trust-Symbol folgend, und Sie stehen am Ende des Weges an **Overbeck's House**. Der Privatsitz des Erfinders und Wissenschaftlers Otto Overbeck ist ein wirklich sehr spezieller Ort... Umgeben von einem subtropischen Garten ist das Haus ein Sammelsurium aller möglichen Dinge. Ein magisches Polyfon, Sammelkästen mit Schmetterlingen und Käfern, Puppen, Spielwaren und Modellbooten – die besondere Atmosphäre wird Sie mindestens staunen lassen! Achtung: Selbst wenn Sie sich bis zum South Beach vorgetraut haben – fahren Sie mit dem Womo nicht bis zum Haus hinauf, die Zufahrt ist eng und der Parkplatz zu klein.

Ausblick und Gärten an Overbeck`s House

*Sharpitor, TQ8 8LW, Mitte Febr.–Okt. 10.00–17.00 Uhr, Erw. 8 £, Kinder 4 £, Familien 20 £, NT-Mitglieder frei, www.nationaltrust.org.uk*

Eine letzte Strandabfahrt empfehlen wir Ihnen noch, ein Stück hinter Kingsbridge, links hinab nach BANTHAM. Die Zufahrt ist allerdings einspurig und nur mit Ausweichstellen versehen. Es sind daher, nicht zu Unrecht, nur Fahrzeuge bis maximal 7 m Länge zugelassen. Ganz am Ende erwartet Sie ein großer Tagesparkplatz, daneben der **Bantham Beach** an der Mündung zum River Avon. Er ist vor allem bei Surfern sehr beliebt, aber mit seinen kleinen Dünen und dem schönen Blick auch ohne Brett ein guter Platz zum Entspannen *([N 50°16'42" W 3°52'28"], Cliff Rd., TQ7 3AN)*. Da das Übernachten leider verboten ist, müssen Sie erst zur Hauptstraße zurück, einen gut ausgestatteten Campingplatz finden Sie mit dem **Modbury Caravan Club Site** nicht allzu weit entfernt *(**121:** [N 50°21'24" W 3°50'31"], Higher East Leigh, PL21 0SH, Modbury, Mitte März–Anfang Nov., 28,60–34,30 £, CC-Mitglieder 16,60–22,30 £, alle Einrichtungen, www.caravanclub.co.uk)*.

## PLYMOUTH

Um die Hafenstadt Plymouth zu erreichen, können Sie zwischen zwei Varianten wählen (siehe Tourkarte).

### *Südvariante*

Wenn Sie direkt über die **A379** in Richtung Plymouth steuern, können Sie einen Schlenker nach WEMBURY einbauen. Auch der dortige Küstenstreifen rund um den **Wembury Beach** gehört zu den schönsten Devons und bietet weit aufragende Kliffs und einen Strand, der bei Ebbe viele Rockpools freilegt, in denen sich dann so manches Getier sammelt. Auch eine ganze Reihe Spazierwege beginnt in Wembury: Inlandswege sowie der Küstenpfad leiten in den Wembury Wood oder über das Yealm Estate. Nähere Infos dazu erhalten Sie auf den Infotafeln am Strand oder online über den National Trust, der das

Bluebells nahe dem Wembury Beach

Gebiet verwaltet *(bei [N 50°19'04" W 4°05'00"], PL9 0HR)*.

Zum Übernachten gibt es danach noch zwei Gelegenheiten, einmal frei stehend, einmal an einem Pub.

## (122) WOMO-Stellplatz: Jennycliff

**GPS**: N 50°21'07" W 4°07'14", Staddon Ln., PL9 9SP, TURNCHAPEL.

**Max. WOMOs:** 2–3.
**Ausstattung/Lage**: asphaltierter Parkplatz an den Klippen mit Blick auf die Bucht von Plymouth, Toiletten, Café-Bar gegenüber.
**Ortszentrum**: ca. 5,7 km.
**Zufahrt**: Von der A38 kommend vor Plymouth Abfahrt Brixton nehmen. Dieser Beschilderung bis in den Ort folgen und dort rechts auf die A379 Richtung Plymouth wechseln. Am ersten Kreisverkehr im nächsten Ort links auf die Springfield Rd. wechseln (Beschilderung „Elburont/ Wembury"). Rund 1,4 km weiter knickt die Straße leicht rechts ab und links (bei drei weiß-roten Pfosten) führt eine Nebenstraße leicht den Berg nach oben. Diese nehmen (Underlane) und noch ein ganzes Stück immer geradeaus fahren, bis links ab „Jennycliff" angeschrieben steht. Dann nur noch knapp 500 m zum Parkplatz.

## (123) WOMO-Pub: The Plymstock Inn

**GPS**: N 50°21'31" W 4°05'10", 88 Church Rd., PL9 9BD, PLYMSTOCK.
**Max. WOMOs:** 2–3.
**Ausstattung/Lage**: großer Parkplatz neben und hinter dem Haus, recht gutes Essen, familienfreundlich, Biergarten, Spielplatz.
**Ortszentrum**: ca. 3,5 km.
**Zufahrt**: Bis zur Springfield Road wie Zufahrt zum Jennycliff, dann aber dem Hauptstraßenverlauf nach rechts folgen und bei nächster Gelegenheit rechts abwärts in die Church Lane fahren. Pub linker Hand nach rund 350 m.

***Nordvariante***

Stattdessen können Sie auch bei IVYBRIDGE die Autobahn queren. Dort gelangen Sie zum Womo-Pub **Westward Inn** *(**124:** [N 50°23'06" W 3°58'17"], Plymouth Rd., PL21 9EE, Ivybridge, WiFi)* und noch ein Stück weiter alternativ zum **Cornwood Inn** *(**125:** [N 50°25'13" W 3°57'53"], The Square, PL21 9PU, Cornwood, WiFi, www.cornwoodinn.co.uk).*

Schließlich landen Sie bei SPARKWELL am **Dartmoor Zoo**. Er hat wohl eine einzigartige Geschichte: 2006 kaufte die Familie Mee den heruntergewirtschafteten, zwischenzeitlich schon für die Öffentlichkeit geschlossenen Zoo samt seinen Tieren. Die harte Zeit bis zur Wiedereröffnung und Erfüllung aller Auflagen hat Benjamin Mee in einem Buch veröffentlicht: „We bought a Zoo" war ein Erfolg, auf den selbst Hollywood aufmerksam wurde. Das Buch wurde 2011 mit Matt Damon und Scarlett Johansson in den Hauptrollen verfilmt. Im realen Pendant finden Sie neben heimischen Tieren vor allem eine große Anzahl Raubkatzen, die, wie der Rest der Tiere, mit viel Enthusiasmus und Herzblut von den Betreibern versorgt werden.

*[N 50°24'27" W 3°59'45"], PL7 5DG, Sparkwell, 10.00–18.00 Uhr, Erw. 12,95 £, erm. und Kinder 4–15 J. 10,95 £, Familien 42 £, www.dartmoorzoo.org*

Die Stadt Plymouth selbst ist nicht gerade eine Perle. Nach großen Zerstörungen im Zweiten Weltkrieg wurde sie mehr zweckmäßig als attraktiv wiedererrichtet. Der vielleicht interessanteste Anlaufpunkt ist somit das **National Marine Aquarium**. Es ist das größte des Landes und bietet als Highlight ein 10 m tiefes, fast rundum einsehbares Becken samt Haien und Rochen. Da nur eine Tiefgarage vorhanden ist, müssen Sie wohl oder übel nicht ganz korrekt auf den nahen Kinoparkplatz am Barbican Leisure Park ausweichen.

*[N 50°22'04" W 4°07'27"], Barbican Approach, PL4 0LG, Aquarium: Rope Walk, PL4 0LF, 10.00–17.00 Uhr, Erw. 14,95 £, erm. 12,95 £, Kinder 4–15 J. 10,95 £, Familien 46 £, online 10 % Ermäßigung, www.national-aquarium.co.uk*

Wenn Sie nach dem Besuch doch noch einen Blick ins Zentrum werfen wollen, gehen Sie hinter dem Aquarium über die Fußgänger-Schwimmbrücke ins Viertel **Barbican**. Dort befindet sich der schönste Teil Plymouths.

Plymouth, Stadtteil Barbican

Buckland Abbey

**Dartmoor, Westteil**

Statt über die mautpflichtige Autobahnbrücke des River Tamar bei SALTASH zu fahren, bietet sich nördlich von Plymouth ein zweiter Abstecher in den Nationalpark Dartmoor an. Streng genommen knapp außerhalb liegt das Anwesen **Buckland Abbey**. Die abgelegene einstige Zisterzienser-Abtei im Tavy Valley war im 16. Jahrhundert das Zuhause des berühmt-berüchtigten „Freibeuters Ihrer Majestät" Sir Francis Drake. Eingebettet in ein Stück stille Landschaft mit Wiesen, Obstplantagen und Wald bietet sich das Grundstück für ausgedehnte Wanderungen auf markierten Wegen an. Je nach Jahreszeit zwischen Teppichen von Glockenblumen im Frühsommer oder bunt leuchtenden Bäumen im Herbst. Die alte Abtei ist halb Museum, halb erhaltenes Wohnhaus. Zu sehen gibt es beispielsweise Drakes legendäre Trommel, anschaulich aufbereitete Informationen zum Leben auf Schiffen in Drakes Zeit und das wertvollste Gemälde im Besitz des National Trusts: ein ihm gespendetes Selbstporträt Rembrandts.

Lassen sich von Autos nicht stören: Wildponies im Dartmoor NP

*[N 50°28'47" W 4°07'46"], PL20 6EY, Yelverton, Mitte Febr.–Okt. 10.30–17.30 Uhr, Nov. Sa/So und Dez. 11.00–16.00 Uhr, Erw. 11 £, Kinder 5,50 £, Familien 27,50 £, NT-Mitglieder frei, www.nationaltrust.org.uk*

Von YELVERTON führt dann ein besonders schöner Straßenabschnitt mitten durch den Nationalpark. Die weite, beinahe gänzlich unbebaute Landschaft ist eine der letzten Wildnisregionen Großbritanniens. Östlich von Ihnen gibt es über viele Quadratkilometer keinerlei Zivilisation. Dafür viel Platz für Wildpferde, Schafe und Natur. In PRINCETOWN stoßen Sie gleich am Ortsbeginn auf ein Pub mit eigenem Campingplatz hinter dem Haus.

### (126) WOMO-Pub: Plume of Feathers

**GPS**: N 50°32'38" W 3°59'25", Plymouth Hill, PL20 6QQ, PRINCETOWN.
**Max. WOMOs:** 10.
**Ausstattung/Lage**: nettes Pub mit eigenem kleinen Campingplatz hinter dem Haus. Versorgung, Dusche und WC. Plätze auf Rasen, etwas uneben.
**Ortszentrum**: ca. 3,5 km.
**Zufahrt**: An der B3212, direkt an der Ortseinfahrt von Princetown rechter Hand.
**Preis**: 14 £.
**Internet**: www.theplumeoffeathersdartmoor.co.uk

Die Lage ist ideal, wenn Sie Lust auf Wanderungen oder Radtouren im Nationalpark haben: Das **Dartmoor Visitor Centre** befindet sich direkt gegenüber und versorgt Sie mit allen benötigten Informationen dazu.

*[N 50°32'39" W 3°59'33"], Tavistock Rd., PL20 6QF, Apr.–Sept. 10.00–17.00 Uhr, Okt. bis 16.00 Uhr, sonst Di/Do/So 10.30–15.30 Uhr, www.dartmoor.gov.uk*

Übrigens: In Princetown befindet sich auch ein 1809 errichtetes und bis heute genutztes Gefängnis am nördlichen Orts-

Steinformation nahe Merrivale

rand. Dessen Geschichte und die seiner Gefangenen können Sie auf der gegenüberliegenden Seite im **Dartmoor Prison Museum** nachvollziehen.

*[N 50°33'01" W 4°00'00"], Tavistock Rd., PL20 6RR, Mo–Do/Sa 9.30–16.30 Uhr, Fr/So bis 16.00 Uhr, www.dartmoor-prison.co.uk*

Auch die Weiterfahrt in westliche Richtung führt Sie erneut durch die einmalige Landschaft des Dartmoors. Bei MERRIVALE fahren Sie an den Überresten einer prähistorischen Siedlung vorbei. Wenn Sie diese ansehen möchten, machen Sie einen kurzen Halt am Parkplatz bei [N 50°33'25" W 4°02'38"], die Steinformation ist dann nur ein paar Hundert Meter südlich von Ihnen zu finden.

Im nächsten Dorf gibt es dann noch einmal einen Campingplatz, den **Langstone Manor Holiday Park** *(**127:** [N 50°32'45" W 4°05'04"], PL19 9JZ, Moortown, März–Nov., 14–20 £, V/E, WC/Dusche, Spülgelegenheit, Waschmaschine/Trockner, www.langstonemanor.co.uk).*

### *Abstecher zur Lydford Gorge*

Nicht allzu groß ist der Umweg zur etwas nördlich der angegebenen Route liegenden **Lydford Gorge**. Es ist die tiefste Schlucht in Südwestengland und besitzt einen 30 m hohen Wasserfall sowie Wanderwege beidseitig des am Grund verlaufenden Flusses. Dadurch ist ein abwechslungsreicher Rundweg möglich.

*[N 50°38'28" W 4°06'37"], EX20 4BH, Mai–Sept. 10.00–17.00 Uhr, Okt. bis 16.00 Uhr, Nov.–Mitte Dez. Sa/So 10.30–15.30 Uhr, Erw. 7,40 £, Kinder 3,70 £, Familien 18,50 £, NT-Mitglieder frei, www.nationaltrust.org.uk*

Im benachbarten Ort LYDFORD können Sie einen Blick auf die Überreste des **Lydford Castle** werfen. Es war die meiste Zeit seines Bestehens als Gefängnis in Benutzung und ist heute frei zugänglich.

Am Hin- und Rückweg fahren Sie jeweils über den Weiler MARY TAVY. Dort dürfen Womo-Gäste im **Mary Tavy Inn** übernachten *(**128:** [N 50°35'25" W 4°06'50"], Lane Head, PL19 9PN, Mary Tavy, www.themarytavyinn.com)*.

Lydford Gorge

Zum Ende von Tour 3 passieren Sie, kurz hinter TAVISTOCK, noch einen schönen kleinen Farm-Campingplatz, den **Old Rectory Camping Park** *(**129:** [N 50°31'57" W 4°11'27"], B3257, PL19 8JA, Gulworthy, ganzjährig, mindestens 2 Nächte am Wochenende, 15–21 £, alle Einrichtungen, www.tamarvalleycamping.co.uk)*. Wer keine Ver-/Entsorgung braucht und lieber an einem Lokal steht, wird auch gleich um die Ecke fündig.

### (130) WOMO-Pub: The Coach House

**GPS**: N 50°33'26" W 4°12'02", 88 Church Rd., PL19 8NS, OTTERY.
**Max. WOMOs:** 5.
**Ausstattung/Lage**: Hotel mit schönem öffentlichen Restaurant an einer recht abgelegenen Nebenstraße. Preislich im Rahmen. Nach dem Essen darf man am hinteren Parkplatz über Nacht bleiben.
**Ortszentrum**: ca. 4,3 km.
**Zufahrt**: Am Kreisverkehr nach Tavistock rechts in Richtung Chipshop abfahren. Dann dritte Straße rechts nach Ottery zum Hotel-Restaurant.
**Internet**: www.thecoachhouseonline.co.uk

TOUR 4
10 km
Plymouth
Saltash
Torpoint
St. Agnes
Liskeard
Looe
Pelynt
Herodsfoot
Taphouse
Lenryn
Bodinnick
Polperro
Fowey
Par
Lostwithiel
Luxulyan
Bodmin
Launceston
Camelford
Boscastle
Crackington Haven
Widemouth Bay
Tintagel
Delabole
St. Teath
Pendoggan
Polzeath
Padstow
Wadebridge
St. Issey
St. Mawgan
Tregur.
New-quay
Holywell
Perranp.
St. Agnes
Portreath
Gwithian
St. Ives
Hayle
Angerrack
Camborne
Redruth
Truro
Trelissick
St. Just i.R.
Portsc.
Veryan
St. Mawes
Falmouth
Penryn
St. Austell
Tregrehan
Pentewan
Mevagissey
Gorran Haven
Helston
Sithney
Gweek
Coverack
Kuggar
Cadgwith
Lizard
Mullion
Porthleven
Praa Sands
Balwest
Marazion
Mousehold
Penzance
Long Rock
Madron
Treen
Morvah
Pendeen
St. Just
Bosavern
Newlyn
Treen
Porthcurno
Sennen C.

# Tour 4: Cornwall (480–590 km)

**Looe – Polperro – Foewy – Par – Bodmin**
**Mevagissey – St. Austell – St. Mawes – Truro**
**Falmouth – Cadgwith – Lizard – Helston**
**Porthleven – Marazion – Penzance – Mousehold**
**Land`s End – Sennen – St. Just – St. Ives**
**St. Agnes – Holywell – Newquay – Padstow**
**Tintagel – Widemouth Bay**

| | |
|---|---|
| Stellplätze (gratis): | St. Austell Bay, Pentewan, Veryan, Bissoe, Goonhilly Downs, Cadgwith, Mullion, Helston, Long Rock, Mousehole, Crows-an-Wra, St. Just (2x), Trewellard, Porthmeor, St. Issey, Tintagel, Poundstock |
| Stellplätze (€): | Polperro, Mevagissey, Gorran Haven, Praa Sands, Treen, Tintagel |
| Pub-Stellplätze: | Pelynt, Polmaer, Par (2x), Gwennap, Sennen, Pendeen, Treen, Halsetown, Angarrack, Portreath, Mithian, Penhallow, Holywell, St. Merryn, Pendoggen, St. Teath, Delabole |
| Campingplätze: | Looe, Lansallos, Pentewan (2x), Portscatho, Maenporth, Kuggar, Predannack, Sithney, Balwest, Trungle, Treen, Bosavern, Hayle, Loggans, Cross Coombe, Tintagel, Trethevy |
| Besichtigen: | Cotehele, Looe, Polperro, Fowey, Restormel Castle, Lanhydrock, Bodmin Jail, Eden Project, Tregrehan Garden, Charlestown, Mevagissey, Lost Gardens of Heligan, St. Mawes, St. Just Church, Trelissick, Truro, Falmouth, Pendennis Castle, Glendurgan, Trebah Gardens, Seal Sanctuary, Lizard Point, Flambards, St. Michaels Mount, Penzance, Mousehold, Trewiddan Garden, Merry Maidens, Gun Rith und Tregiffian, Minack Theatre, Telegraph Museum, Land`s End, Levant, Geevor, Men-an-Tol, Lanyon Quoit, Carn Galver Mine, St. Ives, Newquay, Trerice, Japanese Garden, Bedruthan Steps, Padstow, Tintagel, Boscastle Witchcraft Museum |
| Baden: | Lansallos Beach, Lantic Bay, Par Beach, Vault Beach, Canre und Pendower Beach, Pendennis, Maenporth Beach, Kennack Sands, Kynance Cove, Poldhu Beach und Church Cove, Praa Sands, Long Rock Beach, Porthcurno Beach, Sennen Cove, Godrevy Beach, Portreath, Chapel Porth Beach, St. Agnes, Peanporth, Holywell, Tregurrian, Porthcotan Bay, Treyarnon Bay Harlyn Bay, Daymer Bay, Polzeath Beach, Wiedmouth Bay |
| Wandern: | Lansallos und Lantic Bay, Goonhilly Downs, Cadgwith und Lizard, Cliff Top Mines, Levant, Holywell, Tintagel und Boscastle |

**Nirgends in England ist das Klima milder, nirgends gibt es eine größere Anzahl von Strandbuchten und nirgends wachsen Pflanzen üppiger als im äußersten Südwesten des Landes – in Cornwall. Die Rosamunde-Pilcher-Romantik Dutzender Filme mag verklärt sein, doch Landschaft und Idylle liegen gar nicht so weit weg von der Realität. Vor allem im Mai und Juni, wenn die Rhododendren blühen, sind die vielen Gärten und Parks ein Traum. Nur dass Sie allein sind, dürfen Sie natürlich nicht erwarten. Vor allem an Hochsommerwochenenden können Strandparkplätze und die vielen kleinen und kleinsten Straßen ans Limit kommen.**

### Cotehele

Gleich zu Beginn der Tour, noch ein gutes Stück, bevor bei LISKEARD die **B3254** in Richtung Küste abzweigt, fahren Sie an Wegweisern zum Anwesen **Cotehele** aus Tudorzeiten vorbei. Hoch über dem Tamar-Fluss erbaut, thront das Haupthaus auf einer Anhöhe. Die über die Jahrhunderte gewachsene Inneneinrichtung wird von alten Eichenmöbeln und Dekorationen wie Wandteppichen, Schmuckwaffen sowie Zinn- und Messinggegenständen dominiert. Bestechend schön ist der große Garten. Von den formellen Bereichen führt ein Tal hinab zum Fluss. Je nach Jahreszeit blühen die Obstbäume, Wildblumen oder Staudenrabatten. Einst herrschte am Kai emsiges Treiben, wenn Boote be- und entladen wurden. Heute können Sie dort die restaurierte Segelbarkasse Shamrock ansehen oder sich im Discovery Centre über die Geschichte des Tamar Tales informieren. In Laufdistanz gelangen Sie auch zur **Cotehele-Mühle**, nicht weit entfernt.

*[N 50°29'42" W 4°13'26"], PL12 6TA, Mitte März–Dez. 11.00–16.00 Uhr, Erw. 10 £, Kinder 5 £, Familien 25 £, Parken 3 £, NT-Mitglieder frei, www.nationaltrust.org.uk*

### LOOE

Dort, wo der River Looe an der **Looe Bay** ins Meer mündet, liegt auch die gleichnamige Ortschaft mit ihren gut 5000 Einwohnern. Mit den weit nach oben gezogenen Häuserreihen, die vom Flusslauf aus nach oben steigen, bietet sie ein schönes Fotomotiv. Auch die Altstadt mit ihren kleinen Gassen und Geschäften ist einen Rundgang wert, der recht schöne Sandstrand befindet sich unmittelbar davor. Einzig die Stellplatzsuche kann etwas schwierig werden, der Ortsparkplatz gleich hinter dem verkehrsberuhigten Bereich ist oftmals überlastet (*[N 50°21'22" W 4°27'18"], Fore St., PL13 1HH*). Besser geeignet, auch wenn Sie dann ein Stück weiter gehen müssen, ist der Großparkplatz auf der gegenüberliegenden Flussseite

Looe

bei *([N 50°21'27" W 4°27'30"], Millpool, PL13 2AF)* mit eigens vorhandenen Womo-Parkbuchten.

**Gastrotipps Looe**: **The Courtyard****, Fore St., PL13 1AE, **Old Sail Loft******, Quay St., PL13 1AP, **The Lookout on the Quay***, Seafront Court, PL13 1AL, **The Ancient Mariner*****, Higher Market St., PL13 1BW, **Smugglers Cott*****, Middle Market St., PL13 1AY, **Daisy's Café**, Castle St., PL13 1BA.

Wenn Sie über Nacht bleiben möchten, finden Sie etwas außerhalb z.B. einen Campingplatz des Caravan Clubs.

**(131) WOMO-Campingplatz: Looe Caravan Club Site**
**GPS**: N 50°22'34" W 4°26'27", B3253, PL13 1PB, LOOE.
**Max. WOMOs:** 217.
**Ausstattung/Lage**: alle Einrichtungen, sehr großer, gepflegter Platz mit Parzellen auf Schotter und Rasen, kein Schatten, Pool.
**Öffnungszeiten:** Mitte März–Anfang November.
**Ortszentrum**: ca. 3,6 km.
**Zufahrt**: Gleich am Ortsbeginn von Looe geht von der A387, die am Fluss entlangführt, links in einer Haarnadelkurve die St. Martin Road ab. Eventuell müssen Sie erst ein Stück weiter vorne wenden, um die Kurve nehmen zu können. Dann ca. 3,2 km fahren bis zum Platz auf der rechten Seite.
**Preis**: 31,10–44,90 £, NT-Mitglieder 19,10–32,90 £.
**Internet**: www.caravanclub.co.uk

## POLPERRO

In seiner Struktur noch originärer ist das Fischerdorf Polperro, rund 8 km weiter westlich gelegen. Der für den Verkehr gesperrte kleine Ort lebt heute fast ausschließlich vom Tourismus. Daher hat man schon weit vor Ortsbeginn einen riesigen Parkplatz in das kleine Küstental gezwängt. Sie dürfen dort sogar über Nacht bleiben – allerdings zu gesalzenen Preisen *(**132:** [N 50°20'10" W 4°31'25"], A387, PL13 2PL, pro Nacht 17 £, WC vorhanden).* Entweder zu Fuß oder mit einer kleinen Bummelbahn legt man dann die ca. 700 m bis zur Hafenbucht zurück. Es erwarten Sie eine große Anzahl an Lokalen und eine

Polperro

wirklich hübsche Szenerie – aber meist auch sehr viele Menschen ... An zusätzlichen Attraktionen gibt es ein kleines Modelldorf im Minimaßstab und das ganz interessante **Heritage Museum** direkt am Hafen, das sich den Themen „Fischfang" und „Schmugglerei" verschrieben hat.

*März–Okt. 10.00–18.00 Uhr, Erw. 1,75 £, Kinder 0,50 £*

**Gastrotipps Polperro**: **The Plantation Tea Rooms**, The Coombe, PL13 2RG, **The Kitchen*****, The Coombe, PL13 2RQ, **Crumblehorn Inn*****, PL13 2RJ, **Couch's Great House******, Saxon Bridge, PL13 2QT, **Michelle's Restaurant*****, Little Green, PL13 2RF, **The Tree Pilchards****, Quay Rd., PL13 2QZ, **The Blue Peter Inn****, Quay Rd., PL13 2QZ.

Kurz nach PELYNT mit dem Womo-Pub **Jubilee Inn** *(**133:** [N 50°21'57" W 4°31'29"], 1 Jubilee Hill, PL13 2JZ, Pelynt, www.jubilee-inn.co.uk)* stehen nun zwei Varianten für die Weiterfahrt zur Auswahl.

***Variante 1: Mit der Fähre über BODINNICK und FOWEY***

Halten Sie sich links in Richtung Bodinnick, um mit einer kleinen Fähre nach Fowey überzusetzen. In diesem Fall können

Lantic Bay

Lansallos Beach

Sie vorher noch zwei recht abgelegene Badebuchten ansteuern. Der Weg zu den Parkplätzen ist schmal, aber gerade noch machbar.

Für den kleinen, durch einige vorgelagerte Felsen geschützten **Lansallos Beach** wählen Sie die Stellfläche bei [N 50°20'10" W 4°35'27"], PL23 1NP. Ab dort sind es noch rund 1000 m Fußmarsch zur Bucht.

Die größere **Lantic Bay** erreichen Sie am besten von [N 50°19'59" W 4°36'06"], PL23 1NH aus, ca. 600 m sind es in diesem Fall bis ans Meer. Beide Buchten können Sie auch leicht über den Küstenpfad miteinander verbinden und dann mit einem kurzen Rückweg über die schmale Straße auch einen Rundweg daraus machen.

Gepflegt und verwaltet wird das ganze Gebiet übrigens einmal mehr vom National Trust. Auch ein einfacher, kleiner Campsite, gleich nahe den Buchten, betreibt die Organisation an der **Highertown Farm** *(**134:** [N 50°20'13" W 4°34'08"], Rose Cottage, PL13 2PX, Lansallos, Apr.–Okt., 12–16 £, Versorgung, Dusche/WC, Spülgelegenheit, www.nationaltrust.org.uk/lansallos)*.

Achten Sie dann bei der Fährüberfahrt unbedingt auf Ihr Heck, vor allem für Womos ab ca. 7 m besteht Aufsetzgefahr, wenn die Fähre den Böschungswinkel nicht ausreichend verringert.

*[N 50°20'23" W 4°37'50"], Hall Terrace, PL23 1LX, Bodinnick Mai–Sept. Mo–Sa 7.00–20.50 Uhr, So ab 8.00 Uhr, sonst bis 19.30 Uhr, Fahrzeuge 4,60 £, Erw. 1,80 £, Kinder 0,80 £*

Auch FOWEY auf der anderen Seite ist ein ganz hübscher Küstenort. Sie können Ihr Fahrzeug am Parkplatz gleich nach

Lanhydrock

dem Anleger abstellen und einen Spaziergang machen. Nach der Geschäftsstraße zieht sich der Ort noch bis zum Strand **Readymoney Bay**. Dahinter kann man zum Abschluss zu den Überresten der kleinsten Burg Cornwalls, dem **St. Catherine's Castle**, aufsteigen.

**Gastrotipps Fowey**: **Pinky Murphy's**, 19 North St., PL23 1DB, **Sam's****, 20 Fore St., PL23 1AQ, **The Luggar Inn****, 5 Fore St., PL23 1AH, **The Lifebuoy Café**, 8 Lostwithiel St., PL23 1BX.

### *Variante 2: Umfahrung des Fowey River über LOSTWITHIEL und BODMIN*

Wenn Sie diese Variante wählen, stoßen Sie bei TAPHOUSE auf die **A390** und können bald darauf rechts einen kurzen Abstecher zum **Restormel Castle** unternehmen. Die kreisrunden Mauern aus dem 13. Jahrhundert umfassen die bis heute gut erkennbaren Haupträume und den Burghof. Ringsum erkennt man den heute trockenen Wassergraben und die Erhöhung aus normannischer Zeit. Zum letzten Mal wurden die Mauern während des Bürgerkriegs um 1644 genutzt, heute sind die umliegenden Wiesen mit ihren Rhododendren, Glockenblumen und Narzissen ein beliebter Picknickplatz.

*[N 50°25'15" W 4°40'20"], Restormel Rd., PL22 0EE, Lostwithiel, ACHTUNG: schmale Zufahrt! Apr.–Okt. 10.00–16.00 Uhr, Erw. 4 £, erm. 3,60 £, Kinder 5–15 J. 2,40 £, Familien 10,40 £, EH-Mitglieder frei, www.english-heritage.org.uk*

Auf der gegenüberliegenden Flussseite können Sie dann einen weiteren Schlenker Richtung Bodmin zum beeindruckenden Herrschaftssitz **Lanhydrock** aus viktorianischer Zeit machen. Das Landgut aus viktorianischer Zeit zeigt ganze 50 Räume. Bei einem Rundgang werden die krassen Unterschiede zwischen den auf das Notwendigste beschränkten Bedienstetenräumen und dem herrschaftlichen Repräsentations- und Wohnbereich besonders deutlich. Wunderschön ist auch der farbenfrohe Garten mit seinen Kamelien, Magnolien und natürlich den überall in Cornwall üppig gedeihenden Rhododendren.

*[N 50°26'44" W 4°41'47"], PL30 5AD, März–Okt. 11.00–17.30 Uhr, Nov. Sa/So und Dez. täglich bis 16.00 Uhr, Erw. 12,65 £, Kinder 6,30 £, Familien 31,60 £, Parken 3 £, NT-Mitglieder frei, www.nationaltrust.org.uk*

Wenn Sie dann noch bis nach BODMIN weiterfahren möchten, finden Sie dort als beliebteste Attraktion das **Bodmin Jail** am nördlichen Ortsrand. Das ehemalige Gefängnis war von 1779 bis 1927 in Benutzung und diente neben seiner Funktion als Kerker auch für Hinrichtungen. Ganze sechs Stockwerke fasst die Ausstellung. Doch viele Besucher interessieren sich noch für etwas anderes: Bodmin Jail gilt als eine der „Top-Spuk-Locations" Englands und wurde zu einem der unheimlichsten Orte des Landes gekürt. Wenn Sie sich gruseln möchten, sind Sie also richtig – online können Sie dementsprechend auch ein Nachtticket buchen *(parken bei [N 50°28'24" W 4°43'23"])*.

*Berrycoombe Rd., PL31 2NR, Mo–Sa 9.30–18.00 Uhr, So bis 20.30 Uhr, Erw. 10 £, erm. 8,50 £, Kinder 5–15 J. 7,50 £, Familien 32 £, www.bodminjail.org*

Bei PAR vereinen sich die beiden Varianten wieder. In der Nähe finden Sie das Pub **The Ship Inn** *(**135:** [N 50°20'58" W 4°41'22"], Polmear Hill, PL24 2AR, Polmaer, www.theshipinn-par.co.uk)* mit Übernachtungsoption, nur 100 m vor dem **Par Beach**, der auch einen eigenen, recht großen Parkplatz hat.

Dort ist das Übernachten zwar verboten, Sie können es aber an einer der sechs folgenden, kleinen Stellflächen entlang der St. Austell Bay versuchen *(ab **136:** [N 50°20'53" W 4°41'37"], Par)*.

**Eden Project**

Noch vor St. Austell, ungefähr in Höhe des Womo-Pubs **The Four Lords** *(**137:** [N 50°21'04" W 4°43'36"], St. Austell Rd., PL24 2EE, Par)*, zweigt rechts eine kleine Straße nach Bodelva ab. Diese bringt Sie in kurzer Zeit zu einem der auf-

Die „Riesenblasen“ des Eden Project

wendigsten Gartenbauprojekte unserer Zeit. Erst 2001 wurde das **Eden Project** nach 6-jähriger Bauzeit in einer ehemaligen Kaolingrube eröffnet. Über eine Million Besucher jährlich verzeichnet das 50 Hektar große Gelände heute und beherbergt mehr als 100.000 Pflanzen aus über 5000 verschiedenen Arten. Neben den weiten Außenanlagen sind die bildprägenden riesigen Gewächshauskuppeln, die wie Seifenblasen in der Landschaft liegen, das Highlight dieses ganz besonderen Gartens. Unabhängig von Jahreszeiten und Wettereinflüssen gedeihen darin thematisch getrennte Pflanzenwelten. Während der rechte Bau mit dem Core-Bildungszentrum rund um eine 75 t schwere Samenskulptur wissenswerte und interaktive Displays und Schaustücke bietet, begrüßt Sie die mittlere „Blase“ mit einem mediterranen Garten. Weinstöcke, Olivenbäume und ein Zitrushain sollen Besucher floristisch in ein Stück Mittelmeerraum, nach Südafrika und Kalifornien entführen. Im größten Kuppelbau, dem ganz links angeordneten, wirklich beeindruckenden Regenwaldbiom, wandern Sie auf einem Rundweg durch einen feuchten, heißen Dschungel mit riesigen Palmen, Bananen- und Kaffeestauden und vielem mehr. Von einer weit oben angeordneten Terrasse können Sie das gesamte Pro-

Riesig, selten, stinkig: die Titanwurz

jekt innerhalb der Kuppel auch aus Vogelperspektive bestaunen oder sich an einer Saftbar Exotisches wie einen Baobabsaft schmecken lassen. Wenn Sie schließlich vom vielen Gehen müde geworden sind, nimmt Sie auch eine kleine Bahn zum Besucherzentrum und Eingangsbereich mit zurück.

*[N 50°21'52" W 4°44'34"], Bodelva Rd., PL24 2SG, Bodelva, 9/9.30 Uhr bis 16/18.00 Uhr, Erw. 25 £, erm. 20 £, Kinder 5–16 J. 14 £, Familien 69 £, bei Onlinebuchung 10 % Ermäßigung, www.edenproject.com*

## ST. AUSTELL

Ein Stück weiter bietet das Pub **Britannia Inn** Gästen die Gelegenheit, auf der riesigen Parkfläche nebenan die Nacht zu verbringen *(**138:** [N 50°20'46" W 4°44'24"], St. Austell Rd., PL24 2SL, Par, WiFi, www.britanniainn.com)*.

Direkt gegenüber befindet sich der Zugang zum **Tregrehan Garden**, der sich in erster Linie auf Bäume spezialisiert hat. Nährstoffreicher Boden, häufige Regenfälle und das milde Klima des Golfstroms ermöglichen an dieser Stelle Bedingungen, wie sie sonst nur in Regenwäldern vorkommen. Mit seinen turmhohen Nadelbäumen, die bereits vor über 200 Jahren gepflanzt wurden, und vielen anderen botanisch wertvollen Stammgewächsen haben erstaunliche 150 von ihnen in Großbritannien Champion-Status erreicht: Sie sind also die jeweils mächtigsten Bäume ihrer Art. Außerdem gibt es eine Getreidemühle, einen ummauerten Garten und ein großes Gewächshaus auf dem privat geführten Gelände zu erleben.

*[N 50°20'48" W 4°44'18"], St. Austell Rd., PL24 2SJ, Par, Mitte März–Mai Mi–Fr/So 10.30–17.00 Uhr, Juni–Aug. Mi 13.00–16.30 Uhr, Erw. ab 16 J. 6 £, www.tregrehangarden.uk.*

St. Austell ist mit rund 20.000 Einwohnern die größte Stadt Cornwalls, aber aus touristischer Sicht nicht sonderlich interessant. Am ehesten lohnt der am Meer gelegene Stadtteil **Charlestown** mit seinen noch original erhaltenen Hafenanlagen aus der Zeit, als in der Gegend im großen Stil Kaolin abgebaut und verschifft wurde. Wer sich dafür interessiert, findet dort auch ein **Heritage Centre** mit Schiffswrackausstellung. Ein großer Parkplatz befindet sich in der **Charlestown Road** bei [N 50°19'57" W 4°45'29"].

**Gastrotipps Charlestown**: **Charlie's Boathouse****, Charlestown Rd., PL25 3NJ, **Wreckers****, Charestown Rd., PL25 3NJ, **Charlie's Coffeehouse*****, Charestown Rd., PL25 3NJ.

Auf der Weiterfahrt stoßen Sie bei PENTEWAN wieder auf die Küste. Der schöne Strand neben dem Dorf ist allerdings fast vollständig von einem Mobile Home und Campingpark umbaut, der sich die Lage etwas kosten lässt. Fast genauso schön und günstiger stehen Sie ein paar Hundert Meter dahin-

Hafen von Mevagissey

ter. Wenn Sie „nur mal schnell" an den Strand wollen, müssen Sie allerdings anderswo suchen, denn dafür sind keine Extraparkplätze vorhanden.

### (139) WOMO-Stellplatz: King's Wood Car Park

**GPS**: N 50°18'19" W 4°48'04", B3273, PENTEWAN.
**Max. WOMOs:** 1–2.
**Ausstattung/Lage**: Schotterparkplatz neben der Hauptstraße, keine Einrichtungen bis auf Mülleimer, Spazierwege.
**Ortszentrum**: ca. 2,6 km.
**Zufahrt**: direkt an der B3273 rechter Hand.

### (140) WOMO-Campingplatz: Little Winnick Touring Park

**GPS**: N 50°18'01" W 4°47'58", Pentewan Rd., PL26 6DL, PENTEWAN.
**Max. WOMOs:** 90.
**Ausstattung/Lage**: alle Einrichtungen, recht schöner Platz zwischen Hauptstraße und St. Austell River. Stellflächen hauptsächlich auf Rasen.
**Öffnungszeiten:** Apr.–Sept.
**Ortszentrum**: ca. 2,1 km.
**Zufahrt**: wie Platz 137, nur ein paar Hundert Meter weiter linker Hand.
**Preis**: 10–29 £.
**Internet**: www.littlewinnick.co.uk

**MEVAGISSEY**

Am nordwestlichen Ende von Mevagissey befindet sich der nächste schöne Strand. Mit einigen Hundert Metern Fußweg erreichen Sie diesen vom **Willow Car Park** am

141: Stellplatz Mevagissey

Schlafende Göttin „Mud Maid“ in den Lost Gardens

Ortsbeginn aus. Selbst das Übernachten ist ausdrücklich erlaubt *(**141:** [N 50°16'22" W 4°47'28"], Valley Rd., PL26 6SB, tags 1,50 £/h, pro Nacht 5 £, WC vorhanden).* Die meisten Besucher kommen aber in das Fischerdorf wegen des schönen, atmosphärischen Hafenrunds mit seinen vor sich hin dümpelnden Booten und Kneipen ringsum.

**Gastrotipps Mevagissey:** Salamander Restaurant***, 4 Tregoney Hill, PL26 6RD, **Number Five Café**, 5 Market Square, PL26 6UD, **Roovrey's Restaurant*****, 1 Polkirt Hill, PL26 6UD, **Tea on the Quay**, West Wharf, PL26 6UJ, **Harbour Tavern****, Jetty St., PL26 6UH, **Fishermen's Chippy***, 1 Oliver's Quay, PL26 6UA, **Sharksfin Bar****, The Quay, PL26 6QU, **The Fountain Inn****, 3 Cliff Street, PL26 6QH.

### Lost Gardens of Heligan und umliegende Strände

Auch der nächste Garten lässt nicht lange auf sich warten. Die **Lost Gardens of Helligan** haben nicht nur eine ganz besondere Geschichte, sondern gehören zweifelsohne zu den schönsten und sicherlich auch ungewöhnlichsten, die Cornwall zu bieten hat. Zwischen 1770 und 1914 lebten vier Generationen der Tremayne-Familie auf dem Grund und schufen eine Art Selbstversorgergemeinschaft, aus der wenig nach außen drang. Auch ihre großen gärtnerischen Ambitionen blieben weitgehend unentdeckt. Als das Anwesen nach dem Ersten Weltkrieg unbewohnt blieb und verfiel, geriet auch der Garten komplett in Vergessenheit. Erst 1990 entdeckte man Spuren und begann, in mühevoller Puzzlearbeit das Gelände von wildem Überwuchs zu säubern und die vielen Schätze freizulegen, die über die vielen Jahre im Stillen zu überbordender Pracht und Größe gediehen waren. Noch immer wird an dem Projekt gearbeitet, doch schon heute können Sie auf 80 Hektar durch viele verschiedene Bereiche wandern. Die „lebenden Skulptu-

Wie in Südostasien: Hängebrücke im „Jungle“ of Heligan

ren“ Giant’s Head, Mud Maid und Green Lady gehören zu den Aushängeschildern des Gartens, der verwunschene Bereich „Jungle“ und der gesamte nordwestliche Teil mit seinen riesenhaften, bunt leuchtenden Pflanzen und Stauden sind absolute Highlights bei einem Besuch. Auch der zugehörige **Campingplatz Heligan Woods** direkt daneben besticht mit seinen vielen bunt blühenden Gewächsen *(Campingplatz: **142:** [N 50°17’21” W 4°48’42”], Anfang Jan.–Mitte Nov., 7,55–33,55 £, alle Einrichtung, incl. Tagesnutzung und Parken im Campingpark Pentewan Sands zuvor, www.heliganwoods.co.uk)*.

*[N 50°17’15” W 4°48’51”], PL26 6EN, Pentewan, Apr.–Sept. 10.00–18.00 Uhr, sonst bis 17.00 Uhr, Erw. 13,50 £, erm. 8–11,50 £, Kinder 5–17 J. 6 £, Familien 35 £, www.heligan.com*

Gleich nach den Gärten geht links eine Straße nach GORRAN HAVEN ab. Sie schlängelt sich in noch erträglicher Breite ans Meer zurück. Der nette Ort erlaubt ebenfalls das Übernachten am vorgelagerten Parkplatz *(**143:** [N 50°14’25” W 4°47’27”], Canton, PL26 6JS, pro Nacht 6 £)*. Er glänzt bei Ebbe mit zwei schönen Sandstränden. Entweder zu Fuß auf dem Küstenpfad in südlicher Richtung oder mit dem Wohnmobil bei [N 50°14’13” W 4°47’28”], Lamledra Hill kommen Sie dann noch zur tollen großen Sandbucht **Vault Beach**.

Da die weiterführenden Straßen von Gorran aus zu schmal werden, nehmen Sie für die Weiterfahrt besser den ebenfalls kleinen, aber noch passierbaren Fahrweg über PENGRUGLA in Richtung St. Mawes.

Unterwegs finden Mutige dann noch die Möglichkeit, auf schmalen, einspurigen und wild in die Landschaft gefädelten Sträßchen einen abgelegenen Stellplatz anzusteuern. Auch die wirklich schönen **Carne and Pendower Beaches** sind sinnvoll leider nur von Osten über kleinste (!) Straßen anfahrbar *(Parken bei [N 50°12'27" W 4°56'14"] oder [N 50°12'25" W 4°56'49"]).*

**(144) WOMO-Wanderparkplatz: Nare Head**

**GPS**: N 50°12'20" W 4°54'53", TR2 5PH, VERYAN.
**Max. WOMOs:** 2–3.
**Ausstattung/Lage**: Von der A3078 in Richtung St. Mawes links nach Veryan abbiegen. Achtung: sehr schmale, einspurige Straße mit steilem Teilstück!
**Ortszentrum**: ca. 3,5 km (Portloe).
**Zufahrt**: Direkt von der A3078 rechter Hand nach Veryan abbiegen. Im Ort links und dann am New Inn wieder rechts fahren. An der ersten Kreuzung außerorts unbeschildert nach rechts einbiegen (geradeaus ist „Portloe“ angeschrieben) und bei nächster Gelegenheit wieder links zum Nare Head halten. Nach 1,3 km am Ende der Fahrstraße rechts.

Bei PORTSCATHO gibt es dann noch eine Gelegenheit, zu einem schönen, ruhig gelegenen Campground zu fahren.

**(145) WOMO-Campingplatz: Trewince Farm**

**GPS**: N 50°10'01" W 4°59'13", TR2 5ET, PORTSCATHO.
**Max. WOMOs:** 25.
**Ausstattung/Lage**: V/E, Strom, WC/Duschen, Spülgelegenheit, Waschmaschine/Trockner, schöner, kleiner Farm-Camping, Stellflächen auf Rasen, meist Meerblick, kaum Schatten.
**Öffnungszeiten:** Mai–Sept.
**Ortszentrum**: ca. 2 km.
**Zufahrt**: Von der A3078 kurz vor St. Just links nach Portscatho abzweigen. Am Ortsbeginn rechts den Schildern Richtung Gerrans folgen. Nun immer geradeaus bis zum Campingplatz.
**Preis**: 12–25 £.
**Internet**: www.trewincefarm.co.uk
**Info:** Gleich nach dem Platz folgt der schöne Strand Towan Beach mit kleinem Parkplatz. Zu Fuß ca. 800 m.

## ST. MAWES IN ROSELAND

Auf der gegenüberliegenden Seite der fjordartig ins Land eingeschnittenen Percuil-Flussmündung gelangen Sie nach St. Mawes auf der Halbinsel Roseland. Der Ort baut sich rund um den Naturhafen auf, der immer wieder tolle Blicke bietet. Es gibt zwar kein echtes Zentrum wie in anderen Küstendörfern, aber wenn Sie vom großen Ortsparkplatz *[N 50°09'35"*

St. Mawes

W 5°00'50"], The Square, TR2 5DJ) aus einen Spaziergang machen, kommen Sie trotzdem auf Ihre Kosten.

**Rundgang durch St. Mawes**
Halten Sie sich am Roseland Visitor Centre gleich zu Beginn des Parkplatzes rechts und gehen Sie immer am Wasser entlang. Sie wandern so direkt auf **St. Mawes Castle** zu. Die recht gut erhaltene Burgruine gilt als eine der schönsten und besterhaltenen, die unter Heinrich VIII. entstanden sind. Auf der gegenüberliegenden Seite des nächsten Fjords, der Carrick Road, sehen Sie schon die nächste Burg Pendennis Castle in Falmouth *(Castle Drive, TR2 5DE, Apr.–Okt. 10.00–17.00 Uhr, Nov./Febr./März nur Sa/So bis 16.00 Uhr, Erw. 5 £, erm. 4,50 £, Kinder 5–15 J. 3 £, Familien 13 £, EH-Mitglieder frei, www.english-heritage.org.uk)*. Nach einem Rundgang durch die Burg und über das Gelände gehen Sie zur Straße zurück, halten sich aber diesmal bergauf an die landeinwärts führende Strecke. Es ist nicht weit bis zu den **Lamorran Gardens**, die den Beinamen „nördlichster Palmengarten der Welt" führen. Aber auch andere Blühpflanzen, Wasserläufe, Freisitze, Kakteen und Farne gibt es zu entdecken. Dazu immer wieder die fantastische Sicht aufs Meer *(Upper Castle Rd., TR2 5BZ, Apr.–Sept. Mi/Fr 10.00–17.00 Uhr, Erw. ab 16 J. 8,50 £, www.lamorrangardens.co.uk)*. Schließlich biegen Sie dann jeweils rechts in die **Trelawney Road** und auf den **Grove Hill** ein und kommen so zur Küstenstraße unweit Ihres Parkplatzes zurück. Dort finden Sie auch zum Abschluss geeignete Adressen für eine Stärkung, z.B. das **The Idle Rocks******* *(Harbourside, TR2 5AN)* oder das **Watch House***** *(1 The Square, TR2 5DJ)* oder die **St. Mawes Bakery** *(The Quay TR2 5DW)*.

Auch ST. JUST IN ROSELAND ist noch einen kurzen Stopp wert, vor allem dann wenn Sie ein wenig durch den einzigartigen subtropischen Kirchgarten der **St. Just Church** aus dem 13. Jahrhundert spazieren wollen. Zur Abwechslung ist der Zutritt hier frei und Sie können den geschützt gelegenen Ort mit seinen Rhododendren, Magnolien, Kamelien, Azaleen und Bambusstauden auf mehreren Wegen genauer erkunden *(Parkplatz bei [N 50°10'53" W 5°00'48"], Mount Pleasant, TR2 5HZ)*.

Erneut haben Sie dann wieder die Wahl zwischen zwei Wegvarianten, entweder per Fähre nach Trelissick hinüber oder die Umfahrung des Carrick Sounds über Truro.

***Variante 1: Mit der Fähre nach Trelissick***
Gleich hinter St. Just zweigt eine Straße links beschildert zum kleinen Fährhafen ab. Die Überfahrt mit der King Harry Ferry dauert nur wenige Minuten. Achten Sie bei Fahrzeugen schon ab 6 m unbedingt auf das Heck, der steile Böschungswinkel birgt die Gefahr auf-

Üppiger Bewuchs mit Blauregen und Agave im Trelissick Garden

zusitzen, kann aber in den meisten Fällen durch die Anlandehöhe des Bootes ausgeglichen werden.

*Apr.–Sept. Mo–Fr 7.30–21.30 Uhr, Sa/So ab 9.10 Uhr, Okt.–März nur bis 19.30 Uhr, ca. alle 20 Min., pro Fahrzeug 7 £ incl. Insassen*

Gleich auf der anderen Seite erwartet Sie ein weiterer Garten. **Trelissick** wird vom National Trust betrieben und erstreckt sich über gut 12 Hektar. Besonders hat man sich neben Rhododendren auf Alpinien und Hortensien spezialisiert, die in beeindruckender Größe und Vielfalt gedeihen. Auch ein kleiner Strand gehört zum Anwesen und Trelissick House wird seit 2016 immer wieder für Ausstellungen verschiedener Art benutzt.

*[N 50°13'04" W 5°02'08"], B3289, TR3 6QL, Mitte Febr.–Okt. 10.30–17.30 Uhr, Jan.–Mitte Febr. und Okt.–Dez. bis 16.30 Uhr, Erw. 9,05 £, Kinder 4,45 £, Familien 22,55 £, Parken 4 £, NT-Mitglieder frei, www.nationaltrust.org.uk*

### *Variante 2: Umfahrung über TRURO*

Wenn Sie die Fähre vermeiden möchten, können Sie auf einem etwas weiteren Bogen und vorbei an Truro die Weiterreise antreten. Die Stadt ist das Versorgungszentrum der Region mit einer kleinen Innenstadt, die sich rund um die erst Anfang des 20. Jahrhunderts fertiggestellte neogotische **Truro Cathedral** gruppiert. Weder Kirche noch Zentrum sind ein touristisches Muss, einen kleinen Spaziergang kann man aber durchaus einplanen, vor allem wenn man sowieso Vorräte aufstocken möchte oder dem interessanten **Royal Cornwall Museum** nur wenige Hundert Meter entfernt einen Besuch abstatten möchte. Das älteste Museum des Countys unterhält eine ganze Reihe verschiedener Sammlungen, hauptsächlich natur- und kunsthistorischer Art und mit lokalem Bezug. Dazu kommen ständig mehrere interessante Wechselausstellungen, die dann gut gemacht weitreichendste Themen bedienen; Sie können

Truro, „Cathedral View“

sich vorab dazu auf der Museumswebsite informieren.

*River St., TR1 2SJ, Mo–Sa 10.00–16.45 Uhr, Erw. ab 16 J. 5,50 £, www.royalcornwallmuseumorg.uk*

Da es in unmittelbarer Nähe leider keine geeigneten Parkplätze gibt, empfiehlt es sich, Wohnmobile an einem der 2016/2017 fertiggestellten P&R-Plätze abzustellen. Der gut getaktete Zubringerbus kostet nur 1 £ und hält direkt am Museum *(Postcodes Tregurra Park im Osten bei TR1 1RH und Langarth Park im Westen bei TR4 9AN)*.

**Gastrotipps Truro: Falmouth Bay Seafood Café*****, 53 Castle St., TR1 3AF, **Bone China**, 57 Little Castle St., TR1 3XF, **108 Coffee House**, 108 Kenwyn St., TR1 3DJ, **Mannings Bar*****, Lemon St., TR1 2QB, **Saffron Restaurant****, 5 Quay St., TR1 2HB, **Sam's in the City****, 1 New Bridge Rd., TR1 2AA, **The Baking Bird**, 2 Old Bridge Rd., TR1 2AQ.

Nachdem sich beide Wegvarianten an der **A39** bei PLAYING PLACE wieder vereint haben, können Sie, jeweils rechts ab und mit etwas Abstand von der Route, an einem Wanderparkplatz oder Pub übernachten.

### (146) WOMO-Wanderparkplatz: Carbon Valley

**GPS**: N 50°13'33" W 5°06'33", Grenna Ln., TR3 7LN, BISSOE.
**Max. WOMOs:** 1–2.
**Ausstattung/Lage**: einfache Schotterfläche neben der kleinen Straße mit Spaziermöglichkeiten. Keine Einrichtungen.
**Ortszentrum**: ca. 1,7 km (Carnon Downs).
**Zufahrt**: Von der A39 am Kreisverkehr hinter Carnon Downs rechts nach Bissoe abfahren und an der zweiten Kreuzung nach rund 1,5 km unbeschildert links abbiegen. Der Parkplatz kommt direkt auf der rechten Seite.

### (147) WOMO-Pub: Fox & Hounds

**GPS**: N 50°12'56" W 5°10'38", A393, TR16 6AX, GWENNAP.
**Max. WOMOs:** 2–3.
**Ausstattung/Lage**: WiFi, nettes Pub mit großem Asphaltparkplatz neben dem Haus an der Hauptstraße. Freiterrasse, familienfreundlich, gute Essensauswahl.
**Ortszentrum**: ca. 3,8 km (Exeter).
**Zufahrt**: Von der A39 rechts auf die A393 in Richtung Redruth abfahren. Nach rund 6 km auf der rechten Seite.
**Internet**: www.foxandhoundscomford.com

Pendennis Castle

**FALMOUTH**

Die Hafenstadt Falmouth ist für ihr mildes Klima bekannt und bietet auch touristisch einige interessante Sehenswürdigkeiten. Für einen Rundgang durch die verkehrsberuhigte Innenstadt, am Hafen und für einen Besuch im bekannten **National Maritime Museum** wählen Sie den Parkplatz in der **Avenue Road** (*[N 50°09'00" W 5°03'46"], TR11 4AY*). In dem preisgekrönten Museum dreht sich alles um Seefahrt und Boote. Eine große Anzahl aller möglichen Epochen ist, teils von der Decke hängend, zu sehen und wird durch thematisch angelehnte, oftmals aufwendig inszenierte Sonderausstellungen ergänzt.

*Discovery Quay, TR11 3QY, 10.00–17.00 Uhr, Erw. 12,50 £, Kinder ab 5 J. 5 £, www.nmmc.co.uk*

Weiter in Richtung Landspitze zweigt vom **Pendennis Rise** die Zufahrt zum schönen **Pendennis Castle** ab. 400 Jahre lang gehörte die aus der Zeit Heinrichs VIII. stammende Festung zu den wichtigsten Verteidigungsbollwerken an Englands Küste und wurde erst nach dem Zweiten Weltkrieg aufgegeben. Die sehr gut erhaltene Bausubstanz lässt sowohl Ein- und Ausblicke vom Hauptturm als auch zu den unterirdischen Magazinräumen zu.

*[N 50°08'57" W 5°02'57"], TR11 4LP, Apr.–Sept. 10.00–18.00 Uhr, Okt. bis 17.00 Uhr, sonst nur Sa/So bis 16.00 Uhr, Erw. 7,90 £, erm. 7 £, Kinder 5–15 J. 4,70 £, Familien 20,50 £, EH-Mitglieder frei, www.english-heritage.org.uk*

Ganz vorne an der Landspitze, die Sie ab der Burg nach einigen Hundert Metern rechter Hand erreichen, haben Sie einen grandiosen Blick über Klippen und Küste. Der Parkplatz lädt ein, eine Weile zu bleiben oder es sich auf einer der unterhalb aufgestellten Bänke gemütlich zu machen.

Weiter südlich gibt es schließlich noch einige Stadtstrände, entweder den eher schmalen **Castle Beach**, der nur bei Ebbe

Labyrinth in den Glendurgan Gardens

anständig nutzbar ist, die anschließende, etwas größere **Gyllyngvase Bay** oder den kleineren **Swanpool Beach** am Ende *(über Cliff Road und Swanpool Road, Parken bei [N 50°08'42" W 5°04'11"] bzw. bei [N 50°08'27" W 5°04'39"])*.

**Gastrotipps Falmouth: The Shack*****, 9 Tidemill House, TR11 3XP, **Harbour Lights Restaurant****, Arwenack St., TR11 3LH, **Hunkydory Restaurant*****, 46 Arwenack St., TR11 3JH, **The Brig***, 30 Arwenack St., TR11 3JB, **The Lookout****, 6 Arwenack St., TR11 3HZ, **The Wheel House****, Upton Slip, TR11 3DQ, **Good Vibes Café**, 28 Killigrew St., TR11 3PN, **Oliver's*****, 33 High St., TR11 2AD.

Gleich südlich der Stadt finden Sie dann den ruhig gelegenen **Tregedna Farm Campsite** *(**148:** [N 50°07'54" W 5°06'00"], Axminster Rd., TR11 5HL, Maenporth, Apr.–Okt., 15–20,50 £, Strom, Dusche/WC, Spülgelegenheit, Waschmaschine/Trockner, www.tregednafarmholidays.co.uk)*. Nur rund 400 m sind es von dort zur tief eingeschnittenen Sandbucht **Maenporth Beach**.

## Glendurgan und Trebah Gardens

Die Weiterfahrt wird nun aufgrund der engen Straßen etwas anstrengender und Sie müssen besonders gut achtgeben – oder die Ecke über die **A394** umfahren. Dann verpassen Sie allerdings zwei großartige, direkt nebeneinanderliegende Gärten.

Zunächst ist da das **Glendurgan**-Anwesen. In einem geschützten Tal blüht es allerorts so üppig wie sonst kaum irgendwo. Bei einem Rundgang, der bis zum Dorf Durgan mit eigenem Strand führt, wandern Sie durch Kamelienrabatten, an Wildblumenwiesen und Tulpenbäumen vorbei und können sich in einem großen, 180 Jahre alten Lorbeerlabyrinth tatsächlich verlaufen. Auch den Staaten Neuseeland und Bhutan wurden eigene Bereiche gewidmet. In letzterem finden Sie sich in einer dschungelartig bewachsenen Senke mit Bambusbrücke wieder.

*[N 50°06'37" W 5°06'55"], TR11 5JZ, Mawnan, Mitte Febr.–Okt. Di–So 10.30–17.30 Uhr, Aug. auch Mo, Erw. 8,10 £, Kinder 4,05 £, Familien 20,25 £, Parken 2 £, NT-Mitglieder frei, www.nationaltrust.org.uk*

Nur ein Tal weiter liegen die privat geführten **Trebah Gardens**. Ein echtes, subtropisches Paradies ist auf dem erst 1981 vom Ehepaar Hibbert gekauften Grundstück über die letzten 40 Jahre entstanden. Ähnlich groß wie Glendurgan spazieren Sie auf Holzbohlenwegen unter Riesenrhabarber umher, gehen durch einen Wald aus 39 verschiedenen Bambusarten und enden an einem kleinen Strand. Azaleen, Hortensien, Palmen und Rhododendren in allen Farben sind dann schon beinahe selbstverständlich...

*[N 50°06'28" W 5°07'16"], TR11 5JZ, Mawnan, 10.00–16/17.00 Uhr, März–Okt. Erw. 9 £, erm. 8 £, Kinder 5–15 J. 3 £, Nov.–Febr. zum halben Preis, www.trebah-garden.com*

Die noch am besten zu befahrende Route verläuft dann über CONSTANTINE und GWEEK. Haben Sie ein Herz für Robben? Falls ja, können Sie diese im dortigen **Seal Sanctuary** besuchen und studieren. Das von der Sealife-Gruppe betriebene Schutzzentrum beherbergt gleich eine ganze Reihe der Tiere, die aus verschiedensten Umständen in der Einrichtung gelandet sind. Auch Seelöwen, Pinguine und Otter gehören zu den Bewohnern, denen man recht nahe kommen kann. Allerdings sind die Parkplätze gefährlich schief angelegt und der Preis recht hoch.

*[N 50°05'44" W 5°12'20"], TR12 6UG, 10/11.00–15.30/17 Uhr, Eintritt 10,50 £, Familien 39 £, bei Onlinebuchung rund 30 % Ermäßigung, www.visitsealife.com/gweek*

## Lizard Peninsula

Sie sind nun auf der Lizard-Halbinsel angekommen, die den südlichsten Punkt Englands bildet. Die nur dünn besiedelte Ecke bietet viel Küste, Natur und auch Schutzgebiete wie das in den **Goonhilly Downs**. Am Parkplatz besteht kein Nachtparkverbot und Sie können zusätzlich auf einem Rundgang das umliegende Wald- und Heideland erkunden. Flyer für den mit gut 2 Stunden veranschlagten Weg liegen vor Ort aus.

### (149) WOMO-Picknickplatz: Goonhilly Downs

**GPS**: N 50°02'51" W 5°10'19", B3293, TR12 6EA, HELSTON.
**Max. WOMOs:** 1–2.
**Ausstattung/Lage**: Schotterparkplatz am Naturreservat mit Mülleimer und Picknicktisch, kein Schatten, Wanderwege.
**Ortszentrum**: –
**Zufahrt**: direkt an der B3293 rechter Hand ca. 5,3 km nach Garras.
**Info**: Zweite Parkfläche kurz danach bei [N 50°02'33" W 5°09'49"].

Beginn der Wanderung in Cadgwith...

Die Straße teilt sich dann bei KUGGAR. Links fahren Sie zu den beinahe unverbauten, wunderbaren **Kennack Sands**. Ein großer Parkplatz befindet sich direkt hinter der Bucht. Die Zufahrtsstraße ist auf den letzten 700 m allerdings ordentlich eng *([N 50°00'20" W 5°09'49"], TR12 6SL)*. Oberhalb der Bucht haben Sie die Wahl zwischen gleich vier Campingplätzen; das beste Preis-Leistungs-Angebot hatte zuletzt der **Chy Carne Touring Site** *(**150:** [N 50°00'14" W 5°10'34"], Innabad Way, TR12 7LX, Kuggar, Apr.–Okt., 13,50–31,50 £, alle Einrichtungen, www.chycarne.co.uk)*.

Wenn Sie rechts abbiegen, können Sie zum Dorf CADGWITH lenken. Die schmale Zufahrtsstraße sollten Sie maximal bis zum Dorfparkplatz oberhalb nehmen. Er ist tagsüber kostenpflichtig (3 £), nachts aber frei und hat kein Nachtparkverbot. Allerdings ist er offiziell nur bis maximal 3 t zugelassen *(**151:** [N 49°59'22" W 5°11'02"], New Rd., TR12 7JZ)*. Ein schöner Pfad führt zum Hafen hinab. Nach rechts können Sie am Küstenpfad zur **Devil's Frying Pan**, einem großen Gesteinstrichter, aus dem bei starkem Seegang die Gischt spritzt, wandern oder sogar noch weiter gehen bis zum Lizard Point. Die Regionalbusse 37, 230 und 251 bringen Sie von dort zurück, allerdings nur an die Hauptstraße, von der Sie noch knapp 2 km bis zum Ort zurückgehen müssen.

Stellplatz 151: Cadgwith

Zum Leuchtturm am **Lizard Point** können Sie aber natür-

...und Ende der Wanderung am Lizard Point-Leuchtturm

lich auch fahren. Der Parkplatz dort ist zwar groß genug, aber die Zufahrt so schmal, dass Sie es sich besser zweimal überlegen sollten und eventuell besser im alternativ angehauchten Ort LIZARD stehen bleiben und zum absoluten Südende der Britischen Inseln wandern. An der Landspitze liegt ein kleines Café und am Leuchtturm dahinter gibt es das **Lighthouse & Heritage Centre** mit Infos und Ausstellung zur Gegend und optional einem geführten Rundgang durch die Räume der alten Signalstation.

*3 Lighthouse Rd., TR12 7NT, Mitte März–Okt. So–Do 11.00–17.00 Uhr, mit/ohne Führung Erw. 7,50/3 £, Kinder bis 16 J. 3,50/2 £, www.trinitiyhouse.co.uk*

## Kynance Cove

Gleich hinter Lizard zweigt links von der **A3083** eine Straße zu einem der schönsten Strände Cornwalls ab. Die **Kynance Cove** erscheint, je nach Wetter und Wasserstand, mal schroff und abenteuerlich, mal mediterran und entspannt. Geschützt durch einen vorgelagerten Felsen, ist sie, gerade bei Ebbe, ein wirklich toller Platz, um sich im feinen Sand zwischen den Felsen die Zeit zu vertreiben *([N 49°58'26" W 5°13'28"], TR12 7PJ)*.

Traumkulisse in der Kynance Cove

## Von MULLION bis HELSTON

Auch die Strände bei MULLION sind einen Blick wert. Sie finden sowohl einen sympathischen Campingplatz als auch einen freien Stellplatz gleich in der Nähe. Am **Poldhu Beach** gibt es ein paar geeignete Parkplätze. Die noch schönere **Church Cove** erreichen Sie nach kurzem Fußmarsch in nördliche Richtung *([N 50°02'04" W 5°15'34"], Poldhu Rd., TR12 7JB, Mullion).*

### (152) WOMO-Campingplatz: Teneriffe Farm Campsite

**GPS**: N 50°00'19" W 5°15'00", TR12 7EZ, PREDANNACK WOLLAS.
**Max. WOMOs:** 30+.
**Ausstattung/Lage**: Versorgung, WC/Dusche, Spülgelegenheit, Waschmaschine. Vom National Trust gemanagter Campingplatz in der südlichsten Ecke des Landes. Stellplätze auf Rasen, kein Schatten.
**Öffnungszeiten:** Mai–Okt.
**Ortszentrum**: ca. 3,3 km.
**Zufahrt**: Von der A3083 links zur Mullion Cove abzweigen und der Beschilderung folgen. Nach dem Ort Mullion zweigt kurz vor einer Tankstelle links eine Straße nach Predannack ab. Auf dieser noch rund 2,8 km bis zum Platz fahren.
**Preis**: 13–15 £.
**Internet**: www.teneriffefarmcampsite.blogspot.de

### (153) WOMO-Badeplatz: Church Cove

**GPS**: N 50°02'10" W 5°15'56", TR12 7JB, MULLION.
**Max. WOMOs:** 1–2.
**Ausstattung/Lage**: kleiner Schotterparkplatz direkt vor dem Mullion Golf Court mit schönem Blick auf die Küste oberhalb der Church Cove und direkt am Küstenpfad. Keine Einrichtungen. Ziemlich schmale Zufahrtsstraße.
**Ortszentrum**: 1,7 km.
**Zufahrt** Von der A3083 links zur Mullion Cove abzweigen und bis Mullion fahren. Dort nicht abbiegen, sondern den Ort geradeaus durchfahren. Nach dem Poldhu Beach links in die kleine Sackgasse halten und bis zum Ende fahren.

Loe Bar am Binnensee bei Porthleven

Kurz vor HELSTON erwartet Sie mit dem größten Freizeitpark im Südwesten dann Kontrastprogramm. **Flambards** wartet mit rund 20 Fahrgeschäften, Forscherbereich, Dinoland und Nachbauten alter Straßenzüge und Geschäfte auf. Eine recht wilde Mischung, die aber so, je nach Interessenlage und Alter, alle Gäste zufriedenstellen soll.

*[N 50°05'35" W 5°15'35"], Clodgey Ln., TR13 0QA, Helston, Juli–Mitte Sept. 10.00–17/18.30 Uhr, Mitte März–Juni und Mitte Sept.–Okt. Mi/Sa/So 10.00–17.00 Uhr, Erw. 19,95 £, erm. 15,95 £, Kinder ca. 2–15 J. 9,95–14,95 £, restliche Zeit sonst nur Indoorattraktionen 10.00–16.00 Uhr, Erw. 11,50 £, erm. 9,50 £, Kinder ca. 2–15 J. 6,95 £, www.flambards.co.uk*

Vom Kreisverkehr nahe dem Park aus können Sie auch einen recht abgelegenen Stellplatz anfahren. Wenn Sie noch Lust auf Strände und Natur haben, nehmen Sie danach die Abfahrt nach Porthleven.

### (154) WOMO-Wanderparkplatz: Degibna Chapel

**GPS**: N 50°04'46" W 5°16'54", Degibna Ln., TR12 7PR, HELSTON.
**Max. WOMOs:** 1–2.
**Ausstattung/Lage**: lang gezogener, recht abgelegener Schotter-/Erdparkplatz des National Trusts an einem Feld mit Wandermöglichkeiten. Daneben befindet sich die kleine Degibna-Kapelle. Keine Einrichtungen, kein Schatten.
**Ortszentrum**: ca. 3,5 km.
**Zufahrt** Am Ortsbeginn von Helston zunächst links in Richtung Town Centre abbiegen, dann sofort wieder bei erster Gelegenheit links in die kleine Degibna Lane fahren und ihr bis zur Kapelle folgen. Parkplatz gegenüber.

## PORTHLEVEN

Die **Porthleven Sands** und **Loe Bar** bilden einen kilometerlangen, im weitesten Teil völlig unbebauten Sand- und Kiesstrand mit dem **Loe Pool**, dem größten Süßwasserspeicher Cornwalls, nur durch einen Sand-Kalk-Wall vom Meer getrennt, direkt dahinter. Eine Wanderung in dieser tollen Umgebung nahe dem Strand mit Bademöglichkeiten sollten Sie sich nicht entgehen lassen.

**Wanderung zu den Cliff Top Mines, ca. 2,5 km**

Ihre Wanderung beginnt am Parkplatz Highburrow bei [N 50°04'47" W 5°18'30"] neben der **Cooper's Ln**. Oben an der Straße betreten Sie das Penrose-Grundstück durch ein Tor. Folgen Sie dem Weg dahinter, vorbei an den Schrebergärten auf offenes Gelände zu. Er führt dann über ein Feld bis zu einer Abzweigung, an der Sie sich rechts halten. Sie gehen nun auf einer grasbewachsenen Klippe in Richtung Küste. Östlich von Ihnen erkennt man zwei runde Anhäufungen von Buschwerk. Darunter verbergen sich ehemals lukrative Silberstollen. Sie ändern nun die Richtung nach links und schließen sich so dem Küstenpfad an. Vor zwei Jahrhunderten war das Gebiet des Schürfgebiets **Wheal Rose**. Links von Ihnen befanden sich die Lagerstätten, die Abhänge rechts sind bis heute mit Gruben, Löchern und eingestürzten Schächten gespickt. Ein Stück weiter erkennen Sie rechts

Bunkeranlagen. Im Zweiten Weltkrieg war die Region Militärzone. Der Strand war vermint und mit NATO-Draht gesichert. Die Royal Navy nutzte den See dahinter als Raketenabschussbasis und ein Lager für 2000 deutsche und italienische Soldaten war errichtet worden. Auch amerikanische GIs wurden in Penrose beherbergt, bis im Juni 1944 die Landung in der Normandie stattfand.

Gehen Sie noch das Stück bis zum Gürtel zwischen Meer und See, der großteils aus Kalkteilchen besteht, die vom Meeresgrund der Mount's Bay weit draußen stammen. Man findet seltene Pflanzen wie Gelben Hornmohn, Stranddisteln und Echten Meerkohl. Viele Schiffe strandeten an dem weiten Rund, das letzte große war 1912 der Frachter Tripolitania.

Gehen Sie schließlich über den Küstenpfad oder am Strand zurück. **ACHTUNG:** Wenn Sie baden möchten, halten Sie Abstand zum Looe Bar, denn es gibt für Schwimmer gefährliche Strömungen in diesem Abschnitt. Spätestens am kleinen Parkplatz kurz vor den ersten Häusern sollten Sie dann wieder zum Küstenpfad zurückkehren. Kurz danach biegt rechts die Straße zu Ihrem Ausgangspunkt ein.

Sie haben nun wieder mehrere Übernachtungsoptionen. Es gibt jeweils etwas landeinwärts versetzt entweder den etwas besser ausgestatteten **Granary Barn Campsite** *(**155:** [N 50°07'16" W 5°18'23"], TR13 0AE, B3302, Sithney, ganzjährig, 6–14 £, Versorgung, WC/Dusche, Waschmaschine/Trockner, keine Hunde, www.cornwall-backpackers.co.uk)* oder den nur im August geöffneten, charmanten, aber sehr einfachen **Little Wild Campsite** zur Auswahl *(**156:** [N 50°07'12" W 5°21'53"], TR13 9TE, Balwest, nur im August, 14 £, Versorgung und Einfach-Dusche/WC, www.thelittlewildcampsite.weebly.com)*.

In PRAA können Sie zum Strand hinabfahren und dort am Parkplatz eine Nacht bleiben.

St. Michaels Mount

## (157) WOMO-Badeplatz: Praa Sands

**GPS**: N 50°06'16" W 5°23'25", Castle Dr., TR20 9TG, PRAA.
**Max. WOMOs:** 3–4.
**Ausstattung/Lage**: Strandparkplatz ohne Nachtparkverbot, gute Lage direkt an den Praa Sands, keine Einrichtungen, aber Café nebenan. Kein Schatten.
**Ortszentrum**: kein echtes Zentrum in Praa.
**Zufahrt:** Von der A394 links auf die schmale Straße zu den Praa Sands abbiegen. Dann geradeaus bis zum Parkplatz am Meer.
**Preis:** 8 £ pro Nacht.

### St. Michaels Mount

Gar nicht so weit entfernt und nur durch den Ärmelkanal getrennt, befindet sich an Frankreichs Küste der berühmte Mont St. Michel. Nur wenige wissen, dass es bei MARAZION an der kornischen Küste ein Pendant gibt. Der **St. Michaels Mount** ist zwar ein Stück kleiner, aber ebenso einen Besuch wert. Die Gezeiteninsel besteht aus Schloss, Hafen und einigen Wohn- und Ferienhäusern unterhalb. Bei Ebbe kann man sie auf einer rund 300 m langen Steinbrücke erreichen, die sich dann aus den Fluten erhebt. Bei Flut ist ein Zugang nur per Boot möglich. Wenn Sie es richtig timen können, ist es natürlich ein besonderes Schauspiel, sich beispielsweise zunächst zur Insel übersetzen zu lassen und vom dortigen Café zu beobachten, wie langsam der Steg aus den Fluten auftaucht und im Sommer erste Wagemutige oftmals noch hüfthoch versinken, bis Sie dann selbst gefahrlos den Rückweg antreten. Schon seit dem 17. Jahrhundert wird das Schloss von der St.-Aubyn-Fa-

Trockenen Fußes nur bei Ebbe: Steg zum St. Michaels Mount

milie bewohnt, vorher lebten Mönche und erste Siedler auf dem Eiland. In den Hochzeiten lebten mehr als 300 Menschen auf St. Michael, es gab mehrere Pubs und Schulen. Heute sind nur mehr 30 Einwohner verblieben.

Unterhalb der Befestigung gibt es einen terrassenförmig angelegten, farbenprächtigen Garten mit exotischen Pflanzen wie Schmucklilien, Frühlingsblumen und Sommerkräutern. Die Burg selbst können Sie auf eigene Faust bei einem Rundgang besichtigen und dabei die weiten Blicke von ganz oben genießen.

*Parkplatz bei [N 50°07'35" W 5°28'41"], West End, TR17 0ET, ab dort Fußweg am Strand zum Bootsableger. Dieser variiert je nach Gezeitenstand. Tags bei Flut laufend Fahrten nach Bedarf, Preis Erw. 2 £, Kinder 1 £. Bei Ebbe Zugang über den Steg. Burg: Mitte März–Okt. So–Fr 10.30–17/17.30 Uhr, Erw. 9 £, Kinder 4,50 £, Familien 22,50 £, Garten Mitte Apr.–Juni Mo–Fr 10.30–17.00 Uhr, Juli–Sept. nur Do/Fr, Erw. 6 £, Kinder 3 £, Kombipreis 12,50/6/31 £, NT-Mitglieder frei, www.stmichaelsmount.co.uk*

**PENZANCE**

Durch die Nähe zum Gewerbegebiet und die dahinter verlaufende Bahnstrecke ist der Strand von LONG ROCK für die Meisten wohl eher nicht erste Wahl. Er gibt Ihnen aber die seltene Gelegenheit, direkt mit dem Wohnmobil anzufahren und auch über Nacht zu bleiben. Am relativ großen Parkplatz finden Sie auch tagsüber meist ein freies Plätzchen.

Penzance

## (158) WOMO-Badeplatz: Long Rock Beach

**GPS**: N 50°07'41" W 5°30'09", Poniou Ln., TR20 8HZ, LONG ROCK.
**Max. WOMOs:** 3–4.
**Ausstattung/Lage**: ziemlich großer Parkplatz direkt am Strand, dahinter Bahngleise. Keine Einrichtungen, kein Schatten. Fußweg am Meer bis ins Ortszentrum.
**Ortszentrum**: 2,5 km.
**Zufahrt:** Am Kreisverkehr der A30 vor Penzance links nach Long Rock abzweigen. Nach dem Autohändler Trelawny Motors unbeschildert links fahren. Nach der Bahnschranke rechter Hand.

Mit Penzance erreichen Sie kurz darauf die am weitesten westlich gelegene Stadt Englands. Es gibt zwar keine großen Sehenswürdigkeiten, doch die Atmosphäre des sonnen- und wärmeverwöhnten Ortes regt zu einem kurzweiligen Rundgang durch das Zentrum an. Den besten Parkplatz dafür finden Sie direkt an der Uferpromenade bei [N 50°07'10" W 5°31'59"] in der **Wharf Road**.

Egyptian House

Die **Touristeninformation** ist in einem Gebäude am nördlichen Ende des Parkplatzes nahe dem Bahnhof untergebracht, die Innenstadt liegt direkt dahinter. Einen Blick wert sind die besonders schönen Fassaden des **Market House** in der **Market Jew Street** und des **Egyptian House** in der **Chapel Street**. Einige Fünfhundert Meter in südlicher Richtung vom Parkplatz entfernt können Sie auch zum **Jubilee Pool** schlen-

dern. Der Swimmingpool gibt Ihnen die seltene Gelegenheit, in einem ins Meer hinausgebauten Lido-ähnlichen Bad zu schwimmen – einem der letzten derartigen in England. Wermutstropfen: Es existiert seit 1935 – und das sieht man ihm leider an.

*Nur im Sommer je nach Witterung, Erw. 4,75 £, erm. und Kinder ab 4 J. 3,80 £, Familien 15,50 £, www.jubileepool.co.uk*

**Gastrotipps Pencanze: The Front Room**, 83 Market Jew St., TR18 2LG, **Shore Restaurant*****, 13 Alverton St., TR18 2QP, **The Bakehouse Restaurant*****, Chapel St., TR18 4EA, **Blacks****, 12 Chapel St., TR18 4AW, **Dolphin Tavern****, Quay St., TR18 4BD, **The Old Lifeboat House****, Wharf Rd., TR18 4AA.

Auch der südliche Vorort MOUSEHOLE mit seinem pittoresken Hafen zieht viele Besucher an. Die Durchfahrtsstraße ist sehr eng, parken Sie daher schon an der Zufahrtsstraße, wenn Sie auch eine Runde drehen möchten. Regelmäßig stehen Womos am Parkstreifen, auch über Nacht *(**159:** [N 50°05'14" W 5°32'05"], The Parade, TR19 6PP)*. Etwas komfortabler geht es im Sommer am nahen Campingplatz zu, der aber von der Landseite her angefahren wird.

### (160) WOMO-Campingplatz: Mousehole Camping

**GPS**: N 50°05'25" W 5°33'03", Trungle Park, TR19 6XB, TRUNGLE.
**Max. WOMOs:** 20+.
**Ausstattung/Lage**: WiFi, Versorgung, WC/Dusche, Clubhouse, kleiner Platz etwas außerhalb von Mousehole mit Pub um die Ecke. Plätze auf einer sonst als Fußballplatz genutzten Wiese, kein Schatten.
**Öffnungszeiten:** Juli/Aug.
**Ortszentrum**: ca. 1,4 km.
**Zufahrt**: Von Penzance auf der B3315 in Richtung Porthcurno fahren. Nach Ortsende in einer Rechtskurve links der Beschilderung zum King's Arms Pub folgen. Im Dorf Trungle dann rechts an der Telefonzelle zum Campingplatz abbiegen.
**Preis**: 12 £.
**Internet**: www.mouseholecamping.co.uk

Porthcurno Beach

Je nach Interessenlage verlassen Sie Penzance entweder auf der Expressroute **A30** in Richtung Land's End. Dabei können Sie dem schönen **Trewiddan Garden** einen Besuch abstatten. Er schmückt sich mit der größten Sammlung an Baumfarnen in der gesamten nördlichen Hemisphäre, einigen der größten Magnolien und Kamelien und bietet außerdem Kindererlebniswege, einen Teich und einen „Walled Garden".

*[N 50°06'27" W 5°34'10"], TR19 6AU, Buryas Bridge, Mitte Febr.–Mitte Sept. 10.30–17.30 Uhr, Erw. ab 16 J. 6,50 £, www.trewiddangarden.co.uk*

Oder Sie wählen die Ausfahrt am südwestlichen Stadtende über eine recht steile Passage auf der **B3315** in Richtung NEWLYN. Zunächst fahren Sie an einer ganzen Reihe prähistorischer Kultsteine vorbei. Nur ein sehr kleiner Parkplatz existiert *([N 50°03'54" W 5°35'25"], TR19 6BQ)*. Links davon zweigt ein Pfad zum 3000–4000 Jahre alten Steinkreis **Merry Maidens** ab. Auf der gegenüberliegenden Straßenseite gibt es in rund 100 m Entfernung einen aufrecht stehenden Kultstein namens **Gun Rith** zu sehen. Hundert Meter weiter befindet sich dann noch direkt neben der Straße die Grabkammer **Tregiffian**.

**PORTHCURNO**

Im Dorf TREEN können Sie zwischen einer Einfach-Übernachtung am Dorfparkplatz *(**161:** [N 50°03'00" W 5°38'28"], TR19 6LF, im Shop nebenan vorher fragen, Preis Verhandlungssache, tags 2 £)* oder dem **Treen Farm Campsite** nur 250 m weiter wählen *(**162:** [N 50°02'53" W 5°38'39"], TR19 6LF, Apr.–Okt., 13–15 £, WC/Dusche, Shop, nur Campingbusse und kleine Womos erlaubt)*. Ein ca. 350 m langer Fußweg bis zu den Klippen leitet Sie zu einem besonders schönen Abschnitt des Küstenpfades und der darunter eingebetteten Bucht **Pedn Vounder**. Sie ist auch als FKK-Strand freigegeben und bei Ebbe ein echter Traumstrand. Der steile Zugang ist allerdings eine Herausforderung.

Einfacher gelingt der Weg ans Wasser in Porthcurno. Vom National-Trust-Parkplatz bei [N 50°02'45" W 5°39'19"], **The Valley**, gehen Sie nur rund 200 m zum tollen gleichnamigen Strand. Rechts oben auf den Klippen gibt es einen weiteren Parkplatz, den Sie aufgrund der schmalen, steilen Zufahrt aber nur mit kleineren Womos anfahren sollten. Er gehört zum dort gelegenen **Minack-Freilichttheater**. Eingebettet in einen schönen Garten und mit fantastischer Küstensicht, können Sie von März bis Oktober an vielen Nachmittagen und Abenden verschiedenste klassische und moderne Stücke in dem einem Amphitheater nachempfundenen Halbrund erleben. Ein echtes Erlebnis, für das Sie aber sicherheitshalber im Voraus einen Platz reservieren und besser ein Kissen mitnehmen oder dazubuchen sollten – man sitzt ansonsten auf dem rohen Stein. Außerhalb der Vorführungszeiten können Sie das Theater auch besichtigen.

*[N 50°02'31" W 5°39'11"], TR19 6JU, The Valley, tags: Apr.–Sept. 9.30–17.30 Uhr, Erw. 4,50 £, erm. 3,50 £, Kinder ab 2 J. 0,50–2,50 £, Aufführungen meist 14.00 und/oder 20.00 Uhr, Erw. 9–11,50 £, Kinder bis 15 J. 5–6 £, www.minack.com*

Erwähnenswert ist außerdem das recht interessante **Telegraph Museum** am hinteren Ende des unteren Parkplatzes. Es erklärt die Geschichte des Örtchens am Landesende als Kommunikationsknotenpunkt des 19. Jahrhunderts und spannt dabei den Bogen von den Anfängen der Nachrichtenübertragung mittels Morsezeichen bis in unser E-Mail- und Handy-Zeitalter. Zusätzlich kann man unterirdische Tunnelsysteme aus dem Zweiten Weltkrieg erkunden.

*TR19 6JX, Apr.–Okt. 10.00–17.00 Uhr, sonst Sa–Mo 11.00–16.30 Uhr, Erw. 8,50 £, erm. 6–7,50 £, Kinder 5–16 J. 5 £, Familien 23,50 £, www.telegraphmuseum.org*

### Land`s End

Dieser Ort ist zwar unstrittig der westlichste Zipfel des englischen Festlandes, ansonsten gibt es aber nichts zu sehen, was Sie nicht auch an vielen anderen Orten der schönen Südwestküste vorfinden könnten. Somit bleibt ein besonders gut vermarktetes Stück Küstenlinie, das neben einem riesigen Parkplatz Gastronomie, Souvenirshops, ein 4-D-Kino und ähnliche Bespaßungsattraktionen wie eine „Shaun das Schaf"-Welt und ein „König Arthus"-Erlebnis bietet. Außer den bunten Actionwelten ist der Zutritt zum Gelände und zu einer etwas entfernten Farm zwar frei, die Parkgebühren für Wohnmobile haben es aber in sich.

*[N 50°03'57" W 5°42'41"], A30, TR19 7AA, Parken 12 £, Visitor Centre und Gastronomie 10.00–16.00 Uhr, Attraktionen nur im Sommer, Erw. je 4 £, erm. 3,50 £, Kinder 3 £, www.landsend-landmark.co.uk*

Sennen Cove

In SENNEN können Sie am Pub **First & Last Inn** über Nacht bleiben *(**163:** [N 50°04'15" W 5°41'43"], A30, TR19 7AD, www.firstandlastinn.co.uk).*

Kurz darauf zweigt eine Straße links zur SENNEN COVE ab. Dort finden Sie einen wunderbaren langen Sandstrand und ausreichend Parkplätze vor. Wenn die direkt unten am Ufer belegt sind, kann man auch oberhalb der Klippen stehen, muss dann nur einen etwas weiteren Fußweg in Kauf nehmen.

Etwas weiter zweigt am weiteren Weg rechts ein Sträßchen zu einem Nachtparkplatz ab.

### (164) WOMO-Wanderparkplatz: Carn Brea

**GPS**: N 50°05'52" W 5°39'08", TR19 6JD, CROWS-AN-WRA.
**Max. WOMOs:** 1–2.

**Ausstattung/Lage**: Wanderparkplatz des National Trust ohne Nachtparkverbot unterhalb von Überresten einer prähistorischen Siedlung. Einfache Schotterfläche an der Nebenstraße ohne Einrichtungen.
**Ortszentrum**: 5 km (St. Just).
**Zufahrt:** Von der Sennen Cove kommend, biegen Sie erst links auf die B3306 nach St. Just ein und dann bei erster Gelegenheit unbeschildert rechts ab bis zum Platz auf der rechten Seite.

## ST. JUST

Der kleine Campsite **Secret Garden** *(**165:** [N 50°06'57" W 5°40'48"], B3306, TR19 7RD, Bosavern, Mai–Okt., 19–24 £, alle Einrichtungen, Womos bis max. 7 m, www.secretbosavern.com)* folgt bald darauf und liegt schon unmittelbar vor der ehemaligen Minenarbeitersiedlung ST. JUST. Einst war die ganze Gegend ein wichtiges Zinnabbaugebiet – Minenüberreste finden Sie auf den folgenden Kilometern immer wieder vor. Am Ortsparkplatz gibt es kein Nachtparkverbot *(**166:** [N 50°07'25" W 5°40'54"], Lafrowda Cl., TR19 7HZ).* Wenn Sie aber nicht ins

Pub gehen möchten oder noch eine Runde durch die Hauptstraßen drehen wollen, stehen Sie außerhalb schöner: z.B. am Grabmal **Ballowall Barrow** – wenn auch die Anfahrt etwas beschwerlich ist.

**Gastrotipps St. Just: King's Arms****, 5 Market Sq., TR19 7HF, **The Cook Book**, 4 Cape Cornwall St., TR19 7JZ, **The Dog and Rabbit Café**, Bank Square, TR19 7HH.

**(167) WOMO-Stellplatz: Ballowall Barrow**

**GPS**: N 50°07'21" W 5°42'05", Carn Gloos Rd., TR19 7NP, SAINT JUST.

**Max. WOMOs:** 1–2.

**Ausstattung/Lage**: wenige Parkbuchten am Ende einer kleinen Straße hinter St. Just neben einer bronzezeitlichen Grabstätte. Tolle Sicht auf die Küste, keine Einrichtungen, kein Schatten.

**Ortszentrum**: 1,7 km.

**Zufahrt:** Am Uhrturm in St. Just links abbiegen. Dann bis zum Cricket Club fahren und nach links lenken (Beschilderung „Carn Gloose"). Bis zum Ende der teils sehr schmalen Teerstraße fahren, dort und zuvor gibt es einige Parkbuchten oberhalb der Kliffs.

**Minen bei PENDEEN**

Nicht wirklich toll, aber immerhin erlaubt ist dann eine kleine Parkfläche bei TREWELLARD. Dafür biegen Sie nach dem Ortspub rechts ab, am Ende der Straße sind Sie schon da *(**168:** [N 50°08'35" W 5°38'59"], North Rd., TR19 7TH).*

Schon rund 100 m vorher biegen Sie links ab, um die alte Zinngrube **Levant** zu besuchen. Zu tragischer Bekanntheit

Sonnenuntergang an Cornwalls Westspitze: Ballowall Barrow

Botallack Mine

Levant Mine

gelangte der Ort, als 1919 bei einem Unglück 31 Minenarbeiter ums Leben kamen. Wenn Sie heute zur Mine kommen, ist das Herzstück der Anlage die damals zum Betrieb genutzte und zwischenzeitlich wieder instand gesetzte Dampfmaschine von 1840. Auch die anderen alten Gemäuer können Sie ausgiebig inspizieren. Um sich die Gegend noch genauer anzusehen, empfiehlt sich im Anschluss eine Wanderung, z.B. zu den Überresten des weiter südlich gelegenen Abbauortes **Botallack**. Informationen dazu erhalten Sie an der Mine.

*[N 50°09'05" W 5°41'07"], Levant Rd., TR19 7SX, Pendeen, Apr.–Okt. So–Fr 10.30–17.00 Uhr, Jan.–März und Nov. nur Fr 10.30–16.00 Uhr, Erw. 7,20 £, Kinder 3,60 £, Familien 18 £, NT-Mitglieder frei, www.nationaltrust.org.uk*

Auch zu Beginn von Pendeen ist links die Zufahrt zu einer Zinnmine beschildert. **Geevor** ist allerdings weit weniger verfallen und noch in recht gutem Zustand. Sie können eine ganz Reihe noch intakter Gebäude besichtigen, im Museumsbereich selbst Hand an das Gestein legen und einen unterirdischen Stollen aus dem 18. Jahrhundert erkunden.

*[N 50°08'55" W 5°40'16"], TR19 7EW, Apr.–Okt. So–Fr 10.00–17.00 Uhr, sonst bis 16.00 Uhr, Erw. 12,95 £, erm. 11 £, Kinder ab 4 J. 7,50 £, Familien 39,95 £, www.geevor.com*

Giant`s Table (Lanyon Quoit)

Im Ort bietet wenige Meter weiter das Pub **North Inn** einen kleinen Campingplatz hinter dem Haus an *(**169:** [N 50°09'05" W 5°39'58"], B3306, TR19 7DN, Pendeen, 10 £, Strom, WC/ Dusche, nur kleinere Womos zugelassen, www.thenorthinn-pendeen.co.uk)*.

Auf bronzezeitliche Spurensuche können Sie sich dann hinter MORVAH rechts ab machen. Dort befindet sich bei *[N 50°09'13" W 5°36'54"]* ein Parkplatz, von dem es rund 800 m bis zur Megalithsteinanlage **Mên-an-Tol** sind. Der auffällige Lochstein ist in einigen Metern Abstand aufrecht zu zwei weiteren steinernen Stelen platziert und was seine einstige Bedeutung war, ist gänzlich unbekannt. Spätere kornische Sagen berichten aber davon, dass eine Frau, die schwanger werden möchte, bei Vollmond sieben Mal rücklings hindurchkriechen soll, um zu empfangen. Auch bei Rückenerkrankungen und Gliederschmerzen soll das Durchsteigen helfen – wenn aufgrund der Verrenkungen, die dafür nötig sind, auch erst mal eine akute Verschlimmerung der Symptome zu befürchten ist ...

Noch einfacher zu erreichen und direkt von der Straße aus sichtbar ist dann kurz darauf **Lanyon Quoit** bei [N 50°08'51" W 5°36'00"]. Es handelt sich dabei um die Überreste eines Grabmals. Die übereinandergestellten Steinplatten haben aufgrund ihrer Maße auch den Beinamen „Giant's Table".

170: Carn Galver Mine

Zurück an der Hauptstraße sind Sie dann auch bald schon bei der nächsten Zinnmine oder dem, was davon übrig ist, angelangt. Die **Carn Galver Mine** ist vor allem deswegen interessant, weil davor Wohnmobile über

Nacht stehen können *(**170:** [N 50°10'18" W 5°36'46"], B3306, TR20 8YX, Porthmeor)*. Das gilt auch für das Pub **Gurnards Head** ein Dorf weiter, das Gästen die gleiche Möglichkeit bietet *(**171:** [N 50°10'56" W 5°35'37"], B3306, TR26 3DE, Treen, www.gurnardshead.co.uk)*.

## ST. IVES

Die Stadt bildet den äußersten westlichen Rand des breiten, sandigen Mündungsbereichs des River Hayle. Sie ist einer der beliebtesten Urlaubsorte von Cornwall, fast immer gut besucht und hat sowohl eine hübsche Innenstadt, einen sehenswerten Hafen als auch beliebte, feinsandige Strände im Angebot. Mit der Erreichbarkeit und Parkmöglichkeiten für Wohnmobile ist das nicht ganz so einfach. Bevor Sie sich mühsam durch die Straßen zum Strandparkplatz quälen, um dann doch nur festzustellen, dass keine Lücke für Womos vorhanden ist, bleiben Sie besser am Großparkplatz oberhalb der Altstadt an der Straße **The Burrows** *([N 50°12'34" W 5°29'08"], TR26 1DQ)*. Ein Fußweg bringt Sie vom hinteren Ende über kleine Gassen und Treppen hinab bis zu den zentralen Parallelachsen **Fore Street** und **Wharf Street**, die auf die „The Island" genannte Landspitze mit der **St. Nichola's Chapel** zuführen und beidseitig von Strandbuchten gerahmt werden.

Bekannt ist St. Ives auch als Kunststadt; gleich eine ganze Reihe von Galerien befindet sich am Weg. Am bekanntesten ist aber der überall beschilderte hiesige Ableger des berühmtesten Londoner Kunstmuseums, die **Tate St. Ives**. Die großteils wechselnden Ausstellungen meist modernen Charakters umfassen Installationen, Performances, Fotografie, Skulpturen und natürlich Malerei. Die kann dann aber auch mal ganz anders als gewohnt sein, wenn Sie

St. Ives

während eines Action-Painting-Events vorbeischauen und live erleben, auf welche Arten alles Farbe auf Leinwand landen kann.

*Porthmeor Beach, TR26 1TG, Apr.–Okt. Mo–So 10.00–18.00 Uhr, Eintritt frei, Barbara Hepworth Museum und Skulpturengarten ganzjährig, Erw. 6,60 £, erm. 5,50 £*

**Gastrotipps St. Ives: The Cornish Deli***, 3 Chapel St., TR26 2LR, **The Hidden Kitchen*****, St. Andrews St., TR26 1AH, **Blas Burgerworks****, The Warren, TR26 2EA, **St. Andrews Bistro*****, 16 St. Andrews St., TR26 1AH, **Hub***, 16 St. 4 Wharf St., TR26 1LF, **Cellar Bistro*****, 29 Fore St., TR26 1HE, **Moomaid**, 1 Wharf Rd., TR26 1LG, **The Tearoom Restaurant****, Wharf House, TR26 1PG, **Mermaid Seafood Restaurant*****, Wharf House, TR26 1LT, **Porthmeor****, Porthmeor Beach, TR26 1JZ.

Das ortsnächste Womo-Pub befindet sich etwas ins Landesinnere versetzt in HALSETOWN, **The Halsetown Inn**, mit großem Parkplatz auf der gegenüberliegenden Straßenseite *(**172:** [N 50°11'49" W 5°29'45"], Laithy Ln., TR26 3NA, www.halsetowninn.co.uk).*

**Cornwalls Nordwestküste Teil1: bis HOLYWELL**

Der weitere Weg entlang der Küste ist weniger von Attraktionen als schönen Steilküstenabschnitten geprägt. Dazwischen finden sich immer wieder Sandbuchten und auch Übernachtungsmöglichkeiten.

Der erste vorgeschlagene Campsite heißt **Treglisson Touring Park** *(**173:** [N 50°10'58" W 5°23'33"], 11 Wheal Alfred Rd., TR27 5JT, Hayle, Juni–Sept. 11–19 £, alle Einrichtungen, www.treglisson.co.uk)*, ein kleines Stück weg von der Küste, genauso wie das Pub **Angarrack Inn** mit Parkplatz gleich neben dem Haus *(**174:** [N 50°11'40" W 5°23'12"], 12 Steamers Hill, TR27*

Godrevy Beach

*5JB, Angarrack, www.angarrackinn.co.uk).*

Einfach, dafür nur wenige Meter durch Dünen vom Meer getrennt gelegen, ist der Campsite **Sandy Acres** *(**175:** [N 50°12'11" W 5°24'36"], 22 Sandy Acres Rd., TR27 5AP, Loggans, Mai–Sept., 15–18 £, Versorgung, WC/Dusche, Spülgelegenheit, www.sandy-acres.co.uk).* Auf der holprigen Zufahrtsstraße gelangen Sie auch zu einem kostenpflichtigen Privatparkplatz mit Snackbar, der Tagesbesuchern offen steht. Der lange Sandstrand ist selten überfüllt und bietet somit auch dann noch Strandvergnügen, wenn anderswo an Saisonwochenenden kein Plätzchen mehr zu finden ist, [N 50°12'18" W 5°24'45"].

Navax Point und Beach

Die nächste gute Badegelegenheit ist der **Godrevy Beach** am Ende der Bucht. Er wird vom National Trust verwaltet und hat gleich mehrere „Overflow"-Parkplätze, die auch in Stoßzeiten Parkraum bieten. Die nur bei Ebbe gut nutzbaren Sandbuchten

Chapel Porth Beach

zwischen Leuchtturm, muschelbesetzten Felsen und grasigen Dünen können dann aber schon mal ziemlich voll werden *(Zufahrt bei [N 50°13'44" W 5°23'03"], Churchtown Rd., TR27 5ED, kostenpflichtig, NT-Mitglieder frei)*. Ein weiterer, aber nur kleiner Parkplatz direkt neben der Straße ermöglicht nach der auskragenden Landnase von Godrevy dann Zugang zu zwei weiteren Sandbuchten bei [N 50°14'08" W 5°22'01"].

Wheal Coates Mine

Auf den nächsten Kilometern folgt an der **B3301** eine ganze Reihe kleiner Parkplätze auf den Klippen. Diese wären an sich ideal für eine Nacht. Verwitterte, teils überwachsene kleine Schilder weisen allerdings auf „No Camping" hin. Engländer, die dennoch dort blieben, meinten, dass Über-Nacht-Parken aber kein Problem sei – entscheiden Sie selbst!

Mit Erlaubnis dürfen Sie im Folgeort PORTREATH dann wieder nach einem Strandbesuch als Gäste des Pubs **The Waterfront Inn** über Nacht bleiben *(**176:** [N 50°15'41" W 5°17'27"], 17 Forth-An-Nance, TR16 4NQ, Portreath, www.thewaterfrontinn.webs.com)*.

Da der Parkplatz im nächsten Ort PORTHTOWAN mit Höhenbarrieren blockiert ist, lassen Sie ihn besser aus. Doch die nächsten Gelegenheiten für Strandvergnügen lassen auch so nicht lange auf sich warten.

Der kleine, aber wirklich schöne **Chapel Porth Beach** wird Ihnen sicher gefallen. Er hat nur ein Manko – die Zufahrt über GOONVREA ist ziemlich schmal und am Ende gibt es nur einen recht kleinen Parkplatz. Daher sollten Sie an warmen Tagen schon recht früh da sein oder erst spät für einen „Sundowner" vorbeischauen, wenn Sie sich für diesen Zwischenstopp entscheiden *([N 50°18'01" W 5°14'03"], TR5 0NS, kostenpflichtig, NT-Mitglieder frei)*.

Auch ST. AGNES ist, was Parkplätze angeht, etwas kritisch. Der Strand ist okay, aber recht verbaut, da gibt es schönere. Dafür laden im Hinterland das urige Dorfpub **The Miners Arms** mit großem, teils begrüntem Parkplatz hinter dem Haus *(**177:** [N 50°18'43" W 5°10'11"], A3075, TR5 0QF, Mithian, www.miners-arms.co.uk)* oder ein Campingplatz oberhalb der Klippen zu einem Stopp ein.

**(178) WOMO-Campingplatz: Blue Hills Touring Park**

**GPS**: N 50°19'26" W 5°11'15", TR5 0XP, CROSS COOMBE.
**Max. WOMOs:** 25.
**Ausstattung/Lage**: alle Einrichtungen, schöner kleiner Gras-Camping nur 100 m von der Küste entfernt, schöne Sicht, kein Schatten.
**Öffnungszeiten:** Mitte März–Okt.
**Ortszentrum**: ca. 1,4 km.
**Zufahrt**: Von Penzance auf der B3315 in Richtung Porthcurno fahren. Nach Ortsende in einer Rechtskurve links der Beschilderung zum King's Arms Pub folgen. Im Dorf Trungle dann rechts an der Telefonzelle zum Campingplatz abbiegen.
**Preis**: 12–21,50 £.
**Internet**: www.bluehillscamping.co.uk

Erwähnenswert ist an dieser Stelle auch der gleich ums Eck gelegene größte **Campingmarkt** Cornwalls: Wenn Sie irgendwas für Ihr Womo benötigen, haben Sie dort gute Chancen, es zu finden, geöffnet ist sieben Tage die Woche.

*Aztec Leisure, [N 50°19'18" W 5°10'34"], B3285, TR5 0XY, Trevellas*

Den Weiterweg setzen Sie dann entweder über die **A3075** fort. So gelangen Sie zum Womo-Pub **The Whitehouse Inn** *(**179:** [N 50°19'34" W 5°07'54"], A3075, TR4 9LQ, Penhallow, www.whitehousecornwall.co.uk).*

Oder Sie machen noch einen Halt in PERANPORTH mit seinem schönen, gleichnamigen Strand. Er hat den Vorteil, dass selbst bei Flut noch etwas vom Sand übrig ist ... Auch wenn die allervordersten Parkplätze durch Barrieren blockiert sind, wurde immerhin der etwas zurückversetzte in der Straße **Wheal Leisure** auch für höhere Fahrzeuge offen gelassen, [N 50°20'41" W 5°09'09"].

Um nach HOLYWELL zu gelangen, müssen Sie ein Stück von der Hauptroute abweichen, nur eine Stichstraße führt in den kleinen Ort. Sie finden eine tolle Sandbucht mit Dünensystem dahinter und mit recht großem Parkplatz des National Trusts etwa 350 m entfernt bei [N 50°23'10" W 5°08'34"], TR8 5DD, in der **Holywell Road**. Am Ortspub **Treguth Inn** mit kleinem, aber schönem Schankgarten werden Womos auch über Nacht zugelassen *(**180:** [N 50°23'12" W 5°08'25"], Holywell Rd., TR8 5PP, Holywell, www.thetreguthinn.com)*. Der Strand lädt nicht nur zum Baden, sondern auch zu einem kleinen Spaziergang ein.

**Miniwanderung an der Holywell Bay (ca. 1,5 km)**
Gehen Sie vom Parkplatz auf der anderen Straßenseite zunächst auf dem markierten Weg in Richtung Strand. Entweder durchwaten Sie den flachen Wasserlauf unterwegs oder nehmen die kleine Brücke, um zu den Dünen zu gelangen. Bleiben Sie links davon im flachen Teil, bis Sie den Hauptstrand erreichen. Sie passieren unterwegs das Gebäude des Surf Life Saving Clubs. Es ist übrigens im James-Bond-

Holywell Beach

Film „Die Another Day" zu sehen, von dem einige Sequenzen hier gedreht wurden. Gehen Sie rechts ein Stück am Strand entlang, bis ein paar Holzstufen in die Dünen hineinführen. Dort stoßen Sie auf den Küstenpfad. Er ist mit hölzernen Wegweisern markiert und führt Sie rechtsherum nach einer Weile wieder zurück zum Parkplatz.

Strandpromenade von Newquay

**NEWQUAY**

Mit rund 20.000 Einwohnern ist der Ort die größte Gemeinde in diesem Bereich der Küste. Ganze sechs nennenswerte Strandbuchten liegen in seinem Einzugsgebiet. Mit dem Wohnmobil am besten erreichbar ist die am weitesten westlich gelegene **Fistral Bay** mit Parkplatz bei [N 50°25'08" W 5°05'48"], Headland Rd., TR7 1HY und der kleine **Lusty Glaze Beach** mit einem Parkplatz in der **Lusty Glaze Road** bei [N 50°25'20" W 5°03'49"], TR7 3AD.

Die Innenstadt rund um den Fußgängerbereich in der **Central Street** und der **Bank Street** ist weniger einladend als anderswo, aber recht belebt, mit diversen Geschäften und Gastronomie. Die besten Chancen auf einen innenstadtnahen Parkplatz haben Sie wohl am **Tregunnel Car Park** am **Tregunnel Hill** *([N 50°24'36" W 5°05'17"], TR7 1TS)*. In fußläufiger Entfernung von dort befindet sich auch das **Bluereef Aquarium Newquay**. In mehr als 40 verschiedenen Aquarien und Terrarien erleben Sie sowohl Tiere aus heimischen Gewässern als auch aus exotischen Gefilden, z.B. Schwarzflossen-Riffhaie, Oktopusse, Korallen, Meeresschildkröten, aber auch Kaimane.

*Towan Promenade, TR7 1DU, 10.00–17.00 Uhr, Erw. 10,50 £, erm. 9,50 £, Kinder 3–12 J. 8,25 £, Familien 35,50 £, bei Onlinekauf ca. 12 % Ermäßigung, www.bluereefaquarium.co.uk/newquay*

Bedruthan Steps

**Gastrotipps Newquay: Truscotts***, 19 Fore St., TR7 1HB, **Harbour Rest Café**, 2 South Quay Hill, TR7 1HR, **Café Cloud**, 54 Fore St., TR7 1LW, **The Beached Lamb****, 72 Fore St., TR7 1EY, **Harbour Fish and Grill*****, North Quay Hill, TR7 1HF, **Oceans Café**, 34 East St., TR7 1BH, **The Fish House Fistral*****, Headland Rd., TR7 1EW.

Auch rings um die Stadt gibt es noch einige sehenswerte Anlaufstellen. Die bekannteste ist wohl der **Newquay Zoo**, der für seine Arbeit im Bereich „Artenerhaltung" bereits mehrere Preise gewonnen hat. Über 1000 Tiere leben in dem gut 5 Hektar großen Areal, zu den Publikumslieblingen zählen Löwen, Affen und die lustigen Erdmännchen. Erst 2016 hat mit der Freiflugvoliere „Preziosen des Dschungels" ein neuer, interessanter Bereich eröffnet.

*[N 50°24'41" W 5°04'19"], Trenance Gardens, TR7 2LZ, Apr.–Okt. 10.00–17.00 Uhr, sonst bis 16.30 Uhr, Erw. 12,35 £, erm. 10,50 £, Kinder 3–15 J. 9,25 £, Familien 38,70 £, www.newquayzoo.org.uk*

Ein Stück weiter östlich im Landesinneren gelangen Sie zum Anwesen **Trerice**. Das elisabethanische Gutshaus gilt als echtes Juwel unter Cornwalls Herrenhäusern und wurde seit seinem Bau kaum verändert. Ein Besuch in den stillen Räumen und Gärten ist wie ein Kontrastprogramm zu den belebten Strandregionen und Orten der letzten Kilometer.

*[N 50°23'08" W 5°02'16"], TR8 4PG, Kestle Mill, März–Okt. 10.30–17.00 Uhr, Erw. 3,80 £, NT-Mitglieder frei, www.nationaltrust.org.uk*

Schon am Weg Richtung Norden kommen Sie dann noch einmal auf Ihre Kosten, wenn Sie einen letzten kornischen Garten besichtigen möchten. Thematisch etwas anders als der Rest ist er trotzdem aufgestellt, das verrät schon der Name.

Im etwas kleineren **Japanese Garden** hat man sich fernöstlicher Gartenbaukunst angenommen und diese in den englischen Süden transferiert. Somit finden Sie eine Reihe sonst nicht vorkommender Bäume, Sträucher und Blumen. Natürlich gehören auch Bonsais und Koi-Karpfenteiche zum Repertoire.

*[N 50°27'20" W 4°59'53"], TR8 4ET, St. Mawgan, März–Okt. 10.00–18.00 Uhr, Erw. 4,50 £, erm. 4 £, Kinder 2 £, www.japanesegarden.co.uk*

Nahe dem Örtchen können Sie in TREGURRIAN zu einem letzten tollen Strand in diesem Abschnitt fahren. Die weite goldene Sandbucht **Watergate Bay** ist nur von einer Stelle aus zugänglich und es gibt einen großen Parkplatz. Denken Sie aber an die Gezeiten. Bei Flut schmilzt die gelbe Pracht fast gänzlich dahin... *([N 50°26'40" W 5°02'21"], Tregurrian Hill, TR8 4AB).*

**Cornwalls Nordwestküste Teil2: Bis zur Harlyn Bay**

Mit einer Sandbucht geht es auch kurz danach an den **Bedruthan Steps** weiter. Doch ist zwischen den gigantischen Felsen, die nur bei Ebbe einen Weg auf sandigem Boden hindurch ermöglichen, weniger Baden als Staunen und Schießen von Erinnerungsfotos angesagt. Doch auch von oben können Sie gleich ab dem Küstenpfad neben dem Besucherzentrum beeindruckende Bilder dieses grandiosen Küstenabschnitts einfangen, wenn die Flut den Weg versperrt. Die Gebäude, in denen Shop und Café untergebracht sind, waren früher übrigens Teil einer großen Industrieanlage. Sie gehörten zu einer Mine, in der Blei, Kupfer und Eisen gewonnen wurde *([N 50°28'54" W 5°01'54"], B3276, PL27 7UW).*

Eine besser geeignete Badebucht ist da schon wieder **Porthcothan Bay**. Der weit eingeschnittene Sandstrand ist zwar nicht ganz so hübsch oder dramatisch wie andere Buchten der Region, aber auch nicht schlecht. Dafür spricht die gute Erreichbarkeit von der Straße und ein Parkplatz gleich vis-à-vis *([N 50°30'29" W 5°01'17"], B3276, PL28 8LW).*

Auch die nächsten beiden Buchten, die sowohl Erfolg versprechende Parkmöglichkeiten als auch schöne Sandbuchten bieten, möchten wir Ihnen nicht vorenthalten. Zum einen die schmale **Treyarnon Bay** *([N 50°31'35" W 5°01'18"], PL28 8JN)*, zum anderen, etwas weiter und nach Osten gewandt, die **Harlyn Bay** mit einem besonders großen Stellplatzangebot *([N 50°32'22" W 4°59'36"], PL28 8SB).*

Das beliebte Pub **Cornish Arms** mit großer Freiterrasse und Asphaltparkplatz nebenan befindet sich nur rund 2 km entfernt an der Hauptstraße und lässt Gäste einmal mehr über Nacht bleiben *(**181:** [N 50°31'45" W 4°59'04"], B3276, PL28 8ND, St. Merryn, www.rickstein.com).*

## PADSTOW

Padstow ist ein beliebter Ausflugs- und Urlaubsort an der Mündung des River Carmel. Immer wenn Ebbe kommt, sinkt der Wasserstand so weit, dass Hafen und Ort vom Meer aus nicht mehr zugänglich sind. Rund um die Mole hat sich ein lebendiges Viertel entwickelt, ein wirklich schöner Zwischenstopp. Das haben allerdings auch schon andere bemerkt – im Sommer wird es somit manchmal fast schon unangenehm voll. Von der Beliebtheit des Flecks mit gerade einmal 3000 Einwohnern zeugt auch der überdimensionale Parkplatz am Ortseingang *([N 50°32'23" W 4°56'32"], A389)*. Die Wege sind nicht weit und so gelangen Sie von dort aus schnell zum Hafenviertel hinunter.

**Gastrotipps Padstow: The Seafood Restaurant******, Riverside, PL28 8BY, **Bens Crib Box Café**, South Quay, PL28 8BL, **Harbour Inn****, Strand St., PL28 8BU, **The Basement*****, 11 Broad St., PL28 8BS, **Paul Ainsworth at No. 6******, 6 Middle St., PL28 8AP, **Prawn on the Lawn*****, 11 Duke St., PL28 8AB, **Cherry Trees Coffee House**, West Quay, PL28 8AQ, **Greens Café**, North Quay, PL28 8EF.

Ganz still und abgelegen ist dagegen der Parkplatz Old Town Cove ein Stück weiter bei ST. ISSEY.

### (182) WOMO-Picknickplatz: Old Town Cove

**GPS**: N 50°31'42" W 4°54'31", Carn Gloos Rd., PL27 7QL, SAINT ISSEY.
**Max. WOMOs:** 1–2.
**Ausstattung/Lage**: Picknickbank, sonst keine Ausstattung, abgelegener Parkplatz am River Carmel am Ende einer Sackgasse. Lange, sehr schmale Zufahrtsstraße, mehr etwas für kleine Womos und „Spezialisten".
**Ortszentrum**: kein Ortszentrum in der Nähe.
**Zufahrt:** Von der A389 aus Richtung Padstow kommend, am Ende des Dorfes St. Issey links nach Tregance abbiegen und dann auf der sehr schmalen Straße immer geradeaus. Am Ende rechts fahren und bei nächster Gelegenheit wieder links, nun schon beschildert zum Parkplatz Old Town Cove ganz am Ende der Straße.

Landzunge neben dem Polzeath Beach

Auf der gegenüberliegenden Seite des Carmel haben Sie die Wahl zwischen zwei Badestopps. Entweder der großen, aber ruhigeren **Daymer Bay**, gegenüber von Padstow mit Parkplatz am Ende einer schmalen Zufahrt *([N 50°33'44" W 4°55'29"], Daymer Ln., PL27 6SA)* oder dem belebteren **Polzeath Beach**, der vor allem von Surfern wegen seiner wellenzugewandten Lage beliebt ist. Es gibt dort eine Reihe von Parkplätzen, der strandnächste liegt am hinteren Ende der Sandbucht *([N 50°34'24" W 4°54'59"], PL27 6TB)*.

## TINTAGEL

Am Weg nach Tintagel haben Sie dann noch die Auswahl aus drei Pubsfür einen Nachtstopp. Das erste heißt einmal mehr **Cornish Arms**. Es bietet einen großen Asphaltparkplatz und einen begrünten Biergarten *(**183:** [N 50°34'54" W 4°47'25"], Treore Cl., PL30 3HH, Pendoggen, www.cornisharms.com)*. In ST. TEATH finden Sie das Pub **White Hart**. Der Parkplatz liegt hinter dem Haus, genauso wie der kleine Biergarten *(**184:** [N 50°35'37" W 4°44'12"], North Rd., PL30 3JT, Saint Teath, www.white-hart.co.uk)*. Das dritte Pub bietet eine eigene Campingwiese.

### (185) WOMO-Pub: The Bettle & Chisel

**GPS**: N 50°37'24" W 4°43'54", 114 High St., PL33 9AQ, DELABOLE.
**Max. WOMOs:** 5.
**Ausstattung/Lage**: WiFi, eigene Campingwiese hinter dem Haus, kleiner Biergarten, sympathisches Pub.
**Ortszentrum**: Das Pub ist das Zentrum.
**Zufahrt**: direkt an der B3314 linker Hand.
**Internet**: www.bettleandchisel.co.uk
**Preis:** Je nach Saison wird ein kleiner Preis berechnet.

Tintagel Castle

Vor allem wegen **Tintagel Castle** ist der gleichnamige Ort in ganz England ein Begriff. Zunächst benötigen Sie einen Parkplatz. In diesem Fall ist das gar kein Problem, denn auf Gäste ist man bestens eingestellt. Gleich drei davon werben damit, dass Wohnmobile auch über Nacht bleiben können. Die Parkgebühren tags variieren je nach Nähe zur Burg, nachts liegen sie zwischen 3 und 4 £ *(Sword in Stone Carpark, Mayfair Carpark und King Arthur's Carpark, links und rechts der angegebenen Koordinaten,* ***186:*** *[N 50°39'46" W 4°45'00"], Fore St. und Bossiney Rd., PL34 0DA, Tintagel).*

In atemberaubender Lage auf einer der Küste vorgelagerten Felsnase blickt die Anlage, die Sie am unteren Ende der Hauptstraße erreichen, auf eine reiche Geschichte zurück. Vermutlich schon seit Jahrtausenden wird der Ort von Menschen bewohnt. Neben prähistorischen Spuren wurde auch eine ganze Reihe Siedlungsreste des „dunklen Zeitalters" Englands entdeckt – aus dieser Zeit zwischen Römerherrschaft und angelsächsischer Landnahme gibt es kaum Aufzeichnungen. Im 12. Jahrhundert benannte der Geistliche Geoffrey of Monmouth den Ort als Geburtsort des Sagenkönigs Arthus. Dadurch inspiriert, hat dann Richard, Earl of Cornwall, seine Burg im 12. Jahrhun-

Tintagel, Stellplatz 186

dert auf diesem speziellen Platz errichten lassen. Sie können die Burg erklimmen und erkunden, im Visitor Centre eine Ausstellung besuchen oder in Merlins Höhle vorbeischauen, die nur bei Ebbe betreten werden kann. Und natürlich wandern, denn der beidseitig vorbeilaufende Küstenpfad bietet hier wie dort spektakuläre Aussichten.

*Castle Rd., PL34 0HE, Apr.–Sept. 10.00–18.00 Uhr, Okt. bis 17.00 Uhr, sonst nur Sa/So bis 16.00 Uhr, Erw. 7,90 £, erm. 7 £, Kinder 5–15 J. 4,70 £, Familien 20,50 £, EH-Mitglieder frei, www.english-heritage.co.uk*

König Arthus-Statue am Burgfelsen

Tintagel Old Post

Nicht ganz so großartig, aber zumindest für National-Trust-Mitglieder einen Blick wert ist das uralte **Tintagel Old Post Office** gegenüber den Ortsparkplätzen. Mit dem welligen Dach sieht man dem Gebäude seine 600 Jahre durchaus an. Sie können einige Räume und den Bauerngarten hinter dem Haus besuchen.

*Fore Street, PL34 0DB, Apr.–Sept. 10.30–17.30 Uhr, Okt. und Mitte Febr.–März 11.00–16.00 Uhr, Erw. 4 £, Kinder 2 £, Familien 10 £, NT-Mitglieder frei, www.nationaltrust.org.uk*

**Wanderung von Tintagel nach Boscastle (8,5 km)**
Ein tolles Erlebnis ist auch eine Wanderung entlang des Küstenpfades bis nach Boscastle. Unterwegs kommen Sie an den Überresten einer eisenzeitlichen Siedlung bei Willapark vorbei, erreichen die nur bei Ebbe ersichtlichen Sandbuchten **Benoath Cove** und **Bossiney Haven** und sehen, am besten mit einem Fernglas im Gepäck, einige vorgelagerte Inseln mit Seevogel-Kolonien. Gehen Sie die **Castle Road** bis ganz zum Ende nach vorne. Links liegt Tintagel Castle, Sie halten sich aber rechts nach den Gebäuden dem Uferpfad zu. Der Pfad ist an allen nicht eindeutigen Stellen markiert und macht die Orientierung leicht. Wenn Sie den kleinen Hafen **Boscastle** erreicht haben, können Sie dort eines der Cafés besuchen, sich im Visitor Centre weiteres Infomaterial besorgen oder das etwas schräge **Museum of Witchcraft** besuchen *(Apr.–Okt. Mo–Sa 10.30–18.00 Uhr, So ab 11.30 Uhr, Erw. 5 £, erm. und Kinder 6–15 J. 4 £, www.museumofwitchcraftandmagic.co.uk)*. Viele Aspekte ums Thema „Hexenwerk, Zauberei und Mystik“ werden beleuchtet und vorgestellt. Hat man sich erst einmal ausreichend vertieft, muss man aufpassen, die Zeit nicht zu vergessen. Denn ab der Hauptstraße müssen Sie rechtzeitig Ihren Bus zurück nach Tintagel erwischen ... (Nr. 95, 96 oder 212). Der Halt befindet sich in Boscastle am Besucherparkplatz, in Tintagel dann am Visitor

Hafeneinfahrt von Boscastle

Centre in der Bossiney Road. Die Tour ist genauso in andere Richtung machbar, mit Busfahrt zu Beginn. Das macht Sinn, wenn Sie beispielsweise erst nachmittags starten und nicht in Zeitnot geraten möchten.

Wenn Sie in Tintagel über Nacht bleiben möchten, können Sie statt der Hauptparkplätze auch eine etwas abseits gelegene Stellfläche an einer kleinen Kapelle oberhalb der Klippen wählen.

**(187) WOMO-Stellplatz: Vicarage Hill**

**GPS**: N 50°39'45" W 4°45'37", Vicarage Hill, PL34 0DL, TINTAGEL.
**Max. WOMOs:** 1–2.
**Ausstattung/Lage**: ruhiger, ziemlich einsam gelegener Parkplatz neben einer alten Kirche direkt an der Küste.
**Ortszentrum**: 700 m.
**Zufahrt:** Im Ortszentrum von Tintagel am Pub Cornishman Inn links abbiegen, dann am Ende der kleinen Straße.

Zwei Campingplätze finden Sie gleich nach dem Ort. Entweder den einfachen, etwas alternativen **Headland Campsite** *(**188:** [N 50°39'59" W 4°45'06"], Atlantic Rd., PL34 0DE, Mai–Sept., 14–19 £, V/E, wenige Stromanschlüsse, WC/Dusche, Waschmaschine/Trockner, www.headlandcaravanpark.co.uk).* Oder den voll ausgestatteten **Trewethett Farm Caravan Club Site** *(**189:** [N 50°40'26" W 4°43'33"], B3263, PL34 0BQ, Trethevy, Mitte März–Anfang Nov., 33,20–40,90 £, CC-Mitglieder 21,20–28,90 £, alle Einrichtungen, www.caravanclub.co.uk).*

**WIDEMOUTH BAY**

Kurz vor dem Ende von Tour 4 gibt es dann noch mal einen freien Stellplatz oberhalb der Klippen.

**(190) WOMO-Stellplatz: Chevron Fold**

**GPS**: N 50°46'32" W 4°34'13", POUNDSTOCK.
**Max. WOMOs:** 2–3.
**Ausstattung/Lage**: Ziemlich abgelegener Parkplatz oberhalb der Millook-Bucht am Naturschutzgebiet Chevron Fold. Keine Einrichtungen.
**Ortszentrum**: 2,4 km (Whitemouth Bay).
**Zufahrt:** Von der A39 links Richtung Whitemouth und Bude (Coastal Route) abzweigen. An der Küste dann links nach M'look abfahren und der Straße bis zum Parkplatz auf der rechten Seite folgen.
**Info:** An der Zufahrtsstraße befindet sich kurz zuvor auch die Penhalt Farm Campsite mit Preisen zwischen 13–24 £ und ebenso schönem Blick, falls Sie etwas mehr Komfort wünschen.

Nicht klassisch gewachsen, sondern mehr eine lose Ansammlung von Ferienhäusern ist die Widemouth-Bucht als Ort nicht der Rede wert, aber ein weiterer guter Platz für ein Sonnenbad oder einen Sprung ins Wasser. Die großen Parkplätze werden an heißen Sommertagen allerdings erstaunlich schnell voll ... Sie befinden sich bei [N 50°47'34" W 4°33'22"], EX23 0AW, am **Marine Drive**.

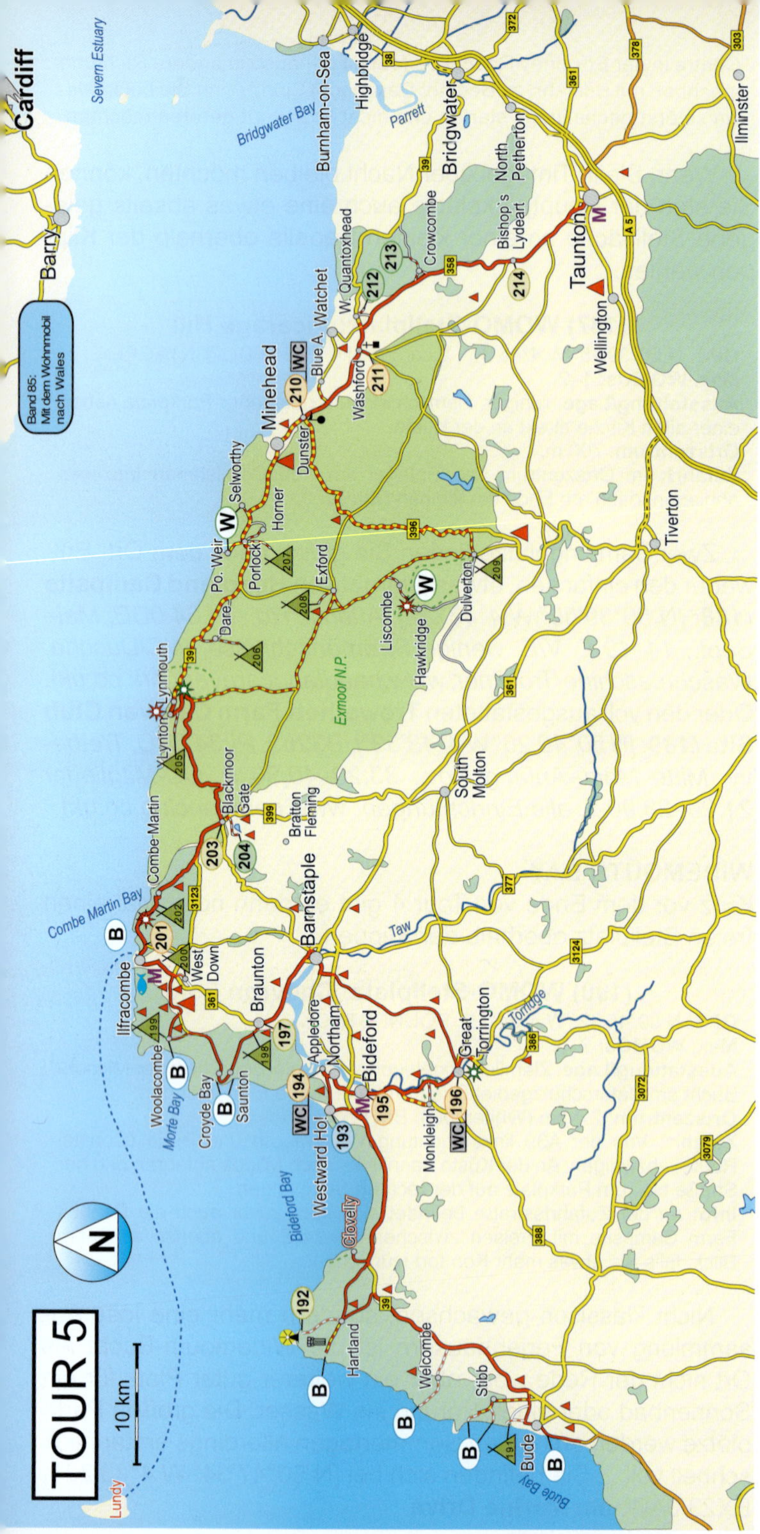

TOUR 5
10 km
N
Lundy
Cardiff
Barry
Severn Estuary
Bridgwater Bay
Band 85: Mit dem Wohnmobil nach Wales
Burnham-on-Sea
Highbridge
Bridgwater
Parrett
North Petherton
Ilminster
Taunton
Wellington
Tiverton
Bishop's Lydeart
Crowcombe
W. Quantoxhead
Watchet
Blue A.
Washford
Minehead
Dunster
Selworthy
Horner
Porlock
Po. Weir
Exford
Dare
Lynmouth
Lynton
Liscombe
Hawkridge
Dulverton
Exmoor N.P.
Blackmoor Gate
Bratton Fleming
South Molton
Combe Martin
Combe Martin Bay
Ilfracombe
West Down
Barnstaple
Taw
Braunton
Woolacombe
Morte Bay
Croyde Bay
Saunton
Appledore
Northam
Bideford
Westward Ho!
Bideford Bay
Great Torrington
Torridge
Monkleigh
Clovelly
Hartland
Welcombe
Stibb
Bude
Bude Bay

## Tour 5: North Devon, West Somerset (230–270 km)

**Bude – Hartland – Clovelly – Westward Ho!**
**Bideford – Great Torrington – Saunton**
**Woolacombe Bay – Ilfracombe – Lynton**
**Lynmouth – Selworthy – Minehead – Dulverton**
**Dunster – Taunton**

| | |
|---|---|
| Stellplätze (gratis): | Ilfracombe, Wistlandpound Reservoir, Dunster, Washford, West Quantoxhead, Crowcombe |
| Stellplätze (€): | Westward Ho!, Appledore, Bideford, Great Torrington |
| Pub-Stellplätze: | Hartland, Braunton, Blackmoor Gate, Bishop`s Lydeard |
| Campingplätze: | Bude, Braunton, Mortehoe, West Down, Watermouth, Lynton, Dare, Porlock, Exford, Dulverton |
| Besichtigen: | Hartland Abbey, Clovelly, Bideford, RHS Rosemoor, Ilfracombe, Lundy, Watermouth Park, Lynmouth, West Somerset Railway, Dunster Castle, Cleeve Abbey, Taunton, Museum of Somerset |
| Baden: | Summerleaze Beach, Croocklets Beach, Northcott Mouth Bay, Sandymouth Bay, Duckpool Bay, Welcombe Mouth, Hartland Quay, Westward Ho!, Saunton Sands, Croyde Bay, Woolacombe Bay, Ilfracombe, Minehead, Blue Anchor |
| Wandern: | Clovelly, Monkleigh, Glen Lyn Gorge, Lynmouth, Porlock Weir, Horner, Selworthy, Dulverton, Quantox Hills |

**Weitere schöne Strände und der Exmoor National Park sind die größten Highlights auf Ihrer Fahrt durch North Devon und den westlichen Teil Somersets. Interessante Küstenorte wie Clovelly und Lynton setzen zusätzlich Akzente.**

### BUDE

Bei Bude verlassen Sie Cornwall. Die Stadt hat in den letzten Jahren durch die nahe gelegenen guten Sandstrände einen ordentlichen Aufschwung genommen. Entsprechend groß ist das Angebot an Unterkünften. Das Zentrum ist nicht so sehenswert, daher halten Sie sich besser an die Küste. Zur Auswahl für ein wenig Badespaß stehen der **Summerleaze Beach** bei *([N 50°49'49" W 4°32'50"], Summerleaze Cresc., EX23 8HH)* und der nördlich fast anschließende **Croocklets Beach** *([N 50°50'09" W 4°33'05"], Croocklets Rd., EX23 8NE)*. Erstere verfügt über die größeren Parkplätze und einen Gezeitenpool am nördlichen Ende, der zweite schrumpft bei Flut stärker,

Sandymouth Bay

bietet aber die Möglichkeit, in nördlicher Richtung zu weiteren nahen Buchten unterhalb des Küstenpfades zu wandern. Auch eine ganze Reihe Campingplätze gibt es. Ein Vorschlag ist der Wooda Farm Holiday Park.

**(191) WOMO-Campingplatz: Wooda Farm Holiday Park**
**GPS**: N 50°50'36" W 4°31'07", EX23 9HJ, BUDE.
**Max. WOMOs**: 272.
**Ausstattung/Lage**: alle Einrichtungen, großer, sehr gepflegter Camping- und Caravanpark, parzellierte Stellplätze, kein Schatten.
**Öffnungszeiten:** Mitte März–Okt.
**Ortszentrum**: ca. 3,1 km.
**Zufahrt**: Von der A39 aus ist der Campingplatz etwa in Höhe Bude mit großem braunen Schild nach links angeschrieben.
**Preis**: 14–37 £.
**Internet**: www.wooda.co.uk

Falls Ihnen die ortsnahen Strände zu belebt sind, gibt es Alternativen: Zwischen Bude und dem weiter nordwestlich gelegenen Ort Hartland können Sie auf kleinen Straßen zu einer

Bude Bay

ganzen Reihe Buchten steuern, am Ende erwartet Sie jeweils ein Parkplatz. Nicht jede der Zufahrten ist Womo-tauglich. Die folgenden Buchten können Sie aber mit etwas Umsicht ganz gut ansteuern.

**Strände zwischen Bude und Hartland**

- **Northcott Mouth Bay:** breite, wilde Sandbucht mit Felsen gleich nördlich von Bude. Tearoom in Gehweite, relativ großer Parkplatz bei *[N 50°50'51" W 4°33'12"]*.
- **Sandymouth Bay:** lang gezogene Bucht unterhalb der Klippen, bei Flut nur Kiesstrand, sonst rötlicher Sand mit Felsen durchsetzt. Kleines Café, WC, recht großer Parkplatz des National Trusts. Anfahrt über das Dorf STIBB *[N 50°51'42" W 4°33'15"]*.
- **Duckpool Bay:** kleine Bucht mit sanft auslaufenden Hügeln dahinter. Bei Flut nur Kiesstrand, WC, begrenzte Schrägparkerstellflächen an der Zufahrtsstraße. Anfahrt über STIBB und nördlich bis COOMBE *[N 50°52'35" W 4°33'28"]*.
- **Welcombe Mouth:** mittelgroße Sand-/Kiesbucht mit Wasserfall direkt dahinter. Der ziemlich kleine Parkplatz ist über eine holprige, schmale Straße erreichbar, nur bis Kastenwagengröße empfehlenswert. Anfahrt über WELCOMBE *[N 50°56'01" W 4°32'42"]*.
- **Hartland Quay:** Kiesstrand mit vielen Felsen durchsetzt. Bei Ebbe gut zum „Rockpooling", weniger zum Baden. Hotel, Restaurant, großer Parkplatz. Anfahrt von Hartland aus *[N 50°59'42" W 4°31'57"]*.

HARTLAND

Am Weg zum letzten angegebenen Strand durchfahren Sie die Ortschaft Hartland und passieren dann rechter Hand die Ländereien der **Hartland Abbey**. 1157 als Kloster gegründet, fiel sie als letztes Kloster Englands 1539 der Säkularisation unter Heinrich VIII. zum Opfer. Er schenkte sie seinem Chefsommelier, dessen Nachfahren sie bis heute bewohnen und

Hartland Lighthouse

bewirtschaften. Um die immensen Kosten tragen zu können, dürfen Gäste durch weite Teile von Haus und Gärten spazieren und sich über die Geschichte der Abbey, ihrer Bewohner, die kostbaren Bilder und Möbel informieren. Rundwege durch die Parkanlagen und bis zur Küste versprechen schöne Blicke und viele bunte Blumenrabatten.

*[N 50°59'46" W 4°30'06"], EX39 6DT, Apr.–Sept. So–Do 11.30–17.00 Uhr, Haus ab 14.00 Uhr, Erw. 12 £, erm. 10,50 £, Kinder 5–15 J. 5 £, Familien 29 £, www.hartlandabbey.com*

Am alleräußersten Eck der Landspitze können Sie dann noch zum **Hartland Point** mit Leuchtturm und markanter Felsformation fahren. Auch eine Übernachtungsgelegenheit bietet sich dort.

### (192) WOMO-Pub: The Point @ Hartland

**GPS**: N 51°01'10" W 4°31'04", EX39 6AU, HARTLAND.
**Max. WOMOs:** 2–3.
**Ausstattung/Lage**: Outdoor-Tages„café" ganz vorne am Kap nahe dem Leuchtturm mit großem Parkplatz. Auf Nachfrage dürfen Gäste über Nacht stehen bleiben. Achtung: Das Tor wird von 18.00 bis 8.00 Uhr verschlossen, in dieser Zeit kommt man mit dem Womo nicht mehr hinein oder hinaus. Schöne Lage in der freien Natur.
**Ortszentrum**: ca. 3,8 km (Exeter).
**Zufahrt**: Von der A39 rechts auf die A393 in Richtung Redruth abfahren. Nach rund 6 km auf der rechten Seite.
**Preis:** 2 £.
**Internet:** www.thepointhartland.co.uk

## CLOVELLY

Seine abgeschiedene Lage und das seit Jahrhunderten kaum veränderte Ortsbild haben Clovelly über die Jahre sowohl den

Titel, eines der schönsten Dörfer Englands zu sein, als auch reichlich Touristen gebracht. Zumindest wenn nicht gerade Massen von Menschen die kleinen Gassen und Stiegen bevölkern, ist ein Ausflug in das Dorf auch wirklich einen Halt wert. Wie so oft in England ist das allerdings nicht gratis – für das Parken, den Infofilm, die zugehörigen Gärten und ein kleines Museum wird eine Pauschalgebühr erhoben. Viele kleine weiße Häuschen, Esel, die durch die Straßen laufen, und der entzückende Hafen mit dem tiefblauen Wasser – Clovelly kann einem schon gefallen... Sie parken oberhalb am **Visitor Centre** und müssen dann ein paar Hundert Meter bis hinab zur Küste gehen. Echt kurios: Im Oberammergau Cottage wird Schnitzwerk aus Oberbayern angeboten.

Clovelly

*[N 50°59'55" W 4°24'15"], B3237, EX39 5TA, Erw. 6,95 £, Kinder 7–16 J. 4,35 £, Familien 18,25 £, ww.clovelly.co.uk*

Auch eine schöne Wandertour beginnt bei Clovelly. Wenn Sie Lust auf ein etwas längeres Stück Weg haben, nehmen Sie den Küstenpfad in westliche Richtung bis zum **Mouthmill Beach** rund 2,4 km entfernt. Zusammen mit dem doppelt gelochten **Blackchurch Rock** daneben ein schönes Ziel!

**WESTWARD HO!**

Entlang der **A39** gelangen Sie schon bald zur nächsten großen Sandbucht. Kurz vor dem Mündungsbereich des Torrington-Flusses ist direkt dahinter eine Ansiedlung mit ungewöhnlichem Namen entstanden: Westward Ho! geht auf einen Romantitel von Charles Kingsley zurück und schreibt sich grundsätzlich mit Ausrufezeichen am Ende. Das Buch war 1855 ein Bestseller und so beschloss man, dem neu entstehenden Badeort am Meer den gleichen werbewirksamen Namen zu verpassen. Der Strand ist gut, der Ort nichts Besonderes. So ruhig es im Rest des Jahres ist, so viel Rummel kann allerdings in der Hauptsaison sein, wenn auch viel jüngeres Publikum angezogen wird und an manchen Tagen bis spät abends ganz schön was los ist. Gemeinsam mit drei anderen Gemeinden hat man vor einigen Jahren sein Herz für Wohnmobilfahrer entdeckt: Am zentralen Parkplatz darf man seitdem offiziell über Nacht bleiben *(**193:** [N 51°02'27" W 4°14'14"], Golf Links Rd., EX39 1LH, zwischen 10.00 und 18.00 Uhr 3–7 £, nachts 5 £, mindestens 6 m Abstand zwischen Fahrzeugen, wenn mehrere über Nacht stehen).*

**Gastrotipps Westward Ho!: Tea on the Green**, Golf Links Rd., EX39 1LH, **Pool Rock Café**, Golf Links Rd., EX39 1LH, **Country Cousins****, 2 Westbourne Terrace, EX39 1LL, **The Pier House****, Merley Rd., EX39 1JU.

Das Gleiche gilt für APPLEDORE nur eine kurze Fahrt in Richtung Norden entfernt. Dieser Parkplatz ist sogar größer und liegt direkt am Meer. Vielleicht also die bessere Wahl *(**194:** [N 51°03'17" W 4°11'29"], The Quay, EX39 1RL, WC, zwischen 10.00 und 18.00 Uhr 3 £, nachts 5 £, mindestens 6 m Abstand zwischen Fahrzeugen, wenn mehrere über Nacht stehen).*

## BIDEFORD

Wieder etwas zurück auf der von der **A39** landeinwärts gewandten Seite gelangen Sie nach Bideford. Die Stadt ist größer und besitzt ein echtes Zentrum zwischen Flusspromenade und **High Street**. Erwähnenswert ist auch die **Burton Art Gallery and Museum** im **Victoria Park**. Mit ihren wechselnden, meist modern aufgestellten Ausstellungen ist sie eine der führenden Kunsthallen in Englands Südwesten.

*Kingsley Rd., EX39 2QQ, Mo–Sa 10.00–17.00 Uhr, So bis 16.00 Uhr, Eintritt frei, www.burtonartgallery.co.uk*

Direkt daneben befindet sich, zwischen Park und Fluss wirklich schön gelegen, der Ortsparkplatz mit Nachtparkmöglichkeit *(**195:** [N 51°01'15" W 4°12'14"], Kingsley Rd., EX39 2QQ, zwischen 10.00 und 18.00 Uhr 3 £, nachts 5 £, mindestens 6 m Abstand zwischen Fahrzeugen, wenn mehrere über Nacht stehen).*

**Gastrotipps Bideford: Cafe du Parc**, Kingsleys Rd., EX39 2QQ, **Quayside Café**, 22 The Quay, EX39 2EZ, **Mr. Chips***, 6 The Quay, EX39 2HW, **Café Collective**, 9 Grenville St., EX39 2EA, **Velvet & Vanilla**, 12 Cooper St., EX39 2DA, **Mariners Bar & Restaurant****, 4 Cooper St., EX39 2DA, **Green Goos Café**, 25 Mill St., EX39 2JW.

## GREAT TORRINGTON

Statt direkt in Richtung BARNSTAPLE weiterzufahren, macht unsere Route noch einen Schlenker dem River Torrington folgend. Bei MONKLEIGH können Sie eine kleine Countryside-Wanderung unternehmen.

**Rundweg von Monkleigh bis Watergate (ca. 8,7 km)**
Durch kleine Dörfer und offenes Farmland unternehmen Sie eine gemütliche Runde, die Sie rückzu entlang der Weitwanderroute Tarka Trail führt. Sie starten zwischen dem **Pub Bell Inn** und der Dorfkirche in MONKLEIGH *(A388, ca. [N 50°57'56" W 4°12'07"])*. Parken Sie am Straßenrand oder in Absprache beim Pub, wenn Sie dort später einkehren wollen. Vorbei an der Kirche halten Sie sich dann am Community Centre rechts, dem angezeichneten Fußweg über die Felder nach. Sie gelangen zu einem kleinen Fahrweg, den Sie nach links einschlagen, bis Sie kurz darauf nach rechts wieder den markierten Fußweg aufnehmen können. Er führt sie in das kleine Dorf **Frithelstock**. Links können Sie sich ein wenig im Weiler umsehen und die Überreste einer alten Abtei begutachten. Ansonsten gehen Sie von Ihrem Fußweg aber nach rechts entlang der Straße weiter. Erneut führt der markierte Fußweg, links ab, weiter durch die Felder. Sie gehen ihn ein ganzes Stück bis hinab zur Watergate-Brücke und schließen sich dort nach links dem angeschriebenen Tarka Trail an. Immer dem Flusslauf folgend, wandern Sie bis zur Mündung in den Torrington. Dort finden Sie eine Reitweg-Beschilderung, ungefähr an gleicher Stelle, von wo aus Sie auch die Eisenbrücke über den Fluss sehen können. Gehen Sie am Reitweg entlang, bis Sie auf die Zufahrtsstraße nach Monkleigh stoßen, von der aus Sie bald Ihr Fahrzeug erreichen.

In Great Torrington erwartet Sie in fußläufiger Entfernung zur Ortsmitte ein Parkplatz mit schönem Blick auf das Flusstal *(**196:** [N50°57'05"W4°08'40"], Mill St., EX38 8AA, WC, zwischen 10.00 und 18.00 Uhr 3 £, nachts 5 £, mindestens 6 m Abstand zwischen Fahrzeugen, wenn mehrere über Nacht stehen).*

196: Stellplatz Great Torrington

**Gastrotipps Great Torrington: Brown's Delicatessen & Café**, 37 South St., EX38 8AB, **Taff's Fish 'n' Chips***, 16 South St., EX38 8AA, **Black Horse Inn****, High St., EX38 8HN.

Gleich nach dem Ort warten die umfangreichen Anlagen des **RHS Garden Rosemoor**. In einem kleinen Tal und von Waldstücken umhüllt bietet der in viele Sektionen aufgeteilte Garten etwas zu jeder Jahreszeit: Im Frühling explodiert die Blütenpracht geradezu mit ihren Azaleen, Kamelien, Magnolien und Rhododendren. Gleich darauf folgen die Glockenblu-

RHS Rosemoor Gardens

men und überziehen die Waldböden mit blauer Farbe. Auch die zahlreichen Obstbäume blühen dann schon. Im Sommer haben die über 2000 Rosengewächse ihre Hochzeit und überziehen das ganze Tal mit ihrem Duft. Später erblühen dann die Gewächse des Trockengartens in Lila, Gelb und Orange, bis sich im Herbst die Bäume knallbunt färben und der Winter alles für die nächste Saison in Frost hüllt.

*[N 50°56'18" W 4°08'10"], A3124, EX38 8PH, Erw. 10 £, Kinder 5–15 J. 5 £, Familien 25,50 £, Apr.–Sept. 10.00–18.00 Uhr, sonst bis 17.00 Uhr, www.rhs.org.uk/rosemoor*

**Die Devon Heritage Coast**
Am Weg zurück zur Küste gestattet in BRAUNTON das große Eventpub **Agricultural Inn** seinen Gästen, über Nacht am Parkplatz zu verweilen *(**197:** [N 51°06'37" W 4°09'41"], 25 East St., EX33 2EA, www.theaggibraunton.co.uk).*

Alternativ bietet sich im Sommer der **Fairlinch Campground** für eine Nacht an *(**198:** [N 51°06'47" W 4°11'03"], 25 East St., EX33 1EB, Braunton, nur Ende Juli–Anfang Sept., 18 £, Versorgung, WC/Duschen, www.theaggibraunton.co.uk).*

Saunton Sands

Dann fahren Sie bei SAUNTON hinab an die Devon Heritage Coast mit drei echten Traumstränden, an denen vor allem Surfer oft Idealbedingungen vorfinden. Doch auch wer Baden mag, sich mit Bodyboards in die Wellen wirft oder Drachen steigen lassen will, fühlt sich sicher wohl. Den Beginn macht der weite Strand **Saunton Sands** *(Großparkplatz bei [N 51°07'02" W 4°13'09"], Saunton Rd., EX33 1LQ)*. Eine Klippe weiter kommen Sie zur CROYDE BAY. Die etwas kleinere Bucht ist mit Bed & Breakfasts, Pensionen und Campingplätzen komplett zugesetzt; auch Sie werden bei Bedarf sicher ein Plätzchen finden. Das Gästeprädikat „Junge Surfer" sollte Sie aber nicht verschrecken und Sie sollten gewillt sein, auch mal etwas länger wach zu bleiben und ein paar Bierchen mitzutrinken!

In der dritten Bucht, WOOLACOMBE BAY, herrschen vom Platz her wieder ähnlich großzügige Bedingungen wie in Saunton vor. Der recht große Strandparker liegt in der **Challacombe Hill Road** *([N 51°10'21" W 4°12'28"], EX34 7DF)*. Ein Tipp für einen Halt oberhalb der Klippen wäre der schöne Rasencampingplatz **North Morte Farm Camping Park** hinter dem zugehörigen Mobilheimpark *(**199:** [N 51°11'18" W 4°12'14"], North Morte Rd., EX34 7EG, Mortehoe, März–Nov., 12–19,50 £, alle Einrichtungen, www.theaggibraunton.co.uk)*. Etwas gediegener, aber auch weiter weg vom Meer geht es bei WEST DOWN zu.

Blick zurück auf die Woolacombe Bay

### (200) WOMO-Campingplatz: Ilfracombe Caravan Club Site

**GPS**: N 51°10'02" W 4°07'15", Ilfracombe Rd., EX34 8NE, WEST DOWN.
**Max. WOMOs:** 102.
**Ausstattung/Lage**: alle Einrichtungen, mittelgroßer, gepflegter Rasencampingplatz, einfache Plätze auf Rasen, schöner Blick in die hügelige Landschaft, kaum Schatten.
**Öffnungszeiten:** Mitte März–Anfang Oktober
**Ortszentrum**: ca. 4,5 km (Iffracombe).
**Zufahrt**: Von der A361 Richtung West Down abfahren, dann an der Ortshauptstraße links halten. Der Platz kommt nach rund 800 m rechts.
**Preis**: 26 £, NT-Mitglieder 14 £.
**Internet**: www.caravanclub.co.uk

## ILFRACOMBE

Devons letzter großer Urlaubsort ist Ilfracombe. Die Stadt bietet ein recht ansprechendes Zentrum, ein Ortsmuseum, ein kleines Aquarium und einen hübschen Hafen. Je nachdem, was Sie vorhaben, kommen mehrere Tagesparkplätze infrage. Die ziemlich felsigen Strände unterhalb der Klippen sind durch die unterirdischen **Beaches Tunnels** von der Stadt her erreichbar. Die dahinter befindlichen Gezeitenpools geben aber durchaus die Möglichkeit zu baden und waren im 19. Jahrhundert der Grund, dass sich die Gemeinde vom Fischernest überhaupt zum Badeort entwickeln konnte. Der nächstgelegene Parkplatz befindet sich an der **Brookdale Avenue** [N 51°12'27" W 4°07'41"]. Von dort sind es rund 250 m die Straße hinab zum Eingang am **Bath Place.**

*EX34 8AN, Apr.–Sept. 10.00–18.00 Uhr, Okt. bis 17.00 Uhr, Erw. 2,50 £, erm. 2,25 £, Kinder 3–15 J. 1,95 £, Familien 8,50 £, www.tunnelsbeaches.co.uk*

Um ein wenig durch die Straßen und vielleicht bis zur Promenade mit Aussichtshügel zu schlendern, eignet sich der Parkplatz in der **Ropery Road** ganz gut. Er hat sogar für Fahrzeuge mit Überlänge einige ausgewiesene Parkbuchten *[N 51°12'36" W 4°07'01"]*.

Vorne am Hafen parken Sie, wenn Sie mit einem Ausflugsboot zur bekannten **Vogelinsel Lundy** übersetzen möchten *(The Quay, [N 51°12'38" W 4°06'49"], EX34 9EQ)*.

Sturm vor Ilfracombe

Hafen von Ilfracombe

Einen ganzen Tag muss man dafür veranschlagen, denn schon die Schiffsfahrt dauert einfach rund 2 Stunden. Auf der Insel können Sie neben einer ganzen Reihe historischer Bauten vor allem Tiere beobachten. Etwas übertrieben als „Britanniens Galapagos“ bezeichnet, finden Sie aber tatsächlich eine große Anzahl an Papageien- und Sturmtauchern vor, aber auch Wild und Weidetiere. Die maritime Schutzzone der Inseln ist bei vielen Meeresbewohnern wie Robben beliebt, die sich regelmäßig auf und um Lundy sehen lassen.

*Fahrkarten, Zeiten und mehr unter www.landmarktrust.org.uk/lundyisland, Ticketoffice am Parkplatz*

Gleich neben dem Hafen befindet sich auch das **Ilfracombe Aquarium**. Auf einer Reise von der Quelle des Exmoor-Flusses entlang seines Bettes über Rockpools an der Küste, die strandnahe Zone bis hin zur Insel Lundy werden Ihnen 75 dort lebende Spezies vorgestellt, manche davon haben Sie wahrscheinlich noch nie gesehen...

*EX34 9EQ, März–Okt. 10.00–17.00 Uhr, Nov. bis 15.30 Uhr, Erw. 4,50 £, erm. 4 £, Kinder 3–15 J. 3,50 £, Familien 15 £, www.iffracombeaquarium.co.uk*

**Gastrotipps Ilfracombe: Blacksands Bistro****, 3 St. James Pl., EX34 9BH, **St. James Tearoom**, 24 St. James Pl., EX34 9BJ, **Adele's Café**, 8 Broad St., EX34 9EE, **Lynbay Fish and Chips***, 6 The Quay, EX34 9EQ, **Take Thyme Fish Restaurant*****, 1 Fore St., EX34 9ED, **Relish Bistro****, 10 Fore St., EX34 9ED, **Thomas Carr at The Olive Room******, 56 Fore St., EX34 9DJ.

Kurz nach der Stadt können Sie dann entweder an einem einfachen Parkplatz frei stehen oder sich an einem Campingplatz mit schöner, eigener Badebucht niederlassen.

Ungefähr in der Höhe befindet sich auch die ungewöhnliche Kombination des **Watermouth Parks**: Halb historisches

Castle, halb Adventureland bietet der Themenpark einen ganzen Tag lang Bespaßung für Familien mit kleineren Kindern.
*[N 51°12'50" W 4°04'11"], A399, EX34 9SL, Apr.–Okt. 10.00–17/18.00 Uhr, Eintritt 13,50 £, erm. 10 £, www.watermouthcastle.com*

### (201) WOMO-Stellplatz: Haggington Point

**GPS**: N 51°12'44" W 4°05'38", A399, EX34 9RT, ILFRACOMBE.

**Max. WOMOs:** 1–2.
**Ausstattung/Lage**: Schotterparkplatz oberhalb der Klippen, einige Hundert Meter nach dem Ortsende von Iffracombe, keine Einrichtungen.
**Ortszentrum**: ca. 2,5 km.
**Zufahrt**: direkt an der Hauptstraße hinter Iffracombe linker Hand.

### (202) WOMO-Campingplatz: Watermouth Valley Camping Park

**GPS**: N 51°12'45" W 4°03'57", A399, EX34 9SJ, WATERMOUTH.
**Max. WOMOs:** 150+.
**Ausstattung/Lage**: V/E, Strom, Duschen/WC, Waschmaschine/Trockner, Minishop/Pub und Spielplatz, eigene tolle Strandbucht direkt unterhalb (Broadsands Beach).
**Öffnungszeiten:** Pfingstferien und Mitte Juli–Anfang Sept.
**Ortszentrum**: ca. 3 km (Combe Martin).
**Zufahrt**: direkt an der Hauptstraße zwischen Iffracombe und Combe Martin linker Hand.
**Preis**: 18–21 £.
**Internet**: www.watermouthpark.co.uk
**Info:** Auch nicht schlecht ist der direkt danach gelegene Platz „Nibbs". Er bietet noch mehr Komfort, ist aber entsprechend teurer.

**Exmoor National Park**

Sie verlassen nun kurzzeitig die Küste und erreichen bei BLACKMOOR GATE den Eingang zum **Exmoor National Park**. Auch hier gibt es zunächst noch zwei alternative Übernachtungsplätze.

### (203) WOMO-Pub: Old Station House Inn

**GPS**: N 51°10'19" W 3°56'15", A399, EX31 4NW, BLACKMOOR GATE.
**Max. WOMOs:** 3–4.
**Ausstattung/Lage**: großes Landpub mit ebenso großen Parkflächen, teils schattig. Biergarten hinter dem Haus, großes Speisenangebot, familienfreundlich. Gegenüber der Zufahrt zum Exmoor National Park.
**Ortszentrum**: kein nennenswerter Ort in der Nähe.
**Zufahrt**: von Combe Martin kommend an der Hauptstraße rechter Hand.
**Internet:** www.oldstationhouseinn.com
**Info:** Auch am Eingangsparkplatz des Nationalparks gegenüber stehen Womos über Nacht, es gibt kein Nachtparkverbot, WCs vorhanden *(A39, [N 51°10'19" W 3°56'11"])*.

### (204) WOMO-Wanderparkplatz: Wistlandpound Reservoir

**GPS**: N 51°09'25" W 3°56'41", North Thorne Ln., EX31 4SL, BLACKMOOR GATE.
**Max. WOMOs:** 1–2.

**Ausstattung/Lage**: Schotterparkplatz am Speichersee mit Spazierwegen. Ruhig, schöne naturnahe Lage, Zufahrt etwas schmal, aber machbar.
**Ortszentrum**: kein nennenswerter Ort in der Nähe.
**Zufahrt**: Am Old Station Pub auf der A399 vorbeifahren und die nächste rechts ab. Dann links beschildert zum See fahren.

Auf der **A39**, links ab, fahren Sie dann in das Schutzgebiet ein. Ein guter erster Stopp ist die Doppelgemeinde mit den Ortsteilen LYNTON und LYNMOUTH, die ober- und unterhalb einer Felsklippe liegen und durch einen wasserkraftgetriebenen Schrägaufzug aus viktorianischer Zeit verbunden werden. Vorher können Sie noch zum **Caffyns Farm Campsite** abzweigen, der still und idyllisch im Nationalpark liegt und sogar Zugang zu einer Strandbucht in kurzer Entfernung bietet *(**205:** [N 51°13'00" W 3°52'25"], EX35 6JW, Lynton, März–Okt., 15 £, nur kleinere Womos bis ca. 6 m, Versorgung, Duschen/WC, Spülgelegenheit www.exmoorcoastholidays.co.uk)*.

Da die Parkplätze in Lynmouth für Wohnmobile gesperrt sind, steuern Sie besser zunächst Lynton am oberen Ende an. Entweder den Großparkplatz gleich bei der **Cliff Railway** mit Womo-Parkplätzen am **Castle Hill** *([N 51°13'43" W 3°49'59"])* oder, falls der besetzt ist, den etwas außerhalb gelegenen Parkplatz bei [N 51°13'56" W 3°51'07"] in der **Longmead**. Er bietet auch Zugang zur Sandbucht **Wringcliff Bay** im Valley of the Rocks gleich unterhalb und zum Küstenpfad, der Sie in östliche Richtung nach kurzer Wanderung zu Fuß hinab in den idyllischeren Ortsteil Lynmouth bringt. Sie können dort ein

Lynmouth

Lynmouth Railway

wenig um den Hafen schlendern, sich im Exmoor-National-Park-Haus mit Infos eindecken oder die **Glen Lyn Gorge** am hinteren Ende besuchen. Sie gibt, unter anderem, auf kurzen Wegen Einblick in die schöne Natur des Nationalparks und bietet Zugang zu Wasserfällen.

*EX35 6ER, Apr.–Okt. ca. 10.00–17.30 Uhr, Erw. 5 £, erm. 4 £, Kinder 3 £, www.theglenlyngorge.co.uk*

Wenn Sie fit für eine etwas längere Wanderung sind, sollten Sie zum wunderschönen Tea House and Garden Watersmeet wandern. Zurück in Lynmouth nehmen Sie dann die Bahn zurück nach oben und spazieren von dort zurück zu Ihrem Ausgangspunkt.

*EX35 6EQ, Mitte Febr.–Okt. saisonal 10.00–17/18/19/20/21.00 Uhr, einfache Fahrt Erw. 2,70 £, Kinder 4–13 J. 1,60 £, www.cliffrailwaylynton.co.uk*

**Gastrotipps Lynton: Lily Mays***, 1 Castle Hill, EX35 6JA, **Lily Mays***, 1 Castle Hill, EX35 6JA, **The Vanilla Pod*****, 10 Queen St., EX35 6AA, **The Greenhouse Restaurant****, 6 Lee Rd., EX35 6HW.
**Gastrotipps Lynmouth: Rising Sun Restaurant*****, Lynmouth St., EX35 6EG, **The Village Inn Pub*****, 19 Lynmouth St., EX35 6EG, **7 The Bistro*****, 7 Watersmeet Rd., EX35 6EG.

**Wanderung zum Watersmeet Tea House und Umgebung (8,6 km)**
Die schöne Wanderung führt durch ein paar der attraktivsten Ecken, die dieser Bereich des Nationalparks zu bieten hat. Unterwegs können Sie Vögel beobachten, kommen an Wasserfällen vorbei und sehen eisenzeitliche Befestigungen. Am Weg zurück nach Lynmouth haben Sie vom Küstenpfad aus einen tollen Blick über den Bristol Channel bis zur Südküste von Wales.

Zunächst überqueren Sie in Lynmouth den West Lyn River über eine der beiden Brücken zur Ostseite hin und halten sich dann rechts. Die **Tors Road** wird zum markierten Fußweg nach Watersmeet. An einer Gabelung haben Sie die Auswahl zwischen dem Watersmeet River Walk nach rechts

Watersmeet Teahouse

und dem Watersmeet Woodland Walk nach links. Wählen Sie die zweite Variante und folgen Sie dem meandernden Weg zum **Watersmeet House**. Dort angekommen überqueren Sie die Brücke rechts vom Haus und werfen einen Blick auf die Wasserfälle am Zusammenfluss von Lyn River und Hoar Oak Water. Nach einer Rast am schönen Tearoom wählen Sie den Fußweg „Fishermen's Path Rockford/Brendon" zwischen Haus linker Hand und Fluss rechter Hand. Am nächsten Wegweiser gehen Sie dann links auf einem steilen Zickzack-Pfad durch den Wald Richtung Countisbury. Wenn der Wald sich etwas lichtet und der Weg flacher wird, teilt er sich auch. Sie nehmen den nicht markierten Weg nach scharf links. Er steigt zum **Trilly Didge** auf, von wo Sie nach links einen guten Blick über die eisenzeitlichen Bergfestungen **Wind Mill** und **Worth Myrtleberry** haben.

An einer Steinmauer mit Durchgang und vierseitigem Wegweiser folgen Sie dem Winston's Path nach links. Am Ende des von Steilwänden gerahmten Chiselcombe-Tals folgen Sie der Wegweisung „Countisbury" nach rechts durch ein Tor und über ein Feld auf einige Gebäude zu, das **Exmoor Bunkhouse**. Durch ein weiteres Tor am Ende des Feldes halten Sie sich links hinab zur Straße. Rechts ab gehen Sie bis zum Blue Bell Pub, queren dieses und wählen den Fahrweg rechts des kleinen Parkplatzes auf die Ortskirche zu. Durch ein Tor kommen Sie auf den Kirchhof, durchqueren diesen und nehmen das nächste Tor hinter der Kirche zu den grasbewachsenen Klippen hinaus. Gehen Sie nach links bis zu einem Wegweiser an einer Steinmauer. Ab dort folgen Sie dem mit einer Eichel markierten Küstenpfad nach rechts. Er führt Sie oberhalb der Kliffs bis nach Lynmouth hinab. Bei klarer Sicht sehen Sie rechts von sich die walisische Küste, später, bei einer Bank, finden Sie Infos zum Countisbury Cast-

le, das hier einst stand.
Sie überqueren die befahrene A39, vom Rastplatz führt der beschilderte Küstenpfad weiter. Am nächsten Wegweiser halten Sie sich an die Bezeichnung „Public Footpath Lynmouth“, hinab bis zum Meer. Am geteerten Fahrweg gehen Sie schließlich links, durch die Gärten am Flussufer, bis zum Ausgangspunkt zurück.

***Variante 1:***
**Auf der küstennahen A39 über MINEHEAD bis DUNSTER**

Wenn Sie für die Weiterfahrt diese kürzere Variante wählen, finden Sie unterwegs, etwas abseits, das abgelegene **Cloud Farm Camping** mitten im Nichts an einem kleinen Fluss *(**206:** [N 51°12'25" W 3°43'39"], EX35 6NU, Dare, ganzjährig, 16–20 £, Versorgung, Strom, Duschen/WC, Spülgelegenheit, Waschmaschine/Trockner, www.cloudfarmcamping.com)*.

Ein weiterer, einfacher Platz im Flusstal südlich von PORLOCK ist der **Pool Bridge Campsite** *(**207:** [N 51°11'26" W 3°36'40"], TA24 8LX, Porlock, Apr.–Okt., 14 £, Versorgung, Duschen/WC, Spülgelegenheit)*.

Rund um den Ort bieten sich auch eine Reihe weiterer Wandermöglichkeiten. Entweder am Meer zwischen PORLOCK WEIR und HURLSTONE *([N 51°13'07" W 3°37'37"], TA24 8PB)* oder im Landesinneren im ursprünglichen Waldgebiet bei HORNER *([N 51°11'55" W 3°34'44"], TA24 8HY)*. Auch um das Dorf SELWORTHY gibt es lohnende Trails. Am Tea Room

des National Trusts erhalten Sie mehr Informationen zu den Wegen in der Region *(68 Selworthy Green, TA24 8TP, Parken nach der Kirche links bei [N 51°12'36" W 3°32'47"])*. Achtung, die Zufahrtsstraße ist ziemlich schmal!

MINEHEAD, direkt am Ende des Nationalparks, ist ein größeres Seebad, das in viktorianischer Zeit seine Blüte erlebte. Doch auch heute lohnt ein Halt. Entweder um mit der historischen Dampflok **West Somerset Railway** eine Ausflugsfahrt bis Bishop's Lydeard zu unternehmen.

*Mehr unter www.west-somerset-railways.co.uk, Warren Rd., TA24 5BG*

Oder um am Strand zu entspannen oder um die Innenstadt zwischen Blenheim Park und The Parade zu inspizieren. In allen Fällen finden Sie Parkplätze nördlich an der Küste ab [N 51°12'29" W 3°28'18"], The Esplanade.

**Gastrotipps Minehead: Mullions Restaurant****, 43 The Avenue, TA24 5AY, **Apple Tree Tearooms**, 29 The Avenue, TA24 5AY, **The Wheelhouse Restaurant***, 27 The Avenue, TA24 5AY, **Cream**, 20a The Avenue, TA24 5AZ.

### *Variante 2:*
### Quer durch das Exmoor bis DULVERTON

Wenn Sie noch tiefer in die Landschaften des Nationalparks eintauchen wollen, fahren Sie ab Lynmouth südlich auf der **B3223**. Unterwegs kommen Sie auch an einigen Parkplätzen direkt an der Straße vorbei, die den kürzesten Zugang zum Tearoom Watersmeet (siehe Wandertour ab Lynmouth zuvor) bieten. Ihr Fahrzeug sollte aber maximal 6,50 m lang sein, sonst hängen Sie zu weit in die Fahrspur hinein.

Statt direkt in Richtung Dulverton zu lenken, können Sie zwischendurch einen Zwischenhalt in EXFORD machen. In der Nähe befindet sich abgelegen am Ende einer 3 km langen, schmalen Anfahrt **Exmoor Camping** an der Westermill Farm *(**208:** [N 51°08'43" W 3°40'50"], The Tunnel, TA24 7NJ, Exford, ganzjährig, 13 £, Versorgung, Duschen/WC, Spülgelegenheit, Waschmaschine/Trockner, www.westermill.com)*.

Eine voll ausgestattete Campsite finden Sie dann wieder am Südende des Nationalparks im Zielort DULVERTON. Die Einfahrt befindet sich neben dem Pub Bridge Inn, **Exmoor**

209: Exmoor House Caravan Club Site

**House Caravan Club Site** (**209**: *[N 51°02'28" W 3°33'10"], Kemps Way, TA22 9HL, Dulverton, März–Anfang Jan., 30,70–40,20 £, CC-Mitglieder 18,70–28,20 £, alle Einrichtungen, gepflegter, parzellierter Platz, www.caravanclub.co.uk*).

Auch ein weiteres Exmoor-Infocentre gibt es in dem mittelalterlichen Marktstädtchen. Schon am Weg dorthin zweigt eine schmale Straße zu einem schönen, besonders geschützten Bereich rund um die uralte Brückenfurt **Tarr Steps** ab. Wenn Sie diese auch besuchen möchten, wählen Sie die Abfahrt an der Kreuzung bei [N 51°05'26" W 3°35'20"] nach rechts beschildert. Der kleine Parkplatz hinter LISCOMBE liegt gleich am Fluss. Von dort schlängelt sich ein wenige Hundert Meter langer, orange markierter Rundweg um die Furt. Eine sehr schöne, wenn auch recht weite Wanderung erschließt die Tarr Steps auch ab Dulverton.

**Rundwanderung Dulverton bis Tarr Steps und zurück (20 km)**

Parken Sie in Dulverton am Ende der Union Street auf dem Ortsparkplatz bei *([N 51°02'24" W 3°33'00"], TA22 9DJ)*. Gehen Sie die Union Street zurück und dann rechts durch den Bank Square auf die Kirche zu. Umrunden Sie diese rechts, über die Stufen, und halten Sie sich dann links auf dem mit lila Schildern bezeichneten Restricted Byway nach Broford.

Nach gut 1,5 km lassen Sie den Weg Richtung Marsh Bridge linker Hand neben sich und gehen geradeaus durch ein Tor. Bleiben Sie auf dem bezeichneten Weg durch ein Feld und halten Sie sich an einer Gabelung rechts entlang der Ginsterbüsche auf Broford/Winsford zu. Durch ein weiteres Tor und entlang einer Fahrspur kommen Sie zu einer Kreuzung, an der Sie die Teerstraße nach links einschlagen. Nach ca. 750 m drehen Sie an einem Jagdgatter links auf den Reitweg zum Mounsley Hill. Bleiben Sie am linken Rand des Feldes bis nach der Highercombe Farm mit einem Tor, das ins Heidemoor führt.

Wenn Sie auf eine Straße treffen, gehen Sie rechts, über ein Viehgitter, dann rund 50 m entlang der Heckenböschung und von dort schräg

Tarr Steps

Brücke bei Dulverton

diagonal auf einen anderen Fahrweg mit einem weiteren Viehgitter. Dahinter halten Sie sich links und nach weiteren 50 m wieder rechts auf dem Weg zu den Tarr Steps. Sie durchwandern ein Waldgebiet, gehen am Ende durch ein Tor, zweigen rechts ab über eine schmale Brücke zur bekannten Brückenfurt. Gehen Sie hinüber, halten Sie sich für einige Meter links und dann rechts auf der aufwärtsführenden Straße Richtung Hawkridge, die bald in einen Weg übergeht. Folgen Sie den blauen Markierungen durch zwei Tore, über einen Hügel und auf die Parsonage Farm zu. Spazieren Sie die Zufahrt entlang bis zu einer Teerstraße, die Sie überqueren, und gehen Sie danach durch ein Tor aufs Feld hinaus. Ab hier folgen Sie den gelben Markierungen Richtung Hawkridge. An den ersten Häusern gehen Sie links die Straße hinab. Lassen Sie die Kirche rechts neben sich und folgen Sie dem Weg geradeaus auf Dulverton zu. Die Spur öffnet sich auf ein Feld zu und führt danach erneut durch Wald bis zur Castle Bridge. Queren Sie die Brücke. Mit dem Fluss zu Ihrer Linken folgen Sie dem Pfad für rund 3 km bis zur Marsh Bridge, bei der Sie wieder in Dulverton angekommen sind.

Exmoor Ponies

## DUNSTER

Am Ende beider Wegvarianten ist Ihr Ziel die Gemeinde Dunster. Ein guter, zentraler Parkplatz wurde unterhalb der schon von ferne sichtbaren Burg errichtet *(Zufahrt von der A39 bei [N 51°11'10" W 3°26'19"])*. Die Alternative liegt neben dem letzten Exmoor National Park Centre schon einige Hundert Meter zuvor an der **A396**. An diesem Parkplatz gibt es kein Nachtparkverbot *(**210:** [N 51°11'09" W 3°26'31"], TA24 6SE)*.

Dunster

Zu entdecken gibt es einmal den hübschen, alten Ort rund um die **High Street** mit dem überdachten **Yarn Market**. Auch das **Dunster Museum** befindet sich dort. Es hat sich, neben der Ortsgeschichte, auf Puppen spezialisiert. Mehr als 800 Stück aus aller Welt sind in der Sammlung zu sehen.

*Memorial Hall, 17 High St., TA24 6SF, Apr.–Sept. 11.00–15.00 Uhr, Eintritt frei, aber Spende wird erwartet, dunstermuseum.co.uk*

Zum anderen das **Dunster Castle** mit seinen Gärten. Die ursprünglich als wehrhafte normannische Festung erbaute Anlage wurde im Lauf ihres Bestehens zu einem komfortablen Landgut mit dramatischen Blicken und subtropischem Garten umgestaltet. Die ursprüngliche Bedeutung erahnt man aber noch beim Blick auf das Torhaus und den zerstörten Wehrturm. In seiner heutigen Form existiert Dunster Castle seit dem 19. Jahrhundert, als die Familie Lutrell es entsprechend umgestaltete. Sie können die interessante Innenausstattung erleben, sich im Tropencafé an der Südterrasse niederlassen, um die wunderbare Aussicht zu genießen, oder einen ausgedehnten Spaziergang durch die Parkanlage unternehmen. Wasserläufe, Brücken und verschieden gestaltete Teilbereiche machen den Weg zu einem kurzweiligen Vergnügen. Auch die Wassermühle, ein Stück entfernt nördlich der **A39**, gehört noch zum Grundstück.

*TA24 6SL, März–Okt. 11.00–17.00 Uhr, Gärten 10.00–17.00 Uhr, Okt.–Dez. 11.00–16.00 Uhr, Erw. 10,30 £, Kinder 5,15 £, Familien 25,70 £, Parken 3 £, NT-Mitglieder frei, www.nationaltrust.org.uk*

**Gastrotipps Dunster: Cobblestones***, 24 High St., TA24 6SG, **Reeves Restaurant*****, 20 High St., TA24 6SG, **Locks Victorian Tea Rooms**, 18c High St., TA24 6SG, **Tea Room at Chapel House**, 2 West St., TA24 6SG, **Hathaway's*****, 6 West St., TA24 6SG, **The Stags Head****, 10 West St., TA24 6SG.

DunsterCastle

Falls das Wetter passt und es Sie ein letztes Mal ans Meer zieht, bevor die Fahrt durch das englische Inland weitergeht, machen Sie kurz nach Dunster links einen Abstecher in den Weiler BLUE ANCHOR, der hauptsächlich aus Mobilheimparks besteht. Immerhin, an der Küstenstraße gibt es fast immer Parkplätze und die weite, meist nur sehr überschaubar bevölkerte Sandbucht ist nicht schlechter als viele überfüllte Strände Norditaliens.

### Cleeve Abbey und Quantox Hills

Kurz darauf erreichen Sie WASHFORD. Der Ort selbst ist nicht sonderlich spannend, südlich können Sie aber die **Cleeve Abbey** besuchen. Die ehemalige Zisterzienserabtei ist im Gegensatz zu vielen anderen alten Klöstern, die entweder als Herrensitze komplett umgestaltet wurden oder nur noch als Grundmauern erhalten sind, in recht gutem Zustand. Auch wenn der Kirchenbau selbst schon vor 800 Jahren zerstört wurde, stehen die restlichen Gebäude wie Speise- und Schlafsaal noch und geben einen recht guten Eindruck vom ehemaligen Klosterleben. Eine unterhaltsame Art, die Anlage

Cleeve Abbey

zu entdecken, ist die Erlebnisausrüstung „Bruder Cedric und das verlorene Schaf“, die Sie am Eingang erhalten können. So wird auch Kindern Geschichte spielerisch nähergebracht. Im Juli und August wird die große Halle tagsüber mit Choralgesang und passender Musik beschallt. Am Parkplatz vor der Abbey kann man auch über Nacht bleiben

*Apr.–Okt. 10.00–17.00 Uhr, Erw. 5,60 £, erm. 5 £, Kinder 5–15 J. 3,40 £, Familien 14,60 £, EH-Mitglieder frei, www.english-heritage.org.uk*

### (211) WOMO-Stellplatz: Cleeve Abbey

**GPS**: N 51°09'28" W 3°21'56", Abbey Rd., TA23 0PS, WASHFORD.

**Max. WOMOs:** 2–3.
**Ausstattung/Lage**: Schotterparkplatz gegenüber den Ruinen von Cleeve Abbey, keine Einrichtungen, nachts ruhig in Ortsrandlage, teils schattig.
**Ortszentrum**: 500 m.
**Zufahrt**: Von der A39 in Washford rechts beschildert zur Abbey abbiegen, dann auf der rechten Seite.

Sie biegen dann auf der **A358** in Richtung Taunton ab. Unterwegs bieten sich aber noch mehrere Übernachtungsgelegenheiten. Entweder in den wilden Quantock Hills, die als „Area of Outstanding Natural Beauty“ gekennzeichnet sind und viele Wanderwege bieten, oder an einem Pub in BISHOP'S LYDEARD.

### (212) WOMO-Wanderparkplatz: Staple Plain

**GPS**: N 51°09'43" W 3°15'52", Hill Ln., TA4 4EA, WEST QUANTOXHEAD.
**Max. WOMOs:** 2–3.
**Ausstattung/Lage**: Wanderparkplatz auf einem Hochplateau mit schöner Aussicht, keine Einrichtungen, nachts einsam.
**Ortszentrum**: 1,1 km.
**Zufahrt**: Auf der A39 bis West Quantoxhead fahren. Am Ortsbeginn schräg rechts die aufwärtsführende Straße in den Ort wählen und bis zur Kreuzung fahren, bei der nur noch eine schmale Straße zwischen den Häusern nach oben führt (mit „Staple Plain“ beschildert). Nach 1000 m.
**Info**: Die letzten 1000 m sind steil und sehr schmal! Die Auffahrt ist unserer Meinung nach nur mit kleineren Kastenwägen o.Ä. sinnvoll!

### (213) WOMO-Wanderparkplatz: Dead Women's Ditch

**GPS**: N 51°08'08" W 3°12'25", Quantox Hills, CROWCOMBE.
**Max. WOMOs:** 3–4.
**Ausstattung/Lage**: mehrere Wanderparkplätze an den angegebenen Koordinaten sowie davor und danach. Einfache Plätze mit Erdboden, teils recht holprig, nachts einsam.
**Ortszentrum**: 2,3 km.
**Zufahrt**: Von der A358 rechts nach Crowcombe abbiegen und dann im Ort links die aufwärtsführende Straße mit dem „Not suitable for HGV's“-Schild wählen. Nach rund 2 km erreichen Sie die Plätze. Straße ist schmal, steil, aber noch machbar.

**(214) WOMO-Pub: Lethbridge Arms**
**GPS**: N 51°03'19" W 3°11'20", Gore Square, TA4 3BW, BISHOP'S LYDEARD.
**Max. WOMOs:** 2–3.
**Ausstattung/Lage**: WiFi, nettes Dorfpub, mit Essensangebot, Biergarten, Dart und großer Bar, großer Parkplatz schräg hinter dem Haus.
**Ortszentrum**: mitten im Zentrum gelegen.
**Zufahrt**: Von der A358 links dem Schild „Bishop's Lydeard local facilities" folgen. Dann auf der linken Seite.
**Internet:** www.thelethbridgearmspub.co.uk
**Info:** Auch das Pub Bird in Hand gleich um die Ecke in der Mount Street nimmt Womos über Nacht auf.

## TAUNTON

Die große Kreisstadt am Ende ist vor allem ein wichtiger Verkehrsknotenpunkt und nicht unbedingt eine Touristenhochburg. Sie mag aber als Einkaufshalt für Sie eine Rolle spielen. Kaum eine Supermarktkette ist nicht vertreten und auch rund um die zentrale **Fore Street** gibt es jede Menge Geschäfte.

Museum of Somerset

In der **Cannon Street**, gleich bei der St.-Mary-Magdalene-Kirche, gibt es einen zentralen Großparkplatz *([N 51°00'59" W 3°05'58"], TA1 1SN)*. Von dort erreichen Sie auch das nur rund 250 m entfernte **Museum of Somerset** im Taunton Castle, gleich westlich der **North Street**. Die umfangreiche Sammlung besteht aus neun permanenten Abteilungen, die Somersets Geschichte aus vielen Blickwinkeln beleuchten. Dazu gehört ein 80.000 Jahre alter Bärenschädel genauso wie römische Mosaike, antike Suppentöpfe, Fahrräder, Militärmemorabilien und die Schuhe von Joseph Sewell – einem der mit 2,21 m größten Briten, der 1829 mit nur 24 Jahren starb. Dazu kommen Wechselausstellungen, über die Sie mehr auf der Website des Museums erfahren.

*Castle Green, TA1 4AA, Di–Sa 10.00–17.00 Uhr, Eintritt frei, www.museumofsomerset.org.uk*

**Gastrotipps Taunton: The Bank*****, Middle St., TA1 1SJ, **Hideout****, Castle Green, TA1 4AE, **The Willow Tree******, 3 Tower Ln., TA1 4AR, **Jenny's**, Bath Pl., TA1 4ER, **At Tristans*****, 11 East Reach, TA1 3EW.

TOUR 6
10 km
N
Severn
Cricklade
Swindon
Purton
Chalford
Minchinhampton
Nailsworth
Tetbury
Malmesbury
Wroughton
Wootton Bassett
Broad Hinton
Lyneham
Avebury
Dursley
Wotton-u.-E.
Caine
Cherhill
Chippenham
Thornbury
Castle Combe
Sandy Hill
Yate
C. Sodbury
Tormarton
Corsham
Lacock
Devizes
Dyrham
Box
Melksham
Pucklechurch
Bristol
Bradford-u.-A
Lansdown
Bathampton
Bath
Limpley S.
Trowbridge
Avon
Keynsham
Corston
WC
Failand
Long Ashton
Wraxall
Westbury
Flax B.
Regil
Warminster
Radstock
Frome
Midsomer Norton
Congres-bury
Wring-ton
Wins-com-be
Shepton Mallet
Cheddar
Wookey Hole
Axbridge
Wells
Gillingham
Wincanton
West Bradley
Meare
Glastonbury
Street
Butleigh
Somerton
Sherborne
Bridgwater
Tintinhull
Yeovil
North Petherton
Willtown
Martock
Stoke s.H.
Montacute
Odcombe
Barrington
Taunton
Ilminster
Crewkerne
M
P&R
M 4
M 5
M 32
M 49
215
216
217
218
219
220
221
222
223
224
225
226
227
228
229
230
231
232
233
234
235
236
237
238
239
240

**Barrington – Montacute – Street – Glastonbury Wells – Cheddar – Bristol – Bath – Corsham Lacock – Avebury – Swindon**

| | |
|---|---|
| Stellplätze (gratis): | Swell, Norton-sub-Hamdon, Priddy, Axebridge, Corsham, Lacock, Beckhampton, Broad Hinton |
| Pub-Stellplätze: | Odcombe, Butleigh, Meare, Cheddar, Wrington, Regil, Flax Burton, Wraxall, Failand, Bathampton, Limpley Stoke, Lansdown, Cherhill |
| Campingplätze: | West Bradley, Wookey Hole, Bristol, Corston Fields |
| Besichtigen: | Barrington Court, Montacute House, TV Radio Toy Museum, Tintinhull Garden, Fleet Air Arm Museum, Lytes Cary Manor, Clarks Outlet Village Street, Glastonbury Abbey und Tor, Wells Bishop`s Palace und Cathedral, Wookey Hole Caves, King John`s Hunting Lodge, Tyntesfield, Bristol, Bath, Dyrham Park, Castle Combe, Corsham Court, Lacock, Silbury Hill, Avebury, Hackpen White Horse, Designer Outlet Centre Swindon, Steam Museum |
| Wandern: | RSPB Swell Wood, Ham Hill Country Park, RSPB Ham Wall, Ebbor Gorge, Cheddar Gorge und Caves, Sancturay und Kennet Long Barrow |

**Das nördliche Somerset und das County Wiltshire, die Sie auf Tour 6 bereisen, sind keine klassischen Urlaubsgebiete und können landschaftlich nicht ganz mit den großartigen Küstenregionen der ersten fünf Etappen mithalten. Dafür lernen Sie, neben weiteren sehenswerten Herrenhäusern, uralten Kultplätzen und verborgenen Kleinoden, an denen man sonst leicht vorbeifährt, zwei äußerst sehenswerte Städte kennen. Zum einen Bristol, eine der modernsten und quirligsten Metropolen Englands, zum anderen Bath, das nicht zu Unrecht oft als „schönste Stadt des Landes“ bezeichnet wird.**

### RSPB Swell Wood

Ein erster Stopp nach Taunton bietet sich an der nach Osten führenden **A378** am **RSPB Resort Swell Wood** an. Der alte Eichenwald erstreckt sich über rund 15 km und beherbergt die größte Graureiher-Brutkolonie in diesem Teil Englands. Mehr als einhundert Paare dieser Schreitvögel mit einer Spannweite von bis zu zwei Metern und einige der kleineren Seidenreiher nisten in den Baumkronen. Von März bis Juni ist die beste Zeit, um dieses Spektakel von einem der extra angelegten Verste-

Graureiher im Swell Wood

cke aus zu beobachten. Doch auch zu anderen Zeiten lohnt ein Rundweg auf den angelegten Pfaden. Dann blühen am Waldboden Schlüsselblumen und Glockenblumen, Orchideen und bunte Schmetterlinge fliegen umher. Am Parkplatz können ein bis maximal zwei Fahrzeuge auch über Nacht bleiben. Der Eintritt ist frei, Spenden sind aber gern gesehen *(**215:** [N 51°00'37" W 2°54'43"], A378, TA3 6PX, Swell)*.

### Barrington Court

Bei WILLTOWN zweigen Sie rechts ab und können am **Barrington Court** vorbeischauen. Das Anwesen aus Tudorzeit ist im Gegensatz zu den meisten anderen Herrenhäusern in England leer. Besucher sollen nur ihre Sinne und Vorstellungskraft nutzen, um sich in die Vergangenheit der Räume zurückzudenken. Erst in den 1920er-Jahren ließ die Familie Lyle die vorher schon zerfallenen Ruinen in heutiger Form neu aufbauen. Ausschweifende Partys fanden in den darauffolgenden Jahren statt und Barrington erlebte seine Blütezeit. Doch schon im Zweiten Weltkrieg änderte sich die Nutzung und das Haus wurde zur Heimat junger Kriegsflüchtlinge. Auch der Garten verdient Aufmerksamkeit. Der Fokus bei der Gestaltung lag auf Vielfalt und bunten Farben. Dazu auf einem großen Küchen- und Obstgarten, dessen Früchte bis heute im „Strode House"-Restaurant nebenan zubereitet werden.

*[N 50°57'38" W 2°51'42"], Water St., TA19 0NQ, Barrington, Mitte Febr.–Okt. 10.30–17.00 Uhr, Erw. 11,10 £, Kinder 5,50 £, Familien 27,70 £, sonst Sa/So 10.30–15.00 Uhr, Erw. 8,30 £, Kinder 4,10 £, Familien 20,60 £, NT-Mitglieder frei, www.nationaltrust.org.uk*

### MONTACUTE

Etwas frische Luft tanken und sich die Beine vertreten können Sie auch im **Ham Hill Country Park** – und über Nacht auf einem der Parkplätze bleiben.

**(216) WOMO-Wanderparkplatz: Ham Hill Country Park**
**GPS**: N 50°56'45" W 2°44'36", Ham Hill Rd., NORTON SUB HAMDON.
**Max. WOMOs:** 3–4.
**Ausstattung/Lage**: vier Wanderparkplätze, der erste bei den angegebenen Koordinaten. Einfache Erd-/Schotterplätze ohne Einrichtungen, teils schattig.
**Ortszentrum**: 1,1 km (Stoke-sub-Hamdon).
**Zufahrt**: Von der Ortshauptstraße in Stoke-sub-Hamdon ca. gegenüber der Post rechts den Schildern zum Ham Hill folgend abbiegen, dann nach ca. 1 km.

Für die Weiterfahrt zum **Montacute House** sollten Sie unbedingt bis Stoke zurück- und von dort aus rechts abfahren, die Straßen südlich des Country Parks werden schmal und verwinkelt. Auch dieses elisabethanische Herrenhaus ist eine Klasse für sich. Mit seiner erhabenen goldenen Fassade und den zahlreichen Fenstern schuf sich Sir Edward Phelps 1601 eines der prachtvollsten Gebäude im ganzen Königreich. Neben einigen ausgestatteten Räumen und den schönen Gartenanlagen ist das Haus auch Heimstätte der längsten Porträtgalerie im Land. Als Dauerleihe der National Portrait Gallery in London hängen über 60 Bildnisse bekannter Persönlichkeiten der Tudor- und Elisabeth-Epoche im Haus, auch viel zur Geschichte der Bilder und der darauf Abgebildeten kann man erfahren. Die besondere Atmosphäre Montacutes wurde übrigens erst in jüngster Zeit für das Fernsehen eingefangen. Die mit

Montacute House

Schön buckelig: gestutzte Eibenhecke im Montacute Garden

mehreren Preisen ausgezeichnete sechsteilige Serie „Wölfe" wurde im zu „Greenwich House" umgetauften Gebäude gefilmt und 2016 auf Arte in Deutsch erstausgestrahlt.

*[N 50°57'01" W 2°42'56"], Middle St., TA15 6XP, Montacute, März–Okt. 11.00–16.30 Uhr, Nov.–Febr. Sa/So 12.00–15.00 Uhr, Erw. 11,40 £, Kinder 5,70 £, Familien 28,50 £, NT-Mitglieder frei, www.nationaltrust.org.uk*

In Montacute lohnt übrigens auch ein Gang durch das umliegende Dorf. Sowohl die steinernen Reihenhäuser, allesamt aus der lokalen Kalksteinart „Hamstone" gefertigt, sind hier so unverfälscht wie kaum irgendwo, als auch die mittelalterliche Dorfkirche und das etwas schrullige **TV Radio Toy Museum** sind sehenswert. In Letzterem werden über 600 alte Geräte gezeigt und Filme sowie Serien von anno dazumal laufen in Dauerschleife.

*South St., TA15 6XD, Apr.–Okt. Mo–Sa 11.00–17.00 Uhr, So ab 12.00 Uhr, Erw. 7,99 £, erm. 6,99 £, Kinder 4–16 J. 4,99 £, Familien 22,99 £, www.montacutemuseum.co.uk*

Die nächste Übernachtungsgelegenheit finden Sie gleich ein Dorf weiter.

### (217) WOMO-Pub: Masons Arms

**GPS**: N 50°56'24" W 2°41'57", 41 Lower Odcombe, BA22 8TX, ODCOMBE.
**Max. WOMOs:** 8.
**Ausstattung/Lage**: Pub mit richtigem kleinem Campingplatz hinter dem Haus auf einer Wiese, Plätze teils auch auf Schotter. WiFi, Versorgung, Strom, Duschen/WC, kein Schatten. Mikrobrauerei mit eigenem Bier!
**Ortszentrum**: 900 m.
**Zufahrt**: Ab Montacute House rechts abbiegen und nach dem Ort beschildert rechts nach Lower Odcombe abbiegen. Dann auf der linken Seite.
**Preis:** 15–19 £.
**Internet:** www.masonsarmsodcombe.co.uk

### Tintinhull Garden bis Lytes Cary

Noch ein drittes vom National Trust betreutes Objekt existiert ganz in der Nähe und lohnt einen Besuch. Bei **Tintinhull** handelt es sich allerdings nicht um ein weiteres Haus, sondern eine Gartenanlage. Rund um ein als Ferienhaus anmietbares Cottage erstrecken sich die Küchengärten, Obstplantagen, glitzernden Teiche, versteckten Wiesen, bunten Rabatten und kunstvoll gestutzten Hecken. Ein schöner Platz, um an diesem stillen Ort ganz in Ruhe auszuspannen.

*[N 50°58'30" W 2°42'38"], Farm St., BA22 8PZ, Mitte März–Okt. Mi–So 11.00–17.00 Uhr, Mai–Juli auch Di, Erw. 6,60 £, Kinder 3,30 £, Familien 16,50 £, NT-Mitglieder frei, www.nationaltrust.org.uk*

Ein Kontrastprogramm zum zuletzt Gesehenen bietet das **Fleet Air Arm Museum** der Royal Navy. In dem großen Hangar kommen nicht nur Luftfahrtenthusiasten auf ihre Kosten. Transporter, Hubschrauber, Bomber, alte Flugapparate und sogar eine ganze Concorde stehen dort und dürfen fast ausnahmslos innen wie außen erforscht werden.

*[N 51°00'58" W 2°38'17"], B3151, BA22 8HT, Yeovilton, Apr.–Okt. 10.00–17.30 Uhr, sonst Mi–So bis 16.30 Uhr, www.fleetairarm.com*

Dann wartet das vorerst letzte Anwesen auf Sie. **Lytes Cary Manor** ist kleiner und von intimerem Charakter als die Häuser zuvor. Die mittelalterlichen Mauern wurden zuletzt im 20. Jahrhundert von Sir Walter Jenner, dem letzten Besitzer, umgestaltet und restauriert. Von ihm stammt auch die heutige Dekoration, Möbel und die kunstvoll-handwerkliche Gartengestaltung.

*[N 51°02'15" W 2°40'02"], TA11 7HU, März–Okt. 11.00–16.30 Uhr, Erw. 8,20 £, Kinder 4,10 £, Familien 20,50 £, NT-Mitglieder frei, www.nationaltrust.org.uk*

Lytes Cary Manor

**GLASTONBURY**

In BUTLEIGH können Sie am Parkplatz neben dem klassischen Dorfpub **The Rose and Portcullis** die Nacht verbringen *(**218:** [N 51°05'46" W 2°41'15"], Sub Rd., BA6 8TQ, Butleigh, www.rose-and-portcullis.co.uk)*. Ein Stück weiter westlich liegt als Alternative der **Bridge Farm Campsite** *(**219:** [N 51°07'25" W 2°38'33"], BA6 8LU, West Bradley, Apr.–Okt., 15–18 £, Versorgung, Strom, Dusche/WC, Spülgelegenheit, www.bridgefarmcaravansite.co.uk)*.

Haben Sie Lust auf eine Runde Shopping? Dann werden Sie in STREET fündig. Im **Clarks Outlet Village** gibt es nicht nur Schuhe. Über 70 Geschäfte bieten 7 Tage die Woche ihre Waren feil – zu outlettypischen Spezialkonditionen. Ausreichend große Parkplätze befinden sich überall ringsum, z.B. bei [N 51°07'52" W 2°44'22"], direkt an der **A39**, **Westway**.

*Mo–Fr 9.00–18.00 Uhr, Di bis 20.00 Uhr, So 10.00–17.00 Uhr, www.clarks-village.co.uk*

**Rundgang durch Glastonbury**

Die Kleinstadt rühmt sich einer großen Geschichte. So beansprucht man seit 1191 für sich, in Wahrheit die legendäre Stadt Avalon zu sein, bekannt aus dem Sagenkreis um König Arthus. Bei Arbeiten am Friedhof wurde damals ein Baumsarg mit zwei Skeletten und der Inschrift: „Hier liegt der berühmte König Arthus mit seiner zweiten Frau Wenneveria auf der Insel Avalon begraben." Wahrheit oder mittelalterliche Geschichtsfälschung? Geklärt wird das wohl nie mehr. Zumindest hat dieser Nimbus dem Ort gutgetan. Bis heute freut er sich über einen veritablen Tourismus; zu sehen gibt es tatsächlich einiges. Besonders voll wird es alljährlich Ende Juni, wenn an der Worthy Farm vor den Toren der Stadt auch noch das an ein modernes Woodstock erinnernde Glastonbury Festival, eines der größten Musik- und Kunstevents Europas, stattfindet.

Parken Sie in der Innenstadt am **St. John's Square** (*[N 51°08'54" W 2°43'05"]*) und gehen Sie durch die Ladenpassage am südlichen Ende auf die **High Street** hinaus. Die teils bunt gestrichenen Läden mit Namen wie „Excalibur", „Enchanted Florals", „YingYang" oder „Mystic Garden" lassen schon erahnen, welche Bedeutung Sagen und Mythen ganz real auch heute noch für Glastonbury haben. Von Räu-

Glastonbury Tor aus der Ferne

Typisch Glastonbury: bunte Mystikläden, rechts mit Touristinformation

cherstäbchen über Batiktücher bis zu Klangschalen und Zauberbedarf erhält man alles, was sich irgendwie thematisch verorten lässt. Die **Touristeninformation** ist rechts im ältesten Haus der Stadt untergebracht, genauso wie das **Lake Village Museum** im ersten Stock, das sich vor allem der eisenzeitlichen Pfahlbausiedlung widmet, die nahe der Stadt ausgegraben wurde *(9 High St., BA6 9DP, Mo–Sa 10.00–16.00 Uhr, Erw. 3,50 £, erm. 3 £, Kinder 2 £, EH-Mitglieder frei)*.

Auch gastronomisch finden Sie einige lohnende Adressen, z.B. das **Rainbow's End Café** *(Nr. 17a, BA6 9DP)* und das **Hundred Monkeys** *(Nr. 52, BA6 9DY)*. Links um die Ecke durch die **Magdalene Street** erreichen Sie linker Hand die Reste von **Glastonbury Abbey**. Die ehemalige Benediktinerabtei soll eine der ersten christlichen Stätten Britanniens gewesen und, der Sage nach, von Jüngern Jesu gegründet worden sein. Schon im 2. Jahrhundert soll ringsum eine christliche Siedlung bestanden haben. Neben den Überresten des Baus können Sie auch die großen Parkanlagen und das angebliche Grab König Arturs besichtigen *(BA6 9EL, Juni–Aug. 9.00–20.00 Uhr, März–Mai und Sept./Okt. bis 18.00 Uhr, sonst bis 16.00 Uhr, Erw. 6,90 £, erm. 6 £, Kinder 5–15 J. 4,75 £, Familien 19,60 £, bei Onlinekauf ca. 10 % Ermäßigung, www.glastonburyabbey.org.uk)*. Streifen Sie noch ein wenig umher und lassen Sie sich von den bunten Läden und Menschen inspirieren, die Glastonbury anzieht. Zwei weitere empfehlenswerte Adressen zur Einkehr sind das **Tin Pot Pastry and Co** *(6 Magdalene St., BA6 9EH)* und die **Abbey Tea Rooms** *(16 Magdalene St., BA6 9EH)*. Oder machen Sie sich noch zu einer etwas weiteren Wegstrecke auf. Dafür gehen Sie die Magdelene Street bis zum Ende durch und drehen dann links in die **Bere Lane**. Rechts stoßen Sie zunächst noch auf das **Somerset Rural Life Museum**. Besuchern wird anhand eines alten Bauernhofs das ländliche Leben in Südwestengland nähergebracht *(BA6 8DB, Chilkwell St., zuletzt we-*

Glastonbury Abbey

St. Michaels Tower am Tor

*gen Renovierung vorübergehend geschlossen)*. Direkt danach halten Sie sich rechts, bis Sie schließlich links, am Beginn der **Wellhouse Lane**, den ansteigenden, markierten Pfad zum schon weithin sichtbaren Hügel **Glastonbury Tor** in Angriff nehmen. Schon 200 v.Chr. gab es auf dieser 158 m hohen Anhöhe im sonst flachen Sumpfland längst keltische Ansiedlungen, die durch römische Geschichtsschreibung später mit „Ynys yr Afalon" bezeichnet wurden. Ein weiterer Beweis für die Insel Avalon? Für viele ist und bleibt der „Tor" einer der spirituellsten Orte Großbritanniens. Gekrönt wird die Stätte vom dachlosen **St. Michael's Tower**, in dem im 16. Jahrhundert der letzte Abt von Glastonbury Richard Whiting auf Befehl Thomas Cromwells hingerichtet wurde.

Ein Stück Natur verbirgt sich gleich westlich der Stadt im Sumpfgebiet **Ham Wall** der RSPB. Auf stillen Pfaden können Sie die geschichtsträchtige Landschaft durchstreifen und dabei mit etwas Glück Otter, Rohrdommeln, Wasserratten, Seefrösche und Molche entdecken. Flyer mit der Beschreibung von vier Rundpfaden zwischen 1 und 3 km Länge liegen aus. Da der Parkplatz mit einer Höhenbarriere blockiert ist, parken Sie auf Anfrage schräg gegenüber am Pub **The Railway Inn**. Sie dürfen als Gäste auch über Nacht bleiben, allerdings gibt es kein größeres Speisenangebot, sondern nur Snacks *(**220:** [N 51°09'17" W 2°47'18"], 89 Ashcott Rd., BA6 9SX, Meare)*.

## WELLS

Mit Geschichtlichem wartet auch die nächste Stadt, Wells, auf. Sie ist bekannt für ihre beeindruckende Kathedrale und den **Bishop's Palace**, den einzigen bis heute intakten und genutzten derartigen Wohnpalast Großbritanniens. Der Sitz existiert seit über 800 Jahren. In seinem Garten befinden sich auch die Quellen, die der Stadt ihren Namen geben. Ansonsten sehen Besucher der Anlage, neben Wohn- und Repräsentationsräumen, eine mittelalterliche Zugbrücke, die Ruinen der Großen Halle, gestaltete Gartenanlagen und eine ganze Reihe weißer Höckerschwäne, die auf dem Gelände leben. Auch das Zentrum von Wells ist recht hübsch und lohnt für einen Bummel rund um die **High Street**.

*Parken zwischen Union St. und Chamberlain St. bei [N 51°12'32" W 2°38'56"],*

*BA5 2PU, Palastzugang zwischen Kathedrale und Market Place, BA5 2PD, Apr.–Okt. 10.00–18.00 Uhr, sonst bis 16.00 Uhr, Erw. 7,25 £, erm. 6,25 £, Kinder 5–18 J. 3,05 £, Familien 17,45 £, www.bishopspalace.org.uk*

**Gastrotipps Wells: Square Edge Café**, Market Pl., BA5 1SE, **Goodfellows*****, 5 Sadler St., BA5 2RR, **The Courtyard****, 9 Heritage Courtyard, BA5 2RR, **Andre's Café**, 84 High St., BA5 2AJ, **Strangers with coffee**, 31 Cuthbert St., BA5 2AW, **The Good Earth****, 4 Priory Rd., BA5 2RR.

Bei Besuchern äußerst beliebt sind auch die etwas außerhalb gelegenen **Wookey Hole Caves**. Sowohl biologisch, geologisch als auch anthropologisch sind die weit verzweigten, vom River Axe durchflossenen Kalksteinhöhlen von Bedeutung. Menschliche Spuren darin lassen sich auf bis zu 45.000 Jahre zurückdatieren. Inzwischen ist aber ein Fun- und Adventurepark daraus entstanden, bei dem die nun bunt beleuchteten, für Gäste leicht zugänglich gemachten Höhlen nur mehr eine Nebenrolle spielen. Dinos, King Kong, Hexen, Zauberer, 4-D-Kino und eine Science-Fiction-Welt sind nur einige von insgesamt 20 Attraktionen, für die auf etwas zu bunten Flyern für das Spektakel geworben wird.

*[N 51°13'34" W 2°40'18"], High St., BA5 1BA, Apr.–Okt. 10.00–17.00 Uhr, sonst bis 16.00 Uhr, Erw. 18,50 £, erm. 16 £, Kinder 14 £, bei Onlinebuchung 15 % Ermäßigung, www.wookey.co.uk*

Gleich nebenan kann man auf dem einfachen **Lower Milton Farm Campsite** nächtigen *(**221:** [N 51°13'35" W 2°39'45"], Milton Ln., BA5 1DE, Wookey Hole, ganzjährig, 20 £, Versorgung, Dusche/WC, Spülgelegenheit)*.

Ursprünglicher und naturnäher geht es gleich nach den Höhlen geradeaus, weiter entlang der **High Street** und die Hügelkette hinauf, zu. Das Naturreservat **Ebbor Gorge** ist von Spazierwegen und Wasserläufen durchzogen. Kleine Kalksteinhöhlen und knorrige Bäume machen auch Kindern Spaß und regen die Fantasie an. Der zweite Parkplatz mit Aussicht und Picknickbänken ist auch für Wohnmobile zugänglich.

### (222) WOMO-Picknickplatz: Ebbor Gorge

**GPS**: N 51°14'26" W 2°41'25", Deerleap, PRIDDY.
**Max. WOMOs:** 2–3.
**Ausstattung/Lage**: Schotterparkfläche auf der Hügelkuppe mit schönem Blick ringsum, zwei Picknickbänke, Mülleimer, sonst keine Einrichtungen, kein Schatten.
**Ortszentrum**: kein Ort mit Zentrum in der Nähe.
**Zufahrt**: Von den Wookey Hole Caves nicht zur Hauptstraße zurückfahren, sondern über den Kennel Batch in nördliche Richtung fahren. Die Straße ist schmal, aber noch ganz gut befahrbar.

## CHEDDAR

Wenn Sie unserer Route gefolgt sind, steuern Sie über PRIDDY und die **Cliff Road** in Richtung Cheddar weiter. Der Name steht in ganz England und darüber hinaus für das bekannteste Produkt der Region: Käse, den es in unglaublich vielen Varianten gibt. Zunächst durchfahren Sie die **Cheddar Gorge**. Wer Alpen oder andere Bergzüge gewohnt ist, mag schmunzeln. Aber mit ihren bis zu 140 m hohen Steilwänden und 4,5 km Länge ist sie die tiefste Schlucht Englands und damit von großem nationalen Interesse. Die Passage lohnt in jedem Fall; an schönen Tagen sieht man von den zahlreichen Parkplätzen ringsum Kletterer in den Klippen hängen und kann auch selbst zu einer weniger gefährlichen Wanderung aufbrechen. Unterwegs kommen Sie auch zu den **Cheddar Caves**. Im Gegensatz zur Wookey-Hole-Höhle zuvor ist sie naturnäher gestaltet. Und auch die Gelegenheit, Käse einzukaufen, werden Sie selbstverständlich haben!

**Cheddar Caves und Rundwanderung durch die Cheddar Gorge und Cheddar (6,5 km)**

Parken Sie am Wanderparkplatz vor Cheddar, ungefähr bei [N 51°16'58" W 2°45'51"]. Gleich zu Beginn befinden sich links die Zugänge zur **Gough's Cave**, dem **Museum of Prehistory** und am Ende zur **Cox's Cave**. Auch eine Open-Bus-Tour durch die Schlucht kann man unternehmen. Die dafür erhältlichen Kombitickets gelten für alle vier Attraktionen, sind aber nicht gerade günstig *(10.30–17.00 Uhr, Juli/Aug. ab 10.00 Uhr, Erw. 19,95 £, Kinder 5–15 J. 13,95 £, Familien 57,60 £, www.cheddargorge.co.uk)*.

Dazwischen befindet sich das National Trust Infocentre. Gegenüber zweigt der Fahrweg **Cufic Lane** ab, den Sie einschlagen. Nach kurzem Weg aufwärts sehen Sie ein National-Trust-Zeichen und ein Tor rechts, das auf einen steilen Pfad zuführt. Die steile Passage endet am oberen Ende der Felsen an einem weiteren Tor. Queren Sie die Steinmauer diagonal rechts von Ihnen und bleiben Sie immer links von der

Wanderweg oberhalb der Schlucht

Einzäunung, denn die Felskante befindet sich in diesem Bereich unmittelbar dahinter. Sie durchqueren nach einer Weile ein Schwenktor und folgen dem dahinterliegenden Pfad. Am Ende des Hügels halten Sie sich rechts und folgen dem Weg zur Hauptstraße. Gehen Sie kurz nach links, dann sehen Sie einen Pfad, der rechts durch den Wald aufwärtsführt. Folgen Sie ihm bis zu einer Gabelung. Halten Sie sich rechts, bis Sie ein großes Tor sehen. Sie gelangen von dort schnell zum höchsten Punkt der Schlucht und blicken zur anderen Seite hinüber, auf der Sie gerade noch entlanggewandert sind. Folgen Sie dem Pfad abwärts bis zur **Jacobs Ladder** und dem **Pavey Lookout Tower**. Statt die „Ladder" hinabzugehen, nehmen Sie den ruhigeren Pfad links durch die Bäume. Er bringt Sie zur **Lippiat Lane**, die Sie nach rechts bis zur Hauptstraße hinabgehen. Erneut rechts ab kommen Sie nun noch an einer ganzen Reihe Snackbars, Cafés und natürlich Käseshops vorbei, an denen Sie sich auf Wunsch mit Cheddar eindecken können.

Falls Sie die Schlucht und Wanderung lieber auslassen, aber sich in Cheddar noch die Beine vertreten möchten und die (Käse)shops inspizieren wollen, gibt es einen gut geeigneten Ortsparkplatz die Hauptstraße etwas weiter hinab bei [N 51°16'44" W 2°46'27"] *(7 Cliff St., BS27 3PT)*. Wenn Sie sogar über Nacht bleiben möchten, geht das im nahen Pub **The Gardeners Arms** *(**223:** [N 51°16'55" W 2°46'36"], 35 Silver St., BS27 3LE, Cheddar, www.gardenersarmscheddar.co.uk)*.

**Gastrotipps Cheddar: Frank's***, The Bays, BS27 3QL, **The White Hart***, The Bays, BS27 3QN, **Café Gorge**, The Cliffs, BS27 3QE, **Ice Drean Parlour**, The Cliffs, BS27 3QA, **Edelweiss Café**, The Cliffs, BS27 3QA, **The Gardeners Arms***, 35 Silver St., BS27 3LE, **The Bath Arms*****, Bath St., BS27 3AA.

Einen weiteren Nachtstellplatz finden Sie im Nachbarort AXBRIDGE am kreisrunden Speichersee **Cheddar Reservoir**. Bei einem Spaziergang von dort in den Ort können Sie die **King John's Hunting Lodge** besichtigen. Es ist ein Holzfachwerkhaus und ehemaliges Heim eines reichen Wollehändlers und entstand um 1500.

*The Square, BS26 2AP, Axebridge, Apr.–Okt. 13.00–16.00 Uhr, Erw. 2,50 £, NT-Mitglieder frei, www.nationaltrust.org.uk)*

### (224) WOMO-Stellplatz: Cheddar Reservoir

**GPS**: N 51°17'07" W 2°48'21", AXBRIDGE.
**Max. WOMOs:** 1–2.
**Ausstattung/Lage**: Parkplätze direkt am Speichersee in Ortsrandlage unter Bäumen, keine Einrichtungen.
**Ortszentrum**: 850 m.
**Zufahrt**: Von der Hauptstraße Cheddar Road in Axebridge links auf die Zufahrtsallee, mit „Reservoir" beschildert, abbiegen. Nach 200 m am Ende rechter Hand.

Tyntesfield

**BRISTOL**

Am Weg nach Bristol reihen sich noch ganze fünf Übernachtungspubs aneinander. Zum Beispiel **The White Hart** mit Biergarten und großem Parkplatz hinter dem Haus *(**225:** [N 51°22'08" W 2°47'28"], Rington Rd., BS49 5AR, Wrington, WiFi, www.whitehart-wrington.co.uk)* oder das historische Pub **The Crown** mit einem eingewachsenen Parkplatz gegenüber dem Eingang bei *(**226:** [N 51°22'15" W 2°39'45"], Crown Hill, BS40 8AY, Regil, www.thecrownregil.co.uk)*.

Schon ganz nah an der Großstadt liegen die nächsten drei Womo-Pubs, das moderne Dorfpub **Jubilee Inn** mit Biergarten und großem Asphaltstellplatz neben der Hauptstraße bei **227:** [N 51°25'16" W 2°41'55"] *(Main Rd., BS48 3QX, Flax Burton), www.sabrain.com)*, das Edelpub **Battleaxes** im Shabby-Chic *(**228:** [N 51°26'25" W 2°43'37"], 21 Bristol Rd., BS48 1LQ, Wraxall, WiFi, www.flatcappers.co.uk/the-battleaxes)* und das gemütliche **Failand Inn** direkt an der Zufahrtsstraße zum „Park & Ride"-Parkplatz Bristol *(**229:** [N 51°26'41" W 2°42'02"], 89 Clevedon Rd., BS8 3TU, Failand, www.failandinn.com)* – Sie haben die Wahl!

Nahe am letztgenannten befindet sich auch noch ein weiteres Herrenhaus, das einen Besuch wirklich lohnt. **Tyntesfield** wirkt mit seiner gotischen Fassade ein wenig wie ein Spukschloss aus dem Mittelalter. Tatsächlich wurde das Haus aber erst viel später errichtet, auf Wunsch seines Erbauers William Gibbs nur eben im Stil einer anderen Epoche. Gibbs war durch den im 19. Jahrhundert florierenden Handel mit dem Vogelkotdünger Guano unermesslich reich geworden und hatte es nie nötig, das Haus zu Repräsentationszwecken zu nutzen. Es war vier Generationen lang schlicht eine etwas exzentrische Familienheimstätte und die ganze Zeit von der Außenwelt weitgehend abgeschottet. Die reiche Innenausstattung mit vielen persönlichen Gegenständen der ehemaligen Bewohner fasziniert noch heute und auch die Gartenanlagen sind es wert, sich dafür Zeit zu nehmen.

*[N 51°26'32" W 2°43'13"], BS48 1NX, März–Okt. 10.00–18.00 Uhr, sonst bis 17.00 Uhr, Erw. 14,05 £, Kinder 7,15 £, Familien 35,10 £, NT-Mitglieder frei, www.nationaltrust.org.uk*

In BRISTOL selbst gibt es dann nur einen einzigen Campingplatz.

### (230) WOMO-Campingplatz: Baltic Wharf Caravan Club Site

**GPS**: N 51°26'48" W 2°36'52", Cumberland Rd., BS1 6XG, BRISTOL.
**Max. WOMOs:** 55.
**Ausstattung/Lage**: alle Einrichtungen, gepflegter, innerstädtischer Platz mit Plätzen auf Asphalt und Bäumen zur Beschattung. Sehr zentral direkt am Ufer des Avon gelegen.
**Öffnungszeiten:** ganzjährig.
**Ortszentrum**: 1200 m.
**Zufahrt**: Von der A3029/Brunel Way direkt auf der Avon-Brücke links abfahren und dann rechts in Richtung SS Britain fahren. Der Campingplatz liegt dann gleich links von Ihnen.
**Preis**: 33–44,70 £, CC-Mitglieder 21–32,70 £.
**Internet**: www.caravanclub.co.uk
**Info:** Vor allem in der Saison früh reservieren. Aufgrund der Lage und mangels Alternativen ist der Platz sehr begehrt. 2016 war eine mittelfristige Nutzungsänderung des Platzes durch die Stadt vorgesehen, dann soll es aber Ersatz geben. Daher vorher über die Website informieren, ob sich evtl. die Adresse geändert hat.

**Stadtbesichtigung in Bristol**

Mit rund 433.000 Einwohnern ist Bristol die achtgrößte Stadt Großbritanniens und eine der modernsten Metropolen im Königreich. Das liegt nicht zuletzt an der großen Anzahl Studenten, die an der renommierten Universität studieren und Bristol entsprechend jung halten. Im 11. Jahrhundert als Brycgstow gegründet, wuchs die Stadt dank der Nähe zum Meer und der geschützten Lage am Ende des Bristol Channels schnell zu einer wichtigen Hafenstadt und einem Schiffsbauzentrum heran. 1348 verlangsamte die Pest Wachstum und Entwicklung merklich. Erst ab dem 17. Jahrhundert ging es mit Bristol als wichtigem Umschlagplatz für Waren und unrühmlicherweise auch Hunderttausende Sklaven von und nach Amerika wirtschaftlich wieder aufwärts. Später geriet die Stadt gegenüber dem Konkurrenten Liverpool jedoch ins Hintertreffen. Im Zweiten Weltkrieg schwer verwüstet, folgte ein erneuter Aufschwung erst in den letzten 50 Jahren – diesmal neu erfunden als Wissenschafts- und Technikstandort.

Wie in den meisten Großstädten macht die Fahrt ins Zentrum für einen Tagesbesuch mit dem Wohnmobil keinen großen Sinn. Am besten nutzen Sie stattdessen das „Park & Ride"-System. Praktischerweise liegt die Stellplatzanlage **Long Ashton** direkt im Süden der Stadt und somit genau auf Ihrem Weg. Es gibt keinerlei Höhenbeschränkungen

Millennium Square

und Sie können Ihre Parkbucht frei und kostenlos wählen *([N 51°26'09" W 2°38'04"], A370, BS3 2HB)*.
Die Pendelbusse der Linie **903** fahren in kurzen Zeitabständen ins Zentrum, die Busse der Linie **505** zum Zoo *(Mo–Fr 6.15–20.52 Uhr, Sa 8.00–19.00 Uhr, Erw. hin und zurück 3–4 £, zwei Kinder pro Person inkl.)*. Zunächst sollten Sie den Bus 903 bis zur Haltestelle **Canons Marsh** nehmen. Dort entscheiden Sie, ob Sie auf eigene Faust durch die Stadt ziehen möchten oder per **Bristol Insight Open Top Bus Tour** zunächst eine Erkundungsrunde drehen, um sich zu orientieren und die für Sie interessantesten Ecken herauszupicken. Per Hop-on-/Hop-off-System können Sie sich auch danach vom Sightseeing-Bus bequem in der Stadt umherfahren lassen und aus-/zusteigen, wann und wo Sie wollen.
Ohne Bustour gehen Sie von der Haltestelle zum Flussufer hinab und dann nach links. So kommen Sie direkt zur **Touristeninformation**, die Sie mit dem nötigen Info- und Kartenmaterial versorgt.
Wenn Sie sich für den Sightseeing-Bus entscheiden, überqueren Sie ebenfalls die Straße und halten sich dann bis zur nächsten Einmündung links. Dort, hinter dem @Bristol Centre, in der **Explore Lane** befindet sich der Startpunkt der Rundfahrten *(Mitte Juli–Aug. ca. 10.00–17.00 Uhr alle halbe Stunde, Ende März–Mitte Juli und Sept. 10.00–ca. 16.30 Uhr alle 45 Min., Febr./März und Sa/So im Nov./Dez. 10.00–16.00 Uhr alle 90 Min., 2-Tages-Tickets, Erw. 14 £, erm. 13 £, Kinder 8 £, Familien 44 £, auch Kombitickets zusammen mit einer Bootsfahrt erhältlich, www.bristolinsight.co.uk)*.
In der Folge stellen wir Ihnen einige der wichtigsten Sehenswürdigkeiten Bristols vor und halten uns in der Reihenfolge an die Insight-Bristol-Bus-Tour. Es sind aber die regulären Haltestellen und Busse angegeben, die Sie alternativ nutzen können.
Zunächst befinden Sie sich ja am Veranstaltungszentrum rund um den **Millennium Square**. Im **@Bristol Science Centre** direkt hinter Ihnen wird kleinen und großen Gästen das Thema „Wissenschaft" nähergebracht. Dabei wird weniger auf klassisch-museale Ausstellungen, sondern mehr auf interaktives Mitmachen gesetzt. Wie entstehen Animationen? Wie sieht ein Furby von innen aus? Wie bewegt sich unsere Erde durch das Universum? Diese und viele andere Fragen lassen sich meist spielerisch klären und versprechen in den einzelnen Abtei-

lungen und im 3-D-Planetarium kurzweilige Unterhaltung *(Anchor Rd., BS1 5DB, Mo–Sa 10.00–17.00 Uhr, So bis 18.00 Uhr, Erw. 14,60 £, Kinder ab 3 J. 9,40 £, bei Onlinebuchung 5 % Ermäßigung, www.at-bristol.org.uk, Insight Bristol Stop 1, Bus Stop Anchor Rd. Nr. 11, 71, 903, X1–6, X8/9, X54, auch Fähre „Millennium Square")*. Gleich daneben steht das **Bristol Aquarium**. Sie bekommen darin Meeresbewohner der britischen Küsten, Rochen, Haie und im Amazonasbereich südamerikanische Süßwasserfische zu sehen. Interessant ist die Hai-Aufzuchtstation, wo man den Tieren beim Schlüpfen zusehen kann, und auch die Korallenlagune, das Herzstück des Aquariums. Zusätzlich gibt es noch ein Botanikum, genannt „Urban Jungle", mit exotischen Pflanzen und Bäumen aus aller Welt *(Anchor Rd., BS1 5TT, Mo–Fr 10.00–16.00 Uhr, Sa/So bis 17.00 Uhr, Erw. 14,50 £, erm. 13 £, Kinder 3–12 J. 9,75 £, Familien 46,50 £, www.bristolquarium.co.uk, Bus Stops wie @Bristol)*.

Ungefähr auf der gegenüberliegenden Seite des Flusses liegt die **SS Great Britain** vor Anker, ganz in der Nähe befindet sich übrigens auch der Bristoler Campingplatz *(Insight Bristol Halt Nr. 3, Bus Stop Baltic Wharf Nr. 506)*. Das 1843 vom Stapel gelassene Schiff war der erste Luxusliner der Geschichte und ganze 90 Jahre im Einsatz. Dabei erlebte es wechselvolle und meist nicht sonderlich glamouröse Zeiten. So wurde es schon ab 1852, nachdem die Reederei Konkurs gegangen war, als Emigrantenschiff und später als Truppentransporter eingesetzt. 1882 wurden die Motoren ausgebaut und das Schiff im Kohlefrachtverkehr als Windjammer eingesetzt. Nach einem Brand auf den Falkland-Inseln diente es dann einige Jahre als Kohlelager und 1939 wurden sogar Teile zur Reparatur eines beschädigten Kriegsschiffs entfernt. Nach langer Planung gelang es 1970, das Schiff auf Schwimmpontons in den Heimathafen Bristol zurückzuholen und über viele Jahre umfangreich zu restaurieren. Heute erstrahlt es wieder im ursprünglichen Glanz und Sie können es quer über alle Decks besichtigen *(Gas Ferry Rd., BS1 6TY, März–Okt. 10.00–17.30 Uhr, sonst bis 16.30 Uhr, Erw. 14 £, erm. 11–13 £, Kinder 5–17 J. 8 £, Familien 37 £, www.ssgreatbritain.org, Insight Bristol Stop 4, Bus Stop Maritime Museum Nr. 506, auch Fähre „Great Britain Landing")*.

Wenn Sie am Kai in östliche Richtung spazieren, gelangen Sie zu einem weiteren Schiff, der **Matthew of Bristol**. Es ist ein moderner Nachbau eines der Schiffe, mit dem einst zur Entdeckung Nordamerikas aufgebrochen wurde. Ab und an werden auf dem Dreimaster Flussfahrten angeboten, ansonsten kann man kostenlos an Bord gehen und im Schiffscafé einkehren *(Wapping Rd., BS1 4RN, matthew.co.uk)*. Direkt dahinter befindet sich das **Kunstmuseum M Shed**. Hauptaugenmerk liegt auf der künstlerischen Auseinandersetzung mit den Themen „Orte in Bristol", „Menschen in Bristol" und „Leben in Bristol" *(Di–Fr 10.00–17.00 Uhr, Sa/So bis 18.00 Uhr, Eintritt frei, www.bristolmuseums.org.uk/m-shed, Bus Stop Gaol Ferry Bridge Nr. 506, auch Fähre „Prince Street Bridge Landing")*.

Clifton Suspension Bridge

Im nordöstlichsten Eck der Stadt befinden sich die **Botanic Gardens** der Universität. Über 4500 Pflanzen aus 200 Pflanzenfamilien wachsen auf dem rund zwei Hektar großen Gelände. Es gibt Unterteilungen in chinesische und europäische Medizinpflanzen, Pflanzen aus der Urzeit und einen mediterranen Blütengarten. Ein weiteres Highlight ist das Tropenhaus mit einem Stück Amazonas-Regenwald. Star darin ist die gigantische Amazonas-Riesenseerose mit Blättern, auf denen ein Mensch Platz findet, und die Sammlung in Europa seltener Lotosblumen *(Stoke Park Rd., BS9 1JG, Apr.–Okt. 10.00–16.40 Uhr, sonst nur Mo–Fr, Erw. ab 18 J. 4 £, www.bristol.ac.uk/botanic-garden, Insight Bristol Stop 6, Bus Stop Downleaze Nr. 4)*.

Unweit entfernt gilt der **Bristol Zoo** als einer der schönsten Englands. Er ist auf die Erhaltung seltener und schwer zu züchtender Arten spezialisiert und beispielsweise Heimat von Okapis, Asiatischen Löwen, Tieflandgorillas und Roten Pandas. Zu den beliebtesten Bereichen des in Erlebenswelten eingeteilten Tiergartens gehört die Pinguinküste und der Affen-Jungle *(Clifton Down, BS8 3HA, 9.00–17.00 Uhr, Erw. 15,50 £, erm. 13,60 £, Kinder 2–14 J. 10 £, www.bristolzoo.org.uk, Insight Bristol Stop 7, Bus Stop Bristol Zoo Nr. 8, 505)*.

Unterwegs die Augen offen halten nach Graffitis des Bristoler Streetartkünstlers Banksy

Nur ein paar Ecken weiter liegt auch das Viertel **Clifton Village**, etwa zwischen den Straßen **The Mall** und **Clifton Hill**. Es hat sich seinen Ruf als beliebte Ausgehmeile erhalten und verzeichnet eine große Anzahl an Pubs und Restaurants. Beliebt sind beispielsweise die **Cote Brasserie**** *(27 The Mall, BS8 4JG)*, **The Mall Deli Café** *(14 The Mall, BS8 4DR)*, das **Fisher's Restaurant**** *(35 Princess Victoria St., BS8 4BX)*, **The Walfish Bistro***** *(112 Princess Victoria St., BS8 4DB)* und das **Primrose Café** *(1 Clifton Arcade, BS8 4AA)*. Aber auch viele Läden haben sich dazwischen niedergelassen. Dabei handelt es sich in der Mehrzahl um unabhängige Boutiquen und Labels, die Vintage-

Kleidung oder lokale Waren anbieten. Einen kurzen Fußmarsch entfernt ist auch die **Clifton Suspension Bridge** erreicht. Die Brücke über der **Avon-Schlucht** gilt als Wahrzeichen der Stadt. Von einer Aussichtskanzel unterhalb im Fels haben Sie den einzigen Blick auf Brücke und Schlucht im Ganzen. Auch vom Observatorium nebenan hat man eine gute Sicht. Fußgänger können das Bauwerk kostenlos überqueren, mit Fahrzeugen wird eine Maut fällig, die für die Instandhaltung verwendet wird. Auf der gegenüberliegenden Seite steht das Visitor Centre *(www.discoverclifton.org.uk, Insight Bristol Stop 8, Bus Stop Clifton Village Nr. 3c, 8, 505)*.

Fußgängerzone am St. Nic`sMarket

Entlang der zentralen Achse **Queens Road** befindet sich eine ganze Reihe kultureller Einrichtungen der Stadt. Darunter der Veranstaltungsort **Victoria Halls**, das Kunsthaus **Royal Academy of Arts** und das **Bristol Museum and Art Gallery**. Neben einer umfangreichen Gemäldesammlung umfasst der riesige Ausstellungsbereich auch Abteilungen zum Thema „Naturgeschichte, Archäologie und Geologie". Auch das Barockgebäude selbst ist sehenswert und steht unter Protektion des English Heritage *(Queens Rd., BS8 1RL, Mo–Fr 9.00–17.00 Uhr, Sa/So bis 18.00 Uhr, Eintritt frei, www.bristolmuseums.org.uk/bristol-museum-and-art-gallery, Insight Bristol Stop 11, Bus Stop Park Street Top Nr. 3X, 8, 9, 72)*.
Interessant ist auch das nahe gelegene **Georgian House**. In elf Räumen wird gezeigt, wie das Heim eines Bristoler Zuckerplantagenbesitzers und Sklavenhändlers Ende des 18. Jahrhunderts aussah *(7 Great George Rd., BS1 5RR, Apr.–Dez. Sa–Di 11.00–16.00 Uhr, Eintritt frei, www.bristolmuseums.org.uk/georgian-house-museum)*.
Bristols eigentliches Zentrum mit den großen Einkaufskomplexen **The Galleries**, **Broadmead** und **Cabot Circus**, der Fußgängerzone und dem **St. Nic's Market** liegt nördlich einer Flussschleife des Avon und des **Castle Parks**. Hier dreht sich alles um Konsum und kaum eine wichtige internationale Modekette fehlt. Alt und Neu sind recht gelungen miteinander verknüpft worden und die Shopping Centres gehen offen in die Straßenzüge über. Das Gebiet ist zwar groß, aber noch übersichtlich genug, damit man sich nicht hoffnungslos verläuft *(Insight Bristol Stop 13 und 14, Bus Stop Union Street Nr. 3, 4, X54, 512, 668 oder Penn Street Nr. 6–9, 24, 48, 49, 72)*.
Den Rückweg zum Millennium Square, von wo aus Ihr Pendelbus zum P&R-Platz zurückfährt, legen Sie dann am schnellsten per pedes zurück: Gehen Sie einfach ans Flussufer hinab und dann rechts in südwestliche Richtung zum Ausgangspunkt zurück. Zum Abschluss finden Sie zwischen Castle Park und Queen Square auch noch eine ganze

Reihe gastronomisch interessanter Adressen. Einen Versuch wert sind das **Source Food Hall Café** *(1 Exchange Ave., BS1 1JW)*, das **Chomp***** *(10 St. Nicholas St., BS1 1UQ)*, das **Adelina Yard****** *(3 Queens Quay, BS1 4SL)*, das **Apple Cider Boat*** *(Welsh Back, BS1 4SB)*, das **Riverstation***** *(The Grove, BS1 4RB)* und das **Steak of the Art***** *(Cathedral Walk, BS1 5LW)*.

## BATH

Nach Bristol bleibt kaum Zeit zum Luftholen, denn die nächste, wirklich interessante Stadt liegt gerade einmal 19 km entfernt. Unterwegs können Sie einen Campingplatz für die Übernachtung ansteuern. Nach dem Text zur Stadtbesichtigung von Bath finden Sie auch noch alternativ drei nahe gelegene Pubs.

### (231) WOMO-Campingplatz: Bury View Farm Campsite

**GPS**: N 51°22'38" W 2°28'24", A39, BA2 9HD, CORSTON FIELDS.
**Max. WOMOs:** 18.
**Ausstattung/Lage**: V/E, Strom, Duschen/WC, Spülgelegenheit, zweckmäßiger Rasencampground neben der Hauptstraße in guter Entfernung zu Bath.
**Öffnungszeiten:** ganzjährig.
**Ortszentrum**: ca. 5 km (Bath).
**Zufahrt**: Von der A4 zwischen Bristol und Bath kurz vor Bath am Kreisverkehr rechts auf die A39 in Richtung Wells abzweigen. Dann nach ca. 3 km rechts.
**Preis**: 18–24 £.
**Internet**: www.buryviewfarm.co.uk

**Stadtbesichtigung in Bath**

Dem viel größeren Nachbarn Bristol gegenüber hat Bath zunächst vor allem einmal das Alter voraus. Die heißen Quellen, denen die Stadt ihre Gründung verdankt, waren schon den Kelten bekannt. Kurz nachdem die Römer im Jahr 43 Britannien erobert hatten, begannen sie mit dem Bau umfangreicher Badeanlagen, die man bis heute besichtigen kann. Allerdings nur, weil sie im 19. Jahrhundert aus dem Schlamm wieder ausgegraben wurden. Nach Abzug der Römer und Eroberung durch die Angelsachsen im 6. Jahrhundert gerieten sie nämlich für fast 1000 Jahre beinahe in Vergessenheit. Zwischendurch gründeten die Benediktinermönche eine wichtige Abtei auf den römischen Ruinen, die später von Staats wegen wieder aufgelöst wurde. Erst nachdem Elisabeth I. 1574 Bath besuchte und man sich auf die alten Quellen zurückbesann, begann ein rasanter Aufstieg zum Kurbad. Um 1800 lebten rund 35.000 Menschen in der Stadt und machten sie damals zu einer der größten in England. Doch wie so vielen Kurbädern erging es auch Bath: Der Zeitgeist änderte sich und auch die Urlaubsziele. Bath fiel auf den Status einer eher unbedeutenden Provinzstadt zurück. Erst in den letzten 30 Jahren nahm der Tourismus wieder ordentlich an Fahrt auf. Dazu trug sicher auch der Status als UNESCO-Weltkulturerbe bei, durch den die römischen Quellen und die gut erhaltene neoklassizistisch-palladianische Architektur im lebendigen Zentrum geschützt wurde. Heute floriert Bath jedenfalls und verzeichnet aktuell rund 84.000 Einwohner.

Um einen geeigneten Parkplatz zu finden, bietet sich wie zuvor schon in Bristol zunächst das „Park & Ride"-System an. Leider ist der westlich gelegene Platz Newbridge, direkt auf Ihrem Weg, mit einer Höhenbarriere versperrt und so müssen Sie auf den nördlich gelegenen Platz **Lansdown** ausweichen *([N 51°24'41" W 2°23'12"], Lansdown Rd., BA1 9BJ, Parken kostenlos)*. Die Pendelbuslinie **31** fährt alle 15 Min. ins Zentrum, Halt Milson Street *(Mo–Sa 6.15–20.30 Uhr, So 9.30–18.00 Uhr, Erw. hin und zurück 3–3,30 £, mitreisende Kinder bis 15 J. inkl.)*.

Bath Abbey

Alternativ gibt es in Bath aber auch einen Longstay-Parkplatz im Zentrum, auf dem es theoretisch nicht mal ein Nachtparkverbot gibt. Dort versuchen Sie Ihr Glück in der **Charlotte Street** *(232: [N 51°23'03" W 2°22'00"], Charlotte St., BA1 2NE)*.

Die Innenstadt von Bath ist recht kompakt und kann auch zu Fuß erkundet werden. Doch wenn Sie sich ausführlicher umsehen möchten und die interessanten, etwas weiter entfernten Plätze einbeziehen wollen, bieten sich auch Bath-Busrundfahrten an. Diese werden von der Gruppe **City Sightseeing** angeboten, sind in gleich zwei Linien unterteilt und mit deutschem Audiokommentar ausgestattet. Wenn Sie vom P&R-Parkplatz kommen, befindet sich Ihr Zustieg Nr. 16 in der **Milsom Street**, wo auch der Pendelbus hält. Vom Longstay-Parkplatz wählen Sie Halt Nr. 15 an der **Royal Avenue**, gleich nördlich davon *(Juni–Sept. ca. 10.30–17.30 Uhr alle 15 Min., Mitte März–Mai und Okt.–Dez. ca. 10.30–17.00 Uhr alle 30 Min., sonst 11.00–16.00 Uhr alle 60 Min., 24-h-Tickets, Erw. 14,50 £, erm. 12 £, Kinder 5–15 J. 9 £, Familien 37 £, www.city-sightseeing.com/tours/united-kingdom/bath.htm)*.

Wie in Bristol stellen wir Ihnen wichtige Sehenswürdigkeiten in der Reihenfolge der City-Sighseeingbus-Tour vor und geben alternativ reguläre Haltestellen und Busse an.

Baths innerstes Zentrum und seine wichtigsten Sehenswürdigkeiten befinden sich in einem von drei Seiten durch eine Schleife des Flusses Avon gerahmten Gebiet. Ein unübersehbarer Orientierungspunkt ist dabei die **Bath Abbey**. Sie ist letztes Überbleibsel des einstigen Benediktinerklosters und wurde nach starken Beschädigungen im 13. Jahrhundert auf Weisung Elisabeths I. im späten 16. Jahrhundert restauriert und ausgebaut. Sie hat die Form eines Kreuzes, ist 67 m lang und in ihrem Turm schwingen ganze 10 Glocken. Auf der Rückseite am Platz **Kings Parade** befindet sich die **Touristeninformationsstelle** *(Abbey Street, BA1 1LT, Di–Do 9.00–17.30 Uhr, Sa bis 18.00 Uhr, So 13.00–14.30 und 16.40–17.30 Uhr, Mo 9.30–17.30 Uhr, Eintritt frei, Spende wird erwartet, Tower-Besteigungen als Tour stündlich, Erw. 6 £, Kinder 5–15 J. 3 £, www.bathabbey.org, City Sightseeing Stop 1/17/B, Bus Stop Rebecca Fountain Nr. 64 und Guildhall 17/18/1U)*.

Quelle & Becken der Roman Baths

Unmittelbar neben der Kirche finden Sie den Zugang zu Baths größter Attraktion, den **Roman Baths**. Es sind die Überreste einer der großartigsten Thermen der antiken Welt. Auf einem Rundgang werden Sie mithilfe deutschsprachiger Audioführer durch die verschiedenen Bade- und Ausstellungsbereiche geführt, die wirklich sehr gelungen aneinandergereiht wurden. Über 2000 Jahre alte Wege gelangen Sie in das Badehaus, zu den Überresten des Minerva-Tempels und vielem mehr. Dabei erhalten Sie erstaunliche, interessante und auch amüsante Anekdoten zum Leben der damaligen Badegäste und Mitarbeiter vermittelt. Also unbedingt genug Zeit nehmen und nicht verpassen *(Stall Street, BA1 1LZ, Juli–Aug. 9.00–21.00 Uhr, März–Juni und Sept./Okt. 9.00–18.00 Uhr, sonst erst ab 9.30 Uhr, Erw. 15–15,50 £, erm. 13,25 £, Kinder 6–16 J. 9,50 £, Familien 44 £, www.romanbaths.co.uk, Busse wie Bath Abbey)*!

Direkt hinter dem alten Badehaus liegt die Fußgängerzone und das recht moderne **Southgate Shopping Centre**, das sich aber gut in die gewachsene Innenstadt einfügt. In der **Parade Passage** ist mit dem **Sally Lunn's Historic Eating House**** eine der ältesten Wirtschaften im ältesten Haus der Stadt untergebracht. Ein Blick hinein lohnt, auch wenn Sie nicht hungrig sind: Im **Kitchen Museum** können Sie einen Blick in die uralten, tropfsteinhöhlenartigen Kellergewölbe mit Küche und Vorratsbereich werfen *(4 North Parade Passage, BA1 1NX, Erw. 0,30 £, www.sallylunns.co.uk)*. Andere beliebte Cafés und Restaurants in dieser Ecke von Bath sind z.B. das **Pump Room Restaurant***** *(Stall St., BA1 1LZ)*, **The Roman Bath Kitchen**** *(Abbey Church Yard, BA1 1LZ)*, **Tilley's Bistro***** *(3 North Parade, BA1 1NX)*, **The Courtyard Café** *(3 Lilliput Court, BA1 1ND)* und das **Chapel and Arts Café** *(Lower Borough Walls, BA1 1QR)*.

Wenn Sie sich von der Abbey aus Richtung Fluss nach Norden hin orientieren, sehen Sie zunächst rechts unten am Fluss die **Parade Gardens**, den ehemaligen Obstgarten des Klosters, mit einem lustigen kleinen, von Pflanzen zugewucherten Café. Dahinter folgt die schöne, mit Geschäften überbaute **Pulteney Bridge** mit dem Wehr davor. Auf

Ein Hauch Italien: die Pulteney Bridge

der linken Seite befindet sich die **Victoria Art Gallery**. Das am zweithäufigsten besuchte Museum von Bath zeigt eine Dauerausstellung mit Gemälden von Gainsborough, Turner bis zu modernen Meistern, dazu wechselnde Schauen zu verschiedenen Schwerpunkten *(Bridge St., BA2 4AT, Di–Sa 10.00–17.00 Uhr, So ab 13.30 Uhr, Eintritt frei, Sonderausstellungen extra, www.victoriagal.org.uk)*. Wenn Sie weiter um das Karree gehen, gelangen Sie links in die **High Street**. Dort finden Sie dann noch die **Guildhall**, ein weiteres, sehr schönes Bauwerk Baths, das allerdings nur für Veranstaltungen geöffnet hat *(alles City Sightseeing Stop 2, Bus Stop Grand Parade, von praktisch allen Stadtbussen bedient)*.

Etwas weiter südwestlich kommen Sie auf Ihre Kosten, wenn Sie selbst einmal das Heilwasser von Bath austesten wollen. Im **Thermae Bath Spa**, dem modernen Heilbad der Stadt, können Sie sich in zwei Becken treiben lassen und noch einiges anderes an Badekomfort genießen. Am schönsten gelingt dies vom Dachpool über der Stadt aus. Ganz günstig ist das freilich nicht, dafür müssen Sie nichts mitbringen – Bademantel, -slippers und -tuch sind schon im Preis inbegriffen *(Hot Bath St., BA1 1SJ, 9.00–21.30 Uhr, ab 16 J., 2-h-Ticket 35–38 £, www.thermaebathspa.com, City Sightseeing Stop 7, Bus Stop St. Jame's Parade Nr. 1/4/5/8/14/701/716)*.

Neben dem begrünten **Queen Square** können Sie sich über die berühmte Romanautorin Jane Austen informieren, die hier zwischen 1801 und 1806 fünf Jahre lang lebte. Auch wenn keines ihrer Werke in diese Zeit fällt und der Zeitraum recht kurz war, ist das **Jane Austen Centre** entstanden, das sich aber nicht nur mit ihrer Person, sondern auch mit der Zeit, in der sie lebte, befasst. Unter anderem kann man selbst in Regency-Kleidung schlüpfen, Essen und Getränke der Zeit probieren oder Gesellschaftsspiele des ausgehenden 18. Jahrhunderts spielen *(40 Gay St., BA1 2NT, Apr.–Okt. 9.45–17.30 Uhr, sonst 10.00–16.00 Uhr, Erw. 11 £, erm. 8,50–9,50 £, Kinder 5,50 £, Familien 26 £, www.janeaustin.co.uk, City-Sightseeing-Halt Nr. 8, Bus Stop Queen Square Nr. 716)*.

City Sightseeing Bus

Wer sich für Himmelskunde interessiert, wird außerdem vielleicht einen Blick in das zu einem Museum umgebauten Haus des deutschstämmigen Astronomen Wilhelm Herschel werfen wollen. Das **Herschel Museum** liegt nur zwei Straßen entfernt in südlicher Richtung *(19 New King St., BA1 2BL, März–Mitte Dez. Mo–Fr 13.00–17.00 Uhr, Sa/So ab 11.00 Uhr, Erw. 6,50 £, erm. 5,50 £, Kinder 3 £, Familien 14,50 £, www.herschelmuseum.org.uk, Sightseeing-Halt Nr. 8, Bus Stop Monmouth Place Nr. 4/8/14/19/21/37/38/39).*

Ein weiterer interessanter Anlaufpunkt architektonischer Art ist ein als **Circus** bezeichnetes Straßenrondell ein Stück weiter nördlich. Beliebt ist das ansässige **Circus Restaurant***** *(34 Brock St., BA1 2LN)*. Es gilt als besonders gelungenes Beispiel georgianischer Baukunst und wurde zwischen 1754 und 1768 erbaut. Gleich ums Eck in der Bennett Street befindet sich ein weiteres Gebäude dieser Zeit, die **Assembly Rooms**. 1771 galten sie als elegantester und vornehmster Veranstaltungsraum im Königreich. Im unteren Stockwerk ist heute das Bath Fashion Museum untergebracht. Es beleuchtet Kleidung und Mode im Wandel der Zeit anhand von über 100 Objekten ab der Epoche Shakespeares bis in die Neuzeit *(BA1 2QH, Fashion Museum: März–Okt. 10.30–17.00 Uhr, sonst bis 16.00 Uhr, Erw. 8,75 £, erm. 7,74 £, Kinder 6–16 J. 6,75 £, Familien 27 £, www.fashionmuseum.co.uk, Assembly Rooms i.d.R. geöffnet zu den gleichen Zeiten, Eintritt frei, www.nationaltrust.org.uk, Sightseeing-Halt Nr. 9, Bus Stop Morford St. Nr. 20c/700/701).*

The Circus

Ein zweites architektonisches Meisterstück und Wahrzeichen Baths ist das Gebäudehalbrund **Royal Crescent**. Der aus 30 Reihenhäusern bestehende Komplex wurde 1774 fertiggestellt und hat sich in seiner Außenfassade seitdem kaum verändert. Neben Privathäusern und Wohnungen ist in der Mitte jetzt ein Hotel untergebracht und in Nr. 1 das **Royal Crescent Museum**. Die Möblierung und Dekoration soll daran erinnern, wie die Räumlichkeiten einst ausgestattet waren *(Di–Sa 10.30–17.30 Uhr, Mo ab 12.00 Uhr, Erw. 10 £, erm. 7 £, Kinder 6–16 J. 4 £, Familien 22 £, www.no1royalcrescent.org.uk, Sightseeing-Halt Nr. 10, Bus Stop Marlborough Buildings Nr. 20c/700/701).*

Royal Crescent

Prior Landscape Garden

Noch weiter westlich schließen sich die Anlagen des **Royal Victoria Parks** und des **Botanischen Gartens** an, die tagsüber beide frei zugänglich sind. Im Süden befindet sich ein riesiger Spielplatz, genau das Richtige zum Austoben, wenn Sie mit Kindern unterwegs sind *(Sightseeing-Halt Nr. 12/13, Bus Stop Cranhill Rd. Nr. 20c und Park Lane Nr. 4/8/14/19/21/37/38/39/716)*. Südlich davon werden Sie im **Victoria Pub****, im **Hop Pole*** *(beide Upper Bristol Rd., BA1 3AT)* oder im **Picnic in the Park Café** *(16 Lark Pl., BA1 3BA)* satt.
Zurück in der Innenstadt hält der Sightseeing-Bus dann wieder in der Milsom Street (Halt Nr. 16). Von dort aus spazieren Sie durch die südlich angrenzende, schmale **Union Street** und **Union Passage**, die zu den ältesten Teilen des Geschäftszentrums führen, zurück zur Abbey *(Bus Stop Milsom St. Nr. 31/86)*.
Das City-Sightseeing bietet, schon im Preis inbegriffen, auch eine zweite Runde in die östlichen Außenbezirke von Bath an. Ein Highlight auf dieser Runde ist das **Holburne Museum**. In dem prachtvollen Bau werden vor allem Gemälde, Kunstgegenstände und Porzellan, beginnend mit der Renaissance bis ins angehende 19. Jahrhundert, darunter Werke renommierter, meist britischer Künstler wie Hoare, Ramsay oder Stubbs, gezeigt. Dazu kommen Wechselausstellungen *(Great Pulteney St., BA2 4DB, Mo–Fr 10.00–17.00 Uhr, So ab 11.00 Uhr, Eintritt frei, www.holburne.org, Sightseeing-Halt Nr. E, Bus Stop Holburne Museum Nr. 12/17/18/94/265/271/272)*.
Das Richtige, um bei schönem Wetter noch Zeit im Grünen zu verbringen, sind die **Prior Park Landscape Gardens**. Die sanft wogende Parkanlage über den Dächern von Bath wurde im 18. Jahrhundert

durch den Landschaftsarchitekten Capability Brown geschaffen. Unterstützt wurde er dabei durch den Dichter Alexander Pope, der so seine romantischen Vorstellungen mit einbringen konnte. Besonders spektakulär ist die Palladianische Brücke und die tolle Sicht vom Bath Skyline Walk auf die Dächer der Stadt. Auf vielen Wegen gelangen Sie auch in entfernte Ecken des Parks, wo man Wild beobachten, einfach nur ausspannen oder an der Woodland Play Area toben kann *(Ralph Allen Dr., BA2 5AH, Febr.–Okt. 10.00–17.30 Uhr, sonst Sa/So bis 16.00 Uhr, Erw. 7,20 £, Kinder 3,80 £, Familien 18,20 £, NT-Mitglieder frei, www.nationaltrust.org.uk, Sightseeing-Halt Nr. Q, Bus Stop Prior Park Gardens Nr. 2).*

Rund um Bath finden Sie auch eine Reihe Übernachtungspubs: Südwestlich zum Beispiel das schöne, in einem ehemaligen Kloster eingerichtete **The George** direkt am Avon-Kanal mit riesigem Asphaltparkplatz daneben *(**233:** [N 51°23'50" W 2°19'20"], Mill Ln., BA2 6TR, Bathampton, www.chefandbrewer.com)* und das familiäre Dorfpub **Hop Pole Inn** mit einigen Parkplätzen am Fluss auf der gegenüberliegenden Straßenseite *(**234:** [N 51°20'54" W 2°18'53"], Lower Stoke BA2 7FS, Limpley Stoke).*

Das Landpub **Blathwayt Arms** mit Biergarten und Blick auf die Pferderennbahn befindet sich weiter nördlich, nahe der P&R-Anlage von Bath bei **235:** [N 51°24'57" W 2°23'42"] *(BA1 9BT, Lansdown, WiFi, www.blathwaytarms.co.uk).*

### Dyrham Park

Einige Kilometer nördlich von Bath können Sie einen Abstecher nach **Dyrham** machen. Das Landgut stammt aus dem 17. Jahrhundert und ist von einem großen Wildpark umgeben. Eine Damwildherde lebt auf dem 110 Hektar großen Gelände schon seit Bestehen der Grundstücks und Besuchern bieten sich wunderschöne, weite Blicke mit den Tieren im verwachsenen Park, zwischen hohen Gräsern und alten Bäumen. Es gibt markierte Wege und einen Picknickplatz, dazu einen neu umgestalteten Garten, der erst 2017 fertig werden wird: Der Plan ist, das 21. Jahrhundert darzustellen, mit Reminiszenz an das Alte. Auch im Haus tut sich viel: Bis Ende 2016 lief über zwei Jahre ein großes Renovierungsprojekt, bei dem unter anderem das gesamte Dach erneuert wurde. Auf die neuen Ausstellungsbereiche darf man also gespannt sein.

*[N 51°28'50" W 2°21'43"], A46, SN14 8ER, Dyrham, Haus März–Okt. 10.00–17.00 Uhr, Garten ganzjährig, Erw. 11,20 £, Kinder 5,80 £, Familien 28,30 £, nur Garten Erw. 4,60 £, Kinder 2,30 £, Familien 11,70 £, NT-Mitglieder frei, www.nationaltrust.org.uk*

### CASTLE COMBE und CORSHAM

Ein Stück weiter westlich liegt das kleine Dorf Castle Combe. Es besteht nur aus ein paar Häusern, einem Dorfplatz mit Brun-

Dorfidyllle in Castle Combe

nen, einer Kirche, drei Gasthäusern und einer Brücke. Da es in seiner Bausubstanz aber auf das 14. Jahrhundert zurückgeht und seitdem kaum verändert wurde, hat es Seltenheitswert und lockt entsprechend viele Touristen an. Auch die Filmindustrie ist schon mehrfach auf den Ort aufmerksam geworden. In Filmen wie „Dr. Doolittle", „Harry Potter" oder „Die Gefährten" finden sich Szenen aus Castle Combe wieder. Wenn Sie ein paar schöne Fotomotive suchen und auch einen Blick auf ein weitgehend unverfälschtes Dorf werfen wollen, parken Sie oberhalb am Parkplatz bei [N 51°29'53" W 2°13'24"] in der **Dunes Lane** und gehen die rund 500 m zum Hauptplatz hinab – unten werden Sie keine Stellplätze finden.

In Corsham können Sie auf einem Parkplatz ohne Nachtparkverbot stehen *(**236:** [N 51°25'54" W 2°11'07"], High St., SN13 0HB)*. Die ziemlich kleine Fußgängerzone liegt gleich dahinter, macht aber Lust auf ein kurzes Beinevertreten und eine Einkehr. Ein paar Meter weiter die High Street hinauf können Sie auch **Corsham Court** besuchen. Sowohl der Garten, erneut ein Werk Capability Browns, als auch ein Flügel des bis heute in achter Generation privat bewohnten Anwesens stehen Gästen offen.

*Mitte März–Sept. Di–Do und Sa/So 14.00–17.30 Uhr, Okt./Nov. und Jan.–Mitte März Sa/So 14.00–16.30 Uhr, Erw. 10 £, Kinder 5 £, Familien 25 £, nur Gärten zum halben Preis, www.corsham-court.co.uk*

**Gastrotipps Corsham: The Methuen Arms*****, 2 High St., SN13 0HB, **Cinnamon Café**, 8 High St., SN13 0HB, **All the Pretty Things**, 51 High St., SN13 0EZ.

## LACOCK

Auch in Lacock gibt es eine ganz ähnliche Mischung aus einem sehenswerten, alten Dorf und einem Herrenhaus. In diesem

Lacock Abbey

Fall befindet sich aber gleich beides im Besitz des National Trusts. Die **Lacock Abbey** geht einmal mehr auf ein Kloster zurück, das nach der Auflösung zum Privatwohnhaus umgestaltet wurde. In diesem Fall wurden viele Elemente behalten und sowohl Kreuzgang als auch Deckengewölbe sind zumindest teilweise noch vorhanden. Bekanntester Bewohner des Anwesens war der Fotopionier W.H. Fox Talbot, der als einer der Ersten eine Technik zur Papierbeschichtung und Fotoentwicklung fand. Seine Geschichte und die der Fotografie ist im zugehörigen **Fox Talbot Museum** nachgezeichnet worden. Im umliegenden Park wurde außerdem ein Entdeckerpfad installiert, auf dessen Stationen man mit optischen Täuschungen und physikalischen Phänomenen konfrontiert wird, die nicht nur Kinder überraschen. Zum Abschluss lohnt dann eine Runde durch das ursprüngliche Dorf mit seinen kleinen Geschäften und Lokalen *(Parkplatz ohne Nachtparkverbot,* ***237:*** *[N 51°24'48" W 2°07'09"], Hither Way)*

Lacock Village

*SN15 2LG, Mitte Febr.–Okt. 10.30–17.30 Uhr, sonst 11.00–16.00 Uhr, Erw. 12,10 £, Kinder 6 £, Familien 30,20 £, NT-Mitglieder frei, www.nationaltrust.org.uk*

Die Nacht können Sie auch im Dorf CHERHILL

am Pub **The Black Horse** verbringen *(**238:** [N 51°25'45" W 1°57'01"], 10 Main Rd., SN11 8UT, Cherhill, www.blackhorsecherhill.co.uk).*

## AVEBURY

Gar nicht so weit entfernt vom etwas weiter südlich gelegenen Stonehenge liegt nahe der Stadt Swindon eine ganze Reihe prähistorischer Kultstätten rund um das Dorf Avebury, die ebenfalls als Weltkulturerbe-Stätte ausgezeichnet sind. Zuerst kommen Sie über BECKHAMPTON zum **Silbury Hill**. Es ist der höchste von Menschen errichtete Hügel Europas und in Masse und Volumen mit den ägyptischen Pyramiden vergleichbar. Errichtet wurde er ungefähr 2400 Jahre v.Chr., sein Sinn ist gänzlich ungeklärt. Schon mehrmals fanden Untersuchungen und Grabungen statt, da man eine Begräbnisstätte im Inneren vermutete. Gefunden werden konnte aber bis heute nichts. Das Betreten des Hügels ist streng verboten, am nahen Besucherparkplatz können Sie sich aber informieren und die Nacht verbringen. Das ist auch ein Stück weiter am Kultplatz **The Sanctuary** möglich. Die vor 3000 Jahren ursprünglich aus Holz bestehenden, kreisrund angeordneten Stelen wurden später durch Steine ersetzt. Aufgrund der großen Anzahl menschlicher Knochen, die rund um den Platz gefunden wurden, könnten einst rituelle Tötungen oder Opferungen stattgefunden haben.

Ohne nennenswerten Parkplatz und nur auf einem markierten kleinen Fußmarsch erreichen Sie das dazwischenliegende Langhaus **Kennet Long Barrow**. Es ist die größte bekannte und einzige in dieser Form erhaltene Grabkammer Englands. Sie diente als Begräbnisort für mehr als 50 Menschen, bevor sie rund 3650 Jahre v.Chr. geschlossen wurde.

### (239) WOMO-Wanderparkplatz: Silbury Hill

**GPS**: N 51°24'59" W 1°51'46", A4, BECKHAMPTON.
**Max. WOMOs:** 1–2.
**Ausstattung/Lage**: kleiner, durch Bäume von der Hauptstraße getrennter Asphaltparker, keine Einrichtungen, nicht ganz leise.
**Ortszentrum**: 600 m.
**Zufahrt**: direkt links der A4 ein paar Hundert Meter nach der Weggabelung Richtung Avebury.
**Info:** Wenige Hundert Meter weiter, nach dem Weiler West Kennett, gibt es in Höhe der Megalithanlage „The Sanctuary" links noch einen Parkplatz bei *[N 51°24'43" W 1°49'50"].*

Steinkreis von Avebury

Ein Stück die Straße zurück zweigt der Fahrweg nach Avebury selbst ab. Vom Parkplatz aus ist es nur ein kurzes Stück Weg zu den quer durch das Dorf verlaufenden Steinen. Mit über 100 aufgestellten Felsbrocken ist es der größte Steinkreis Britanniens. Mehr zu seiner Bedeutung und den anderen umliegenden Kultstätten, die Sie teilweise schon gesehen haben, erfahren Sie im **Alexander Keiller Museum** gleich dahinter. Es umfasst eine der wichtigsten prähistorischen Sammlungen des Landes, darunter Stücke aus den direkt benachbarten Anlagen

*Parkplatz bei [N 51°25'30" W 1°51'29"], SN8 1RF, Beckhampton Rd., Apr.–Okt. 10.00–18.00 Uhr, sonst bis 16.00 Uhr, Erw. 4,40 £, Kinder 2,20 £, Familien 11 £, NT- und EH-Mitglieder frei, www.nationaltrust.org.uk*

Das **Avebury Manor**, ein Haus weiter, ist ein ganz besonderes Landgut: Im Gegensatz zu den vielen „echten“ Herrenhäusern wurde dieses in Zusammenarbeit mit der BBC komplett neu ausgestattet und ist als „Hands on Experience“ kreiert worden: Sie dürfen nicht nur, Sie sollen sogar alles anfassen, die Kleidung probieren, Bänke und Betten ausprobieren und sich so in die alten Zeiten einfühlen

Avebury Manor

*Apr.–Okt. 11.00–17.00 Uhr, Mitte Feb.–März bis 16.00 Uhr, Nov./Dez. nur Do–So, Erw. 9,50 £, Kinder 4,50 £, Familien 23,50 £, NT-Mitglieder frei, www.nationaltrust.org.uk*

5 km weiter entlang der **A4361** zweigt rechts eine kleine Straße zum schon von der Hauptstraße aus erkennbaren **Hackpen White Horse** ab. Es

ist eines der gar nicht so seltenen Pferde-Kratzbilder und seine Entstehung ist nicht gänzlich geklärt. Vermutet wird, dass es erst 1838 von einem ortsansässigen Gemeindeangestellten anlässlich der Krönung Königin Victorias erschaffen wurde. Kein Muss, aber zumindest ein guter Platz für die Nacht.

**(240) WOMO-Wanderparkplatz: Hackpen White Horse**

**GPS**: N 51°28'17" W 1°48'55", SN4 9PF, BROAD HINTON.

**Max. WOMOs:** 2–3.

**Ausstattung/Lage**: Schotterparkplatz am Hügel beim White Horse. Keine Einrichtungen, kein Schatten, nachts ruhig.

**Ortszentrum**: 2,5 km.

**Zufahrt**: Von der A4361 zwischen Avebury und Swindon rechts zum White Horse abzweigen. Dann nach 2,3 km links.

**SWINDON**

Letzte Station auf Tour 6 ist Swindon. Die Stadt zählt nicht unbedingt zu den Perlen Englands, doch im Westen lockt ein **Designer Outlet Centre** der europaweit agierenden Kette „McArthurGlen" Kaufwütige in seine Hallen. Rund 100 Shops, dazu Cafés und Restaurants buhlen um Kundschaft. Wer sich dafür nicht interessiert, kann alternativ einen Blick auf den Hauptsitz des National Trusts gleich nebenan werfen oder das **Steam Museum of the Great Western Railway** in einem alten Lokschuppen hinter der Mall besuchen. Darin können Sie z.B. auf die vielen alten Dampflokomotiven klettern, selbst einmal die Signale bedienen, sich als Zugführer versuchen oder eine 80 Tonnen schwere Lok einmal von unten ansehen.

*Parken bei [N 51°33'51" W 1°47'53"], Kemble Dr., SN2 2DY, Outlet Centre: Mo–Fr 10.00–20.00 Uhr, Sa 9.00–19.00 Uhr, So 10.00–18.00 Uhr, www.swindondesigneroutlet.com, Steam Museum: 10.00–17.00 Uhr, Erw. 8,50 £, erm. 6,80 £, Kinder 3–16 J. 6,30 £, Familien 27 £, www.steam-museum.org.uk).*

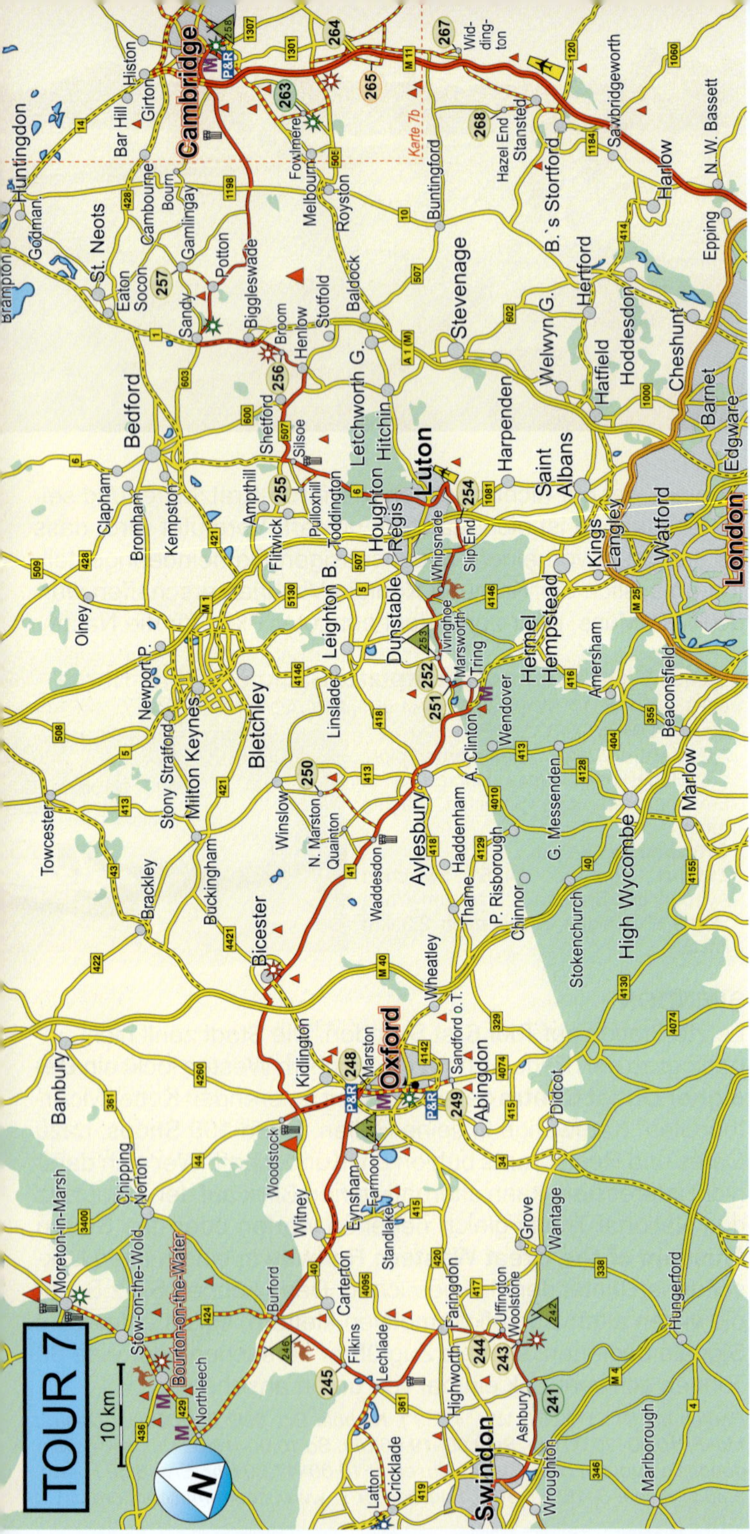
TOUR 7
10 km
N
Cambridge
Huntingdon
St. Neots
Bedford
Milton Keynes
Bletchley
Luton
Stevenage
London
Oxford
Aylesbury
Bicester
Swindon
High Wycombe
Watford
Harlow
Royston
Baldock
Biggleswade
Sandy
Potton
Hitchin
Letchworth G.
Dunstable
Leighton B.
Hemel Hempstead
Saint Albans
Hertford
Hatfield
Welwyn G.
Harpenden
Tring
Wendover
Thame
Abingdon
Didcot
Wantage
Faringdon
Witney
Woodstock
Kidlington
Burford
Banbury
Chipping Norton
Stow-on-the-Wold
Moreton-in-Marsh
Bourton-on-the-Water
Northleech
Lechlade
Highworth
Cricklade
Hungerford
Marlborough
Buckingham
Brackley
Towcester
Winslow
Stansted
B.´s Stortford
Sawbridgeworth
Buntingford
Karte 7b

## Tour 7: Oxfordshire, Cambridgeshire (330–480 km)

**Uffington – Burford – Bourton-on-the-Water**
**Stow-on-the-Wold – Moreton-in-Marsh – Oxford**
**Bicester – Tring – Whipsnade – Silsoe – Potton**
**Wimpole – Cambridge – Load – Wicken – Ely**
**Fowlmere – Duxford – Audley End – Thaxted**

| | |
|---|---|
| Stellplätze (gratis): | Ashbury, Horningsea, Burwell, Wicken, Fowlmere, Strethall, Thaxtet |
| Pub-Stellplätze: | Woolstone, Uffington, Filkins, Marston, Sandford-on-Thames, North Marshton, Startop`s End, Marsworth, Slip End, Pulloxhill, Broom, Gamlingay, Upware, Great Chesterford, Widdington, Hazel End |
| Campingplätze: | Uffington, Burford, Farmoor, Ivinghoe, Cambridge |
| Besichtigen: | Uffington White Horse, Buscot Park, Cotswold Wildlife Centre, Museum of Mechanical Instruments, Bourton-on-the-Water, Stow-on-the-Wold, Moreton-in-Marsh, Oxford, Blenheim Palace, Bicester Outler Village, Waddesdon Manor, Nat. History Museum Tring, ZSL Whipsnade Zoo, Wrest Park, Shuttleworth Collection und Swiss Garden, Wimpole Estate, Cambridge, Anglesey Abbey, Ely, Denny Abbey, Imperial War Museum Duxford, Audley End House |
| Baden: | Cotswold Water Park |
| Wandern: | Cotswold Water Park, RSPB The Lodge, Wicken Fen, RSPB Fowlmere |

**Auf Tour 7 dreht sich alles um die beiden berühmten Universitätsstädte Oxford und Cambridge. Ein Besuch ist absolut lohnend, egal ob Sie einmal einen Blick in die berühmten Colleges werfen wollen, sich als Steuermann auf einem Punting Boat versuchen möchten oder einfach nur durch die schönen alten Innenstädte bummeln wollen. Im Umland beider Städte lassen sich stille Winkel, großartige Herrenhäuser und auch Natur entdecken, all das meist abseits der typischen Routen von Kontinentaltouristen.**

### Uffington White Horse

Statt direkt auf der **A420** bis Oxford zu eilen, bietet sich die Gegend nördlich von Swindon für eine Rundfahrt an. Denn hier beginnen die Cotswolds, ein landschaftlich schönes, hügeliges Gebiet, das öfters als „Herz Englands“ bezeichnet wird und als beliebte Ausflugsregion gilt. Sie touchieren die südlichen Ausläufer auf dieser Tour. Fahren Sie zunächst in östliche Richtung

## (241) WOMO-Wanderparkplatz: Ashbury Hill

**GPS**: N 51°33'26" W 1°36'26", Ashbury Hill, ASHBURY.

**Max. WOMOs:** 1–2.
**Ausstattung/Lage**: Schotterparkplatz neben der Straße am Reit- und Wanderweg, keine Einrichtungen.
**Ortszentrum**: 1 km.
**Zufahrt**: Swindon in südöstlicher Richtung auf der A4259 verlassen und am Kreisverkehr zur A419 die zweite Auswahl nach Warlborough wählen. Immer geradeaus bis Ashbury, dort rechts abzweigen. Nach 1000 m links.

Nach rechts ist unterwegs die Abfahrt zum **Uffington White Horse** markiert. Diese Gegend ist schon seit Jahrtausenden besiedelt und voller Spuren vergangener Zivilisationen, ihrer Sagen und Weltbilder. Vom Parkplatz bei [N 51°34'40" W 1°34'45"] *(SN7 7QN, frei für NT- und EH-Mitglieder)* können Sie auf einem kurzen, ansteigenden Weg zur geheimnisvollen Pferdefigur im Kalksteinfels wandern. Entgegen anderer, erst vor wenigen Hundert Jahren entstandenen Abbilder ist dieses Pferd ca. 3000 Jahre alt und wurde in der Bronzezeit in den weichen Boden geritzt. Das Trockental darunter wird als „The Manger" bezeichnet und fällt in steilen Felsrippen ab, den „Riesentreppen". Östlich erkennt man unterhalb den Drachenhügel, eine runde Erhöhung mit abgeflachter Spitze. Dort soll der heilige Georg, Englands Schutzheiliger, einst einen Drachen besiegt haben. Als er ihm den Kopf abschlug, vergiftete sein Blut die Erde und hinterließ weiße Kalknarben, die man bis heute erkennt. Oberhalb des Pferdeabbilds wird der Hügel, auf dem Sie stehen, vom **Uffington Castle** gekrönt. Die einfache, aus Graben und Wall bestehende Anlage bildet mit nur 262 m den höchsten Punkt des ganzen Countys Oxfordshire. Bei genauem Hinsehen erkennt man ringsum auch eine ganze

Uffington White Horse

Reihe Grabhügel. Im größten, zwischen Parkplatz und Pferdebild, fand man bei Untersuchungen 47 Skelette. Wenn Sie im Anschluss in Richtung Ort Uffington weiterfahren, können Sie das Pferdebild von schräg unten noch einmal sehen. Im Ganzen erkennt man es so sogar besser als aus der Nähe. Auch eine Campingfarm befindet sich ganz in der Nähe. In WOOLSTONE können Sie am Pub **White Horse Inn** mit großem Parkplatz gegenüber und sehr schönem Gastgarten eine Nacht verbringen *(**243:** [N 51°35'18" W 1°34'40"], Marsh Way, SN7 7QL, WiFi, www.whitehorsewoolstone.co.uk)*. Eine Alternative wäre das Pub **Fox & Hounds** mit kleinerem Parkplatz hinter dem Haus und schönem Wintergarten direkt in UFFINGTON *(**244:** [N 51°35'58" W 1°33'39"], High St., SN7 7RP, www.uffingtonpub.co.uk)*.

Stellplatz 243: Am White Horse Inn

### (242) WOMO-Campingplatz: Britchcombe Farm

**GPS**: N 51°34'59" W 1°33'26", B4507, SN7 7QJ, UFFINGTON.
**Max. WOMOs:** 30+.
**Ausstattung/Lage**: Strom, Duschen/WC, Spülgelegenheit, einfacher Farmcampingplatz mit schönem Blick ins Land, kleiner Farmshop. Öffnungszeiten: ganzjährig.
**Ortszentrum**: ca. 2 km
**Zufahrt**: Avebury auf der B4507 durchfahren. Ca. 400 m nach der Abzweigung Uffington erreichen Sie die Farm.
**Preis**: 14–20 £.
**Internet**: www.britchcombefarm.co.uk.

## Buscot Park

Bald darauf durchqueren Sie die recht hübsche Kleinstadt FARINGDON und erreichen gleich danach das Anwesen **Buscot Park**. Es wurde zwar schon vor Jahren an den National Trust

Buscot Park Estate

Cotswold Wildlife Park

übergeben, doch bis heute bewohnen die ehemaligen Besitzer, die Familie Henderson, das Grundstück und sorgen sich um das Anwesen. Dies gestattet besonders private Einblicke und schafft eine eigene Atmosphäre. Im Freiland gibt es viel zu entdecken, beispielsweise die erst vor Kurzem vom Künstler David Herber errichteten Wasserspiele Faux Falls. Im Haus sehen Sie, neben den Wohnräumen, auch die private Kunstausstellung der Familie.

*[N 51°40'28" W 1°39'17"], Lechlade Rd., SN7 8BU, Apr.–Sept. Mi–Fr und jedes 2. und 4. Wochenende im Monat 14.00–18.00 Uhr, Mo/Di nur Garten geöffnet, Eintritt mit/ohne Haus Erw. 10/7 £, Kinder 5/3,50 £, Familien 8/5 £, NT-Mitglieder frei, www.buscot-park.com*

### Cotswold Water Park

Gleich ab LECHLADE zieht sich die Seenplatte des **Cotswold Water Parks** in Richtung Westen. Über 150 Seen und Tümpel stehen für verschiedenste Aktivitäten offen: Viele sind als Naturschutzgebiet gekennzeichnet und bieten Rundwege sowie Vogelbeobachtungsplätze. Andere sind zum Fischen freigegeben, für Wassersportaktivitäten oder auch zum Baden. Um die Möglichkeiten im Ganzen zu erfassen und zu nutzen, müssen Sie allerdings ein Stück weiter nach Westen fahren. Das **Gateway Centre**, die meisten für Besucher interessanten Seen und die besten Parkmöglichkeiten befinden sich nahe LATTON in Höhe der Spine Road Junction von **A419** und **A4696** *([N 51°40'21" W 1°53'53"], GL7 5TL)*.

### Cotswold Wildlife Centre

Die Hauptroute führt dagegen über FILKINS mit dem Womo-Pub **The Five Alls** *(**245:** [N 51°44'04" W 1°39'36"], High St., GL7 3JQ, Filkins, www.uffingtonpub.co.uk)* nach Norden weiter. Der nächste lohnenswerte Halt befindet sich dort am **Cotswold Wildlife Centre**, einer echten Überraschung in Sachen (Tier)gärten. Inmitten eines wunderschön gestalteten Parks mit üppigen Blumenstauden, vor allem im „Walled Garden“, und Tropenhaus wohnen über 260 Spezies, denen Sie erstaunlich nahe kommen können. Nur eine kleine Brücke trennt Besucher von Vielfraßen und ein schmaler Graben von den Nashörnern. Fast schon Tuchfühlung nehmen Sie zu Pinguinen, Erdmännchen und den Tieren in der Madagaskar-Voliere auf. Außerdem können Sie mit dem Park Train für ein paar Pennys eine Runde über das ganze Gelände drehen oder Kinder am großen Abenteuerspielplatz toben lassen. Rund um das Landgut im Zentrum des Parks befinden sich die gastronomischen Einrichtungen, das Reptilien- und Insektenhaus. Übrigens: Gezahlt wird bei Einfahrt auf den Parkplatz am Autoschalter, der sich erst nach den ersten großen Gehegen von Lamas und Straußen beidseitig der Einfahrt befindet. Ein Campingplatz liegt in fußläufiger Entfernung auf der gegenüberliegenden Seite der Zufahrtsstraße.

*A361, OX18 4JP, Erw. 15 £, erm. und Kinder 3–16 J. 10 £, www.cotswoldwildlifepark.co.uk*

**(246) WOMO-Campingplatz: Burford Caravan Club Site**

**GPS**: N 51°46’34” W 1°38’52”, Bradwell Grove, OX18 4JJ, BURFORD.
**Max. WOMOs:** 120.
**Ausstattung/Lage**: alle Einrichtungen, schöner, gepflegter, parzellierter Platz gegenüber dem Cotswold Wildlife Park mit Buchten auf Rasen und Schotter.
**Öffnungszeiten:** Mitte März–Anfang Nov.
**Ortszentrum**: ca. 2 km.
**Zufahrt**: direkt links der A361 am Wildlife Park.
**Preis**: 32,40–40,40 £, CC-Mitglieder 20,40 £–28,40 £.
**Internet**: www.caravanclub.co.uk

**Abstecher in die nördlichen Cotswolds**

Bis jetzt haben Sie die interessantesten Ecken der Cotswolds nur gestreift. Wenn es Ihnen in der Gegend gefällt und Sie noch ein wenig tiefer eintauchen möchten, können Sie, statt bei BURFORD rechts nach Oxford weiterzufahren, über **A40**, **A429** und **A424** noch eine kleine Rundfahrt durch ein besonders beliebtes Ausflugseck unternehmen. Bei NORTHLEACH passieren Sie das skurrile **Museum of Mechanical Instruments**. BOURTON-ON-THE-WATER zählt zu den schönsten Orten im Land und hat mit gleich mehreren Museen, einem großen **Vogelpark**, **Labyrinth** und einem **Miniaturdorf**

Brücke in Bourton-on-the-Water

auch eine ganze Reihe an Sehenswürdigkeiten zu bieten. Auch die Marktstadt STOW-ON-THE-WOLD lohnt einen Halt. Und wenn Sie auch noch die Schleife bis MORETON-IN-MARSH fahren, kommen Sie zum **Cotswold-Falkencenter**, dem **Batsford Arboretum**, **Bourton House** und **Chastleton House** sowie dem eleganten Anwesen **Sezincote**.

## OXFORD

Wenn Sie länger als nur ein paar Stunden in der berühmten und alteingesessenen Universitätsstadt verweilen möchten, können Sie zwischen einem Campingplatz und zwei Womo-Pubs wählen. Die Valley Farm liegt fast auf Ihrem Weg, die beiden Pubs nordöstlich bzw. südlich der City.

### (247) WOMO-Pub: Valley Farm Campsite

**GPS**: N 51°45'30" W 1°20'25", Eynsham Rd., OX2 9NL, FARMOOR.
**Max. WOMOs:** 20+.
**Ausstattung/Lage**: Versorgung, WC/Dusche, gemütlicher, einfacher kleiner Platz nur wenige Kilometer vom Oxforder Zentrum entfernt, Busverbindung. Campingwiese ohne Schatten.
**Ortszentrum**: 5,5 km.
**Zufahrt**: Von der A40 kurz vor Oxford am Kreisverkehr dritte Ausfahrt nach Standlake wählen. Dann am übernächsten Kreisverkehr links Richtung Farmoor Botley weiterfahren. Unterwegs müssen Sie eine Mautbrücke (5 Pennys!) nehmen. Den Ort Farmoor durchfahren, gleich danach auf der rechten Seite.
**Preis:** 15–20 £.
**Internet:** www.valleyfarmcampsite.com

### (248) WOMO-Pub: The Red Lion

**GPS**: N 51°46'21" W 1°14'10", 42 Oxford Rd., OX3 0PH, MARSTON.
**Max. WOMOs:** 2–3.
**Ausstattung/Lage**: zentrumsnächstes Womo-Pub, Schotterparkplatz hinter dem Haus, Außenterrasse, familienfreundlich.
**Ortszentrum**: ca. 3,3 km.
**Zufahrt**: Vom P&R-Platz Oxford zunächst stadteinwärts fahren, dann am Kreisverkehr links auf die A40 wechseln. Bei nächster Gelegenheit rechts ab nach Marston, dort am Kreisverkehr rechts und die zweite wieder rechts bis zum Pub auf der linken Seite.
**Preis:** Übernachten auf Anfrage und gegen Einkehr.
**Internet:** www.redlionmarston.co.uk

### (249) WOMO-Pub: Kings Arms

**GPS**: N 51°42'30" W 1°13'55", Church Rd., OX4 4YB, SANDFORD-O.-T.
**Max. WOMOs:** 2–3.
**Ausstattung/Lage**: schön gelegenes Pub direkt an der Themseschleuse, Parkplatz nebenan, familienfreundlich.
**Ortszentrum**: ca. 4,6 km.
**Zufahrt**: Südlich von Oxford auf der Ausfallstraße A4144 bis zum Kennington Roundabout fahren, dort links Richtung London und am nächsten Kreisverkehr Richtung A4074, Sandford, abfahren. Gleich bei der nächsten Abfahrt und danach am nächsten Kreisverkehr weiter in Richtung Sandford bleiben. Dann auf der Henley Road rechts abbiegen und die nächste, Church Road, links bis zum Pub am Ende auf der rechten Seite.
**Preis:** Übernachten auf Anfrage und gegen Einkehr.
**Internet:** www.chefandbrewer.com

High Street

**Stadtbesichtigung in Oxford**

Die 152.000-Einwohner-Stadt geht vermutlich auf eine Klostergründung im 8. Jahrhundert zurück und wurde erstmals durch die Angelsachsen rund 200 Jahre später schriftlich erwähnt. Die ersten Berichte über die Universität stammen aus dem 12. Jahrhundert und die ersten Colleges, Verbandsheime, in denen die Studenten wohnen, sich organisieren und lernen, wurden ab 1249 gegründet. Die ältesten sind das bis heute bestehende University College, Balliol College und Merton College. 1642 wurde Oxford dann unter Charles I. während des Bürgerkriegs sogar kurzzeitig zum Regierungssitz Englands und es gab Ausschreitungen zwischen Königstreuen und Parlamentariern. Doch diese Phase war nur von kurzer Dauer und man kehrte bald wieder zur Kernkompetenz, dem universitären Betrieb, zurück. Mit der Errichtung des Oxford-Kanals und der Eisenbahnstrecken rückte die Stadt näher an ihre großen Nachbarn wie London und Birmingham heran und gewann auch als Industriestandort an Bedeutung. Lange Jahre war im Vorort Cowley der Sitz des Automobilherstellers Morris Motor Company. Auch heute noch ist sie in Betrieb, noch immer zur Produktion des schon damals produzierten Minis – nun aber unter Leitung des Münchner BMW-Konzerns.

Für Ihren Besuch in Oxford fahren Sie zunächst einen geeigneten Parkplatz an. Dafür gibt es zwei Möglichkeiten. Entweder Sie steuern bis in die Innenstadt zum privaten Parkgelände an der **Osney Lane** *([N 51°45'03" W 1°16'06"], OX1 1NJ, 7.00–19.00 Uhr, ganztags ab 7 £)*. Es liegt nahe dem Hauptbahnhof, in fußläufiger Entfernung zum inneren Zentrum. Rechnen Sie aber damit, dass die Fläche oft schon vormittags komplett voll ist.

Oder Sie nehmen gleich die „Park & Ride"-Möglichkeiten von Oxford wahr und begeben sich dann mit dem Pendelbus ins Zentrum. Dazu wählen Sie den ein Stück außerhalb gelegenen Platz **Parkway P&R** nördlich der City *(Overheight Bays ohne Höhenbeschränkung für Womos und Transporter bei [N 51°48'10" W 1°16'19"], Oxford Rd., OX2 8HA, bisher nur Mo–Sa 7.00–19.30 Uhr, 2 £, Bus Nr. 500 bis Rail Station, Mo–Sa 5.40–0.00 Uhr, alle 12–20 Min., samstagabends alle 30 Min., So ab 7.40 Uhr alle 15–20 Min., Busticket hin und rück Erw. 3,50 £, Kinder inkl.)* oder den **Redbridge P&R** im Süden *(Overheight Bays für Womos,*

Bootsverleih am Fluss

*Minibusse etc. nach Seiteneinfahrt bei [N 51°43'53" W 1°14'58"], Abingdon Rd., OX1 4XG, ganztags 2 £, Bus Nr. 300 bis St. Aldates, Mo–Sa 6.00–23.30 Uhr alle 10 Min., abends alle 30 Min., So 8.30–19.00 Uhr alle 10–15 Min., Busticket hin und rück Erw. 2,80 £, Kinder inkl.).*

Auch in Oxford bietet sich die Gelegenheit, für einen Überblick, wichtige Infos zur Stadt und ein bequemes Vorankommen den **City-Sightseeingbus** mit Hop-on-/Hop-off-Schema zu wählen. Er startet am Bahnhof, den Sie ab dem Parkway P&R und Cityparkplatz ideal erreichen. Am Redbridge P&R können Sie sogar direkt zusteigen. Die Busse sind auf zwei Routen unterwegs und befördern Sie einmal rund um das verkehrsberuhigte Zentrum und zu den etwas weiter außerhalb gelegenen Sehenswürdigkeiten *(ca. 9.30–18.30 Uhr, Apr.–Aug. alle 10–15 Min., Sept./Okt. alle 12–15 Min., Nov.–März ca. 9.30–16.30/17.30 Uhr alle 15–30 Min., 24-h-/48-h-Tickets, Erw. 15/17 £, erm. 13/15 £, Kinder 5–15 J. 9/10 £, Familien 41,50/47,50 £, www.citysightseeingoxford.com).*

Wir stellen Ihnen wichtige Attraktionen in der Reihenfolge der City-Sightseeingbus-Tour vor. Auch die Colleges, an denen Sie vorbeikommen und die für die Öffentlichkeit besuchbar sind, werden aufgeführt. Nicht alle muss man gesehen haben; zu den interessantesten gehören sicher das Christ Church College und das Magdalen College. Eine Übersicht zu den genauen Einlasszeiten und Preisen erhalten Sie auf www.ox.ac.uk/visitors/visiting-oxford/visiting-the-colleges.

Statt per Bus können Sie die Wege aber auch zu Fuß nachvollziehen und sich stattdessen zu einem etwas ausgedehnteren Spaziergang aufmachen. Der Beginn am Bahnhof ist in jedem Fa**ll eine gute Wahl, denn dort erhalten Sie in der** Touristeninformation auch Stadtpläne und andere nützliche Infos *(Botley Rd., OX1 1HS).*

Das **Oxford Castle Unlocked** ist eine Besucherattraktion zwischen Geschichtsunterricht und Kostümspektakel. In der bald 1000 Jahre alten Burghalde nehmen Sie an einer Führung teil, auf der entsprechend kostümierte Charaktere Ihnen Geschichten aus dem alten Oxford und dem Burgleben preisgeben. Dazu gehört auch der St. George's Tower, Oxfords ältestes Gebäude, und die unterirdische Krypta. Am Gefängnis werden Sie entlassen und können den letzten Teil noch auf eigene Faust erkunden *(44 Oxford Castle, OX1 1AY, 10.00–16.20 Uhr, Führungen alle 20 Min., Erw. 10,75 £, erm. 9 £, Kinder 5–15 J. 7,50 £, Familien 34 £, www.oxfordcastleunlocked.co.uk, City-Sightseeing-Halt 4).* Gleich nebenan können Sie auch das **Westgate Shopping Cen-**

**tre** besuchen.
Rund um die Straße **St. Aldates** befindet sich gleich eine ganze Reihe sehenswerter Orte *(City-Sightseeingbus-Halt 6 oder 7)*. Im Süden endet sie an der **Folly Bridge** über der Themse mit dem **The Folly Restaurant***** unterhalb *(Folly 1, OX1 4JU)*. Gleich unterhalb werden Bootstouren angeboten und alle möglichen Arten von Kähnen zur Miete offeriert. Wenn schon, dann sollten Sie die Gelegenheit ergreifen, sich an einem der traditionellen Puntingboote zu versuchen. Der Bootsführer schiebt diese an einem langen Stab durch das seichte Wasser, doch Vorsicht: Das Navigieren und Umschiffen der anderen Boote, die gerade an schönen Wochenenden sehr zahlreich sein können, ist schwieriger, als man denkt ... *(Boote ab 20 £/Std., Kaution 50 £)*. Ein Stück zurück an der Ecke zur **Speedwell Street** befindet sich **Alice's Shop**. Der Souvenirladen steht ganz im Zeichen von Alice im Wunderland, deren Geschichte auch in Oxford spielt. Sogar der Laden selbst kommt im Buch von Lewis Carroll vor. Gegenüber können Sie durch ein Tor die Gärten des **Christchurch College** betreten und einen Spaziergang im Grünen unternehmen. Die Gebäude samt der großen Kathedrale gehören zu den interessantesten Oxforder Bildungseinrichtungen *(St. Aldate's, OX1 1DP, www.chch.ox.ac.uk)*.

Carfax Tower

Weiter geradeaus in Richtung Fußgängerzone **Cornmarket** passieren Sie zunächst das **Museum of Oxford** im vorderen Teil der Town Hall. Es befasst sich mit allen Aspekten der Stadtgeschichte und der Universitäten und Colleges *(St. Aldate's, OX1 1BX, Mo–Sa 10.00–17.00 Uhr, Eintritt frei, www.oxford.gov/museumofoxford)*. Auf der gegenüberliegenden Straßenseite steht der **Carfax Tower** aus dem 14. Jahrhundert, er gilt als ein Fixpunkt der Stadt und man kann ihn besteigen. Zusammen mit den vielen anderen Spitzen, Dächern und Zinnen trägt er zu Oxfords Beinamen „Stadt der verträumten Türme" bei *(15 Broad St., OX1 3AS)*. Am Beginn der **High Street** nach rechts können Sie den schönen, überdachten **Covered Market** besuchen. Die Markthallen gehören zu den ältesten und traditionellsten Ladenpassagen der Stadt. Kulinarisch zuzuschlagen, lohnt sich beispielsweise bei **Ben's Cookies** oder dem **Pieminister**.
Weiter entlang dieser Straße gehen Sie dann an einer ganzen Reihe von Colleges vorbei *(City-Sightseeingbus-Halt 8 und 9)*. **Lincoln College**, **Brasenose College** und **All Souls College** liegen alle an der **High Street** und können in Teilen besucht werden. Das Gleiche gilt für **Oriel College**, **Merton College** und **University College** eine Parallelstraße dahinter entlang von **Blue Boar Street** und **Merton Street**. Dort liegt auch das gute **Bear Inn Pub**** *(6 Alfred St., OX1 4EH)*.
Ganz im Westen des Zentrums fügt sich die **Magdalen Bridge** an die

Hertford Bridge

High Street. Auch hier, auf dem River Cherwell, können Sie sich im Punting versuchen oder im großen **Magdalen College** vorbeischauen, das eine ganze Reihe an Räumen und Plätzen für Besucher offen hält *(High St., OX1 4AU, www.magd.ox.ac.uk, City-Sightseeing-Halt 10)*. Gegenüber befindet sich der Zugang zum **Botanical Garden of Oxford**. Mit rund 400 Jahren Bestehen ist er der älteste botanische Garten des Landes und umfasst mit Arboretum und Gewächshäusern eine recht beeindruckende Anzahl an Blumen und Bäumen aller Art. Für Familien werden verschiedene, thematisch unterteilte Thementrails angeboten *(Rose Ln., OX1 4AZ, Mai–Aug. 9.00–18.00 Uhr, März/Apr. und Sept./Okt. bis 17.00 Uhr, sonst bis 16.00 Uhr, Erw. ab 17 J. 5 £, erm. 3,50 £, www.botanic-garden.ox.ac.uk)*.

Ein Stück zurück können Sie nur zu Fuß rechts vor dem Queen's College in die schmale **Queen's Lane** einbiegen. Am Weg passieren Sie die Cafés **The Rose** *(51 High St., OX1 4AS)* und **Queen's Lane Coffee House** *(OX1 4AR)* und wandern so, vorbei am **New College** und **Hertford College**, unter der **Hertford Bridge** hindurch. Die kleine, geschlossene Brückenpassage über die Straße gleicht der Seufzerbrücke in Venedig und ist ein beliebtes Fotomotiv. Sie gelangen so zur **Cattle Street**. Links sehen Sie das kreisrunde Gebäude der **Radcliffe Camera**. Das auffällige Bauwerk stammt aus dem

Magdalen und Christ Church College

18. Jahrhundert und war einst Sitz der Bibliothek. Heute dient es als Lesesaal und der Zugang ist Studenten vorbehalten; nur auf speziellen, im Voraus gebuchten Touren ist ein Zugang für Besucher möglich. Nichtsdestotrotz gehört es zu den Highlights auf einem Stadtrundgang und zu den bemerkenswertesten Orten Oxfords. Gleich rechts daneben geht man in den Hof der **Bodleian Library**, der heutigen Universitätsbibliothek. Als eine von nur sechs Pflichtexemplar-Bibliotheken muss jedes in Großbritannien erschienene Buch darin hinterlegt werden. Aneinandergereiht würde der Bestand heute eine Strecke von rund 175 km ergeben, mehr als 6,5 Millionen Einzelbände sind vorhanden. Der Eintritt erfolgt mittels gebuchter Führung *(Broad St., OX1 3BG, Zutritt ab 11 J., Mo–Fr 9.00–17.00 Uhr, Sa bis 16.30 Uhr, So ab 11.00 Uhr, Minitouren, 30 Min., 3–5 x täglich, 6 £, Standardtouren, 60 Min., 3–4 x täglich, 6 £, große Touren inkl. Radcliffe Camera Mi/Sa/So 1–2 x täglich, 90 Min., 14 £, www.bodleian.ox.ac.uk)*.

Radcliffe Camera

Ums Eck in der **Broad Street** schlägt das alte Herz der Stadt *(City-Sightseeing-Halt 13 und 14)*. Linker Hand sehen Sie den runden, mit einer Kuppel gekrönten Bau des **Sheldonian Theatres**. Es wurde zwischen 1664 und 1669 unter Leitung von Sir Christopher Wren erbaut. Es ist die offizielle Zeremonienhalle der Universität, in der beispielsweise Im-

Queen`s College

Broad Street

matrikulationsfeiern und Graduierungszeremonien abgehalten werden *(Broad St., OX1 3AZ, Feb.–Nov. 10.00–16.30 Uhr, Mai–Sept. auch So, sonst Mo–Sa bis 15.00 Uhr, Erw. 3,50 £, erm. und Kinder unter 16 J. 2,50 £, Führungen 8 bzw. 6 £, www.admin.ox.ac.uk/sheldonian)*. Auch ein weiteres **Touristeninformationszentrum** befindet sich in der Broad Street sowie das beliebte **White Horse Pub**** *(Nr. 52, OX1 3BB)*. Auf der gegenüberliegenden Seite steht das imposante Bauwerk von **Trinity College**. Auf der gleichen Straßenseite folgt an der Kreuzung zur **Magdalen Street** dann noch das **Balliol College** *(City-Sightseeing-Halt 19)*. Auf der Insel in der Straßenmitte steht die St. Mary Magdalen Church mit dem auffälligen **Martyrs Memorial**. Es wurde zu Ehren der Märtyrer Latimer, Ridley und Cranmer erbaut, die alle wegen ihres Bekenntnisses zur Reformation in den Jahren 1555 und 1556 unter der katholischen Königin Maria in Oxford auf dem Scheiterhaufen verbrannt wurden. Ein letztes Highlight ist das bekannte **Ashmolean Museum** in der **Beaumont Street**. Die Generalsammlung setzt Schwerpunkte im Bereich „Kunst und Archäologie", doch es gibt Exponate zu mannigfaltigen Themen. Sie geht auf einen Privatbestand an Raritäten aus dem 17. Jahrhundert zurück, der weitgehend aus Münzen, Stichen, Tier- und Pflanzenpräparaten bestand. Heute gehören auch Kunstwerke Caspar David Friedrichs, Leonardo da Vincis oder Michelangelos dazu sowie Instrumente, Kleidungsstücke und Keramiken *(Beaumont St., OX1 2PH, Di–So, 10.00–17.00 Uhr, Eintritt frei, www.ashmus.ox.ac.uk, City-Sightseeing-Halt 20)*.

## Blenheim Palace

Nördlich von Oxford lohnt dann noch ein Stopp am weltbekannten Anwesen **Blenheim Palace**. Es gehört seit 1987 zum UNESCO-Weltkulturerbe und wurde zwischen 1705 und 1722 erbaut. Es war ein Geschenk der englischen Nation an den Duke von Marlborough John Churchill in Gedenken an seinen historischen Sieg über französische und bayerische Truppen 1704. Es gilt als absolutes Meisterwerk barocker Architektur und kann Besucher einen ganzen Tag lang fesseln. Im Erdgeschoss können Sie einige Wohnräume besichtigen und mehr über Winston Churchill erfahren, der als Sohn der großen Churchill-Dynastie in Blenheim geboren wurde. Im Obergeschoss nimmt man an einer computergesteuert-animierten und ganz amüsanten Reise durch die Geschichte des Palastes teil und in den riesigen Gärten können Sie wandern, spazieren oder ausspannen und einmal mehr die landschaftsgestalterische Kunst des großen Lancelot Capability Brown genießen.

Blenheim Palace

Wer mag, nimmt dann vom Parkplatz noch die kleine Ausflugsbahn zu den Pleasure Gardens – mit Heckenlabyrinth, Schmetterlingshaus und Abenteuerspielplatz etwas für die ganze Familie.

*[N 51°50'46" W 1°21'06"], Oxford Rd., OS20 1UH, Woodstock, Mitte Febr.–Nov. 10.30–17.30 Uhr, sonst bis 16.30 Uhr, inkl. Haus/nur Gärten, inkl. deutschsprachigen Audioguides Erw. 24,90/14,90 £, erm. nur wochentags 19,90/10,90 £, Kinder 5–16 J. 13,90/6,90 £, Familien 59,90/39,90 £, www.blenheimpalace.com*

### Bicester Outlet und Waddesdon Manor

Auf der Weiterfahrt touchieren Sie die Stadt BICESTER. An sich ist das kein sonderlich erwähnenswerter Stopp, wenn es nicht einmal mehr die Gelegenheit zum Einkaufen gäbe. Auch hier befindet sich nahe der Schnellstraße mit dem **Bicester Village** ein Outlet Centre. Durch seine Autobahnanbindung und eine gute Zugverbindung liegt es noch im erweiterten Londoner Einzugsbereich und erwartet Sie bei Interesse daher mit gleich 150 Geschäften.

*[N 51°53'38" W 1°09'36"], 50 Pringle Dr., OX26 6WD, Mo–Mi 9.00–20.00 Uhr, Do–Sa bis 21.00 Uhr, So 10.00–19.00 Uhr*

**Waddesdon Manor** steht dann direkt neben der Hauptstraße **A41**. Nicht ganz so groß und mächtig wie Blenheim, beeindruckt es Besucher nichtsdestotrotz mit seinem Baustil, der einem französischen Chateau des 16. Jahrhunderts nachempfunden ist. Es wurde erst 1874 vom Baron de Rothschild errichtet. Grund war sein Wunsch, die Welt der Schönen und Reichen zu beglücken und standesgemäß einladen zu können sowie für seine Kunstsammlung ein passendes Ambiente zu schaffen. Rings um das Haus können Sie die viktorianischen Gärten voll bunt blühender Farbenpracht durchschreiten und exotische Vögel in der Voliere beobachten.

*[N 51°50'33" W 0°55'29"], Silk St., HP18 0JH, Waddesdon, inkl. Haus/nur Garten Erw. 18/9 £, Kinder 9/4,50 £, Familien 40,50/22,50 £, NT-Mitglieder frei, Haustickets möglichst online vorbuchen unter www.waddesdon.org.uk*

Wenn es im Anschluss für Sie wieder Zeit wird, einen Nachtplatz zu finden, gibt es den am klassischen Dorfpub **The Pilgrim** wenige Kilometer nördlich *(**250:** [N 51°53'52" W 0° 52'29"], 25 High St., MK18 3PD, North Marshton, www.thepilgrimpub.co.uk).*

**Tring Natural History Museum**

Vorbei an AYLESBURY können Sie in der kleinen Marktgemeinde TRING dann wenig später das einstige Privatmuseum des zweiten Barons von Rothschild besuchen. Längst der Öffentlichkeit zugänglich gemacht, trägt es seit 2007 den Namen **Natural History Museum**. Als Ableger des großen Londoner Bruders umfasst es eine sehr umfangreiche Sammlung ausgestopfter und konservierter Tiere aller Kontinente. Das ist sicher nicht jedermanns Sache, aber dennoch erwähnenswert: Darunter befinden sich immerhin auch Besonderheiten wie die ausgestorbenen Spezies Quagga, Tasmanischer Wolf oder die Laufvögel Moa und Dodo.

*Parken in der Hastoe Lane bei [N 51°47'23" W 0°39'42"], Museum: Akeman St., HP23 6AP, Mo–Sa 10.00–17.00 Uhr, So ab 14.00 Uhr, Eintritt frei, www.nhm.ac.uk/visit/tring.html*

Auch nahe Tring gibt es wenige Kilometer weiter nördlich Pubs für die Nacht. So z.B. das gemütliche **The Anglers Retreat** an einem Kanal mit Freiterrasse und Parkplatz hinter dem Haus *(**251:** [N 51°49'04" W 0°40'05"], Lower Icknield Way, HP23 4LJ, Startop's End, WiFi, www.anglersretreatpub.co.uk)* oder alternativ das **Red Lion** einen Ort weiter *(**252:** [N 51°49'25" W 0°40'02"], 90 Vicarage Rd., HP23 4LU, Marsworth, www.redlionmarsworth.co.uk).*

Auch einen Campsite können Sie wieder einmal wählen, in diesem Fall ist das die **Town Farm** zwischen Feldern und Hügeln neben einem kleinen Dorf *(**253:** [N 51°50'16" W 0°37'11"], B489, LU7 9EL, Ivinghoe, Mai–Okt., 20 £, alle Einrichtungen, www.townfarmcamping.co.uk).*

**ZSL Whipsnade Zoo**

Kurz vor der Stadt LUTON, die in Resteuropa vor allem durch den zu den Londoner Airports zählenden Flughafen bekannt ist, gelangen Sie nahe dem Dorf WHIPSNADE zum größten Tierpark der Britischen Inseln. **ZSL Whipsnade Zoo** umfasst eine Fläche von 2,4 Quadratkilometern und ist damit nicht nur der größte Zoo Großbritanniens, sondern einer der größten überhaupt – zumindest was die Fläche angeht. Ziemlich einmalig in Europa dürfte auch die Möglichkeit sein, mit dem Womo

Im Womo durch den Zoo: ZSL Whipsnade

quer durch den Park zu verschiedenen Parkplätzen an den „Hotspots“ zu fahren, allerdings ist dieser „Luxus“ nicht ganz billig. Einfach weil die Fußwege sonst schnell zu weit werden können. Das Asien-Gehege ist dabei wie ein Safaripark aufgebaut, die dort lebenden Tiere wie Antilopen und Wild können direkt bis ans Auto herankommen. Auch Pfaue oder Maras leben fast frei im Zoo und die volierenartige Einhausung der Lemuren kann man komplett durchqueren. Zu den Höhepunkten eines Besuchs zählen sicher auch die neue Elefantenanlage und das Serengeti-Gehege des Löwenrudels. Wer nicht selbst mit dem Auto durch den Park fahren möchte, kann alternativ auch Shuttlebusse und im Westteil eine Parkbahn nutzen.

*[N 51°51'01" W 0°32'39"], B4540, LU6 2LF, Apr.–Sept. 10.00–18.00 Uhr, März bis 17.30 Uhr, Febr. bis 17.00 Uhr, sonst bis 16.00 Uhr, Erw. 25,45 £, erm. 22,91 £, Kinder 3–15 J. 18,50 £, Fahrzeugmitnahme 25 £, bei Onlinebuchung ca. 10 % Ermäßigung, www.zsl.org/zsl-whipsnade-zoo*

Wenn Sie gleich im Anschluss übernachten möchten, müssen Sie mit einem eher kleinen Parkplatz neben dem Pub **The Plough** vorliebnehmen, sofern Platz ist und der Wirt Ihnen den Aufenthalt gegen Einkehr gestattet *(**254:** [N 51°51'33" W 0°26'17"], Woodside Rd., LU1 4LU, Slip End, www.thepilgrimpub.co.uk)*. Ansonsten werden Sie auch ein Stück weiter nördlich fündig.

Wrest Park

## (255) WOMO-Pub: The Cross Keys

**GPS**: N 51°59'42" W 0°27'10", 13 High St., MK45 5HB, PULLOXHILL.
**Max. WOMOs:** 2–3.
**Ausstattung/Lage**: schönes Pub mit großem Garten und Freiterrasse, familienfreundlich, umfangreiches Essensangebot. Wenn keine Veranstaltungen stattfinden, können Sie auf der großen Wiese hinter dem Haus campen.
**Ortszentrum**: Das Pub ist das Ortszentrum.
**Zufahrt**: Von der A6 nördlich von Luton nach Barton-le-Clay links Richtung Pulloxhill abzweigen. Nach rund 2 km links auf die High Street wechseln, das Pub kommt rechts nach wenigen Metern.
**Preis:** 10 £.
**Internet:** www.thecrosskeys.co.uk.

### Wrest Park

Einen nächsten Halt verdient das schöne Landgut **Wrest Park** mit seinem großzügigen Landschaftspark, der gleich drei Generationen an Landschaftsgärtnern beschäftigte, die alle ihre Spuren hinterließen. Aus dem Auffinden der vielen Statuen, Tempel und Spezialitäten wie der Badegrotte kann man fast ein Suchspiel machen. Im Gebäude sind nur wenige Räume ausgestattet, der Rest umfasst eine interaktive Ausstellung zum Anwesen und seiner einstigen Bewohner.

*[N 52°00'31" W 0°24'54"], MK45 4HR, Silsoe, Apr.–Okt. 10.00–17.00 Uhr, sonst nur Sa/So bis 16.00 Uhr, Erw. 9,80 £, erm. 8,80 £, Kinder 5–15 J. 5,90 £, Familien 25,50 £, EH-Mitglieder frei, www.english-heritage.org.uk*

### Shuttleworth Collection und RSPB Reserve The Lodge

Eine überaus renommierte und weltweit anerkannte Sammlung an Flugzeugen und Automobilen gibt es am Old Warden Aerodrome mit der **Shuttleworth Collection** zu besuchen. Sie wurde vom Luftfahrtpionier Richard Shuttleworth begründet, der 1928 selbst bei einem Flugzeugabsturz ums Leben kam. Vor allem die über 40 Flugmaschinen, deren Schwerpunkt auf den frühen Tagen der Luftfahrt liegt, ziehen Besucher an. Darunter ist auch das älteste flugfähige Flugzeug der Welt, eine Blériot

XI aus dem Jahr 1909, die noch immer mit ihrem Originalmotor läuft. Jährlich werden 12 Flugtage veranstaltet, bei denen man die Veteranen auch in der Luft beobachten kann. Bei den Fahrzeugen hält ein Panhard von 1898 den Altersrekord.

Zum Gelände gehört auch der **Swiss Garden**. Mit seinen Tümpeln, Skulpturen und drei verschiedenen Rundwegen lädt er Gäste zu einem erholsamen und ruhigen Aufenthalt als Kontrastprogramm zur „Motorshow“ nebenan ein – vor und nach einem Aufenthalt oder stattdessen.

*[N 52°05'25" W 0°19'22"], Hill Ln., SG18 9EP, Biggleswade. Mitte Febr.–Okt. 9.30–17.00 Uhr, sonst 10.00–16.00 Uhr, Komplettpreis/nur Collection/nur Garten Erw. ab 16 J. 20/15/8 £, erm. 17,50/12/7 £, an Flugtagen andere Preise und Zeiten, Termine über www.shuttleworth.org*

Im nahen BROOM befindet sich dann die dazu passende Übernachtungs-Lokation: das sympathische „Pub ohne Tresen“ **Cock Inn** mit langer Geschichte und Parkplatz hinter dem Haus im Grünen *(**256:** [N 52°04'22" W 0°17'30"], 23 High St., SG18 9NA, Broom, www.thecockatbroom.co.uk)*.

Mehr auf Natur ausgerichtet ist das **RSPB Resort „The Lodge“** kurz hinter SANDY. Das 1961 eröffnete Schutzgebiet weist auf 238 Hektar eine Reihe an Wanderwegen durch Wald, Heide und Grasland auf, insgesamt sind 8 km an Wegen für Besucher freigegeben. Am Verwaltungsgebäude im Chalet-Stil wurde auch ein Picknickplatz installiert oder Sie können sich an einer Snackbar versorgen; es gibt einen als Garten angelegten Bereich und im Gelände Überreste einer eisenzeitlichen Befestigungsanlage. Alles in allem vielleicht kein zwingender Stopp, aber eine sehr angenehme Möglichkeit, auf dieser doch stark durch Städte und Kultur geprägten Tour ein wenig frische Luft und Stille zu tanken.

*[N 52°07'20" W 0°15'41"], Potton Rd., SG19 2DL, 7.00–21.00 Uhr oder Sonnenuntergang, statt Eintritt Parkgebühr 5 £, www.rspb.org.uk*

Ein weiteres **Cock Inn** erwartet Gäste in GAMLINGAY. Hinter dem Haus gibt es einen großen Parkplatz und eine Picknickwiese mit Spielplatz. Vorsicht, die Einfahrt ist ziemlich schmal *(**257:** [N 52°09'20" W 0°11'29"], 25 Church St., SG19 3JH, www.thecockinngamlingay.co.uk)*.

### Wimpole Estate

Letzter Tipp für einen Halt vor Cambridge ist das **Wimpole Estate**. Das riesige, bis heute wirtschaftlich genutzte Anwesen hat das Zeug dazu, alle glücklich zu machen, auch wenn die Interessen etwas weiter auseinanderliegen. Im Gutshaus können Sie durch die im georgianischen Stil eingerichteten Räume wandern und mehr zu den einstigen Bewohnern, Dienstboten und Gästen erfahren. In den Gärten, Pleasure Grounds

Wimpole Estate

und dem mit Früchten, Gemüse und Kräutern bepflanzten „Walled Garden“ lässt sich wunderbar spazieren gehen. Wem mehr nach einer stillen, weiteren Wanderung ist, der geht durch Parkland und sanft geschwungene Felder mit Weidekoppeln bis zum Gothic Tower am See. Immer was los ist dann auf dem hauseigenen Bauernhof, auf dem Schweine, Kühe, Schafe, Ziegen, Pferde und Hühner aus der Nähe erlebt werden können. Viele davon gehören zu den Rare Breeds, heutzutage nur noch selten anzutreffenden Arten, denen man sich in Wimpole verschrieben hat. Im Wald hinter der Farm gibt es dann auch noch einen großen Spielplatz zum Austoben.

*[N 52°08'28" W 0°02'39"], Orwell, SG8 0BW, Mitte Febr.–Okt. 10.00–17.00 Uhr, sonst Garten 11.00–16.00 Uhr, Farm dann nur Sa/So, mit Haus/nur Farm und Garten Erw. 18/11 £, Kinder 9/5,50 £, Familien 45/27,50 £, NT-Mitglieder frei, www.nationaltrust.org.uk*

## CAMBRIDGE

In Cambridge haben Sie die Wahl zwischen einem Campingplatz am Stadtrand oder zwei Stellplätzen einige Kilometer nördlich der Stadt, die im Anschluss an den Stadtrundgang beschrieben sind.

## (258) WOMO-Campingplatz: Cherry Hinton Caravan Club Site

**GPS**: N 52°10'54" E 0°10'10", Lime Kiln Rd., CB1 8NQ, CAMBRIDGE.
**Max. WOMOs:** 62.
**Ausstattung/Lage**: alle Einrichtungen, parzellierte Flächen, meist auf Schotter. Gepflegter, eher kleiner Platz. Er ist in mehreren terrassierten Ebenen den Hang aufwärts angelegt. Teils Schattenplätze.
**Öffnungszeiten:** ganzjährig.
**Ortszentrum**: ca. 4 km.
**Zufahrt**: Von der A428 kommend immer geradeaus. Sie geht in die A14 über. Ausfahrt Cambridge/Newmarket A1303 wählen und im Kreisverkehr die dritte Ausfahrt nehmen. Am nächsten Kreisverkehr links nach Cherry Hinton abfahren und immer geradeaus, bis nach einer Grünfläche links ab ein braunes Schild mit Wohnwagen auf den Campingplatz hinweist.
**Preis**: 31,90–40,40 £, CC-Mitglieder 19,90–28,40 £.
**Internet**: www.caravanclub.co.uk

**Stadtbesichtigung in Cambridge**

Die Geschichte der 120.000-Einwohner-Stadt Cambridge ist seit vielen Hundert Jahren mit dem ewigen Rivalen Oxford eng verknüpft. Schließlich entstand der universitäre Betrieb sogar mit abtrünnigen Studenten Oxfords, die eine neue Fakultät in Cambridge mit aufbauten. Somit scheint die Stadt zunächst einmal jünger zu sein. Doch der Eindruck täuscht, denn dies gilt nur für die Lehranstalt. Schon 1000 Jahre v.Chr. gab es Siedlungen und unter den Römern wurde die Brücke am Fluss Cam ein wichtiger militärischer Posten samt Ortschaft. Eine nächste Hochzeit wurde um 875 durch die Wikinger eingeleitet, die im und um den wachsenden Ort regen Handel trieben. Unter den Normannen entstanden das einstige Castle und die noch heute bestehende Round Church. 1284 wurde die Universität gegründet. Der Wettstreit der beiden Fakultätsstädte wird übrigens seit 1829 durch ein jährlich stattfindendes 8er-Bootsrennen auf der Themse befeuert. Zurzeit liegt Cambridge vorn und auch akademisch ist man aktuell auf der Gewinnerseite: So sprachen sich nationale wie internationale Wissenschaftsmagazine in den letzten Jahren mehrheitlich für Cambridge als führende Universität Europas aus.
Wie fast immer in größeren Städten müssen Sie zunächst das „Parkplatzproblem" lösen. Im Zentrum von Cambridge werden Sie außerhalb von Parkgaragen, wenn überhaupt, Kurzzeitstellplätze finden. Für einen etwas längeren Aufenthalt kommt somit nur eine „Park & Ride"-Anlage infrage. Ab dort gelangen Sie mit einem Pendelbus ins Zentrum. Für Fahrzeuge mit Überhöhe wurden Extrastellflächen am **Trumpington P&R** südlich der City eingerichtet *(Extrazufahrt bei [N 52°10'07" E 0°06'35"], Hauxston Rd., CB2 9LX, nur tagsüber, 1 £, „Blue Bus" bis Downing Street, Mo–Fr 7.00–20.30 Uhr, Sa ab 8.00 Uhr, So 9.00–18.00 Uhr, jeweils alle 10 Min., Busticket hin und rück Erw. 3 £, Kinder bis 16 J. inkl.).*
Das innerste Zentrum lässt sich gut zu Fuß erkunden und ist sowieso weitgehend

Motorhomes only: am Trumpington P&R

verkehrsfrei. Für die etwas weiter außerhalb gelegenen Sehenswürdigkeiten empfiehlt sich dann einmal mehr der **City-Sightseeingbus** im Hop-on-/Hop-off-Verfahren. Er startet direkt neben der Haltestelle Downing Street des P&R-Busses *(ca. 10.10–17.10 Uhr alle 20 Min., 24-h-Tickets, Erw. 15 £, erm. 12 £, Kinder 5–15 J. 9 £, Familien 36 £, auch Kombitickets samt Punting-Bootstouren erhältlich, www.city-sightseeing.com/tours/united-kingdom/cambridge.htm)*.

Lassen Sie sich mit dem Bus erst in die Außenbezirke kutschieren und erfahren Sie per Audiokommentar ein wenig mehr zur Stadtgeschichte, bevor Sie im Anschluss selbst zu einem Trip durch das kompakte Zentrum aufbrechen.

An der Chesterton Lane, nördlich des Cams, kann man vom City-Sightseeing-Halt Nr. 4 einen Flussspaziergang bis zum **Museum of Cambridge** und dem **Kettle's Yard** machen. Ersteres setzt sich dem Namen nach mit der Stadtgeschichte auseinander, im zweiten Museum erhalten Sie Einblicke ins Wohnhaus Jim Edes, eines Kunstsammlers und ehemaligen Kurators der berühmten Tate Gallery London. Es zeigt Werke moderner Künstler wie Miró oder Brâncuși *(beide Castle St., CB3 0AQ, MoC: Di–Sa 10.30–17.00 Uhr, So 12.00–16.00 Uhr, Erw. 4 £, erm. 2 £, Kettle's Y.: zuletzt wegen umfangreicher Erweiterung vorübergehend geschlossen, Eintritt frei, www.kettlesyard.co.uk)*. Nach links über die Brücke gelangen Sie vorbei am **Magdalen College** zu Halt Nr. 5 oder nach den Museen geradeaus zu Halt Nr. 16.

Bei Halt Nr. 8 in der **Jesus Lane** stehen Sie am gleichnamigen College und spazieren in westliche Richtung zur bald schon angeschriebenen Mall **The Grafton**, Cambridges größtem Einkaufstempel.

Im Süden der Stadt befindet sich das **Scott Polar Research Institute and Museum**. Es befasst sich mit der Erforschung, wissenschaftlichen Erkenntnissen und der Kunst in der Polarregion *(Lensfield Rd., CB2 1EP, Di–Sa 10.00–16.00 Uhr, Eintritt frei, City-Sightseeing-Halt 11)*.

Zwei Ecken weiter erreichen Sie den großen **Botanischen Garten**, der mit seinen Pflanzen aus aller Welt, Gewächshäusern und den schön gestalteten Anlagen zu den Topadressen Cambridges zählt *(Trumpington Rd., CB2 1JE, Apr.–Sept. 10.00–18.00 Uhr, sonst bis 16/17.00 Uhr, Erw. ab 16 J. 5 £, erm. 4,50 £, www.botanic.cam.ac.uk, City-Sightseeing-Halt 13)*.

Nicht weit entfernt steht an der Trumpington Road auch Cambridges wichtigstes Museum, das **Fitzwilliam**. Die sehr große Sammlung umfasst die Abteilungen „Antiquitäten", „Angewandte Kunst", „Münzen",

King`s College

Round Church

„Manuskripte/Bücher“ und „Zeichnungen/Drucke“. Das Spektrum reicht dabei vom alten Ägypten bis nach Japan und von Meistern des Mittelalters bis zu Renoir, Picasso und anderen Künstlern des 20. Jahrhunderts *(Trumpington Rd., CB2 1RB, Di–Sa 10.00–17.00 Uhr, So ab 12.00 Uhr, Eintritt frei, www.fitzwilliam.cam.ac.uk, City-Sightseeing-Halt 14, auch P&R-Bus, Halt Trumpington Rd.)*. Gleich nebenan steht die älteste Fakultät Cambridges, das **Peterhouse College**.
Mit Halt Nr. 19 erschließt die Stadtrundfahrt auch noch ein etwas abgelegeneres Ziel, den **Amerikanischen Militärfriedhof** mit WW II Memorial – mit seinen 3812 Gräbern und der Gedenkstätte für 5127 Vermisste ein Ort, der zweifelsohne beeindruckt *(Madinglay Rd., CB23 7PH, 9.00–17.00 Uhr, www.abmc.gov)*.
Im Anschluss geht es zurück ins Zentrum. Zu Fuß starten Sie dann wieder in der **Downing Street**, diesmal am Ende linksherum in die **St. Andrews Street** zur Einkaufspassage **Grand Arcade**. An der Ecke befindet sich vorher mit dem **Varsity***** *(Nr. 35, CB2 3AR)* noch ein angesagtes Restaurant. Sie geht in den zweiten Komplex **Lion Yard** über, an dessen Ende Sie links entlang der Straße **Petty Cury** zum Marktplatz gelangen. Links von Ihnen befindet sich die Guild Hall, in der auch das **Touristeninformationszentrum** untergebracht ist. Am hinteren Ende befindet sich die **St. Mary's Church**. Nachdem Sie sich umgesehen haben, halten Sie sich rechts durch die **Market Street** *(nettes Budget-Restaurant **Butch Annies***, Nr. 23, CB2 3PA)*, bis Sie nach links entlang der Einkaufsstraße **Sidney Street** nach Norden gehen können. Ihr Ziel ist die **Round Church**. Sie stammt aus normannischer Zeit und gehört zu den ganz wenigen bis heute erhaltenen Rundkirchen. Angelehnt ist ihre Optik an die Grabkirche in Jerusalem *(Bridge St., CB2 1UB, Di–Fr 10.00–17.00 Uhr, Sa/So ab 13.30 Uhr, So bis 16.00 Uhr, Erw. 2,50 £, erm. und Kinder bis 12 J. 1 £, www.christianheritage.org.uk)*. Nördlich zieht sich die Bridge Street weiter nach Norden, ein geeigneter Abstecher, wenn Sie hungrig sind. Mit den Restaurants **Byron Hamburgers*** *(Nr. 12, CB2 1UF)*, **Café Rouge** *(Nr. 24, CB2 1UJ)*, **Cambridge Wine Merchants***** *(Nr. 32, CB2 1UJ)* und dem **Galleria Restaurant**** *(Nr. 33, CB2 1UW)* haben Sie gleich eine ganze Auswahl nah beieinander.
Linksherum, durch die **St. Johns Street**, gelangen Sie zu den bekanntesten Colleges. Wie schon in Oxford können die meisten die-

Punten an der Mathematical Bridge

ser Einrichtungen auch von Gästen besucht werden, eine Übersicht finden Sie auf der Universitätsseite www.map.cam.ac.uk/colleges. Das **St. John's College** auf der rechten Seite macht den Anfang. Es gehört zu den sehenswertesten in der Stadt und erstreckt sich über beide Flussseiten des Cams, der hinter dem Hauptgebäude vorbeifließt. Die **Bridge of Sighs** verbindet beide Teile. Sie lehnt sich nicht nur namentlich an Venedigs Seufzerbrücke an *(Nr. 11, CB2 1TW, März–Okt. 10.00–17.00 Uhr, sonst bis 15.30 Uhr, Erw. 8 £, Kinder 12–16 J. 5 £)*.

Gleich im Anschluss folgt das **Trinity College** mit der Wren Library *(CB2 1TQ, im Sommer 10.00–17.00 Uhr, 3 £)* und das etwas kleinere **Gonville & Caius College**. In dieser Höhe finden Sie auch das **Coast Fish and Chips Restaurant*** *(Nr. 15, CB2 1TB)* und das **Café Michaelhouse** *(CB2 1SU)*.

Dann öffnet sich die bis dahin schmale Straße zur breiten **Kings Parade** hin. Rechts sehen Sie die schönen Gebäude des eindrucksvollen **Kings College** mit der bekannten gleichnamigen Kapelle. Es wurde 1441 von Henry VI. gegründet und gehört zu den fantastischsten spätgotischen Bauten Englands. Die Bauarbeiten an Gebäuden und Kirche dauerten ganze 70 Jahre *(CB2 1ST, meist 9.30–15.30/16.30 Uhr, So teils kürzer, Erw. 9 £, Kinder ab 12 J. 6 £)*.

St. John`s Collage

Links, am Straßeneck von der Taylor Library des **Corpus Christi College**, schlägt die **Corpus Clock** in einem Glaskasten. Eine äußerst ungewöhnliche Uhr, die die Zeit mit blauen Leuchtdioden anzeigt und von den Beinen eines Grashüpfers angetrieben wird – sehen Sie selbst. Rund um die Ecke befinden sich auch noch weitere erwähnenswerte gastronomische Betriebe. So das **Rainbow Café** *(9a Kings Par., CB2 1SJ)*, das **Chop House***** *(1 Kings Par., CB2 1SJ)*, das **Smokeworks Ltd.**** *(2 Free School Ln., CB2 3QR)* und ***The Eagle***** *(8 Bennett St., CB2 3QN)*.

Vorbei an den Gebäuden des **St. Catherine's College** und **Queens College** spazieren Sie dann rechts noch auf einem Abstecher zur Cambrücke. Sie können den vielen Pun-

tingbooten beim Staken und mehr oder weniger gekonnten Manövrieren zusehen. Auch selbst kann man Boote mieten *(6er-Boot pro Stunde 27 £, mit Chauffeur ab 16 £ pro Person)*.
Die Holzbrücke im Hintergrund ist als **Mathematical Bridge** bekannt und wurde nur angeblich ohne jegliche Schrauben und Nägel konstruiert. Auf der **Silver Street** zurück und am Ende rechts und gleich wieder links gelangen Sie zum Ausgangspunkt. Dabei passieren Sie noch das **Pembroke College** rechts und eine ganze Reihe von Museen, die durch die Universität betrieben werden. Links streifen Sie das kleine **Whipple Museum** *(Mo–Fr 12.30–16.30 Uhr)* zum Thema „Wissenschaftsgeschichte" und das **Museum of Zoology** *(wegen Umbau zuletzt geschlossen, Neueröffnung vorauss. 2017)*. Rechts das **Museum für Archäologie und Anthropologie** *(Di–Sa 10.30–16.30 Uhr, So ab 12.30 Uhr)* sowie das **Sedgwick Museum** für Erdgeschichte und -wissenschaft *(Mo–Fr 10.00–13.00 Uhr und 14.00–17.00 Uhr, So 10.00–16.00 Uhr, alle Museen Eintritt frei)*.

Auf der **M11** fahren Sie nun direkt Richtung London weiter oder sehen sich noch etwas länger im interessanten Umland von Cambridge um. Falls Sie sich für den direkten Weg entscheiden, haben Sie unterwegs nahe der Autobahn in WIDDINGTON am **Fleur de Lys Village Pub** *(**267:** [N 51°57'43" E 0°14'16"], High St., CB11 3SG, www.thefleurdelys.co.uk)* und im schönen **Three Horseshoes** im Weiler HAZEL END nahe STENSTED *(**268:** [N 51°53'51" E 0°10'22"], Hazelend Rd., CB23 1HG, www.threehorseshoeshazelend.co.uk)* noch Gelegenheit, über Nacht an einem Pub zu bleiben.

## Ausflug 1: Nördlich von CAMBRIDGE

Auch außerhalb der Universitätsstadt gibt es noch einige interessante Winkel zu entdecken. Nördlich finden Sie, wie bereits angekündigt, zunächst zwei nahe Übernachtungsplätze.

### (259) WOMO-Stellplatz: Horningsea

**GPS**: N 52°14'44" E 0°11'36", Clayhithe Rd., CB25 9JD, HORNINGSEA.
**Max. WOMOs:** 1–2.
**Ausstattung/Lage**: Schotterparkfläche ohne Einrichtungen neben der Regionalstraße, durch ein paar Bäume beschattet und von der Straße getrennt, ringsum Felder.
**Ortszentrum**: 7 km (Cambridge).
**Zufahrt**: Von der A428 kommend immer geradeaus. Sie geht in die A14 über. Ausfahrt Horningsea wählen und nach links abbiegen. Das Dorf durchfahren. Ungefähr 500 m danach auf der rechten Seite.

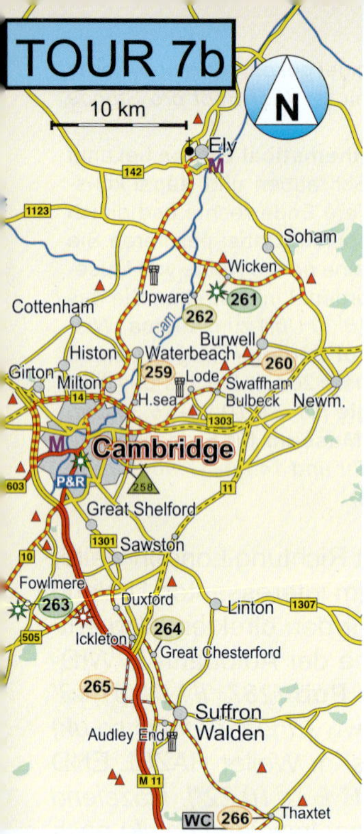


## (260) WOMO-Stellplatz: Burwell

**GPS**: N 52°15'36" E 0°18'59", Swaffham Rd., CB25 0AN, BURWELL.
**Max. WOMOs:** 1–2.
**Ausstattung/Lage**: Parkplatz neben der Hauptstraße, durch eine Hecke getrennt. Keine Einrichtungen, kein Schatten, durch die Straße etwas laut.
**Ortszentrum**: 15 km (Cambridge).
**Zufahrt**: Von der A428 kommend immer geradeaus. Sie geht in die A14 über. Ausfahrt Burwell wählen und immer der Beschilderung nach. Platz kommt auf halbem Weg zwischen Swaffham Prior und Burwell rechter Hand.

Genau dazwischen erwartet **Anglesey Abbey** Besucher. Anfang des 20. Jahrhunderts war von dem einstigen Kloster und seinen Gärten samt einer Mühle nicht mehr viel übrig. Dann sah es jedoch der junge Lord Fairhaven in den 1920er-Jahren und begann mit viel Enthusiasmus und dem nötigen Kleingeld, das völlig heruntergewirtschaftete und lange verwahrloste Anwesen neu zu gestalten. Im 46 Hektar großen Park erschuf er seine Vision eines bunt leuchtenden Gartens, der spektakulär und naturnah gleichermaßen sein sollte. Das Haus wurde kernsaniert, um ihn und seine zukünftigen Besucher gleichermaßen zu inspirieren und zu überraschen. Die wertvollen Möbel, Bilder

Anglesey Abbey

und der opulente Wandschmuck geben einen Eindruck vom Luxus der 30er-Jahre, dem in Anglesey ausgiebig gefrönt wurde.

*[N 52°14'09" E 0°14'42"], Quy Rd., CB25 9EJ, Lode, März–Okt. Mi–So 11.00–15/16.00 Uhr, Garten inkl. Haus/nur Garten und Mühle ganzjährig 10.30–15.30/16.30 Uhr, Erw. 12,45/7,15 £, Kinder 6,45/4,04 £, Familien 32,65/20,10 £, NT-Mitglieder frei, www.nationaltrust.org.uk*

Einige Kilometer weiter erreichen Sie WICKEN mit dem Naturschutzgebiet **Wicken Fen**. Es ist Englands bekanntestes noch bestehendes Moor und gehört zu Europas wichtigsten Feuchtgebieten. Über 9000 Arten, vor allem seltene Pflanzen, Vögel, Schmetterlinge und Libellen, leben in dem Reservat. Wunderschöne Wege, teils auf weitläufig verlegten Holzbohlen, verlaufen durch Schilf, Wiesen und Strauchzonen. Dabei findet jeder seinen stillen Winkel in einem abgeschiedenen Eck, vielleicht mit Blick auf die Windmühle oder die Konik-Ponys und Hochlandrinder, die zur Pflege der Grasflächen eingesetzt werden. Für weitere Ausflüge können Sie auch ein Fahrrad mieten und eine Rundfahrt bis zur Anglesey Abbey unternehmen. Auch Bootsfahrten werden von Ostern bis Oktober vom Visitor Centre aus organisiert. Am Parkplatz vor der Schutzzone kann man die Nacht verbringen (***261:** [N 52°18'42" E 0°17'37"], Lode Ln., CB7 5XP).*

*März–Okt., Mi–So 11.00–15/16.00 Uhr, 10.00–17.00 Uhr, Erw. 6,65 £, Kinder 3,25 £, Familien 16,50 £, Parken 2,50 £, NT-Mitglieder frei, www.nationaltrust.org.uk*

Eine gute Übernachtungsalternative ist das schon durch die Namenswahl Humor beweisende **Five Miles From Anywhere Inn** mit Parkplatz und großem Biergartenbereich direkt am Flussufer des Cams. Sowohl Boote als auch Womos dürfen über Nacht festmachen (***262:** [N 52°18'27" E 0°15'08"], Old School Ln., CB7 5ZR, Upware, www.fivemilesinn.com).*

Wicken Fen

Nur noch ein kleiner Schlenker ist es dann bis nach ELY, das von seiner großen Kathedrale geprägt wird. Einst auf einer Insel im Moor errichtet, hielt die bis dahin angelsächsische Gemeinde nach dem Einfall der Normannen 1066 ganze fünf Jahre lang stand. Erst dann wurde durch Vermittlung der Kirche Frieden geschlossen, der Ely aber weitreichende Rechte zubilligte. Es gibt gleich mehrere geschichtlich interessante Orte in Ely zu sehen. Einen recht großen Parkplatz finden Sie mitten im Zentrum an der **Broad Street** bei *([N 52°23'51" E 0°16'05"], CB7 4GE)*.

**Rundgang durch Ely**

Halten Sie sich von der Parkplatzeinfahrt aus nach links und dann am **Fore Hill** erneut nach links. So gelangen Sie in die Geschäftsstraßen **High Street** und **Market Street**, die am Ende des **Market Place** parallel verläuft.

In diesem Bereich gibt es eine ganze Reihe guter Gaststätten, z.B. das **3 At 3 Café** *(Fore Hill, CB7 4AN)*, das **Samovar Tea House** *(Fore Hill, CB7 4AA)*, das **Royal Standard***** *(Fore Hill, CB7 4AF)*, **The Fish House*** *(Market Pl., CB7 4NU)* und **Julia's Tea Room** *(High St., CB7 4JU)*. Die niedrigen, teils alten Häuser geben Ely ein eigenes Flair. Am Ende der Market Street betreten Sie rechter Hand durch ein Tor das **Ely Museum** im alten Gefängnis. Es erläutert die interessante lokale Geschichte, auch die Trockenlegung der weiten Sümpfe ringsum wird erläutert *(CB7 4LS, Apr.–Okt. Mo–Sa 10.30–17.00 Uhr, So 13.00–17.00 Uhr, sonst nur bis 16.00 Uhr und Di geschlossen, Erw. 4,50 £, erm. 4 £, Kinder ab 5 J. 1 £, www.elymuseum.org.uk)*.

Ely Cathedral

Nach links durch die **Lynn Street** spazieren Sie direkt auf die riesige **Kathedrale** „der Dreifaltigkeit" zu. Sie stammt aus dem 11. Jahrhundert, wurde später aber immer wieder umgebaut und verändert. Innen wie außen beeindruckt sie gleichermaßen, z.B. durch die mehrfach übereinandergestellten Bögen und Schmuckformen der Wände oder das Schmuck-Oktogon hoch oben am Ende des Hauptschiffs. Im Eintrittspreis ist eine Führung enthalten und im „All-in"-Paket ist auch die Besteigung des Westturms, das zugehörige Buntglasmuseum sowie ein Heißgetränk im Café enthalten *(7.30–18.30 Uhr, 9.00–17.00 Uhr kostenpflichtig, Erw. 8–18 £, erm. 6–15,50 £, Kinder bis 16 J. frei, Tower-Tour ab 10 J. erlaubt, 7,50 £, www.elycathedral.org).*

Gegenüber dem Hauptportal führt ein Weg dann noch zur **Church Lane**, an deren linker Seite Sie zum **Oliver Cromwell House** gelangen. Der englische Lordprotektor war Staatsoberhaupt in der einzigen kurzen republikanischen Phase Großbritanniens zwischen 1649 und 1659. Bis heute ist er höchst umstritten: Von vielen als Freiheitskämpfer verehrt, wird er von anderen eher als mordlüsterner Diktator gesehen. Für mehrere Jahre lebte er mit seiner Familie in einem einfachen Fachwerkhaus in Ely. Es ist heute zum Museum umgebaut und vermittelt die Geschichte zum Leben und Wirken Cromwells und der Zeit, in der er lebte, recht anschaulich *(CB7 4HF, Apr.–Okt. 10.00–17.00 Uhr, sonst 11.00–16.00 Uhr, Erw. 4,90 £, Kinder 6–16 J. 3,40 £, Familien 14 £, inkl. Audioführern, www.olivercromwellshouse.co.uk).*
*Gegenüber speisen Sie gut im Poets House*** (St. Mary's St., CB7 4EY)* oder **Old Fire Engine House***** *(St. Mary's St., CB7 4ER).* Für den Rückweg gehen Sie zur Kathedrale zurück, dann rechts und am Rondell links durch den Torbogen und Park bis zur **Broad Street** zurück. Ihren Stellplatz erreichen Sie nach links oder Sie gehen durch die **Jubilee Gardens** noch ein paar Meter geradeaus zum Ufer des Flusses Ouze mit gemütlicher Promenade, Blick auf die Marina und dem beliebten **Peackocks Tearoom** *(65 Waterside, CB7 4AU).*

Einen letzten Stopp am Rückweg nach Cambridge können Sie an der **Denny Abbey** einlegen. Die teils mehr als 850 Jahre alten Gemäuer blicken auf eine wechselhafte Geschichte zurück. Als Benediktinerkloster gegründet, wurde sie später ein Alterssitz für in die Jahre gekommene Tempelritter. Später zogen Franziskanernonnen ein und nach der Säkularisation wurde die Abtei zur Farm. Heute für die Allgemeinheit geöffnet, gehen Sie auf Spurensuche alter Zeiten oder sehen sich im benachbarten Bauernhofmuseum um.

*[N 52°17'40" E 0°11'09"], CB25 9PQ, Apr.–Okt. Mo–Fr 12.00–17.00 Uhr, Sa/So ab 10.30 Uhr, Erw. 5 £, erm. 4 £, Kinder 5–17 J. 3 £, Familien 13 £, EH-Mitglieder frei, www.english-heritage.org.uk und www.dennyfarmlandmuseum.rog.uk*

**Ausflug 2: Südlich von CAMBRIDGE**

Fahren Sie auf der **A10** in Richtung ROYSTON, um dann links nach FOWLMERE abzudrehen, wenn Sie das **RSPB Reserve Fowlmere** besuchen möchten. Das Schilfgebiet wird von einem Bach durchflossen und steht wegen der vielen dort lebenden Vögel wie Wasserrallen, Turteltauben oder Eisvögel unter besonderem Schutz. Auf den auf 3 km angelegten und markierten Wegen kann man das Gebiet durchstreifen; es gibt auch ein Visitor Centre, WCs und einen ruhigen Parkplatz *(**263:** [N 52°05'35" E 0°03'15"], Mill Rd., SG8 7TH, Eintritt frei, Spenden erwünscht, www.rspb.org.uk)*.

Gleich neben der M11-Auffahrt hat das Londoner **Imperial War Museum** nahe DUXFORD eine riesige Außenstelle. Auf dem historischen Flugplatz mit mehreren Hangars und Teilmuseen werden Flugzeuge, Gerät und Fahrzeuge aus dem Zweiten Weltkrieg, aber auch anderer militärischer Konflikte der letzten Jahrzehnte gezeigt sowie Reliquien der zivilen Luftfahrt. Sie können eine Spitfire aus der Nähe betrachten, das Überschallflugzeug Concorde ansehen und alte Panzer begutachten. Mehrmals jährlich finden in den Sommermonaten auch große Flugshows statt.

*[N 52°05'48" E 0°07'58"], A505, CB22 4QR, 10.00–16/17.00 Uhr, Erw. 16,35 £, erm. 13,05 £, Kinder 5–15 J. 8,15 £, Familien 42,95 £, www.iwm.org.uk/visits/iwm-dxford*

Am Weg in Richtung SAFFRON WALDEN können Sie noch am gemütlichen Dorfpub **The Plough** mit riesigem Parkplatz hinter dem Haus bleiben *(**264:** [N 52°03'52" E 0°12'15"], 2 High St., CB10 1PL, Great Chesterford, www.ploughgc.co.uk)* oder es auf einer einsamen Parkfläche zwischen den Feldern versuchen.

### (265) WOMO-Stellplatz: Burwell

**GPS**: N 52°03'18" E 0°10'35", Coploe Rd., STRETHALL.

**Max. WOMOs:** 1–2.
**Ausstattung/Lage**: landwirtschaftliche Parkfläche zwischen den Feldern ohne Verbote, direkt neben der kleinen Provinzstraße, einsam, keine Einrichtungen, kein Schatten.
**Ortszentrum**: 1,4 km (Ickleton).
**Zufahrt**: Vom IWM Duxford kommend die Autobahn queren, rechts nach Duxford einfahren und über Ickleton immer geradeaus. Einige Hundert Meter nach der Autobahnüberführung rechts.

Mit den **Audley End House and Gardens** erreichen Sie zum Schluss noch ein besonders sehenswertes Anwesen. Einst eines der größten jakobinischen Landgüter Englands befindet es sich heute in einer ruhigen, ländlichen Landschaft mit weiten Blicken ins County Essex. Sie besuchen die Privaträume der Familie Braybrooke mit der von Robert Adam gestalteten Einrichtung, die gotische Kapelle aus dem 18. Jahrhundert und die Dienstbotenräume. In Küche, Wäscherei und anderen Bereichen können Sie durch viele in historische Kostüme gehüllte Volunteers noch besser nachempfinden, wie die Atmosphäre einst gewesen sein mag. In den Stallungen begegnen Sie den Pferden, wandern durch die bunten Sommerpflanzungen und den Küchengarten. Auf der großen Wiese vor dem Haus können Sie oft bei Cricketspielen zusehen oder sich einfach für ein gemütliches Picknick in herrschaftlicher Kulisse niederlassen.

*[N 52°01'11" E 0°13'18"], CB11 4JF, Apr.–Sept. 12.00–17.00 Uhr, Okt. bis 16.00 Uhr, Garten und Stallungen 10.00–18.00 bzw. 17.00 Uhr und im Winter bis 16.00 Uhr, Erw. 16,60 £, erm. 14,90 £, Kinder 5–15 J. 10 £, Familien 43,20 £, EH-Mitglieder frei, www.english-heritage.org.uk*

Ein paar Kilometer abseits der nun Richtung London weiterführenden Route gibt es einen letzten offiziell ausgewiesenen, aber einfachen Stellplatz in THAXTET.

### (266) WOMO-Stellplatz: Thaxtet

**GPS**: N 51°57'19" E 0°20'36", Margaret St., CM6 2QN, THAXTET.
**Max. WOMOs:** 3–4.
**Ausstattung/Lage**: offiziell zu bis zu zweimaligem Übernachten freigegebene Parkplätze am Ortsparkplatz. Toiletten (nachts teils abgeschlossen), Beleuchtung, sonst keine Einrichtungen.
**Ortszentrum**: 200 m.
**Zufahrt**: Von Saffron Walden kommend südöstlich auf der B184 Richtung Howlett End fahren und weiter bis Thaxtet. Im Zentrum nach der Kirche links halten und dann nach links den Schildern „Free Car Park“ bis zum Parkplatz folgen.

Audley End House

TOUR 8
10 km
N
London
Colchester
Chelmsford
Southend-on-Sea
Basildon
Brentwood
Romford
Watford
Slough
Woking
Guildford
Reigate
Sevenoaks
Chatham
Rochester
Gravesend
Grays
Dartford
Croydon
Bromley
Harlow
Cheshunt
Hertford
Hatfield
Saint Albans
Hemel Hempstead
High Wycombe
Maidenhead
Bracknell
Staines
Farnborough
Aldershot
Godalming
Leatherhead
Epsom
Esher
Weybridge
Kingston
Hounslow
Ealing
Harrow
Wembley
Edgware
Barnet
Enfield
Stratford
Barking
Greenwich
Lewisham
Woolwich
Hammersmith
Richmond
Wimbledon
Brixton
Mitcham
Sutton
Braintree
Witham
Maldon
Halstead
Sible H.
Earls Colne
Marks Tey
Tiptree
West Mersea
Southminster
Burnham-on-Crouch
Shoeburyness
Rochford
Ashingdon
South Woodham F.
Reyleigh
Wickford
Billercay
Danbury
Hatfield P.
Great Dunmow
Stansted M.
Bishop's Stortford
Sawbridgeworth
Chipping Ongar
North Weald Bassett
Kel. Hatch
Epping
Chigwell
Loughton
Waltham A.
Ware
Welwyn G.
Hoddesdon
Cuffley
Potters Bar
Borehamwood
Bushey
L. Colney
K. Langley
Amersham
Chalfont
Beaconsfield
Gerrards C.
Denham Green
Uxbridge
Cookham
Wooburn
Marlow
Henley
Twydford
Windsor
Binfield
Ascot
Woking-ham
Crowthorn
Sandhurst
Bagshot
Camberley
Chertsey
Sunbury
Wisely
E. Horsley
Wotton
Dorking
Redhill
S. Nutfield
Caterham
Godstone
Banstead
Warlingham
Biggin Hill
Oxted
Westerham
N. Addington
Downe
Orpington
Swanley
Eynsford
Otford
Borough Green
Meopham
South Ockendon
Stanford le Hope
Canvey Island
Sheerness
P&R1
P&R2
P&R3
P&R4
P&R5
P&R6
P&R7
P&R8
P&R9
P&R10
P&R11
P&R12
P&R13
P&R14
P&R15
P&R16
P&R17
P&R18
P&R19
WC

# Tour 8: London (80–380 km)

## London – St. Albans – West Wycombe – Windsor Dorking – Sevenoaks

| | |
|---|---|
| Stellplätze (gratis): | Cookham, Albury, Ranmore Common, Dorking |
| Stellplätze (£): | Windsor |
| Pub-Stellplätze: | Rickmansworth, Wembley, Chalfont St. Peter, Harefield, Ruislip, Wexham Street, Sunbury-on-Thames, Westhumble, Warlingham, Chipstead, Kalvedon Hatch |
| Campingplätze: | Loughton, Waltham Cross, London (4x), Hoddesdon, Seer Green, Chertsey, Laleham, East Horsley, Merstham |
| Besichtigen: | London, Greenwich, Windsor Castle und Legoland, Eltham Palace, Chislehurst Caves, Down House, St. Albans Cathedral, West Wycombe und Hellfire Caves, RHS Garden Wisley, Polesdan Lacey, Knole, Bluewater Mall |
| Wandern: | Lee Valley Regional Park, Leith Hill |

**London ist zweifelsohne eine Welt für sich. Nirgends ist England schneller, lauter, größer und kosmopolitischer als in der 8,5-Millionen-Einwohner-Metropole an der Themse. Sie erhalten in diesem Kapitel Hinweise zu citynahen Parkplätzen, wohnmobilfreundlichen Pubs und Campingplätzen sowie zu Sehenswürdigkeiten in und um die Stadt. Außerdem gibt es eine ganze Reihe von Vorschlägen zu Rundgängen durch das Zentrum.**

Autofahrten in die City zu unternehmen, macht keinen Sinn, schon gar nicht mit einem Wohnmobil. Selbst wenn Sie sich erfolgreich durch den dichten Verkehr gekämpft haben, Mautsysteme wie Busspuren beachtet wurden und Sie Big Ben schon sehen, scheitern Sie spätestens bei der Parkplatzsuche! Dafür ist das Netz öffentlicher Verkehrsmittel so gut ausgebaut, dass Sie Ihr Fahrzeug kaum vermissen werden und es während Ihres Aufenthaltes wirklich nur zum Wohnen und Schlafen brauchen. Wenn Sie für London mehr als nur eine kurze Stippvisite eingeplant haben, werden Sie sicherlich mehrere Tage benötigen. Zunächst erhalten Sie einen Überblick zu den wichtigsten Verkehrsbegebenheiten, zu den Übernachtungs- und Parkmöglichkeiten rund um die Stadt und danach Vorschläge zu lohnenswerten Spaziergängen quer durch London und zu den bekanntesten Sehenswürdigkeiten. Am Ende gibt es Hinweise zu Sehenswürdigkeiten etwas weiter außerhalb, die Sie öffentlich oder mit dem Wohnmobil ansteuern können.

## STRASSENNUTZUNGSGEBÜHREN IN UND UM LONDON

**ACHTUNG: In und um London können für Sie, je nach Fahrzeug und Route, verschiedene Straßenbenutzungsgebühren anfallen.** Bei Nichtbeachtung drohen empfindliche Strafen! Daher machen wir Sie bei den Anfahrtsbeschreibungen zu Stellplätzen und Sehenswürdigkeiten auch gesondert darauf aufmerksam. Im Einzelnen handelt es sich um:

### • Dartford Crossing Charge: *(6.00 und 22.00 Uhr)*

Wenn Sie nicht die Ringautobahn M25 einmal ringsum nutzen wollen, sondern den Tunnel bzw. die Brücke zwischen Grays und Dartford als Abkürzung einplanen, wird diese Gebühr fällig (Wohnmobile zahlen zurzeit verträgliche 2,50 £ pro Überfahrt). Für Touristen etwas umständlich, kann der Betrag nicht mehr an einer Mautstation gezahlt werden, sondern muss vorab oder spätestens bis Mitternacht des Folgetages online unter www.gov.uk/pay-dartford-crossing-charge, per Telefonanruf unter 0300 300 0120 oder an einem Zahlterminal (Übersicht unter www.payzone.co.uk/where) beglichen werden.

### • City Congestion Charge: *(Mo–Fr 7.00–18.00 Uhr)*

Die kurz als „Citymaut" bezeichnete Tagesgebühr von zuletzt 11,50 £ betrifft nur die innerste Zone der Stadt, die Sie mit dem Wohnmobil ohnehin meiden sollten. Sie ist mit einem weißen C auf rotem Grund gekennzeichnet. Wenn Sie dennoch bis ins Zentrum vordringen wollen, können Sie sich online auf content.tfl.gov.uk/congestion-charge-leaflet-german.pdf informieren. In dem deutschsprachigen herunterladbaren Flyer erhalten Sie alle aktuellen Informationen zur genauen Ausdehnung und Zahlmöglichkeiten.

### • Low Emission Zone (LEZ):

Diese wirklich happige Umweltgebühr umfasst den größten Teil des von der Ringautobahn M25 umschlossenen Bereichs, also Greater London. Sie betrifft ältere Dieselfahrzeuge, die auf Lkws oder Transportern basieren, damit also auch fast alle Wohnmobile! Fahrzeuge bis 3,5 t müssen zurzeit mindestens die Abgasnorm Euro 3 erfüllen (in etwa vergleichbar mit der gelben Plakette bei uns), sonst wird ein Tagessatz von 100 £ fällig, die über 3,5 t sogar Euro 4 (vergleichbar mit der grünen Plakette), sonst 200 £ Tagessatz! Die Zahlung erfolgt telefonisch mit Kreditkarte unter +44 (0)207 310 8998 oder online auf tfl.gov.uk/modes/driving/low-emission-zone. Auch wenn Sie der Meinung sind, dass diese Gebühr nicht für Sie zutrifft, müssen Sie sich mit einem außerhalb der Britischen Inseln zugelassenen Wohnmobil rechtzeitig, das bedeutet am besten schon einige Wochen vor Reiseantritt, bei der „Transport for London"-Behörde online registrieren lassen. Dies geschieht über die gleiche Internetadresse. Im Anschluss müssen Sie dann noch ein PDF-Dokument herunterladen, ausfüllen und dieses mit einer Kopie des Fahrzeugscheins an die darauf angegebene Adresse senden. Erst wenn Sie ca. 2–3 Wochen später ein Schreiben der Behörde als Bestätigung erhalten, ist die Registrierung sicher abgeschlossen.

## CAMPINGPLÄTZE RUND UM LONDON

Die einzig sinnvolle Möglichkeit, sein Wohnmobil auch für mehrere Aufenthaltstage abzustellen, sind die vielen Campingplätze am Rande der Stadt. Wählen Sie selbst, Auswahl gibt es genug ...

## (269) WOMO-Campingplatz: Debden House Campsite

**GPS**: N 51°39'51" E 0°04'40", Debden Green, IG10 2NZ, LOUGHTON.
**Max. WOMOs**: 300+.
**Ausstattung/Lage**: V/E, Strom, Duschen/WCs, Café & Shop, Spielplatz, teils schattige Stellflächen auf Rasen, recht ruhig und grün.
**Ortszentrum**: Ca. 900 m südlich fährt der Bus 20 am Drove Way zur Loughton Station ab. Von dort gelangen Sie mit der U-Bahn Central Line nach ca. 10 Stationen ins Zentrum.
**Öffnungszeiten**: Juni–Aug., Ende Apr.–Ende Mai nur Fr–So.
**Zufahrt**: Von der M25-Nordumfahrung die Ausfahrt auf die A121 Richtung Waltham Abbey/Loughton nehmen. Dann im Kreisverkehr erste Ausfahrt Richtung Epping wählen und am zweiten Kreisverkehr weiter auf der A121 Richtung Loughton fahren. Am dritten Rondell (kleiner Doppelkreisverkehr) im Ort links auf die Rectory Lane und gleich wieder links in die Hillyfields abzweigen. Nach rund 450 m erneut links in die Pyrles Lane fahren, nach Einmündung in die England's Lane rechts halten und dann am Schild „Debden House Centre" links ab zum Campingplatz fahren (rechts).
**Richtpreis**: 23/28 £ inkl. Strom.
**Internet**: www.debdenhouse.com

## (270) WOMO-Campingplatz: Theobalds Park Camping and Caravanning

**GPS**: N 51°41'10" W 0°03'30", Bulls Cross Ride, EN7 5HS, WALTH. CROSS.
**Max. WOMOs**: 90.
**Ausstattung/Lage**: Alle Einrichtungen, Spielplatz, Hunde erlaubt, schmale Zufahrt, Plätze auf Schotter oder Wiese, recht nah an der Autobahn, sonst aber ganz schön gelegen.
**Ortszentrum**: Die Overground Station Turkey Street erreichen Sie nach rund 2,4 km in südöstlicher Richtung. Von dort ca. 14 Stationen bis in die Innenstadt.
**Öffnungszeiten**: ganzjährig.
**Zufahrt**: Von der M25-Nordumfahrung die Ausfahrt auf die A10 Richtung Enfield/Hertford nehmen. Dann im Kreisverkehr die dritte Ausfahrt Richtung Hertford und gleich darauf im zweiten Rondell die erste Ausfahrt nach Cuffley nehmen. Gleich danach führt links eine kleine Straße zum Theobalds Park ab. Nach gut 1 km erreichen Sie den Platz auf der linken Seite.
**Richtpreis**: 15,80–26,60 £ für CCC-Mitglieder, sonst 20,50–34,60 £.
**Internet**: www.campingandcaravanningclub.co.uk

## (271) WOMO-Campingplatz: Lee Valley Camping and Caravan Park

**ACHTUNG:** Der Platz befindet sich innerhalb der LEZ!
**GPS**: N 51°37'57" W 0°02'06", Meridian Way, N9 0AR, LONDON.
**Max. WOMOs**: 160.
**Ausstattung/Lage**: Alle Einrichtungen, Spielplatz, Golfplatz, Kino, Hunde erlaubt, Plätze auf Rasen oder Schotter, kein Schatten.
**Ortszentrum**: Ca. 1,4 km nördlich des Platzes nehmen Sie den Zug ab Station Ponders End. Von dort ca. 5 Stationen bis ins Zentrum.
**Öffnungszeiten**: ganzjährig.
**Zufahrt**: Von der M25-Nordumfahrung die Ausfahrt auf die A10 Richtung London nehmen. Dann im Kreisverkehr gleich links abfahren bis zur Sudbury Lane (A110), erneut nach links. Nach der Bahnüberführung im Kreisverkehr links zum Riverside Industrial Estate weiterfahren, der Platz kommt dann nach ca. 1,6 km auf der linken Seite.
**Richtpreis**: 29,50–49 £, Strom 4 £.
**Internet**: www.visitleevalley.org.uk

## (272) WOMO-Campingplatz: Lee Valley Campsite

**GPS**: N 51°39'18" W 0°00'21", Sewardstone Road, E4 7RA, LONDON.
**Max. WOMOs**: 86.
**Ausstattung/Lage**: Alle Einrichtungen, fast alle Plätze auf Schotter, teils mit Rasen und Büschen getrennt, teils schattig.
**Ortszentrum**: Direkt am Campingplatz fährt der Bus 215 bis Walthamstow Central. Ab dort mit der U-Bahn-Linie Victoria ca. 6 Stationen ins Zentrum.
**Öffnungszeiten**: ganzjährig.
**Zufahrt**: Von der M25-Nordumfahrung die Ausfahrt auf die A121 Richtung Waltham Abbey/Loughton nehmen. Dann im Kreisverkehr zweite Ausfahrt Richtung Lee Valley Park wählen und am nächsten Kreisel die erste Abfahrt einschlagen. Der Campingplatz ist dann schon beschildert (noch ca. 2,8 km, dann rechts).
**Richtpreis**: 29,50–45 £, Strom 4 £.
**Internet**: www.visitleevalley.org.uk

## (273) WOMO-Campingplatz: Lee Valley Caravan Park Dobbs Weir

**GPS**: N 51°45'21" E 0°00'14", Dobbs Weir Road, EN11 0AS, HODDESDON.
**Max. WOMOs**: 97.
**Ausstattung/Lage**: Alle Einrichtungen, Minimarkt, Spielplatz, Fischteich, Grillplatz, Hunde erlaubt, Rasenstellplätze, kein Schatten.
**Ortszentrum**: Ca. 1,4 km nördlich befindet sich die Zugstation Rye House. Von dort sind es ca. 11 Stationen ins Zentrum.
**Öffnungszeiten**: ganzjährig.
**Zufahrt**: Von der M25-Nordumfahrung die Ausfahrt auf die A10 Richtung Enfield/Hertford nehmen. Dann im Kreisverkehr die dritte Ausfahrt Richtung Hertford wählen und immer auf der A10 auswärts bleiben, bis Sie Richtung Hoddesdon abfahren können. Nun am ersten Kreisverkehr geradeaus fahren, am zweiten links abzweigen und am dritten die dritte Ausfahrt (Essex Road) nehmen. Nach ca. 450 m sind Sie am Platz.
**Richtpreis**: 29,50–45 £, Strom 4 £.
**Internet**: www.visitleevalley.org.uk

## (274) WOMO-Campingplatz: Highclere Farm Country Touring Park

**GPS**: N 51°37'32" W 0°35'27", Newbarn Lane, HP9 2QZ, SEER GREEN.
**Max. WOMOs**: 178.
**Ausstattung/Lage**: Alle Einrichtungen, Minimarkt, Spielplatz, meist sonnige Stellflächen auf Schotter oder Rasen, wenig Schattenplätze.
**Ortszentrum**: Der Bus 580 fährt beim Campingplatz ab. Er bringt Sie bis Uxbridge. Dort können Sie die U-Bahnen Picadilly und Metropolitan in ca. 13–18 Stationen bis ins Zentrum nehmen.
**Öffnungszeiten**: März–Jan.
**Zufahrt**: Von der M25-Westumfahrung die Ausfahrt auf die A412 Richtung Maple Cross nehmen. Dann im ersten Kreisverkehr die dritte Ausfahrt nach Heronsgate einschlagen und über die Long Lane und Heronsgate Road immer geradeaus bis zur Burtons Lane fahren. Dort links halten und bald darauf, links, über eine Single Track Road nach Chalfont St. Giles fahren. Nach der Ortsdurchfahrt befindet sich der Campingplatz kurz nach dem Golfklub auf der rechten Seite.
**Richtpreis**: 23–30 £.
**Internet**: www.highclerefarmpark.co.uk

## (275) WOMO-Campingplatz: Camping and Caravanning Club Site Chertsey

**GPS**: N 51°23'22" W 0°29'23", 65–67 Bridge Road, KT16 8JX, CHERTSEY.

**Max. WOMOs**: 150.
**Ausstattung/Lage**: Alle Einrichtungen, Spielplatz, TV-Raum, teils schattige Stellflächen auf Rasen oder Schotter, mehrere Pubs in der Nähe, recht nah an der Autobahn.
**Ortszentrum**: Der Bus 556 fährt direkt ab dem Campingplatz bis zur Charles Street in Chertsey. Von dort ca. 180 m zum Bahnhof gehen. Der Zug bringt Sie, mit Umstieg in Weybridge, in ca. 40 Min. ins Zentrum.
**Öffnungszeiten**: ganzjährig.
**Zufahrt**: Von der M25-Westumfahrung die Ausfahrt auf die A320 Richtung Chertsey wählen. An den nächsten beiden Kreisverkehren jeweils die erste Ausfahrt nehmen und dann die Straße immer geradeaus bis zum Ende durchfahren. Dann rechts in die Bridge Road abzweigen und bis zum Campingplatz nach rund 300 m links fahren.
**Richtpreis**: 22,40–37,60 £, für CCC-Mitglieder 17,20–28,90 £.
**Internet**: www.campingandcaravanningclub.co.uk

## (276) WOMO-Campingplatz: Laleham Camping Club

**GPS**: N 51°24'00" W 0°29'26", Thames Side, TW18 1SS, LALEHAM.
**Max. WOMOs**: 180.
**Ausstattung/Lage**: V/E, Strom, Duschen/WCs, Waschmaschinen und Trockner, Spielplatz, Hunde erlaubt, Plätze auf Rasen, kein Schatten.
**Ortszentrum**: Ca. 1 km nördlich des Platzes nehmen Sie in Laleham an der All Saints Church den Bus 458, 656, 695 oder 813 zum Bahnhof Shapperton oder den Bus 656 oder 695 zum Bahnhof Staines. Von dort in ca. 40 bzw. 35 Min. mit dem Zug ins Zentrum.
**Öffnungszeiten**:ganzjährig.
**Zufahrt**: Von der M25-Westumfahrung die Ausfahrt auf die A320 Richtung Chertsey wählen. An den nächsten beiden Kreisverkehren jeweils die erste Ausfahrt nehmen und dann die Straße immer geradeaus bis zum Ende durchfahren. Dann rechts in die Bridge Road abzweigen und nach der Themsebrücke links in die Thames Side einfahren. Nach ca. 1,4 km rechts.
**Richtpreis**: 20 £, inkl. Strom 27 £.
**Internet**: www.lalehamcampingclub.co.uk

## (277) WOMO-Campingplatz: Camping and Caravanning Club Site Horsley

**GPS**: N 51°17'08" W 0°26'52", Ockham Road North, KT24 6PE, E. HORSLEY.
**Max. WOMOs**: 130.
**Ausstattung/Lage**: Alle Einrichtungen. Teils schattige Stellflächen auf Rasen oder Schotter, ruhig.
**Ortszentrum**: Ca. 500 m südlich des Platzes fährt der Bus 478 ab Halt Ockham Road North zum Bahnhof Horsley (zu Fuß: 1 km). Von dort in ca. 40 Min. ins Zentrum.
**Öffnungszeiten**: März–Okt.
**Zufahrt**: Von der M25-Südwestumfahrung die Ausfahrt auf die A3 Richtung London/Guildford wählen. Am nächsten Kreisverkehr die dritte Ausfahrt (Guildford/Portsmouth) nehmen und nach rund 2 km Richtung Ockham/Ripley abfahren. Am Kreisel weiter in Richtung Ockham halten und dann für ca. 4 km der B2039 bis zum Campingplatz (rechts) folgen.
**Richtpreis**: 18,60–31,60 £, für CCC-Mitglieder 14,30–24,30 £.
**Internet**: www.campingandcaravanningclub.co.uk

## (278) WOMO-Campingplatz: Aiderstead Heath Caravan Club Site

**GPS**: N 51°16'52" W 0°08'30", Dean Lane, RH1 3AH, MERSTHAM.
**Max. WOMOs**: 219.
**Ausstattung/Lage**: Alle Einrichtungen. Großer, teils schattiger Platz mit

Stellflächen auf Schotter und Rasen, ruhig.
**Ortszentrum**: Vor dem Campingplatz fährt der Bus 357 zum Bahnhof Caterham ab (Halt Valley Shops). Von dort mit dem Zug in ca. 45 Min. in die Innenstadt.
**Öffnungszeiten**: ganzjährig.
**Zufahrt**: Von der M25 Südumfahrung die Abfahrt auf die M23, später A23 in Richtung Croydon nehmen. Beide Fahrbahnen trennen sich; kurz nachdem sie sich wieder vereinen, rechts neben einer Starbucks-Filiale in die Dean Lane einbiegen. Nach rund 1,5 km links.
**Richtpreis**: 28,70–37,10 £. CC-Mitglieder 16,70–25,10£.
**Internet**: www.caravanclub.co.uk

## (279) WOMO-Campingplatz: Crystal Palace Caravan Club Site

**ACHTUNG:** Der Platz befindet sich innerhalb der LEZ!
**GPS**: N 51°25'33" W 0°04'27", Crystal Palace Parade, SE19 1UF, LONDON.
**Max. WOMOs**: 89.
**Ausstattung/Lage**: Alle Einrichtungen. Stadtnächster Campingplatz in London, Plätze teils schattig auf Asphalt oder Rasen.
**Ortszentrum**: Entweder zur rund 500 m entfernt gelegenen Bahnstation Sydenham (oder Crystal Palace) gehen und von dort mit dem Zug bis Whitechapel fahren. Ab dort Anschluss an die U-Bahnen District sowie Hammersmith, gesamt ca. 9 Stationen ins Zentrum. Oder mit dem Bus Nr. 3 (Halt Crystal Palace Parade) zur U-Bahn-Station Brixton (Victoria-Linie) fahren und ab dort in ca. 4 Stationen bis ins Zentrum.
**Öffnungszeiten**: ganzjährig.
**Zufahrt**: Von der M25 Südumfahrung die Abfahrt auf die M23, später A23 in Richtung Croydon nehmen. Bleiben Sie nun immer geradeaus, bis Sie nach einer ganzen Zeit in Croydon eine Schnellstraße unterfahren. Danach nehmen Sie die zweite Straße rechts (Katharine Street) und biegen erneut in die zweite (Park Lane/A212), diesmal nach links, ein. Mehr oder minder immer geradeaus folgen Sie der A212 bis zu ihrem Ende. Dort rechts und nach der Kirche sofort wieder links abbiegen (Church Road). Nach rund 2,5 km befindet sich die Old Cople Lane und damit die Abfahrt zum Platz rechts.
**Richtpreis**: 32,80–43,70 £, CC-Mitglider 20,80–31,70 €.
**Internet**: www.caravanclub.co.uk

## (280) WOMO-Campingplatz: Abbey Wood Caravan Club Site

**ACHTUNG:** Der Platz befindet sich innerhalb der LEZ!
**GPS**: N 51°29'13" E 0°07'10", Federation Road, SE2 0LS, LONDON.
**Max. WOMOs**: 170.
**Ausstattung/Lage**: Alle Einrichtungen. Stadtnaher Campingplatz im Osten Londons, Plätze teils schattig, auf Asphalt oder Rasen.
**Ortszentrum**: Die Bahnstation Abbey Wood liegt nur rund 450 m entfernt. Von dort mit dem Zug in ca. 9 Stationen ins Zentrum.
**Öffnungszeiten**: ganzjährig.
**Zufahrt**: Von der M25 Ostumfahrung (bzw. dort als „A282" bezeichnet) auf die A206 Richtung Erith abfahren. Nach Erith auch an den beiden folgenden Kreisverkehren geradeaus fahren, bis Sie am dritten Kreisel links Richtung Abbey Wood fahren. Es folgen zwei weitere Rondelle, an denen Sie sich geradeaus halten. Nach dem zweiten nehmen Sie rechts die mit einem Campingsymbol

beschilderte Federation Road zum Campingplatz auf der linken Seite.
**Richtpreis**: 32,80–42,30 £, CC-Mitglieder 20,80–30,30 €.
**Internet**: www.caravanclub.co.uk

## WOMO-PUBS IM RAUM LONDON

Plätze für die Durchreise oder wenn Sie nach/vor einem Tagesbesuch in London einmalig übernachten möchten. Das Angebot ist immer nur in Verbindung mit einer Einkehr gültig.

### (281) WOMO-Pub: The White Bear

**GPS**: N 51°38'02" W 0°28'02", Harefield Road, WD3 1JQ, RICKMANSWORTH.
**Max. WOMOs**: 2–3.
**Ausstattung/Lage**: Asphaltparkplatz neben bzw. hinter dem Pub, Biergarten, klassisches Pub mit Bar und Gastrobereich.
**Ortszentrum**: 600 m, dort auch London-Underground-Anbindung, kein Parkplatz, Parken nur am Straßenrand möglich.
**Zufahrt**: Von der M25-Westumfahrung die Ausfahrt auf die A412 Richtung Maple Cross nehmen. Dann im ersten und zweiten Kreisverkehr jeweils die erste Ausfahrt nehmen und am dritten Kreisel die dritte. Beim vierten Rondell schließlich die zweite Abfahrt wählen. Das Pub folgt nach rund 100 m rechts.
**Internet:** www.thewhitebearbar.co.uk

### (282) WOMO-Pub: Windermere Pub

**ACHTUNG:** Der Platz befindet sich innerhalb der LEZ!
**GPS**: N 51°34'15" W 0°18'27", Windermere Avenue, HA9 8QT, WEMBLEY.
**Max. WOMOs**: 2–3.
**Ausstattung/Lage**: Biergarten, Parkplatz hinter dem Pub neben der Bahnlinie, zweckmäßig.
**Ortszentrum**: 750 m, direkt neben dem Pub befindet sich die London Underground Station South Kenton. Parken ringsum nur am Straßenrand möglich.
**Zufahrt**: Von der M25-Nordwestumfahrung auf die A405 und weiter auf die M1 South in Richtung London wechseln. Im Kreisverkehr am Autobahnende weiter Richtung Wembley fahren. Nach knapp 2 km links auf die A4088 Richtung Kingsbury abzweigen. Sie kommen bald darauf zu einer Bahnüberführung und halten sich an der zweiten Straße danach rechts (Carlton Avenue East). Über einen Kreisverkehr hinweg folgen Sie der Straße immer weiter. Sie knickt schließlich nach rechts ab und trifft nach weiteren 300 m links auf das Pub.
**Internet:** www.windermerepub.com

### (283) WOMO-Pub: The Dumb Bell

**GPS**: N 51°37'17" W 0°31'51", Shire Lane, SL9 0QY, CHALFONT ST. PETER.
**Max. WOMOs**: 3–4.
**Ausstattung/Lage**: WiFi, uriges Pub mit großem Asphalt-/Schotterparkplatz neben dem Haus, Biergarten, Spielplatz, Sa Livemusik, Autobahn in der Nähe, Kinder erlaubt.
**Ortszentrum**: 4,5 km (Chalfont St. Peter), London-Underground-Anbindung ab Chorleywood, evtl. Parkplatz in der Common Road.
**Zufahrt**: Von der M25-Westumfahrung die Ausfahrt auf die A412 Richtung Maple Cross nehmen. Dann im ersten Kreisverkehr die erste Ausfahrt und im zweiten Kreisverkehr die zweite Ausfahrt nehmen und am Ende des Ortes, dort, wo links die St. Thomas Church angeschrieben ist, rechts abbiegen. Am Ende der Straße links in die Hornhill Road lenken und ca. 1,5 km bis zum Pub auf der rechten Seite fahren.
**Internet:** www.dumbbellpub.co.uk

## (284) WOMO-Pub: The Bear on the Barge

**ACHTUNG:** Der Platz befindet sich innerhalb der LEZ!
**GPS**: N 51°35'12" W 0°29'15", Moorhall Road, UB9 6PE, HAREFIELD.
**Max. WOMOs**: 2–3.
**Ausstattung/Lage**: WiFi, schönes Food-Pub vor den Toren Londons, großer Asphaltparkplatz neben dem Haus. Familienfreundlich, Freiterrasse.
**Ortszentrum**: ca. 2,6 km, London-Anbindung ab Bahnhof Denham, Parkplatz Station Parade.
**Zufahrt**: Von der M25-Westumfahrung die Ausfahrt auf die A412 Richtung Maple Cross nehmen. Dann im ersten Kreisverkehr die erste Ausfahrt und im zweiten Kreisverkehr die zweite Ausfahrt nehmen und bis Denham Garden Village fahren. Vor der Bahnlinie links in die Moorfield Road abzweigen, nach rund 1000 m rechts.
**Internet:** www.thebearonthebarge.co.uk

## (285) WOMO-Pub: Breakspear Arms

**ACHTUNG:** Der Platz befindet sich innerhalb der LEZ!
**GPS**: N 51°34'49" W 0°26'53", Breakspear Road South, UB9 6LT, RUISLIP.
**Max. WOMOs**: 2–3.
**Ausstattung/Lage**: Pub mit indisch-englischer Küche, großer Parkplatz mit Stellflächen auf Rasengitterstein neben dem Haus, kleiner Biergarten, Kinder erlaubt.
**Ortszentrum**: ca. 2,4 km, ab dort auch Underground-Anbindung, Parkplatz Station Approach.
**Zufahrt**: Von der M25-Westumfahrung die Ausfahrt auf die M40 bzw. A40 Richtung London nehmen. Dann die Schnellstraße an der zweiten Ausfahrt zur B467 verlassen und dieser Richtung Harefield/Ruislip bis zum Pub folgen (ca. 3,3 km).
**Internet:** www.breakspeararms.co.uk

## (286) WOMO-Pub: The Stag

**GPS**: N 51°32'43" W 0°34'16", Wexham St., SL3 6PA, WEXHAM STREET.
**Max. WOMOs**: 2–3.
**Ausstattung/Lage**: WiFi, großer Asphaltparkplatz neben der Hauptstraße, ganz nettes Pub mit Biergarten hinter dem Haus.
**Ortszentrum**: ca. 4 km (Slough), von dort auch London-Anbindung ab dem Bahnhof, Parkplatz am Brunel Way.
**Zufahrt**: Von der M25 auf die M40 in Richtung London abbiegen. Nächste Ausfahrt nehmen und über die A412 in Richtung Slough weiterfahren. Nach zwei weiteren Kreisverkehren rechts Richtung Wexham Street fahren. Am Ende der Straße erreichen Sie das Pub.

## (287) WOMO-Pub: The Jubilee Pub

**GPS**: N 51°24'59" W 0°24'21", 144 Staines Rd., TW16 5AY, SUNBURY-O.-T.
**Max. WOMOs**: 2–3.
**Ausstattung/Lage**: Pub mit offener Feuerstelle und Biergarten, Asphaltparkplatz neben dem Haus, direkt an der Hauptstraße gelegen. Kinder im Familienbereich erlaubt.
**Ortszentrum**: ca. 900 m, London-Anbindung gleich nördlich des Pubs ab der Station Kempton Park oder Sunbury, evtl. kleiner Parkplatz in der Station Rd. oder an der Pferderennbahn in der Park Rd.
**Zufahrt**: Von der M25-Westumfahrung die Ausfahrt auf die M3 Richtung London nehmen. Dann die Ausfahrt zur A308 Staines/Sunbury nehmen und im folgenden Kreisverkehr die vierte Ausfahrt nach Kingston wählen. Das Pub erreichen Sie nach rund 900 m auf der rechten Seite.
**Internet**: www.thejubileepub.co.uk

## (288) WOMO-Pub: The Stepping Stones

**GPS**: N 51°15'11" W 0°19'29", Westhumble St., RH5 6BS, WESTHUMBLE.
**Max. WOMOs**: 2–3.
**Ausstattung/Lage**: WiFi, großer Parkplatz auf Schotter und Asphalt schräg hinter dem Haus, Biergarten, familienfreundlich, großes Essensangebot.
**Ortszentrum**: ca. 3 km (Dorking), London-Anbindung ab Bahnhof Boxhill & Westhumble gleich nebenan, aber nur sehr kleiner Parkplatz.
**Zufahrt**: Von der M25-Südumfahrung auf die A243 und A24 in Richtung Dorking fahren. Der Beschilderung bis nach dem „Burford Bridge"-Kreisverkehr folgen, dann rechts zum Pub abbiegen.
**Internet:** www.steppingstonesdorking.com

## (289) WOMO-Pub: The Coach House Pub

**GPS**: N 51°18'50" W 0°01'58", Chelsham Common, CR6 9PB, WARLINGHAM.
**Max. WOMOs**: 2–3.
**Ausstattung/Lage**: WiFi, recht ruhig gelegenes Pub mit asphaltiertem Parkplatz und großem Biergarten am Haus. Kinder bis 20.00 Uhr erlaubt.
**Ortszentrum**: 4,5 km (Whyteleafe), dort vom Bahnhof auch London-Anbindung, Parkplatz in der Apen Vale.
**Zufahrt**: Von der M25-Südumfahrung die Ausfahrt auf die A22 nehmen und dann Richtung Croydon fahren. Der Straße bis zum zweiten Kreisverkehr folgen, dort die dritte Ausfahrt nach Warlingham einschlagen und am Ende der Straße links abzweigen. Nach einem kleinen begrünten Platz halten Sie sich rechts und biegen nach einer Sainsbury-Filiale links in die Chelsham Road ein. Nach knapp 1 km sehen Sie das Pub dann schon rechts durch eine Wiese von der Straße getrennt. Zur Zufahrt biegen Sie über die Ledgers Road noch 2 x rechts ab.

## (290) WOMO-Pub: The Bricklayers Arms

**GPS**: N 51°17'07" E 0°08'58", 39 Chevening Rd., TN13 2RZ, CHIPSTEAD.
**Max. WOMOs**: 1–2.
**Ausstattung/Lage**: gemütliches, traditionelles Dorfpub an einem See. Die Parkplätze befinden sich gegenüber rechts in der kleinen Straße. Geeignet für Womos bis ca. 6,50 m Länge.
**Ortszentrum**: ca. 3 km (Sevenoaks), London-Anbindung ab Bahnhof Sevenoaks, evtl. Parkplatz in der Bradbourne Park Road.
**Zufahrt**: Von der M25-Westumfahrung die Ausfahrt auf die M40 bzw. A40 Richtung London nehmen. Dann die Schnellstraße an der zweiten Ausfahrt zur B467 verlassen und dieser Richtung Harefield/Ruislip bis zum Pub folgen (ca. 3,3 km).
**Internet:** www.the-bricklayers-arms.co.uk

## (291) WOMO-Pub: The Eagle

**GPS**: N 51°39'52" E 0°16'19", Ongar Rd., CM15 0AA, KELVEDON HATCH.
**Max. WOMOs**: 2–3.
**Ausstattung/Lage**: sympathisches Pub mit großem Asphaltparker vor dem Haus und großem Biergarten gleich daneben, familienfreundlich.
**Ortszentrum**: 350 m, London-Anbindung ab Bahnhof Brentwood mit großem Parkplatz in der St. James's Road.
**Zufahrt**: Von der M25-Ostumfahrung die Ausfahrt Brentwood nehmen und auf der A1023 in den Ort einfahren. Am Doppelkreisverkehr im Stadtzentrum links abfahren und auf der Ongar Road immer geradeaus bis zum Pub nach rund 5,5 km fahren.
**Internet:** www.theeaglepublichouse.co.uk

## ANDERE STELLPLÄTZE

Auch wenn es nicht viele sind – zumindest südwestlich von London gibt es ein paar Gelegenheiten, auch frei zu stehen.

### (292) WOMO-Wanderparkplatz: Cookham Moor

**GPS**: N 51°33'35" W 0°42'51", B4447, SL6 9SB, COOKHAM.
**Max. WOMOs**: 2–3.
**Ausstattung/Lage**: Wanderparkplatz des National Trusts am Cookham Moor. Neben der Straße, aber im hinteren Bereich recht ruhig, keine Einrichtungen.
**Ortszentrum**: ca. 600 m, London-Anbindung ab Bahnhof Maidenhead. Beidseits der Gleise gibt es Parkplätze ohne Höhenbarriere (Silcoe Dr. und Shoppenhangers Rd.).
**Zufahrt**: Von der M25-Westumfahrung auf die M40 in Richtung Oxford wechseln. Dann Ausfahrt zur A40, High Wycombe, wählen. Am Kreisverkehr zweite Ausfahrt nach Beaconsfield nehmen und dann, ein Rondell weiter, den Schildern nach Wooburn Green folgen. Am Ende der Straße rechts weiter nach Cookham und bald darauf wieder, dem Ziel folgend, nach links fahren. 250 m nach der Themsebrücke rechts dem „Station"-Schild nach rechts folgen, Platz kommt dann nach 500 m rechts.

### (293) WOMO-Stellplatz: Alexandra Gardens Windsor

**GPS**: N 51°29'02" W 0°36'53", Alma Rd., SL4 3HU, WINDSOR.
**Max. WOMOs**: 6–8.
**Ausstattung/Lage**: Großparkplatz im Ortszentrum von Windsor, beleuchtet, WC, Mülleimer, nahe Windsor Castle. London-Anbindung ab Bahnhof Windsor nur 300 m entfernt.
**Ortszentrum**: 450 m.
**Zufahrt**: Von der M25-Ostumfahrung auf die M4 wechseln, dann Ausfahrt Windsor nehmen und auf der A332 einwärts fahren und den Schildern zum Busparkplatz folgen. Der für Pkws und Wohnmobile liegt direkt daneben.
**Info**: Vor dem Übernachten müssen Sie die Erlaubnis der Parkwächter einholen. Diese wurde aber bislang in der Regel erteilt.

### (294) WOMO-Stellplatz: Newlands Corner

**GPS**: N 51°13'59" W 0°30'21", Drove Rd., GU4 8SE, ALBURY.
**Max. WOMOs**: 2–3.
**Ausstattung/Lage**: Rast- und Wanderparkplatz an der A25. Tags Snackbar und WC, Mülleimer. Teils schattig.
**Ortszentrum**: 3,7 km (Guildford), London-Anbindung ab Bahnhof Guildford. Westlich der Gleise gibt es einen großen Parkplatz ohne Höhenbarriere (Guildford Park Church).
**Zufahrt**: Von der M25-Ostumfahrung auf die A3 in Richtung Guildford abfahren und dann die Ausfahrt Burpham nehmen. Am fünften Kreisverkehr links fahren und dann weiter, erneut links, Richtung A246. Außerhalb von Guildford an einer Kreuzung rechts nach Dorking lenken, der Platz kommt dann nach rund 1,6 km rechts.

### (295) WOMO-Wanderparkplatz: Greatlee Wood

**GPS**: N 51°14'23" W 0°23'17", Ranmore Common Rd., RH5 6SY, RANMORE COMMON.
**Max. WOMOs**: 1–2.
**Ausstattung/Lage**: Wanderparkplatz im Wald neben der Hauptstraße. Durch Bäume getrennt, Erdboden, keine Einrichtungen, schattig.
**Ortszentrum**: ca. 4 km (Dorking), London-Anbindung ab Bahnhof Dorking. Parkplatz dort mit Höhenbarriere, daher nur Parken am Straßenrand im Umkreis möglich (evtl. Lincoln Rd.).

**Zufahrt**: Von der M25-Südumfahrung in Richtung Dorking abfahren und der Beschilderung folgen. Im Ort dann rechts nach Guildford abzweigen und an der Gabelung am Ende rechts dem Wegweiser nach Ranmore folgen. Nach rund 2,9 km links.

### (296) WOMO-Wanderparkplatz: Fourwents Pond

**GPS**: N 51°11'40" W 0°18'31", Mill Rd., RH5 4NX, DORKING.
**Max. WOMOs**: 1–2.

**Ausstattung/Lage**: Waldparkplatz des National Trusts an einem kleinen Teich mit Wanderwegen. Keine Einrichtungen, schattig.
**Ortszentrum**: ca. 5,5 km. London-Anbindung ab Bahnhof Dorking. Parkplatz dort mit Höhenbarriere, daher nur Parken am Straßenrand im Umkreis möglich.
**Zufahrt**: Von der M25-Südumfahrung in Richtung Dorking abfahren und der Beschilderung folgen. Ort auf der A24 komplett durchfahren und danach links Richtung Leigh Brockham abzweigen. Nach rund 1,3 km links.
**Info**: Ein zweiter geeigneter Parkplatz befindet sich ein paar Meter weiter, links um die Ecke, in der Blackbroock Road bei N 51°11'46" W 0°18'26".

## „PARK & RIDE"-PARKPLÄTZE IM RAUM LONDON

Alle angegebenen Parkplätze waren zum Recherchezeitpunkt für Wohnmobile zugänglich, also nicht mit Höhenbarrieren versehen, direkt neben einer U-Bahn-Haltestelle und kapazitätsmäßig in der Lage, auch etwas größere Fahrzeuge aufzunehmen. Allerdings sind die Ein-/Durchfahrtswege teils recht schmal. Wenn Sie nicht in eine Parklücke passen, sondern zwei belegen, müssen Sie fast immer auch zwei Tickets erwerben.

### Östlich der City:

#### P&R 1 North Greenwich (Jubilee Line)

**GPS**: N 51°29'54" E 0°00'16", SE10 0PH, Edmund Halley Way.
**Stellplätze**: 567.
**Preis:** Mo–Fr 11,90 £, Sa 11 £, So 6 £.
**ACHTUNG:** Innerhalb der LEZ! Bei der direkten Anfahrt von Tour 9 aus gegebenenfalls die Dartford Crossing Charge berücksichtigen!

### Nordöstlich der City:

#### P&R 2 Blackhorse Road (Victoria Line)

**GPS**: N 51°35'13" W 0°02'35", E17 6JJ, Forest Road.
**Stellplätze**: 262.
**Preis:** Mo–Fr 6,40 £, Sa 2 £, So 1,50 £.
**ACHTUNG:** Innerhalb der LEZ!

#### P&R 3 Epping (Central Line)

**GPS**: N 51°41'37" E 0°06'49", CM16 4HW, Hillcrest Way.
**Stellplätze**: 519.
**Preis:** Mo–Fr 6,40 £, Sa 2 £, So 1,50 £.

#### P&R 4 Ilford (Central Line)

**GPS**: N 51°34'33" E 0°05'26", IG2 7RN, Eastern Avenue.

**Stellplätze**: 456.
**Preis:** Mo–Fr 5,30 £, Sa 2 £, So 1,50 £.
**Hinweis:** Weitere Parkplätze befinden sich westlich der Bahntrasse in der King George Avenue bei N 51°34'37" E 0°05'22".
**ACHTUNG:** Innerhalb der LEZ!

### P&R 5 Loughton (Central Line)

**GPS**: N 51°38'31" E 0°03'15", IG10 4PD, Meadow Road.
**Hinweis:** Der eigentliche P&R-Parkplatz ist mit Höhenbarrieren versehen, der daneben befindliche „Pay and Display"-Parkplatz vor dem Sainsburys-Supermarkt ist für Wohnmobile zugänglich.
**Stellplätze**: 270.
**Preis:** Mo–Sa 3 Std. 3,50 £, ganztags 10 £, So 2 Std. frei, sonst 1 £.

### P&R 6 Redbridge (Central Line)

**GPS**: N 51°34'35" E 0°02'45", IG4 5BG, Eastern Avenue.
**Stellplätze**: 147.
**Preis:** Mo–Fr 5,30 £, Sa 2 £, So 1,50 £.
**ACHTUNG:** Innerhalb der LEZ!

### P&R 7 Woodford (Central Line)

**GPS**: N 51°36'25" E 0°02'02", IG8 7QE, Station Approach.
**Stellplätze**: 169.
**Preis:** Mo–Fr 5,30 £, Sa 2 £, So 1,50 £.
**ACHTUNG:** Innerhalb der LEZ!

## Nördlich der City:

### P&R 8 Arnos Grove (Picadilly Line)

**GPS**: N 51°36'58" W 0°08'01", N11 1AN, Bowes Road.
**Stellplätze**: 312.
**Preis:** Mo–Fr 5,30 £, Sa 2 £, So 1,50 £.
**ACHTUNG:** Innerhalb der LEZ!

### P&R 9 Cockfosters (Picadilly Line)

**GPS**: N 51°39'07" W 0°09'00", EN4 0DZ, Cockfosters Road.
**Stellplätze**: 232.
**Preis:** Mo–Fr 5,30 £, Sa 2 £, So 1,50 £.
**ACHTUNG:** Innerhalb der Low Emission Zone!

### P&R 10 Finchley Central (Picadilly Line)

**GPS**: N 51°36'03" W 0°11'30", N3 2RY, Chaville Way.
**Stellplätze**: 232.
**Preis:** Mo–Fr 5,50 £, Sa 2 £, So 1,50 £.
**ACHTUNG:** Innerhalb der LEZ!

### P&R 11 Oakwood (Picadilly Line)

**GPS**: N 51°38'52" W 0°07'55", N14 4UT, Bramley Road.
**Stellplätze**: 150.
**Preis:** Mo–Fr 5,30 £, Sa 2 £, So 1,50 £.
**ACHTUNG:** Innerhalb der LEZ!

## Nordwestlich der City:

### P&R 12 Harrow and Wealdstone (Bakerloo Line)

**GPS**: N 51°35'36" W 0°20'10", HA3 5AB, Elen Webb Drive.
**Stellplätze**: 115.

**Preis:** Mo–Fr 6,30 £, Sa 5 £, So 2 £.
**ACHTUNG:** Innerhalb der LEZ!

### P&R 13 Hillingdon (Metropolitan und Picadilly Line)

**GPS**: N 51°33'10" W 0°26'55", UB10 9NR, Long Lane.
**Stellplätze**: 283.
**Preis:** Mo–Fr 6,30 £, Sa 3 £, So 1,50 £.
**ACHTUNG:** Innerhalb der LEZ!

### P&R 14 Ickenham (Metropolitan und Picadilly Line)

**GPS**: N 51°33'41" W 0°26'26", UB10 8PD, Glebe Avenue.
**Stellplätze**: 176.
**Preis:** Mo–Fr 4,20 £, Sa 2 £, So 1,50 £.
**ACHTUNG:** Innerhalb der LEZ!

### P&R 15 Rayners Lane (Metropolitan und Picadilly Line)

**GPS**: N 51°34'28" W 0°22'18", HA5 5EG, High Worple.
**Stellplätze**: 244.
**Preis:** Mo–Fr 4,20 £, Sa 2 £, So 1,50 £.
**ACHTUNG:** Innerhalb der Low Emission Zone!

### P&R 16 Ruislip (Metropolitan und Picadilly Line)

**GPS**: N 51°34'18" W 0°25'16", HA4 8LD, Station Approach.
**Stellplätze**: 153.
**Preis:** Mo–Fr 4,20 £, Sa 2 £, So 1,50 £.
**ACHTUNG:** Innerhalb der Low Emission Zone!

### P&R 17 Stanmore (Jubilee Line)

**GPS**: N 51°37'12" W 0°18'07", HA7 4PD, London Road.
**Stellplätze**: 153.
**Preis:** Mo–Fr 4,20 £, Sa 2 £, So 1,50 £.
**ACHTUNG:** Innerhalb der Low Emission Zone!

## Westlich der City:

### P&R 18 Hounslow West (Metropolitan und Picadilly Line)

**GPS**: N 51°28'23" W 0°23'10", TW3 3DH, Bath Road.
**Stellplätze**: 425.
**Preis:** Mo–Fr 5,50 £, Sa und So frei.
**ACHTUNG:** Innerhalb der Low Emission Zone!

### P&R 19 Osterley (Picadilly Line)

**GPS**: N 51°28'51" W 0°21'06", TW7 4PU, Great West Road.
**Stellplätze**: 135.
**Preis:** Mo–Fr 6,30 £, Sa 2 £, So 1,50 £.
**ACHTUNG:** Innerhalb der Low Emission Zone!

## LONDON

### GESCHICHTE

Vermutlich wurde die Stadt erstmals im Jahr 47 n.Chr. von den Römern gegründet. „Londinium" nannten sie die befestigte Siedlung, die 150 Jahre später von ihnen auch zur Hauptstadt Britanniens gekürt wurde. Dass sie es bis heute bleiben sollte, war da aber noch alles andere als gewiss. 410 zogen sich die Römer aus Britannien zurück und ständige Raubzüge der Germanen sowie die Eroberung des Landes durch die Angeln und Sachsen führten zu einer kompletten Entvölkerung. Ende des 5. Jahrhunderts standen nur mehr Ruinen. Erst im späten 9. Jahrhundert wurde das Areal innerhalb der alten, römischen Mauern neu besiedelt und erhielt den Namen Lundenburgh. Als 1066 die Normannen das Land eroberten, machten sie London erneut zur Hauptstadt und Richard Löwenherz ernannte 1189 einen ersten Lord Mayor. Die besondere Stellung der mit diesem Titel ausgestatteten Bürgermeister Londons dauert bis heute an. 1209 wurde mit der London Bridge eine erste Steinbrücke über die Themse errichtet – sie sollte bis 1750 die einzige bleiben. Zur führenden Handelsstadt des Landes stieg London dann endgültig ab 1535 auf: Die Reformation und Enteignung der Kirche führten zu starkem wirtschaftlichen Wachstum – zuvor hatte die Hälfte des Landes dem Klerus gehört.

Doch auch Rückschläge musste die Stadt verkraften. Zu den verheerendsten zählten sicher die Jahre 1664 bis 1666, als erst eine Pestepidemie über 70.000 Menschenleben forderte und danach der große Brand von London mehr als 13.000 Häuser zerstörte.

Danach spaltete sich die Bevölkerung auf: Im West End bauten die Reichen ihre neuen Paläste, das East End war dagegen ein riesiges Elendsviertel, in dem das Recht des Stärkeren galt. Daran änderte sich auch später nichts, als im 18. Jahrhundert die historischen Grenzen der Stadt gesprengt wurden und London immer schneller wuchs. Im 19. Jahrhundert schließlich wurde die U-Bahn gebaut, neue Bahnstrecken in Betrieb genommen und die Stadt zum Zentrum der Industrialisierung gemacht. 1851 lag die Einwohnerzahl bereits bei über 2,5 Millionen Menschen. Immer mehr Land wurde überbaut und 1939, kurz vor Ausbruch des Zweiten Weltkriegs, zählte man mehr als 8,9 Millionen Einwohner – eine Zahl, die bis heute nicht wieder erreicht wurde (zurzeit 8,5 Millionen). Angriffe der deutschen Luftwaffe sorgten in den Jahren 40/41 und 44/45 für schwere Zerstörungen und mehr als 30.000 Tote. In der Folge sank die Bevölkerungszahl erheblich. Auch die Hafenanlagen verfielen immer mehr und die Stadt drohte ihre einst glorreiche weltpolitische und -wirtschaftliche Stellung einzubüßen. Erst in den 1980er-Jahren sorgten umfangreiche Entwicklungsprogramme für einen neuerlichen Aufschwung. Dass dieser bis heute anhält, merkt man als Besucher Londons sofort: Überall wird gebaut, verändert und verbessert, die Stadt pulsiert an allen Ecken und Enden und selbst wem all das auf Dauer zu viel ist, der wird sich doch kaum der Vielfältigkeit und Faszination gänzlich entziehen können, und sei es nur für wenige Stunden. London ist eben eine echte Weltmetropole und wird es, selbst wenn der Brexit die Wirtschaftskraft etwas schwächen mag, wohl noch lange bleiben.

### VERKEHRSMITTEL

Mit dem Wohnmobil durch London zu fahren, macht, wie schon erwähnt, überhaupt keinen Sinn. Machen Sie sich daher mit den öffentlichen Verkehrsmitteln auf den Weg, die wirklich alle touristischen Attraktionen recht gut erschließen. Erste Wahl, um im Zentrum von A nach B zu kommen, ist sicher die Underground mit ihren zahlreichen Stationen und hoher Taktfrequenz. Was nicht durch die U-Bahn erschlossen wird, steuern die Unmengen roter Busse, meist Doppeldecker, an. Weiter außerhalb gelegene Ziele erreicht man mit den Regionalzügen oder der Overground. Und sogar ein paar wenige Trambahnen mühen sich obendrein noch durch die City. Wer, vor allem zu den Rushhours, den Menschenmengen entgehen möchte, kann natürlich auch eines des berühmten London Cabs, ein Taxi, nehmen. Viel schneller werden Sie damit aber auch nicht vorankommen – die Straßen des Zentrums sind fast chronisch verstopft. Eine Alternative für Wagemutige wäre da noch das Fahrrad. Radwege sind allerdings die Ausnahme und man braucht schon gute Nerven, um cool im Verkehr mitzuschwimmen *(eine große Auswahl an Verleihern finden Sie unter https://tfl.gov.uk/modes/cycling/cycling-in-london/renting-a-bike; Preise ab ca. 15 £/Tag bzw. 45 £/Woche).*

Für die öffentlichen Verkehrsmittel müssen Sie vorab eine Fahrkarte lösen. Dazu stehen in allen Bahnhöfen Fahrkartenautomaten bereit, in Bussen können Einzelfahrscheine direkt beim Fahrer erworben werden. Zumindest wenn Sie mehrere Tage in London unterwegs sind, ist es günstiger und deutlich sinnvoller, sich eine Wertkarte zu kaufen, die London Oyster Card (an Bahnhofsschaltern und einigen Automaten erhältlich). Sie wird mit verschieden hohen Guthabenbeträgen bestückt, wiederaufgeladen und man kann sich am Ende des Aufenthaltes Restguthaben auch zurückerstatten lassen. Für all das müssen Sie die Karte an einem Automaten zunächst über die markierte Stelle halten und dann den (englischen) Anweisungen auf dem Bildschirm folgen. Auch die Schranken an den Bahnhofszugängen öffnen sich, nachdem Sie die Oyster Card an die Kontaktstellen gehalten haben. Papiertickets dagegen müssen per Kartenschlitz eingeführt werden. Das alles klingt zunächst ganz einfach, ist aber, durch verschiedene Preismodelle, je nach genutzten Zonen, Tageszeiten, Alter und Wochentagen dann doch eine Wissenschaft für sich. Ob Sie am Ende tatsächlich mit der Oyster Card, einem Einzelticket oder einem Einzeltagesticket (Day Travelcard) am besten fahren, ergründen Sie recht übersichtlich auf der deutschsprachigen Website www.visitbritainshop.com/deutschland/london-transport-which-ticket-to-buy. Kinder bis 11 Jahre nutzen die Londoner Verkehrsmittel im Beisein eines Erwachsenen übrigens kostenlos.

**LONDON PASS**

London ist nicht gerade als Schnäppchen-Metropole bekannt. Das merkt man spätestens bei den Eintrittspreisen. Abgesehen von den kostenlosen staatlichen Museen schlagen diese nämlich richtig heftig zu Buche. Eine wirklich gute Möglichkeit, dabei zu sparen und bei den größten Highlights die teils viele Meter langen Schlangen zu umgehen, ist der London Pass. Mehr als 60 Attraktionen sind dem System angeschlossen, darunter fast alle Hochkaräter. Im Text zu den Londoner Sehenswürdigkeiten verweisen wir jeweils darauf. Bitte beachten Sie, dass diese Angaben ohne Gewähr sind, da sich Teilnehmer an dem System auch ändern können. Bei einigen anderen Stellen erhalten Sie zusätzliche Ermäßigungen; auch die Oyster Card können Sie in Kombination mit erwerben. Es gibt den Pass für 1, 2, 3, 6 oder 10 Tage, entweder online oder direkt im London Pass Office. Dort werden bestellte Pässe auch abgeholt. Neuerdings können Sie den Weg auch sparen und den Pass direkt auf ein Smartphone laden. Über die Website lässt sich außerdem ein kostenloser Reiseführer für London downloaden, eine Handy-App mit allen Attraktionen gibt es auch. **Beachten Sie den Ermäßigungsgutschein exklusiv für Leser der Womo-Reihe!** *(Mehr unter www.londonpass.de, Abholbüro: 11A, Charing Cross Rd., WC2H 0EP, U-Bahn Bakerloo oder Northern bis Charing Cross oder U-Bahn District oder Circle bis Embankment, täglich 10.00–16.30 Uhr, Preise regulär 59–159 £, inkl. Oyster Card 72–212 £, Kinder 5–15 J. 39–109 £, inkl. Oyster Card 45–162 £.)*

## STADTRUNDFAHRTEN

Eine weitere Variante, einen Überblick über die städtischen Sehenswürdigkeiten zu erlangen, ist die Fahrt mit einem Doppeldecker-Sightseeingbus im Hop-on-/Hop-off-Service. Dabei kann man mit einem gültigen Ticket seine Fahrt an jeder angefahrenen Station unterbrechen, sich beliebig lang aufhalten und später die Fahrt mit dem folgenden Bus fortsetzen. In London gibt es drei Anbieter, die jeweils auch wieder verschiedene Routen anbieten, zwischen denen man wählen kann. Zusätzlich gibt es noch spezielle Themenfahrten. Sie haben die Wahl zwischen **Golden Bus Tours** *(12-, 48- oder 72-h-Tickets, 27–39 £, Kinder 5–15* J. *13–18 £, Familien 73–104 £, inkl. Bootsfahrt auf der Themse und Stadtführungen, vier verschiedene Hauptrouten, über 70 Zustiegspunkte, ca. 10- bis 20-Min.-Takt, täglich ab ca. 7.30 Uhr, je nach Jahreszeit und Route wechselnde Endzeiten, die man am Reisetag im Bus erfährt, mehr unter www.goldenbustours.com, kostenloses Tagesticket mit London Pass)*, **The Original Tour** *(24- oder 48-h-Tickets, 22–33 £, Kinder 5–15* J. *11–17,50 £, Familien 90–100 £, inkl. Bootsfahrt auf der Themse und Stadtführungen, online ermäßigte Preise, vier verschiedene Hauptrouten, über 80 Zustiegspunkte, ca. 10- bis 20-Min.-Takt, täglich ab 8.30 Uhr, je nach Jahreszeit und Route bis 16.30/20.00 Uhr, mehr unter www.theoriginaltour.com)* und **Big Bus London** *(12-, 24- oder 48-h-Tickets, Onlinepreise 22–33 £, Kinder 5–15* J. *11–17,50 £, Familien 55–83,50 £, inkl. Bootsfahrt auf der Themse und Stadtführungen, vor Ort etwas höhere Preise, vier verschiedene Hauptrouten, über 50 Zustiegspunkte, ca. 10- bis 20-Min.-Takt, täglich ab ca. 8.20 Uhr, je nach Jahreszeit und Route wechselnde Endzeiten, die man am Reisetag im Bus erfährt, bei 48-h-Ticket inkl. kostenloser Abendtour, mehr unter www.bigbustours.com).*

## SEHENSWÜRDIGKEITEN

London ist nicht nur riesengroß, auch die Anzahl interessanter Orte, Museen, Parks und Gebäude scheint fast endlos. Auch wenn Sie mehrere Tage für die Stadt eingeplant haben, werden Sie eine Auswahl persönlicher Highlights treffen müssen. Wir haben für Sie sechs Touren zusammengestellt, die Sie zu Fuß oder aber in Kombination mit den öffentlichen Verkehrsmitteln bewältigen können. Das spart Zeit und Kilometer – unterschätzen Sie nicht die Entfernungen. Am Ende sind noch einige andere interessante Orte erwähnt, die weiter abseits liegen und einzeln erreicht werden können. **Bitte beachten Sie:** Für London haben wir keine Gastrotipps angegeben. Das liegt einfach an der riesigen Zahl an Restaurants, Bars, Cafés und Imbissbuden, die selbst Einheimische kaum überschauen können. Schmackhafte Snacks auf die Hand finden Sie fast an allen Ecken. Wenn Sie ein gutes Restaurant suchen, können wir Ihnen die App **Opentable** empfehlen. Von günstigen Pubs bis hin zur Sternegastronomie listet sie eine große Auswahl an Lokalitäten. Sie können auch im jeweiligen Umkreis suchen

und oftmals gleich einen Tisch reservieren.
**Achtung:** Führen Sie während Ihrer Stadtrundgänge keine zu großen Taschen oder Rucksäcke mit (in der Regel max. 43 cm hoch/37 cm breit/24 cm tief). An vielen Sehenswürdigkeiten werden Sie aus Sicherheitsgründen durchleuchtet und müssen größere Gepäckstücke auspacken, meist kostenpflichtig abgeben oder werden ganz am Zugang gehindert!

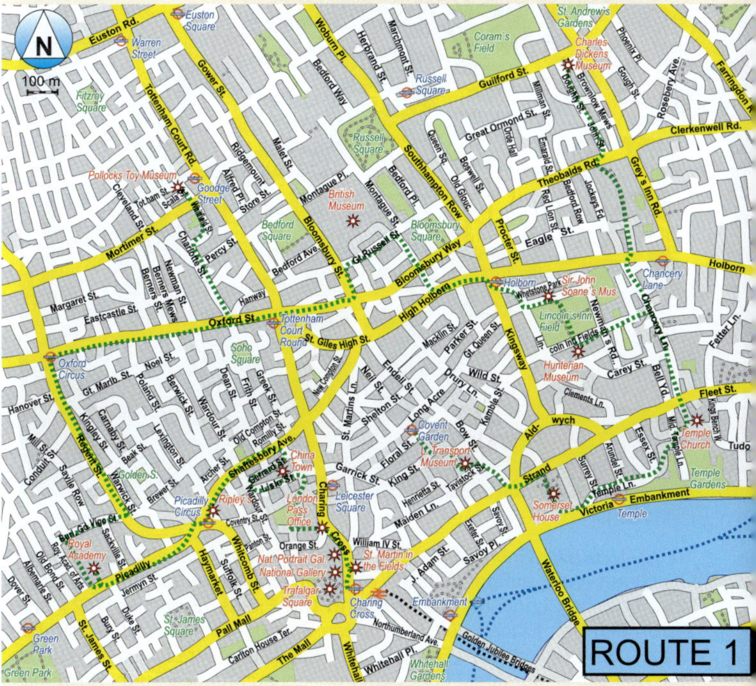


## ROUTE 1: COVENT GARDEN UND SOHO

Diese Tour bringt Sie gleich einmal ins Herz Londons, zu den am meisten von Besuchern frequentierten Ecken, durch die großen Einkaufsstraßen und zu einigen interessanten Museen.
Starten Sie die Tour am besten gleich morgens am **Bahnhof Leicester Square** (Picadilly oder Northern Line, Ausgang 1). Von dort ist es nur ein Katzensprung zum **Ticket Office des London Pass**, den wir bereits vorgestellt haben und der beim anstehenden Aufenthalt viel Geld spart *(London Pass Redemption Desk, 11a Charing Cross Road, WC2H 0EP, 10.00–16.30 Uhr, www.londonpass.de)*.
Nur wenige Meter weiter südlich befindet sich der bekannte **Trafalgar Square** mit der 51 m hohen Gedenksäule, die von Lord Nelson gekrönt wird. Sie erinnert an die siegreiche Schlacht gegen die Franzosen und Engländer, bei der Nelson 1805 schließlich zu Tode kam. Der Trafalgar Square ist der größte öffentliche, weitgehend verkehrsfreie Platz der Stadt und gilt vielen als eigentliches Zentrum. Einige der größten Straßen laufen ringsum zusammen, auf der Nordseite steigt eine große Treppe zur **National Gallery** an. Über 2300 Gemälde vom späten 13. Jahrhundert bis zum Ende des 19. Jahrhunderts lassen sich, verteilt auf ganze 64 Räume und zwei Stockwerke, betrachten. Zu den bekanntesten Werken zählen Bilder von Bruegel, Velázquez, da Vinci und Tizian, Rembrandt, van Gogh und Renoir. Audioguides in deutscher Sprache sind verfügbar *(Trafalgar Square, WC2N 5DN, Bahn-/U-Bahn-Halt Charing Cross, Bakerloo und Northern Line,*

Picadilly Circus

*10.00–18.00 Uhr, Fr bis 21.00 Uhr, Eintritt frei, www.nationalgallery.org.uk).* Gleich nebenan, auf der Ostseite des Platzes, steht eine der interessantesten Kirchen Londons, **St. Martin in the Fields**. Zwischen 1721 und 1726 nach den Plänen des Architekten James Gibbs erbaut, ist sie bis heute offizielle Kirche des Buckingham Palace und der britischen Admiralität. Auffällig ist der direkt über dem Portikus aufragende Turm. Bekannte Persönlichkeiten wie der Kunsttischler Thomas Chippendale und die Maler Joshua Reynolds und William Hogarth sind hier begraben. Regelmäßig finden im Inneren klassische Konzerte statt *(Trafalgar Square, WC2N 5DN, Mo/Di/Do/Fr 8.30–13.00 Uhr und 14.00–18.00 Uhr, Mi 8.30–13.15 Uhr und 14.00–17.00 Uhr, Sa 9.30–18.00 Uhr, So 15.30–17.00 Uhr, Eintritt frei, www.stmartin-in-the-fields.org).*
Sofern Sie eine **Fahrt mit dem Sightseeingbus** planen, finden Sie übrigens gleich südlich der Kirche in der **Duncannan Street** einen Haltepunkt von Golden Bus Tours, die anderen Anbieter unterhalten Abfahrtspunkte westlich bzw. südwestlich des Trafalgar Squares.
Am Weg zurück Richtung Leicester Square passieren Sie linker Hand noch den Zugang zur **National Portrait Gallery**. Wie der Name schon vermuten lässt, wird britische Geschichte anhand von Porträts wichtiger Persönlichkeiten der Geschichte erzählt, dazu zählen sowohl Gemälde als auch Fotografien. Mehr als 200.000 (!) Werke umfasst die riesige Sammlung. Sie zeigt sowohl wichtige Persönlichkeiten der Geschichte als auch populäre Personen unserer Zeit, von Sängern über Fußballer bis zu Schauspielern *(St. Martin's Place, WC2H 0HE, Bahn-/U-Bahn-Halt Charing Cross, Bakerloo und Northern Line, 10.00–18.00 Uhr, Do/Fr bis 21.00 Uhr, Eintritt frei, www.npg.org.uk).*
Erkunden Sie nun die nordöstlich gelegenen Straßen des einstigen Bohemien-Viertels **Soho**. Pubs, Budget-Restaurants und Nachtklubs säumen viele Ecken, am auffälligsten sind die Straßenzüge zwischen **Gerrard Street** und **Lisle Street**. Dort erstreckt sich die kleine, aber quirlige **Chi-**

**natown** Londons. Sie entstand ab den 1960er-Jahren und ist voller meist asiatischer Restaurants, nicht immer allerbester Qualität. Ein Gang durch die Gassen macht dennoch Spaß und mit ein bisschen Gespür findet sich dann doch eine gute Adresse zur Einkehr *(U-Bahn-Halt Leicester Square, Picadilly und Northern Line).*

Wenn Sie die breitere **Shaftesbury Road** im Norden erreicht haben, halten Sie sich nun links auf den berühmten **Picadilly Circus** zu. Tag und Nacht ist das Verkehrsaufkommen so dicht und die durchströmenden Menschenmassen so enorm, dass zarten Gemütern schnell mulmig werden kann. Die Zeit für ein Erinnerungsfoto zwischen den riesigen Leuchtreklamen, die natürlich vor allem abends gut zur Geltung kommen, sollten Sie sich dennoch nehmen.

Wer Spaß an Skurrilem hat, wird außerdem einen Abstecher zu **Ripley's Believe It or Not!** machen wollen. Auf sieben Stockwerken wird ein Sammelsurium an Absurdem, Besonderem und Unglaublichem präsentiert, von optischen Täuschungen über Naturphänomene bis zu verrückten Ausstellungen *(Picadilly Circus, W1J 0DA, U-Bahn-Halt Picadilly Circus, Bakerloo und Picadilly Line, 10.00–24.00 Uhr, Erw. 27,95 £, Kinder 4–15 J. 20,95 £, nach 17.00 Uhr 16,95 £, bis zu 50 % Nachlass bei Onlinebuchung vorab unter www.ripleyslondon.com).*

Kunst gibt es dann nochmals in der **Picadilly Street**, ein Stück weiter westlich, zu sehen. Die **Royal Academy of Arts** im Stadtpalais Burlington House zeigt stets eindrucksvolle Wechselausstellungen, im Sommer schon seit über 200 Jahren Werke (noch) unbekannter Maler und Bildhauer *(Burlington House Picadilly, W1J 0BD, U-Bahn-Halt Picadilly Circus, Bakerloo und Picadilly Line, oder Green Park, Picadilly, Victoria und Jubilee Line, 10.00–18.00 Uhr, Fr/Sa bis 21.00 Uhr, Erw. ca. 12 £, Kinder bis 15 J. frei, www.royalacademy.org.uk).* Gleich daneben befindet sich die **Burlington Arcade** mit vielen Geschäften, die sich bis zu den **Burlington Gardens** zieht.

Thema „Geschäfte“: Wer Lust auf Shoppen hat, kommt auf dem weiteren Weg Richtung **Oxford Circus** voll auf seine Kosten. Rund um **Regent Street** und **Oxford Street** reihen sich Hunderte kleiner und großer Geschäfte wie Perlen auf einer Schnur aneinander. Von internationalen Flagshipstores bis zu kleinen Nobelboutiquen ist alles vertreten. Die Preise liegen allerdings meist nicht auf Schnäppchenniveau. Auch die parallel zur Regent Street verlaufende **Carnaby Street** ist einen Schlenker wert. Sie gilt als Geburtsort der 60er-Jahre-Mode. Ringsum finden sich besonders viele unabhängige Boutiquen und kleine Lokale. **Duke Street** im Westen, **Dean Street** im Osten und **Mortimer Street** im Norden begrenzen in etwa dieses riesige Gebiet, in dem Sie nach Herzenslust kaufen oder auch einfach nur stöbern können *(U-Bahn-Halt Oxford Circus, Bakerloo, Central und Victoria Line).*

Kein Muss, aber einen schönen Abstecher für Interessierte, z.B. durch die **Charlotte Street**, bietet das **Pollocks Toy Museum**. Benannt nach Benjamin Pollock, einem ehemals berühmten Hersteller von Papiertheatern, ist es diesen im 19. Jahrhundert populären Spielzeug-Kunstwerken gewidmet. Mit den mit einer außergewöhnlichen Liebe zum Detail angefertigten Papier- oder Holzbühnen samt Figuren und Bühnenbildern konnten sich Kinder zu Hause ihre eigenen Theateraufführungen erdenken. Auch Marionetten und andere alte Spielzeuge gibt es zu sehen, z.B. Puppenstuben oder Eisenbahnen *(1 Scala Street, W1T 2HL, U-Bahn-Halt Goodge Street, Northern Line, Mo–Sa 10.30–17.00 Uhr, Erw. 6 £, erm. 5 £, Kinder 3 £, freier Eintritt mit dem London Pass, www.pollockstoys.com).*

Die meistbesuchte Sehenswürdigkeit ganz Großbritanniens erreichen Sie nun mit dem **British Museum**. Das riesige Gebäude allein kann Besucher problemlos einen ganzen Tag beschäftigen. Schon 1753 gegründet, befinden sich darin Abteilungen zu allen Kontinenten mit über 8 Millionen Stücken aus vielen Jahrtausenden. Zu den absoluten Highlights von internationalem Ruf zählen sicher die ägyptischen Mumien und die gut erhaltene, über 2000 Jahre alte Moorleiche des Lindow-Mannes in der europäischen

Central Market Covent Garden

Sammlung. Teil des Museums ist auch der Great Court, Londons größter überdachter Platz mit weiteren Ausstellungsflächen und Cafés *(51 Great Russell Street, WC1B 3DG, U-Bahn-Halt Tottenham Court Round, Central und Northern Line, oder Holborn, Central und Picadilly Line, 10.30–17.30 Uhr, Sa bis 20.30 Uhr, Eintritt frei, Sonderausstellungen ca. 10–16 £, freier Eintritt mit dem London Pass, www.britishmuseum.org)*.

Quer durch das einstige Intellektuellenviertel Bloomsbury spazieren Sie in südwestlicher Richtung weiter zur kleinen Parkanlage **Lincoln's Inn Fields**. Zwei interessante Ausstellungen befinden sich unmittelbar daneben. Nördlich liegt zunächst das **Sir John Soane's Museum**. Es gehört sicherlich zu den schrulligsten Besonderheiten, die London zu bieten hat. Schon 1837 stiftete sein namensgebender Begründer die Sammlung der Stadt, verknüpft an eine Auflage: Es dürfe nichts verändert werden. Und so kann man bis heute die höchst eigenwilligen Exponate von Gemälden über Sarkophage bis hin zu Illusionsspiegeln und Riesenpilzen erforschen, eine museale Erfahrung der besonderen Art *(32 Lincoln's Inn Fields, WC2A 3PE, U-Bahn-Halt Holborn, Central und Picadilly Line, Di–Sa 10.00–17.00 Uhr, Eintritt frei, www.soane.org)*.

Direkt gegenüber, am südlichen Ende der Parkanlage, ist das nicht minder verstörende **Hunterian Museum** im 1. Stock des etwas düster wirkenden Royal-College-of-Surgeons-Gebäudes eingerichtet worden. Es erzählt die Geschichte der Chirurgie und illustriert diese anhand allerlei teils martialisch anmutender Operationswerkzeuge früherer Zeiten und einer riesigen Menge an Präparaten – menschlichen wie tierischen Ursprungs. Einiges erinnert an einen Autounfall: Man möchte nicht hinsehen, kann es aber dennoch nicht lassen. Gerade aufgrund dessen ist es äußerst beliebt und man muss an manchen Tagen schon mal Schlange stehen, bevor man eingelassen wird *(35–43 Lincoln's Inn Fields, WC2A 3PE, U-Bahn-Halt Holborn, Central und Picadilly Line, Di–Sa 10.00–17.00 Uhr, Eintritt frei, www.hunterianmuseum.org)*.

Von der **Chancery Lane** ein kleines Stück in östliche Richtung führt ein Spaziergang nördlich zum **Charles Dickens Museum**, vor allem für literarisch Interessierte empfehlenswert. Darin sind einige Räume wie zu Lebzeiten des Schriftstellers rekonstruiert worden, auch über 10.000 Gegenstände aus seinem Leben und einige Erstausgaben wurden zusammengetragen *(48 Doughty Street, WC1N 2LX, U-Bahn-Halt Russell Square, Picadilly Line, 10.00–17.00 Uhr, Erw. 9 £, erm. 6 £, Kinder 6–16 J. 4 £, mit London Pass Eintritt frei, www.dickensmuseum.com)*.

Ansonsten verläuft die weitere Tour in südliche Richtung bis zur **Temple Church**. Die ehemalige Kirche der Tempelritter wurde schon im 13. Jahrhundert erbaut und war Ort geschichtsträchtiger Ereignisse. So wurde darin die Magna Charta unterzeichnet, die wichtigste Quelle der englischen

Verfassung. Zwischenzeitlich als Anwaltsschule umfunktioniert, ist die Kirche heute wieder ein religiöser Ort und bietet, allein aufgrund ihrer runden Bauart, ein besonderes Flair, das einen Abstecher wert ist *(Temple, EC4Y 7BB, U-Bahn-Halt Temple oder Blackfriars inkl. Bahnstation, District und Circle Line, meist Mo–Fr 10.00–16.00 Uhr, Erw. 5 £, erm. 3 £, Kinder bis 16 J. frei, www.templechurch.com)*.

Entlang der Themse sind es nur wenige Meter, bevor die Tour erneut rechts zum **Somerset House** abknickt. In dem schönen Palast und im Innenhof finden das ganze Jahr über Kulturveranstaltungen jeder Art statt, Musik von Pop bis Klassik, Kunst von Film bis Fashion und allerlei Performances. Auch die **Courtauld Gallery** hat darin vor einiger Zeit ein neues Zuhause gefunden. Sie zeigt in Wechselausstellungen wichtige Kunstwerke des Landes sowie Gemälde verschiedener alter Meister. Auch impressionistische und postimpressionistische Gemälde und Skulpturen sowie Werke der angewandten Kunst werden präsentiert *(Somerset House Strand, WC2R 0RN, U-Bahn-Halt Temple, District und Circle Line, 10.00–18.00 Uhr, Erw. 7–9,50 £, erm. 6–8,50 £, Kinder bis 18 J. frei, mit London Pass Eintritt frei, www.courtauld.ac.uk/www.somersethouse.org.uk)*.

Nur mehr ein Katzensprung ist es hinüber bis ins quirlige Stadtquartier **Covent Garden**, in dem Sie die Route 1 beenden. Einst ein abgerissenes Viertel mit maroden Häusern, säumen nun szenige Cafés, Bars und Boutiquen die Straßen. Zu den Highlights zählen neben der Piazza mit dem **Central Market** sicher das **Royal Opera House** und das interessante **London Transport Museum**. Eine große Anzahl an Bussen, Straßen- und Untergrundbahnen wird gezeigt, in einigen darf man selbst Platz nehmen oder sich in eines der vielen interaktiven Displays vertiefen *(Covent Garden Piazza, WC2E 7BB, U-Bahn-Halt Covent Garden, Picadilly Line, 10.00–18.00 Uhr, Fr ab 11.00 Uhr, Erw. 17 £, erm. 14,50 £, Kinder bis 18 J. frei, mit London Pass Eintritt frei, www.ltmuseum.co.uk)*.

### ROUTE 2: CITY OF LONDON und SOUTHWARK

Diese Runde lässt sich in einem Stück kaum zu Fuß bewältigen. Picken Sie sich einen Abschnitt heraus, teilen Sie die Route auf mehrere Tage auf oder nehmen Sie die U-Bahn zu den für Sie interessantesten Punkten zu Hilfe, dann erleben Sie rund um das Banken- und Hochhausquartier City eine interessante Zeit.

Erster Anlaufpunkt ist der **Tower of London**, einer der größten Touristenmagneten Londons. Schon 1066 ließ Wilhelm der Eroberer hier eine Festung zur Sicherung der Stadt errichten. Der düster-trutzige Komplex war mal Wohnsitz, mal Waffenkammer der Krone und die meiste Zeit das gefürchtetste Gefängnis des Reiches. Nur wenige, die in Ketten hineingingen, kamen jemals wieder hinaus. Heute kommen Besucher vor allem, um die unermesslich wertvollen Kronjuwelen zu sehen, die von den Beefeaters, den Wächtern des Towers, bewacht werden. Täglich werden außerdem kleine Geschichtspossen von Schauspielern erzählt und man kann die berühmten, wohlgehüteten Tower-Raben beobachten. Einer Sage nach wird das Königreich untergehen, wenn sie die Burg verlassen. Auch eine Waffenausstellung, die Royal Armouries, ist im zentralen White Tower untergebracht. Der Tower lässt sich übrigens auch sehr gut per Linienschiff von der Themse aus erreichen: Der Haltepunkt Tower Pier befindet sich unmittelbar vor dem Eingang *(Tower of London, EC3N 4AB, U-Bahn-Halt Tower Hill, Circle und District Line, bzw. Tower Gateway, DLR Line, Di–Sa 9.00–17.30 Uhr, So/Mo ab 10.00 Uhr, Erw. 25 £, erm. 19,50 £, Kinder 5–15 J. 12 £, Familien 62 £, bei Onlinebuchung ca. 10 % Ermäßigung, Audioguides auf Deutsch für 4 bzw. 3 £ erhältlich. Mit London Pass Eintritt frei, www.hrp.org.uk/tower-of-london)*. Besonderer Beliebtheit erfreut sich auch die seit 700 Jahren täglich abgehaltene Ceremony of the Keys. Dabei werden um 21.30 Uhr die Tore des Towers mit großem Tamtam verschlossen. Wer teilnehmen will, muss sich online Tickets reservieren. Das ist zwar kostenlos, aber

Tower of London

man muss sehr früh dran sein: Oft sind alle Termine schon für 6–9 Monate im Voraus ausgebucht *(unter www.hrp.org.uk/tower-of-london/whats-on/ceremony-of-the-keys)*.
Direkt an den Tower schließt sich die nicht minder berühmte **Tower Bridge** an. Mit ihren beiden markanten Türmen ist sie seit Jahrhunderten eines der wichtigsten Wahrzeichen Londons. Bis heute wird ihre Zugeinrichtung für die Durchfahrt großer Schiffe geöffnet. Fußgänger, die den Eintritt zur **Tower Bridge Exhibition** berappen, können den verglasten Übergang in 40 m Höhe zum anderen Themseufer hinübernehmen. Es ist das Highlight der Ausstellung, die ansonsten vor allem Infos zum Bau und Erhaltung der Brücke liefert *(Tower Bridge Road, SE1 2UP, U-Bahn-Halt Tower Hill, Circle und District Line, bzw. Tower Gateway, DLR Line, Apr.–Sept. 10.00–17.30 Uhr, sonst 9.30–17.00 Uhr, Erw. 9 £, erm. 6,30 £, Kinder 5–15 J. 3,90 £, Familien 20,30 £, bei Onlinebuchung je 1 £ Ermäßigung. Mit London Pass Eintritt frei, www.towerbridge.org.uk)*.
Wer sich für Mode, Textilien und Schmuck interessiert, kann nun einen Abstecher ins etwas weiter südlich gelegene **Fashion and Textile Museum London** unternehmen. Die im Bermondsey Village untergebrachte Wechselausstellung beleuchtet immer wieder neue Bereiche zum Thema und setzt sich mit Trends und Kollektionen verschiedenster Epochen, vor allem aber mit viel Zeitgenössischem auseinander *(83 Bermondsey Street, SE1 3XF, U-Bahn-Halt London Bridge, Northern und Jubilee Line, bzw. Zug-Halt Southern, Southeastern und Thameslink, Di–Sa 11.00–18.00 Uhr, Do bis 20.00 Uhr, So 11.00–17.00 Uhr, Erw. 9,90 £, erm. 6–7,70 £, Kinder bis 12 J. frei, www.ftmlondon.org)*.
Am südlichen Themseufer spazieren Sie am futuristischen Veranstaltungszentrum **The Scoop** vorbei. Vor allem im Sommer finden im Amphitheater davor immer wieder kostenlose Theater-, Konzert- und Musicalaufführungen statt *(mehr unter www.morelondon.com)*. Direkt davor macht seit über 40 Jahren der Kreuzer **HMS Belfast** fest. Bis in die 1960er-Jahre dienten über 800 Mann auf dem Kriegsschiff der Royal Navy, das im Zweiten Weltkrieg am Nordkap und in der Normandie zum Einsatz kam, später dann im Koreakrieg. Alle Decks sind heute für Besucher geöffnet, die auf einem kurzweiligen Rundgang vom Maschinenraum über die Kombüse bis zur Brücke alle Bereiche erleben können *(The Queen Walk, SE1 2JH, U-Bahn-Halt London Bridge, Northern und Jubilee Line, bzw. Zug-Halt Southern, Southeastern und Thameslink, auch Linienschiff-Halt London Bridge City Pier, 10.00–18.00 Uhr, Erw. 14,50 £, erm. 11,60 £, Kinder 5–15 J. 7,25 £, Familien 38,15 £, mit London Pass Eintritt frei, www.iwm.org.uk/visits/hms-belfast)*.
Eine ziemlich bekannte, aber dennoch etwas zweifelhafte Vergnügung stellt

das **London Bridge Experience** ein paar Meter weiter dar. Im Bauch des Brückenpfeilers wird in einer Art Geisterbahn mit echten Darstellern die Geschichte der alten London Bridge, einst Schmelztiegel von Händlern, Gaunern, Dirnen und wichtigster Verkehrsknotenpunkt der Stadt, erzählt. Dabei setzt man vor allem auf Effekthascherei und Kirmeszauber – das ist nur stellenweise informativ und gruselig, dafür oft etwas „too much". Andere Besucher hatten aber durchaus ihren Spaß ... *(2–4 Tooley Street, SE1 2SY, U-Bahn-Halt London Bridge, Northern und Jubilee Line, bzw. Zug-Halt Southern, Southeastern und Thameslink, auch Linienschiff-Halt London Bridge City Pier, Mo–Fr 10.00–17.00 Uhr, Sa/So bis 18.00 Uhr, Erw. 19,95 £, Kinder von 5–15 J. 17 £, inkl. Audioguide auf Deutsch, mit London Pass Eintritt frei, www.thelondonbridgeexperience.com).*

Nur drei Straßenzüge weiter südlich erwarten Sie dann ein paar andere interessante Anlaufstellen. Zunächst erreichen Sie das **Old Operating Theatre Museum**, eine besondere Londoner Einrichtung. Im 300 Jahre alten Dachboden der St. Thomas Church wurden nicht nur Kräuter getrocknet, sondern auch vor Publikum Operationen durchgeführt – natürlich ohne Betäubung und völlig unsteril. Auch die Sammlung teils schauriger Operationsutensilien und körperlicher Anomalien ist sehr speziell *(9a St. Thomas Street, SE1 9RY, U-Bahn-Halt London Bridge, Northern und Jubilee Line, bzw. Zug-Halt Southern, Southeastern und Thameslink, 10.30–17.00 Uhr, Erw. 6,50 £, erm. 5 £, Kinder bis 16 J. 3,50 £, Familien 13,90 £, NT-Members 50 %, mit London Pass Eintritt frei, www.thegarret.org.uk).*

Gleich daneben schließt sich mit dem höchsten Gebäude Londons bzw. Westeuropas eine völlig gegensätzliche Sehenswürdigkeit an. Das 310 m hohe, pyramidenförmige Bauwerk **The Shard** wurde erst 2012 fertiggestellt und ist auf 72 Stockwerken mit 11.000 Scheiben komplett verglast. Im Inneren befinden sich Wohnungen, Büros, ein Hotel und Restaurants. Finanziert wurde es von der Herrscherfamilie von Katar. Besucher werden

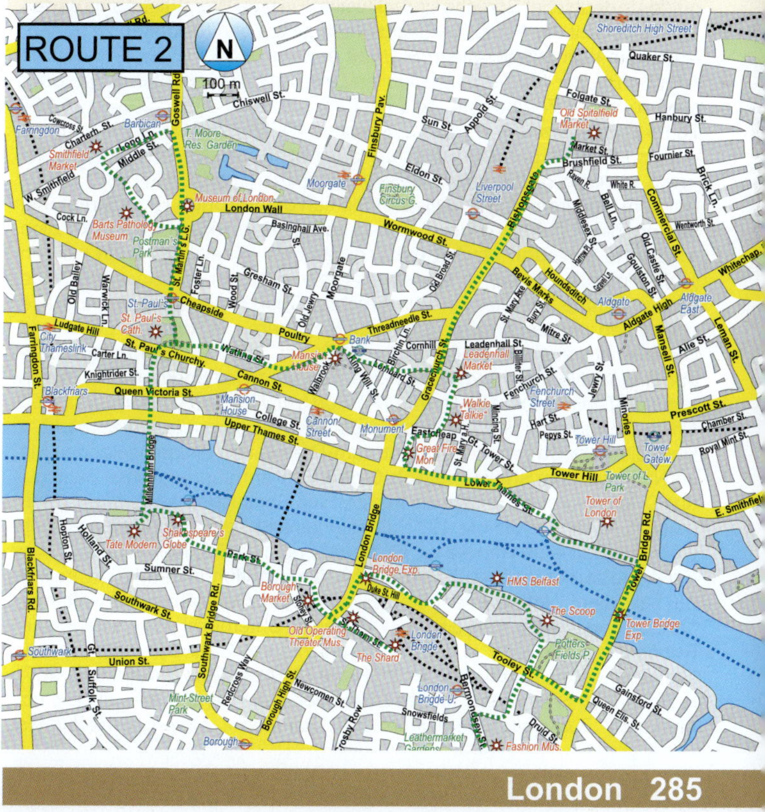

Londons bester Blick: The Shard

vor allem von der fantastischen Aussichtsplattform im obersten Stockwerk angezogen, dem **View from the Shard**. Per Lift gelangt man in Windeseile zu den zwei Ebenen, die oberste mit offenem Dach. Dort genießt man einen gigantischen Blick auf ganz London und darüber hinaus. Besonders eindrucksvoll ist die Aussicht gegen Abend, wenn die Sonne erst langsam untergeht und dann Stück für Stück die Stadt von Millionen Lichtern erhellt wird. An einer der Bars kann man sich währenddessen mit Wein, Bier oder ganz stilecht mit Champagner versorgen lassen. An interaktiven Displays und Ferngläsern erhält man zusätzliche Informationen zu markanten Punkten der Stadt, meist mit geschichtlicher, aktueller, Tages- und Nachtansicht, auch Audioguides in deutscher Sprache sind inklusive. Einziger Wermutstropfen dieses Spektakels ist der Preis. Die Exklusivität, ganz oben residieren zu dürfen, lässt man sich gut bezahlen *(Railway Approach, SE1 9SG, U-Bahn-Halt London Bridge, Northern und Jubilee Line, bzw. Zug-Halt Southern, Southeastern und Thameslink, 10.30–17.00 Uhr, Erw. 30,95 £, erm. 25,95–26,95 £, Kinder 4–15 J. 24,95 £, Familien 79,95 £, bei Onlinebuchung jeweils 5 £ Rabatt, bei sehr schlechter Sicht ist ein zweiter Besuch innerhalb von 3 Monaten gratis, www.theviewfromtheshard.com)*.

Auf dem weiteren Weg überqueren Sie nun die **Borough High Street** und stoßen direkt auf einen der schönen Londoner Märkte. Der erst kürzlich renovierte **Borough Market** existiert seit dem Mittelalter. Heute werden großteils Lebensmittel gehandelt. Während rund um den Hauptteil Three Crown Square vor allem frische Früchte, Obst, Fleisch, Fisch und Käse angeboten werden, erhalten Sie in den Marktbereichen ringsum Essen und Lebensmittel aus aller Welt *(Southwark Street, SE1 1TL, U-Bahn-Halt London Bridge, Northern und Jubilee Line, bzw. Zug-Halt Southern, Southeastern und Thameslink, Mo–Do 10.00–17.00 Uhr, Fr bis 18.00 Uhr, Sa ab 8.00 Uhr, Mo/Di sind nicht alle Stände geöffnet, www.boroughmarket.co.uk)*.

Über die **Park Street** oder alternativ am Themseufer entlang gelangen Sie als Nächstes zum **Shakespeare's Globe**. Fast am ursprünglichen Bauplatz des Original-Globes, in dem die meisten von Shakespeares Stücken uraufgeführt wurden, eröffnete 1997 diese originalgetreue Nachbildung. Auch wenn es „nur" eine Replika ist, bleibt der originale Eindruck erhalten: Das Gebäude ist reetgedeckt und die regelmäßigen Aufführungen finden, freilich nur bei gutem Wetter, unter freiem Himmel statt. Ganzjährig und wetterunabhängig ist dagegen die Globe Exhibition im Untergeschoss plus Theater-Rundgang zugänglich, in der die Geschichte des Bauwerks und von William Shakespeares Stücken erzählt wird *(21 New Globe Walk, SE1 9DT, U-Bahn-Halt Southwark, Jubilee Line, oder Blackfriars, Circle und District Line, bzw. Zug-Halt Southeastern und Thameslink, auch Linienschiff bis*

*Bankside Pier, Ausstellung 9.00–17.00 Uhr, Führungen Di–Sa 9.30–12.30 Uhr, So bis 11.30 Uhr, Mo bis 17.00 Uhr, Erw. 15 £, erm. 12,50–13,50 £, Kinder 5–15 J. 9 £, Familien 41 £, Audioguides auf Deutsch inkl., www.shakespearesglobe.com).*

Gleich daneben liegt die **Tate Modern**. Die riesige Ausstellungshalle über mehrere Ebenen ist thematisch geordnet und vereint vielfältige Ausdrucksformen zeitgenössischer Kunst unter ihrem Dach. Raumkonzepte, Installationen, Skulpturen, Gemälde, Fotografien, aber auch Performances oder Filmprojekte zählen dazu und geben einen umfassenden Blick auf Kunstepochen wie Surrealismus, Kubismus, Futurismus oder Minimalismus. Wer noch dazu klassische Kunstwerke in der Tate Britain (siehe Route 3) erleben möchte, kann mit dem Tate-to-Tate-Boot auf der Themse direkt von Galerie zu Galerie fahren *(Bankside, SE1 9TG, U-Bahn-Halt Southwark, Jubilee Line, oder Blackfriars, Circle und District Line, bzw. Zug-Halt Southeastern und Thameslink, auch Linienschiff bis Bankside Pier, 10.00–18.00 Uhr, Fr/Sa bis 22.00 Uhr, Eintritt frei, Sonderausstellungen gegen Gebühr, Multimediaguides auf Deutsch 3,50 £, mit London Pass kostenlos, www.tate.org.uk).*

Über die **Millennium Bridge** wechseln Sie nun erneut zum Themse-Nordufer. Die Fußgängerbrücke wurde erst 2000 eröffnet – für genau 2 Tage. Da das als „Wobbly Bridge“ bekannte Bauwerk zu stark schwankte, musste nachgebessert werden. 2002 war es dann endgültig so weit und die neue Achse von der Tate Modern hinüber zur **St. Paul's Cathedral** war nutzbar. Und ebendiese bekannteste aller Londoner Kirchen ist Ihr nächstes Ziel. Schon im Mittelalter stand an dieser Stelle eine Kathedrale, die jedoch dem großen Brand von 1666 zum Opfer fiel. Der Wissenschaftler und Architekt William Wren wurde danach mit einem Neubau beauftragt, der alle bisherigen klerikalen Bauwerke Londons in den Schatten stellen sollte. Nach 35-jähriger Bauzeit war es dann 1710 so weit und die Pforten wurden geöffnet. Gleich mehrere Orte im und am Bauwerk sollten Sie nicht versäumen. Dazu zählt neben der besonders imposanten Westfassade mit Säulenwerk und Türmen die Whispering Gallery, auf der man dank einer außergewöhnlichen Akustik selbst geflüsterte Worte von der gegenüberliegenden Seite noch verstehen kann. Außerdem die gewaltige, begehbare Kuppel, von der man sowohl einen guten Blick auf London als auch in das Kircheninnere werfen kann *(St. Paul's Churchyard, EC4M 8AD, U-Bahn-Halt St. Paul's, Central Line, oder Mansion House, Circle und District Line, oder Zug-Halt City der Thameslink, Mo–Sa 8.30–16.30 Uhr, Erw. 18 £, erm. 16 £, Kinder 6–17 J. 8 £, Familien 44 £, Onlinetickets je ca. 2 £ Ermäßigung, Multimediaguides auf Deutsch inkl., www.stpauls.co.uk).*

Wenn Sie sich jetzt für den Abstecher Richtung Norden zum **Museum of London** entscheiden, wandern Sie nördlich über die **St. Martin's Le Grand Street** bis zu einem Kreisverkehr, der mit dem Museum überbaut ist. Die interessante Ausstellung umfasst alle Aspekte der Stadtgeschichte von prähistorischer Zeit bis in die Moderne. Große Bereiche beleuchten vor allem die Römerzeit, das Mittelalter und den großen Brand. Im Untergeschoss wurden mehr als 20 Millionen Pfund in die Neugestaltung und interaktive

St. Pauls Cathedral

City of London bei Nacht (View from the Shard)

Ausrichtung der modernen Ausstellung vom 17. Jahrhundert bis heute investiert – mehr als 4000 Exponate gibt es allein in diesem Abschnitt zu sehen *(150 London Wall, EC2Y 5HN, Eingang über den Fußgänger-Hochweg, U-Bahn-Halt Barbican, Central, Metropolitan oder Hammersmith & City Line, oder Mansion House, Circle und District Line, oder St. Paul's, Central Line, oder Moorgate, Central, Metropolitan, Northern oder Hammersmith & City Line, sowie Zug-Halt Great Northern, 10.00–18.00 Uhr, Eintritt frei, www.museumoflondon.org.uk).*

In östlicher Richtung folgt die Route von der St.-Pauls-Kathedrale der **Watling Street** oder **Cannon Street** bis zum auffälligen **Mansion House**. Es ist der Sitz des Lord Mayor, also des Bürgermeisters der Stadt. Für Einzelbesucher ist leider nur die Säulenfassade zu sehen, der Zugang ist nur für Gruppen möglich. Doch rund um die Bank-Bahnstation *(Central, Northern, Waterloo & City sowie DLR Line)* gibt es noch zwei weitere interessante Bauwerke zu besichtigen. Gleich nordöstlich schließt sich das Gebäude der **Bank of England** an. Auch ein **Museum** zum Thema ist darin eingerichtet, es zeigt Banknoten, Goldbarren und klärt über den Finanzmarkt vom 17. Jahrhundert bis in die Neuzeit auf, außerdem gibt es ein interaktives Spiel sowie Wechselausstellungen in der Rotunde *(Bartholomew Lane, EC2R 8AH, Mo–Fr 10.00–17.00 Uhr, Eintritt frei, www.bankofengland.co.uk).* Wer sich für Kirchenarchitektur interessiert, kann außerdem noch in **St. Stephen Walbrook** schauen. Etwas versteckt hinter dem Mansion House steht die Kuppelkirche mit aufwendigem Schnitzwerk an Kanzel und Taufbecken *(39 Walbrook, EC4N 8BN, Mo/Di/Do 10.00–16.00 Uhr, Fr bis 15.30 Uhr, Mi 11.00–15.00 Uhr, Eintritt frei, www.ststephenwalbrook.net).*

Als einer der schönsten Londoner Märkte darf zweifellos **Leadenhall Market** gelten. Mit seinen hohen, kuppel- und hallenförmig überbauten Gängen zählt er zu den Schmuckstücken der Stadt, in denen man die „good old times" hochleben lässt. Neben Lebensmittelgeschäften aller Art gibt es auch Cafés und Restaurants in dem Komplex. Schauen Sie mal, ob Sie den Gedenkstein für Old Tom finden. Dabei handelte es sich um eine Gans, die es schaffte, ihrer Schlachtung gleich mehrfach zu entkommen, bis sie zur lokalen Berühmtheit wurde und schließlich von den Standbetreibern bis zu ihrem natürlichen Ableben mit stattlichen 38 Jahren im Jahr 1835 durchgefüttert wurde *(Gracechurch Street und Lime Street, EC3V 1LT, U-Bahn-Halt Monument, Circle und District Line, Mo–Fr 10.00–18.00 Uhr).*

Wenn Sie von hier aus noch einen Abstecher zum weiter nördlich gelegenen **Old Spitalfields Market** einschieben möchten, müssen Sie einen etwas weiteren Laufweg einplanen oder aber die Bahn nehmen. Das geht am schnellsten mit der Circle Line bis Liverpool Street *(dort auch U-Bahn, City, Metropolitan und Hammersmith & City Line, sowie Overground, TfL-*

*und Greater-Anglia-Züge)*. Eine große Anzahl an Ess-Ständen und Foodtrucks tummelt sich an den modernen Markthallen, dazwischen gibt es fest eingerichtete Geschäfte aller Art und wechselnde Marktstände, vor allem im Bereich „Mode und Accessoires“. Je nach Tag gibt es aber auch Schallplatten oder Antiquitäten zu erstehen *(109 Commercial Street, E1 6EW, täglich ca. 10.00–17.00 Uhr, www.oldspitalfieldsmarket.com)*.
Kaum zu übersehen ist das wenige Meter weiter südlich weit aufragende 20 Fenchurch Street Building, das seiner Form wegen von den Londonern schlicht „The Walkie Talkie“ getauft wurde. Nicht alle sind sich darin einig, dass der Bau sonderlich gelungen ist. So wurde das erst 2014 fertiggestellte Gebäude im Jahr darauf mit dem Carbuncle Cup, einem Preis für das hässlichste neue Gebäude im Königreich, „ausgezeichnet“. Besucher können das 160 m hohe Haus entweder als Gäste eines der Restaurants im Inneren besuchen oder tagsüber dem dreistöckigen Botanischen Garten **Sky Garden** in den obersten Etagen, der ehrlich gesagt mehr ein teilbegrüntes Aussichtsstockwerk ist, einen Besuch abstatten. Das ist zurzeit (noch) kostenfrei, eine Voranmeldung ist aber nötig und Sie sollten rechtzeitig dran sein, die Plätze sind oft schon für 2–3 Wochen ausgebucht *(1 Sky Garden Walk, EC3M 8AF, U-Bahn-Halt Monument, Circle und District Line, Mo–Fr 10.00–18.00 Uhr, Sa/So 11.00–21.00 Uhr, max. eine Stunde Aufenthalt, Eintritt frei, Anmeldung unter www.skygarden.london)*.
Letzter Stopp auf Ihrem Rundgang durch die City ist das **Great Fire Monument**. Das Denkmal wurde, wie der Name schon sagt, in Erinnerung an das große Feuer von London 1666 vom Architekten Wren entworfen. Es misst ganze 62 m und war damit zu seiner Zeit die größte frei stehende Steinsäule der Welt. Die Höhe soll exakt die Entfernung zur Pudding Lane widerspiegeln, in der das Feuer in einer Bäckerei ausgebrochen sein soll. Ein enger, gewundener Gang mit 311 Stufen führt auf eine kleine Aussichtskanzel nach oben. Der Blick ist toll, aber nichts für Klaustrophobiker *(Fish St. Hill, EC3R 8AH, U-Bahn-Halt Monument, Circle und District Line, Apr.–Sept. 9.30–18.00 Uhr, sonst bis 17.30 Uhr, Erw. 4 £, erm. 2,79 £, Kinder bis 16 J. 2 £, mit London Pass freier Eintritt, www.themonument.info)*.

**ROUTE 3: WESTMINSTER**

Den westlichsten Teil von „Kern-London“ bildet die Gegend um Westminster mit so bekannten Sehenswürdigkeiten wie Big Ben und der Buckingham-Palast. Steigen Sie ein, wo Sie möchten; wir wählen als ersten Punkt den **Wellington Arch**, ganz am linken oberen Ende der Übersichtskarte gelegen. Das Tor steht am südöstlichen Ende des Hyde Parks (siehe Route 4) und wurde in der ersten Hälfte des 19. Jahrhunderts im Auftrag von King George IV. als Erinnerung an die napoleonischen Kriege erbaut. Erst 2016 wurde es vom English Heritage restauriert und nun sind Aussichtsplattform und die Ausstellung im Inneren wieder für Besucher voll zugänglich *(Apsley Way, W1J 7JZ, U-Bahn-Halt Hyde Park Corner, Picadilly Line, Apr.–Sept. 10.00–18.00 Uhr, Okt. bis 17.00 Uhr, sonst bis 16.00 Uhr, Erw. 4,70 £, erm. 4,20 £, Kinder 5–15 J. 2,80 £, Familien 12,20 £. Als EH-Mitglied oder mit London Pass freier Eintritt, www.english-heritage.org.uk)*.
Schlendern Sie nun durch den **Green Park** in südöstliche Richtung. Die ruhige Grünfläche wird nur von wenigen Denkmälern

Liegestühle im Green Park

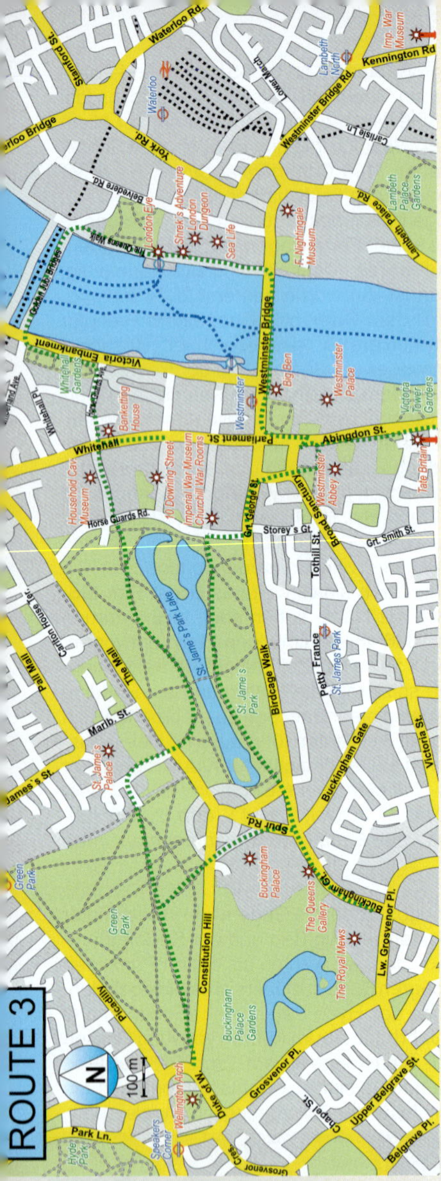




geprägt, unter anderem dem Lady-Diana-Brunnen. Heute kann man sich kaum vorstellen, welch gefährliche Vorgeschichte das Areal hat. Einst lag an dieser Stelle ein Begräbnisort für Leprakranke und auch später, bis ins 19. Jahrhundert, galt der Park am Stadtrand als Treffpunkt zwielichtiger Gestalten und war für regelmäßige Raubüberfälle berüchtigt.

Ihr nächstes Ziel ist **Buckingham Palace**, der Hauptwohnsitz der Queen. Der schön begrünte Platz vor dem Schloss ist ein Muss für fast alle Touristen, die nach London kommen, und seit 1837 erste Adresse im Staat, als Königin Victoria einzog. Erst seit 1993 können Teile des Palastes, die State Rooms, besichtigt werden, allerdings nur für wenige Wochen im Jahr. Grund für die Öffnung war der Brand in Windsor Castle vor den Toren Londons und die hohen finanziellen Aufwendungen, die mit der Restaurierung einhergingen. Um lange Wartezeiten oder gar gänzlich ausgebuchte Tageszeiten zu vermeiden, sollten Sie Tickets am besten über die Website vorab erwerben *(SW1A 1AA, U-Bahn-Halt Hyde Park Corner, Picadilly Line, Green Park, Picadilly, Jubilee oder Victoria Line, St. James's Park, District oder Circle Line, oder Victoria Station mit District, Circle und Victoria Line sowie den Zügen Gatwick Express, Southern, Southeastern und Thameslink, Ende Juli–Aug. 9.15–19.45 Uhr, Sept.–Anfang Okt. bis 18.45 Uhr, Erw.*

*21,50 £, erm. 19,60 £, Kinder 5–16 J. 12,30 £, Familien 55,30 £, inkl. Multimediaführer auf Deutsch, www.royalcollection.org.uk).*
Auch wer nicht in den Palast möchte, wird vielleicht das berühmte **Changing of the Guard**, den Wachwechsel am Schloss, nicht versäumen wollen. Meist findet das Spektakel gegen 11.30 Uhr vormittags statt. Genaue Zeiten und weitere Informationen erhalten Sie auf der Website www.changing-the-guard.com.
An der Südseite des Palastes schließen sich noch zwei weitere Ausstellungen an, für diese gibt es auch Kombitickets in Verbindung mit dem Palast. Zum einen die **Queens Gallery** mit einer wechselweise gezeigten Vielzahl an hochkarätigen Gemälden von Künstlern wie Rembrandt, Rubens oder da Vinci aus dem Privatbesitz der königlichen Familie *(Buckingham Palace Road, SW1A 1AA, Verbindungen wie Buckingham Palace, State Rooms, Ende Juli–Anfang Okt. 9.15–17.30 Uhr, sonst ab 10.30 Uhr, Erw. 10,30 £, erm. 9,40 £, Kinder 5–16 J. 5,30 £, Familien 25,90 £, inkl. Multimediaführer auf Deutsch, freier Eintritt mit London Pass, www.royalcollection.org.uk).*
Zum anderen die **Royal Mews**, die königlichen Stallungen mit dem Marstallmuseum. Wer Pferde und Kutschen liebt, kommt dabei sicher voll auf seine Kosten *(Buckingham Palace Road, SW1A 1AA, Verbindungen wie Buckingham Palace, State Rooms, Ende März–Okt. 10.00–17.00 Uhr, sonst bis 16.00 Uhr, Erw. 9,30 £, erm. 8,50 £, Kinder 5–16 J. 5,50 £, Familien 24,10 £, inkl. Multimediaführer auf Deutsch, freier Eintritt mit London Pass, www.royalcollection.org.uk).*
Gehen Sie nun durch den **St. James's Park** in Richtung Themse. Der belebte Park ist bei Londonern und Touristen gleichermaßen beliebt und für seine vielen Wasservögel bekannt. Selbst eine Kolonie Pelikane lebt im Teich des Parks. Wenn Sie den eingezeichneten Weg südlich des Sees wählen, steuern Sie direkt auf das **Imperial War Museum** mit den **Churchill War Rooms** zu. Zu besichtigen sind die Kellerkatakomben, in denen im Zweiten Weltkrieg strategische Entscheidungen gefällt wurden und erst Chamberlain, später Winston Churchill seine Einsatzzentrale unterhielt. Räume und Ausstattung sind im Originalzustand belassen, wie er sich nach dem Krieg darbot. Außerdem gibt es eine Abteilung zum Leben und Wirken des bekannten Politikers *(Clive Steps, King Charles Street, SW1A 2AQ, U-Bahn-Halt Westminster, Circle, District und Jubilee Line, 9.30–18.00 Uhr, Erw. 17,25 £, erm. 13,80 £, Kinder 5–15 J. 8,60 £, Familien 45,30 £, freier Eintritt mit London Pass, www.iwm.org.uk/visits/churchill-war-rooms).*
Nur wenige Schritte weiter südöstlich liegt der begrünte **Parliament Square Garden**. Obwohl er nicht mehr als eine größere Verkehrsinsel ist und ganztags von dichtem Verkehr umtost wird, lassen sich viele Besucher nicht daran hindern, eine Decke auszubreiten und auf dem kleinen Rasenquadrat eine Pause einzulegen. Immerhin, zu sehen gibt es ringsum einiges. Am auffälligsten dürfte **Big Ben** sein. Der Glockenturm am Durchgang zur Themse ist, neben der Tower Bridge, das Wahrzeichen der Stadt. Offiziell heißt der Turm **Elizabeth Tower** und ist Teil der **Houses of Parliament**,

Buckingham Palace

Big Ben

des neogotisch verschnörkelten Sitzes der britischen Regierung, der sich direkt anschließt. Big Ben ist genau genommen nur die mit 13,5 t schwerste von fünf Glocken im Turm, die zu allen Stunden weithin hörbar die Zeit schlagen. Als ausländischer Besucher können Sie eine Tour durch Teile des Parlamentsgebäudes, im Rahmen einer Führung oder auf eigene Faust, mit Audioguides ausgestattet, machen. Der Elizabeth Tower dagegen ist aus Sicherheitsgründen nur noch britischen Staatsbürgern zugänglich *(Palace of Westminster, Parliament Square, SW1A 2PW, U-Bahn-Halt Westminster, Circle, District und Jubilee Line, www.parliament.uk, Audioguidetour auf Deutsch immer samstags sowie Ende Juli–Anfang Sept. Mo–Fr, Mitte Sept.–Anfang Okt. Di–Fr, Erw. 18,50 £, erm. 16 £, ein Kind frei, jedes weitere Kind von 5 bis 15 J. 7,50 £, Führungen auf Deutsch mehrmals täglich, Erw. 25,50 £, erm. 21 £, ein Kind frei, jedes weitere Kind von 5 bis 15 J. 11 £, Tickets online unter https://visit.parliament.uk/HouseofParliament/shop oder vor Ort im Ticket Office im Portcullis House, gegenüber dem Big Ben)*.

Gleich neben dem Parlamentsgebäude sehen Sie auch **Westminster Abbey** in den Himmel ragen. Halb Gotteshaus, halb Museum ist die riesige Abtei als Beisetzungsort der britischen Monarchen bekannt; doch auch viele Krönungen und Hochzeiten fanden hier statt. Kreuzgang, Mittelschiff und Kapitelsaal sind allesamt von beeindruckender Größe und Ausstattung, viele Denkmäler von Politikern und wichtigen britischen Persönlichkeiten zieren die Laufwege im Inneren *(20 Deans Yard, SW1P 3PA, U-Bahn-Halt Westminster, Circle, District und Jubilee Line, Mo–Sa 9.30–15.30 Uhr, Mi bis 18.00 Uhr, Erw. 20 £, erm. 17 £, Kinder 6–16 J. 9 £, Familien 45 £, freier Eintritt mit London Pass, www.westminster-abbey.org)*.

Londons bekannte Kunstgalerie **Tate Britain** liegt mit etwa 1,2 km einen kleinen Fußmarsch entfernt, ein Stück weiter südlich. Die Sammlung ist so umfangreich, dass ein Großteil der Gemälde jährlich gewechselt wird, und umfasst eine Menge Hochkaräter. Den Schwerpunkt bilden Werke des 16.–18. Jahrhunderts, aber auch neuzeitliche Bilder gibt es zu sehen. Moderne Kunst wird dagegen in der Tate Modern ausgestellt (siehe Route 3). Ein Schiff verbindet beide Galerien miteinander *(Millbank, SW1P 4RG, U-Bahn-Halt Pimlico, Victoria Line, 10.00–18.00 Uhr, Eintritt frei, Smartpho-*

*ne-App als Führungshilfe downloadbar, www.tate.org.uk).*
Schließlich überqueren Sie die Westminster Bridge, hinüber zum Südostufer der Themse. Falls Sie eine Bootstour machen wollen, können Sie die Anleger auf beiden Seiten des Flusses an dieser Stelle aufsuchen, von hier starten mehrmals stündlich die meisten Ausflugsboote verschiedener Anbieter; auch die Linienschiffe legen an. Wenn Sie einen London Pass haben, ist eine Fahrt sogar kostenlos.
Drüben angekommen führt Sie der erste Weg vielleicht zum **Florence Nightingale Museum** vor dem St. Thomas Hospital. Die Krankenschwester aus dem viktorianischen England gilt als eine Art Lichtgestalt ihrer Zeit. Sie gilt bis heute als maßgebliche Bereiterin der modernen Gesundheits- und Krankenpflege. Die Ausstellung beleuchtet auf recht anschauliche, teils interaktive Weise ihr Leben und Wirken und die bis heute relevanten Auswirkungen ihres Schaffens *(2 Lambeth Palace Road, SE1 7EW, U-Bahn-Halt Lambeth North, Bakerloo Line, oder Westminster, Circle, District und Jubilee Line, 10.00–17.00 Uhr, Erw. 7,50 £, erm. 4,80 £, Kinder 5–15 J. 3,80 £, Familien 15 £, mit London Pass Eintritt frei, www.florence-nightingale.co.uk).*
Wer die Tour noch ein wenig ausweiten möchte, findet ein Stück weiter südlich noch zwei weitere interessante Anlaufpunkte. Der **Lambeth Palace** ist schon seit dem 13. Jahrhundert und bis heute Londoner Sitz des Bischofs von Canterbury, kann aber teilweise auf einer Führung besichtigt werden. Die Gärten sind für ein Salär von 5 £ jeden ersten Freitag im Monat, März–Okt. von 12.00–15.00 Uhr, für die Allgemeinheit geöffnet *(2 Lambeth Palace Road, SE1 7JU, U-Bahn-Halt Lambeth North, Bakerloo Line, ca. Mitte März–Anfang Okt., wechselnde Zeiten, ab 17 J. Eintritt 12 £ zzgl. 2,95 £ Buchungsgebühr, nur über die Website www.archbishopofcanterbury.org/pages/visit-lambeth-palace.html).*
Das **Imperial War Museum London** nicht weit entfernt widmet sich weltweiten Kriegen und Konflikten vom Ersten Weltkrieg bis in die heutige Zeit, ihrer Entstehung, Dynamik und dem Verlauf. Das Ganze wird mit Dauer- und Wechselausstellungen näher beleuchtet *(Lambeth Road, SE1 6HZ, U-Bahn-Halt Lambeth North, 10.00–18.00 Uhr, Eintritt frei, www.iwm.org.uk/visits/iwm-london).*
Direkt am Themseufer und gleich nebeneinander aufgereiht warten dann noch vier weitere Attraktionen auf Besucher, bei denen der Spaßfaktor im Vordergrund steht und für die auch Kombitickets verfügbar sind. Als Erstes kommen Sie zum Londoner Ableger der international agierenden Aquarienkette **Sealife**. Zu sehen gibt es, wie in allen Unterwasserzoos der Kette, modern aufbereitete, gut gemachte Unterhaltung zwischen den Fischen und anderen Meeresbewohnern. Highlights in London sind der Gang über das Haifischbecken, die atlantische Tiefseeabteilung mit über 5000 Bewohnern, die Gezeitenzonen, die Rochenlagune und das „Seedrachen-Königreich" *(County Hall, Westminster Bridge Road, SE1 7PB, U-Bahn-Halt Lambeth North, Bakerloo Line, oder Westminster, Circle, District und Jubilee Line, Mo–Fr 10.00–19.00 Uhr, Sa/So ab 9.00 Uhr, Erw. ab 19,95 £, Kinder 3–15 J. ab 14,50 £, Vorzugspreise bei Onlinebuchung, www2.visitsealife.com/london).*
Gleich anschließend folgt **Shrek's Adventure**, ein Spaßcenter für Liebhaber des grünen Riesen aus den gleichnamigen Dreamworks-Filmen. Auf einer 4-D-Busreise geht es ins Märchenland, wo es diverse Charaktere aus den Filmen zu entdecken gilt und mit viel Computeranimation und Brimborium versucht wird, Shrek und Konsorten Leben einzuhauchen. Ihren Spaß werden vor allem Kinder haben *(County Hall, Riverside Building, SE1 7PB, Verbindung wie Sealife, Mo–Fr 10.00–19.00 Uhr, Sa/So ab 9.00 Uhr, Erw. 27 £, Kinder 3–15 J. 21,85 £, 30 % Rabatt bei Onlinebuchung, www.shreksadventure.com).*
Weniger kindertauglich kommt das wiederum nebenan platzierte **London Dungeon** daher. In 18 interaktiven Shows mit 20 Schauspielern werden 1000

Jahre Londoner Geschichte zusammengefasst, auch zwei Fahrgeschäfte sind integriert. Während des Aufenthaltes trifft man so auf Guy Fawkes, Sweeney Todd oder Jack the Ripper, erlebt das große Feuer, eine mörderische Bootsfahrt und muss das Straßenlabyrinth des alten Whitechapel-Stadtteils hinter sich lassen. Nett, aber alles vielleicht ein wenig zu dick aufgetragen *(County Hall, Riverside Building, SE1 7PB, Verbindung wie Sealife, wechselnde Öffnungszeiten von 9.30/10.00 bis 17/20.00 Uhr, je nach Tag und Jahreszeit, Erw. ab 28,95 £, Kinder 4–15 J. 24,95 £, empfohlen aber erst ab 16 J., 30 % Rabatt bei Onlinebuchung, www.thedungeons.com/London)*.

Die letzte und bekannteste Sehenswürdigkeit an dieser Stelle ist das schon von Weitem sichtbare **London Eye**. Dieses 135 m hohe Riesenrad mit seinen großen, ovalen Aussichtskabinen wurde zur Olympiade 2012 errichtet und sollte eigentlich nur für wenige Monate stehen. Daraus sind mittlerweile Jahre geworden. Ein Schelm, wer nur finanzielle Interessen dahinter vermutet, denn der Preis ist gesalzen – nichtsdestotrotz gehört es zu den beliebtesten Anlaufstellen der Touristen *(SE1 7PB, Verbindung wie Sealife, wechselnde Öffnungszeiten von 10.00 bis 20.30/22.00 Uhr, je nach Tag und Jahreszeit, Erw. ab 24,95 £, Kinder 4–15 J. 18,95 £, 15 % Rabatt bei Onlinebuchung, www.londoneye.com)*.

Über die Golden Jubilee Bridges und die Whitehall Gardens schlendern Sie nun zurück in Richtung Westminster und St. James's Gardens. Zu sehen gibt es dort noch das **Banketting House**. Es ist der letzte noch bestehende Teil des Whitehall Palace, der sich einst weit größer an dieser Stelle bis zum Flussufer hinzog. Als Highlight gilt die von Peter Paul Rubens bemalte Decke, eines seiner absoluten Meisterwerke. Außerdem sehen Sie den großen Saal, das Gewölbe, die Hinrichtungsstätte Charles' I. sowie neuerdings die digital aufbereitete Geschichte des Lost Palace, des verschwundenen Palasts *(Whitehall, SW1A 2ER, U-Bahn-Halt Embankment, Bakerloo, Circle, District und Northern Line, oder Charing Cross, Bakerloo und Northern Line, sowie Zuglinie Southeastern, wechselnde Öffnungszeiten 10.00–17.00 Uhr, bei Veranstaltungen nur bis 13.00 Uhr, Erw. 6 £, erm. 5 £, Kinder bis 16 J. frei, bei Onlinebuchung 50 % Rabatt, mit London Pass freier Eintritt, www.hrp.org.uk/banqueting-house)*.

The London Eye

Wenn Sie noch ein paar Meter in südliche Richtung gehen, kommen Sie zur **Downing Street**. Nur einen Blick kann man hinein erhaschen, denn der bekannte Dienstsitz Nr. 10 des jeweils aktuellen Premiers ist weiträumig abgesperrt und gut bewacht. Wer sich für die berittene Truppe Ihrer Majestät interessiert, bekommt zu guter Letzt noch die Gelegenheit, das **Household Cavalery Museum** in Augenschein zu nehmen. Es bietet einen guten Einblick hinter die Kulissen, in die zeremoniellen Pflichten und Funktionen der Hofreiterei. Durch eine Glaswand kann man auch den Arbeitsalltag in den Stallungen der königlichen Leibgarde beobachten *(Whitehall, SW1A 2AX, U-Bahn-Halt Embankment, Bakerloo, Circle, District und Northern Line, oder Charing Cross, Bakerloo und Northern Line, sowie Zuglinie Southeastern, Apr.–Okt. 10.00–19.00 Uhr, sonst nur bis 17.00 Uhr, Erw. 7 £, Kinder*

*5–16 J. 5 £, Familien 18 £, inkl. Audioguides auf Deutsch, mit London Pass freier Eintritt, www.householdcavalrymuseum.co.uk).*
Sofern Sie nun nicht die nächste U-Bahn besteigen und zum Ausgangspunkt zurücklaufen möchten, wandern Sie durch den anschließenden St. James's Park und die Prachtstraße **The Mall** (sonntags autofrei). Rechter Hand können Sie dann noch dem **St. James's Palace** einen Besuch abstatten, auf dem Papier bis heute der offizielle Wohnsitz der britischen Monarchen, auch wenn diese schon seit fast 200 Jahren nebenan im Buckingham Palace residieren. Als ältester noch existierender Stadtpalast kommen ihm aber bis heute repräsentative Aufgaben zu. In seinen vielen Trakten wohnen aber auch weniger hochrangige Mitglieder der königlichen Familie wie Prinzessin Beatrix oder Prinzessin Alexandra und Prince Charles residiert mit seiner Camilla gleich nebenan im Clarence House. Lediglich die Kapelle können auch Normalsterbliche betreten, der Rest des Bauwerks ist nicht für die Öffentlichkeit zugänglich.

## ROUTE 4: RUND UM HYDE PARK UND KENSINGTON PARK

Die mehrere Kilometer langen zusammenhängenden Parks im Westen der Stadt sind die grüne Lunge Londons. Rundherum gibt es eine ganze Reihe interessanter Anlaufpunkte, die wir ihnen vorstellen möchten.
Schlendern Sie doch zunächst ein wenig durch den Hyde Park. Als Ausgangsort eignet sich entweder die U-Bahn-Station Hyde Park Corner (Picadilly Line), von dort aus gehen Sie gleich zu Beginn durch den Rosengarten und an zwei schönen Springbrunnen vorbei. Oder Sie starten im nordöstlichen Eck am **Marble Arch** (Central Line). Das ist vor allem an Sonntagen interessant, wenn an der Speakers' Corner richtig was los ist und selbst ernannte Heilsbringer, Prediger und Apokalyptiker zu allen möglichen Themen Reden halten – außer über die britische Monarchie, das ist verboten. Südöstlich des Sees The Serpentine, der die Parkanlage in zwei Teile zerschneidet, verlassen Sie den Park vorerst wieder und kommen so entlang der geschäftigen **Brompton Road** zu Londons berühmtestem Kaufhaus. **Harrods** existiert bereits seit 1849 an dieser Stelle, wenn auch nicht in gleicher Größenordnung. Aus dem einstigen Gemischtwarenladen ist heute ein Luxus-Shoppingtempel der Superlative mit über 90.000 Quadratmetern Verkaufsfläche geworden. Es gibt ganze 330 Abteilungen, in denen mehr als 5000 Menschen arbeiten, 32 Restaurants sorgen für das leibliche Wohl der umherbummelnden, gut betuchten Einheimischen und neugierigen Touristen. An Spitzentagen kommen bis zu 300.000 Menschen zum Einkaufen *(87–135 Brompton Road, SW1X 7XL, U-Bahn-Halt Knightsbridge, Picadilly Line, Mo–Sa 10.00–21.00 Uhr, So 11.30–18.00 Uhr, www.harrods.com).*
Etwas abseits der Route befindet sich weiter südlich die **Saatchi Gallery**, die Sie auf einem Abstecher erreichen. Erst 1985 gegründet, ist die Ausstellung für zeitgenössische Kunst aller Couleur nach ihrem Gründer, dem Kunstsammler und Werbemagnaten Charles Saatchi, benannt. Zu sehen gibt es Werke von Künstlern wie Damien Hirst, Jonathan Meese oder Jörg Immendorff, aber auch interessante Wechselausstellungen, die zu den meistbesuchten der ganzen Stadt gehören *(Duke of Yorks HQ, King's Road, SW3 4RY, U-Bahn-Halt Sloane Square, Circle und District Line, 10.00–17.00 Uhr, Eintritt frei, www.saatchigallery.com).*
Überhaupt ist diese Gegend Londons, der Stadtteil Kensington, für zwei Dinge, die Sie nun schon gesehen haben, bekannt: Ausstellungen und Luxus. Eine stattliche Anzahl repräsentativer Stadtvillen, der Großteil von Londons Botschaften und Konsularen und das Museumsquartier zählen zu den prägenden Fixpunkten. Zunächst sollten Sie aber noch einen Blick in die reich verzierte Kirche **Brompton Oratory** werfen. Der barocke Bau ist eines der wenigen katholischen Gemeindehäuser im anglikanisch geprägten Großbritannien und wurde im 19. Jahrhundert von der Oratorianer-Bewegung errichtet. Die Kirchenkunst im Inneren, Figuren und Altar, stammen zu großen Teilen aus Italien *(Brompton Road, SW7 2RP, U-Bahn-Halt South Ken-*

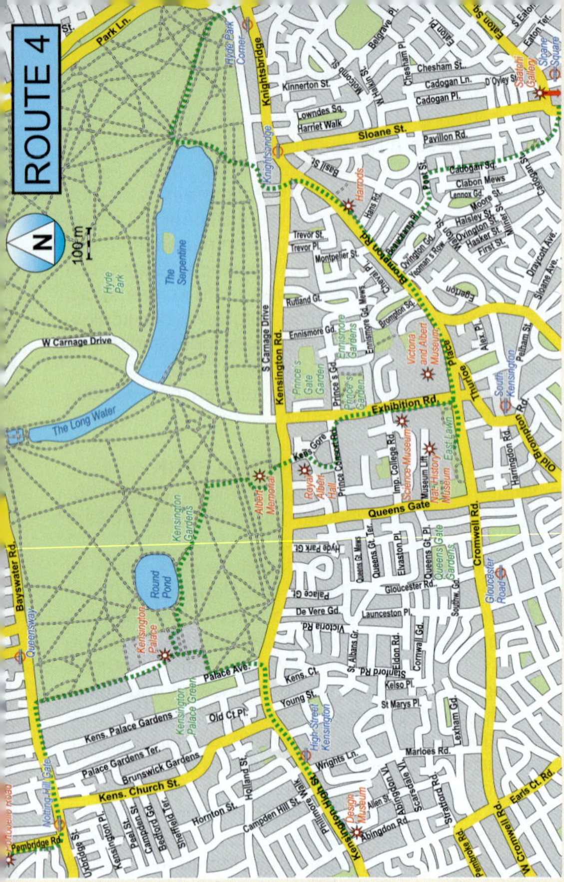


*sington, Circle, District und Picadilly Line, meist 7.00–19.00 Uhr, außer bei Messen und Veranstaltungen, Eintritt frei, www.bromptonoratory.com).*

Direkt daneben befinden sich gleich drei Museen unmittelbar nebeneinander entlang der **Exhibition Road** und jedes ist einen mehrstündigen Aufenthalt wert. Zuerst erreichen Sie das **Victoria and Albert Museum**. Auf ganzen sechs Stockwerken zeigt es Kunstgegenstände aus aller Welt. Wollten Sie alles ablaufen, müssten Sie ganze 11 km einkalkulieren. Zu den bekanntesten Abteilungen zählen die Ausstellungsbereiche „Asien", „Britannien" und die Fashion Gallery *(Cromwell Road, SW7 2RL, U-Bahn-Halt South Kensington, Circle, District und Picadilly Line, 10.00–17.45 Uhr, freitags bis 22.00 Uhr, Eintritt frei, bis auf Sonderausstellungen, www.vam.ac.uk).*

Nur einmal die Straßenseite wechseln müssen Sie, um zum ebenso gewaltigen **National History Museum** zu kommen. Hier kommen auch jüngere Besucher voll auf ihre Kosten. In der blauen Zone kommt man Dinosauriern und riesigen Urzeit-Säugetieren ganz nahe. Die rote Zone nimmt einen auf eine Reise zur Entstehung unseres Planeten mit und erklärt dessen Entwicklung. Die grüne Zone erklärt die Evolution und zeigt das faszinierende Zusammenspiel von Leben und Lebensräumen auf. In der orangen Zone schließlich wandelt man auf Darwins Spuren und beobachtet Wissenschaftler bei der Arbeit oder entspannt im angrenzenden Gartenbereich. Eigene Rundwege und eine Besucher-App für das Smartphone sorgen dafür, dass man keine für einen interessante Ecke verpasst. Beliebt sind auch die Sonderausstellungen wie die alljährlich im Sommer stattfindende Schmetterlingsschau mit ihren vielen umherflatternden, exotischen Arten *(Cromwell Road, SW7 5BD, U-Bahn-Halt South Kensington, Circle, District und Picadilly Line, 10.00–17.45 Uhr, freitags bis 22.00 Uhr, Eintritt frei, bis auf Sonderausstellungen, www.nhm.ac.uk).*

Letztes Haus im Reigen ist das wissenschaftlich ausgerichtete **Science Museum**. Sieben Etagen voller teils geschichtlicher Exponate zur Nutzung von Energie, Flugkörper von der Anfangszeit bis zum Raumzeitalter, Hightech, interaktiver Bereiche speziell für Kinder und vieles mehr können Besucher lange Zeit fesseln. Auch hier gibt es Sonderausstellungen und ein kosten-

Royal Albert Hall

pflichtiges IMAX-Kino mit wechselnden Programmen *(Exhibition Road, SW7 2DD, U-Bahn-Halt South Kensington, Circle, District und Picadilly Line, 10.00–19.00 Uhr, freitags bis 22.00 Uhr, Eintritt frei, bis auf Sonderausstellungen, IMAX mit London Pass frei, www.sciencemuseum.org.uk)*. Bevor Sie zurück in den Park gelangen, passieren Sie zuletzt noch die **Royal Albert Hall**. Bekannt ist sie unter anderem für die jährlich stattfindende klassische Konzertreihe „The BBC Proms" jeden Sommer. Aber auch Popkonzerte und sogar Boxkämpfe oder Tennisturniere werden von Zeit zu Zeit ausgetragen. Einem Amphitheater nachempfunden, finden im Besucherrund ca. 9500 Zuschauer Platz. Auch tagsüber können Interessierte auf verschiedenen thematisch unterteilten, geführten Touren das Gebäude erkunden *(Kensington Gore, SW7 2AP, U-Bahn-Halt South Kensington, Circle, District und Picadilly Line, genaue Zeiten und Tourarten online unter www.royalalberthall.com/tickets/tours-and-exhibitions, Preise bei Onlinebuchung ca. Erw. 12,75 £, erm. 10,75 £, Kinder 6–16 J. 5,75 £)*.

Vorbei am auffälligen, rund 60 m hohen **Albert Memorial** erreichen Sie die Kensington Gardens. Der an einen asiatischen Tempel erinnernde, im neugotischen Stil 1875 fertiggestellte Baldachin mit der Albert-Statue darunter wurde von Königin Victoria im Gedenken an ihren 1861 an Typhus verstorbenen Ehemann in Auftrag gegeben.

Das westliche Ende des Gar-

Albert Memorial

tens wird vom **Kensington Palace** abgeschlossen. Er ist bis auf Weiteres die Wohnstätte des Thronfolgerpaars Prince William und Kate mit ihren Kindern. Auch Lady Diana lebte bis zu ihrem Unfalltod 1997 im Alter von nur 36 Jahren darin. Die hinteren Teile sind daher nicht zugänglich und privat. Die vorderen Räume dürfen allerdings besucht werden. Darin sind, thematisch nach Epochen aufgebaut, mehrere Räume im Stil ihrer Zeit nachempfunden worden. Auch Sonderausstellungen, z.B. zum Kleidungsstil Prinzessin Dianas, werden abgehalten. Alles in allem ist das ganz interessant, es gibt aber beeindruckendere Schlösser und Herrenhäuser in Südengland zu sehen *(Kensington Gardens, W8 4PX, U-Bahn-Halt High Street Kensington, Circle und District Line, oder Queensway, Central Line, März–Okt. 10.00–18.00 Uhr, sonst bis 17.00 Uhr, Erw. 18 £, erm. 14,30 £, Kinder bis 16 J. frei, bei Onlinebuchung je 1,10 £ Ermäßigung, freier Eintritt mit London Pass, www.hrp.org.uk/kensington-palace)*.
Nach dem Schloss müssen Sie sich entscheiden, welche Richtung Sie weiter einschlagen wollen. Entweder Sie beenden die Route südlich in der **High Street Kensington**. Dort erwartet Sie, neben einer der beliebtesten städtischen Einkaufsstraßen, das neu an diesen Ort umgezogene **Designmuseum**. Da aktuell noch kein neues Programm steht und viele Wechselausstellungen gezeigt werden, müssen Sie sich für aktuelle Informationen auf der Website umsehen *(224–238 High Street Kensington, W8 6SG, U-Bahn-Halt High Street Kensington, Circle und District Line, März–Okt. 10.00–17.45 Uhr, Preise noch nicht bekannt, Eröffnung ca. Nov. 2016, www.designmusem.org)*.
Nordwestlich des Kensington Parks können Sie alternativ die Route am bekannten **Portobello Road Market** im Stadtteil Notting Hill abschließen. Spätestens seit dem gleichnamigen Film mit Julia Roberts und Hugh Grant ist die Gegend international zu einem Begriff geworden. Bekannt ist heute vor allem der alljährlich Ende August ausgetragene große Straßenkarneval. Der samstägliche Markt entlang der mit bunten Häusern gezierten Portobello Street gilt als weltgrößter Antikmarkt mit über 1000 Verkäufern, die so ziemlich alles, was alt oder sammelbar ist, anbieten. Fast genauso viel ist inzwischen am etwas abgespeckten Freitagsmarkt los. An den restlichen Tagen werden überwiegend Lebensmittel, Haushaltsgüter und Kleidung vertrieben, das Geschehen zieht sich dabei bis in die Straßen **Elgin Crescent**, **Golbirne Road** oder **Portobello Green** *(Portobello Road, W10 5TA, U-Bahn-Halt Notting Hill Gate, Circle, District und Central Line, oder Ladbroke Grove, Circle und Hammersmith & City Line, mehr unter www.portobelloroad.co.uk, Infos und genaue Zeiten des Straßenkarnevals unter www.thenottinghillcarnival.com)*.

Kensington Palace

**ROUTE 5: ÜBER REGENT'S PARK NACH CAMDEN**

Auch nördlich des innersten Londoner Zentrums gibt es eine Menge zu entdecken. Ein guter Ausgangspunkt ist der U-Bahn-Knotenpunkt **Baker Street** *(Bakerloo, Circle, Hammersmith & City, Jubilee und Metropolitan Line)* oder, falls Sie die **Wallace Collection** besuchen möchten, **Bond Street** *(Central und Jubilee Line)*. Nicht zu Unrecht gilt sie als eine der schönsten privaten Kunstsammlungen überhaupt und wurde über vier Generationen von der Marquess of Hertford zusammengetragen. 1897 ging sie als Geschenk an den Staat über – unter den Auflagen, nichts an der Sammlung zu verändern und sie stets der Öffentlichkeit zugänglich zu machen. Neben Werken französischer Maler des 17. und 18. Jahrhunderts gehören auch Gemälde von Rembrandt, van Dyck, Tizian oder Canaletto zur Ausstellung *(Hertford House, Manchester Square, W1U 3BN, 10.00–17.00 Uhr, Eintritt frei, www.wallacecollection.org)*.

Entlang der belebten **Marylebone High Street** spazieren Sie dann weiter bis zu **Madame Tussauds London**. Ableger des bekannten Wachsfigurenkabinetts gibt es inzwischen in der ganzen Welt, in London steht jedoch das Stammhaus. Es geht auf die in Straßburg geborene Maria Grosholtz zurück, die zunächst über 30 Jahre mit ihren Modellen durch ganz England und Irland tourte, bevor sie sich 1835 in London niederließ. Längst ist das Museum keine bloße Ausstellung mehr, sondern präsentiert die lebensgroßen Figuren in entsprechendem Ambiente. So können Sie mit den Beckhams, Kardashians oder Clooneys am Red Carpet posieren, Teil der Fashion Week werden, sich in Filmsets einschmuggeln oder die Royal Family hautnah erleben. Auch eine Taxifahrt durch das historische London ist Teil der Erlebniswelt *(Marylebone Road, NW1 5LR, U-Bahn-Halt Baker Street, Mo–Fr 9.30–17.30 Uhr, Sa/So 9.00–18.00 Uhr, in der Hochsaison täglich 8.30–18.00 Uhr, Erw. 35 £, Kinder 4–15 J. 29,50 £, bei Onlinekauf vorab ca. 20 % Ersparnis, verschiedene Kombitickets erhältlich, www.madametussauds.co.uk)*. Gleich um die Ecke befindet sich ein weiteres bekanntes Museum, das man unweigerlich mit dem Namen der Baker Street, die hier verläuft, gleichsetzt. Zunächst passieren Sie die Statue des berühmtesten Detektivs der Welt, dann stehen sie vor dem **Sherlock Holmes Museum**. Ihm, seinem treuen Begleiter Dr. Watson und natürlich ihrem geistigen Vater, Sir Arthur Conan Doyle, ist es, stilgerecht wie Holmes in all seinen Geschichten in Hausnummer 221b residierend, gewidmet. Alle, die sich in die Zeit um die Jahrhundertwende zurückversetzen möchten und selbst einige der Krimis gelesen haben, werden sich im Museum wohlfühlen und,

auch ganz ohne detektivischen Spürsinn, die ein oder andere Entdeckung machen können. Die Einrichtung entspricht, so naturgetreu wie möglich, Doyles Schilderungen zum Haus seines Meisterdetektivs *(Baker Street, NW1 6XE, U-Bahn-Halt Baker Street, 9.30–18.00 Uhr, Erw. 15 £, Kinder bis 15 J. 10 £, www.sherlock-holmes.co.uk)*.

Umgeben von den klassizistischen Villen des Londoner Architekten John Nash (besonders schön z.B. rund um den Park Square West), zieht sich nahe dem Museum der ebenfalls von ihm angelegte **Regent's Park** rund 2 km nach Norden. Sie können, der eingezeichneten Route folgend, am See vorbei in Richtung Zoo wandern und unterwegs ein Ruderboot mieten, um gemütlich über den See mit seinen vielen Wasservögeln zu schippern. Alternativ halten Sie sich über die Brücke nach rechts zum Inner Circle hin. Dort können Sie durch die besonders gepflegten Teile der Anlage **Queens Mary's Garden** mit über 12.000 Rosen, dem Obst- und Gemüsegarten **Allotment Garden**, dem privaten, aber zugänglichen **St. John's Lodge Garden**

Bunt, schräg und alternativ: Camden Town

und vorbei am Open Air Theatre spazieren. So oder so stoßen Sie unterwegs auf verschiedene Denkmäler, Brunnen, Spielplätze und Essensstände.

Wenn Sie den Weg Richtung **ZSL Zoo London** eingeschlagen haben, sollten Sie diesem auch einen Besuch abstatten. Der seit 1828 bestehende Tiergarten gilt als ältester wissenschaftlicher Zoo der Welt und beherbergt mehr als 12.000 Tiere aus über 650 Arten. Die teils begehbaren Gehege sind thematisch in mehrere Erlebniswelten unterteilt. So können Sie sich beispielsweise nach Afrika aufmachen, den Affen ganz nahe kommen, Schmetterlinge oder Pinguine besuchen und ins Land der Löwen eintauchen *(Outer Circle, NW1 4RY, U-Bahn-Halt Camden Town, Northern Line, und evtl. Bus 274 zum Zoo, ab 10.00 Uhr, je nach Jahreszeit bis 16/17/18.00 Uhr, Erw. ab 26,70 £, Kinder 3–15 J. 19,40 £, Familien 82,65 £, bei Onlinebuchung 10 % Ermäßigung, mit London Pass freier Eintritt, www.zsl.org/zsl-london-zoo)*.

Schließlich verlassen Sie den Regent's Park an seinem nordöstlichen Ende und schlendern entlang eines Fußwegs am Kanal bis nach Camden hinüber. **Camden Lock** an der Flussschleuse und **Camden Market** erwarten Sie mit vielen Essensständen aus aller Welt, einem großen Mode- und Kleidermarkt und vielen skurrilen Geschäften. Das bunt-alternative Viertel zieht Punks, Goths, Mods und Hipster, aber auch Touristen und Normalos an. Alle mischen sich hier bunt und fühlen sich in der entspannt-alternativen Atmosphäre sichtlich wohl. Zurück Richtung Zentrum geht es dann vom U-Bahn-Halt Camden Town (Northern Line) aus. Oder Sie entschließen sich zu einer kommentierten Fahrt über Londons Kanäle bis nach Little Venice. Die Trips mit **Jason's Boats** starten am Camden Lock und lassen Sie das Viertel Primrose Hill, den Zoo, Regent's Park, John Nashs Architektur und den fast 100 m langen Maida-Hill-Kanaltunnel vom Wasser aus erleben. Interessant sind auch die vielen Hausboote, die Ihnen unterwegs begegnen werden und die einen teils krassen Kontrast zu den Luxusvillen ringsum bilden – immerhin gelten sie als eine der günstigsten Möglichkeiten, im Londoner Zentrum zu wohnen *(ab Camden Lock, U-Bahn-Halt Camden Town, Northern Line, in die andere Richtung bzw. Ankunft bei 42 Blomfield Road in Little Venice, U-Bahn-Halt Warwick Avenue, Bakerloo Line, ab Camden 11.15/13.15/15.15 Uhr, Juni–Aug. auch 17.15 Uhr, einfache Strecke Erw. 9,50 £, Kinder 4–13 J. 8,50 £, mit London Pass freie Mitfahrt, www.jasons.co.uk)*.

Cutty Sark

## ROUTE 6: AUSFLUG NACH GREENWICH

Der Londoner Stadtteil Greenwich ist untrennbar mit Geografie und Zeit verbunden – denn hier verläuft der Nullmeridian und damit auch der Scheitelpunkt aller Zeitzonen. Daneben gibt es aber auch noch einige andere Dinge zu entdecken. Sie gelangen entweder mit der Londoner DLR-Linie (Halt Cutty Sark) oder per Themse-Linienschiff (Halt Greenwich Pier) nach Greenwich bzw. zum Beginn unserer Rundtour.

Gleich zu Beginn gehen Sie zur **Cutty Sark**. Das einst schnellste Segelschiff seiner Zeit wurde im 19. Jahrhundert für die Beförderung von Tee aus China eingesetzt und ist das letzte erhaltene Boot seiner Art. Längst steht es auf dem Trockenen, wurde umfangreich renoviert und gibt heute Besuchern von innen und außen Einblick in die Zeit, als Tee ein Luxusgut war und eine Ladung kaum weniger wert war als Gold und andere Schätze *(King William Walk, SE10 9HT, 10.00–17.00 Uhr, Erw. 12,15 £, Kinder ab 5 J. 6,30 £, mit London Pass frei, www.rmg.co.uk/cutty-sark)*.

Nur wenige Meter weiter westlich befindet sich das **Royal Naval College**. Zusammen mit der **Greenwich University** bildet es einen ganzen, mit Grünflächen durchsetzten Komplex, den Sie Stück für Stück erforschen können. Bis heute findet vor allem universitärer Betrieb statt und es werden Vorlesungen gehalten. Doch auch Besucher kommen auf ihre Kosten. Gleich im ersten Gebäude erfahren Sie in „Discover Greenwich" mehr über die Geschichte des Stadtteils. Interessant sind auch die beiden weiter südöstlich gelegenen Bauten am King William Court und Queen Mary Court. Dort befindet sich die schöne Universitätskapelle und die außergewöhnliche **Painted Hall**. Der Maler und Dekorateur Sir James Thornhill schuf mit dem riesigen Ganzraum-Fresko zwischen 1708 und 1727 sein Meisterwerk. Weitere Wechselausstellungen sind vor Ort angeschrieben und können bei Interesse zusätzlich besucht werden *(King William Walk, SE10 9NN, Mo–Sa 10.00–17.00 Uhr, Eintritt frei, www.ornc.org)*.

Schließlich queren Sie die **Nelson Road** und kommen, wenige Meter nach

Royal Observatory

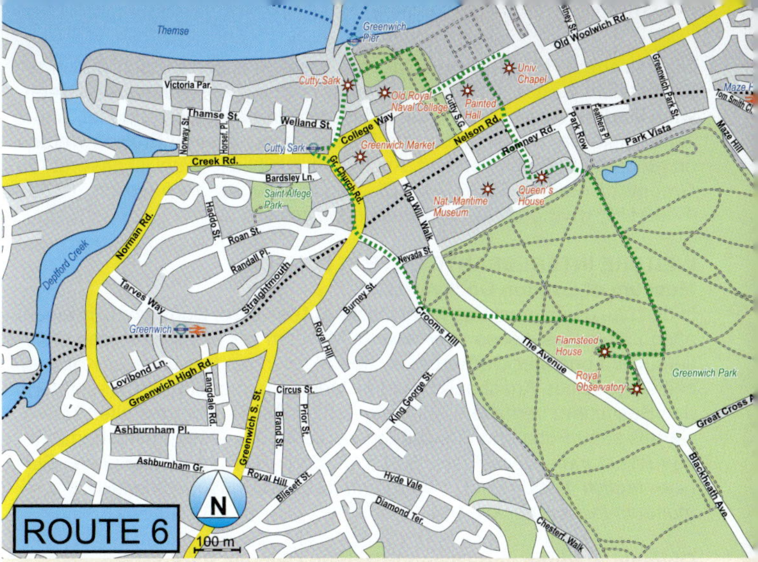


Westen versetzt, zum **National Maritime Museum**. Es ist das größte Seefahrts- und Meeresmuseum der Welt und umfasst ganze 10 Abteilungen – darunter Kunst, Atlanten und Karten, Memorabilien und „Seemannsgarn" sowie unzählige historisch bedeutende Objekte wie z.B. Lord Nelsons Uniform aus der Schlacht von Trafalgar – samt Einschussloch der Kugel, die ihm das Leben kostete *(Park Row, SE10 9NF, täglich 10.00–17.00 Uhr, Eintritt frei, www.rmg.co.uk/national-maritime-museum)*.

Nur einen Katzensprung entfernt, am Eingang zum Greenwich Park, befindet sich dann noch **Queen's House**. Die ehemals royale Villa wurde im 17. Jahrhundert erbaut und war das erste von Inigo Jones, dem berühmtesten Architekten seiner Zeit, geschaffene Gebäude im Königreich. Außerdem zählt sie, zusammen mit dem dahinterliegenden Park samt allen darin befindlichen Gebäuden, seit 1997 zum Weltkulturerbe. Heute ist im Inneren eine Kunstausstellung untergebracht, die bedeutende Werke alter Meister wie Gainsborough, Hogarth und van de Velde vereint *(Romney Road, SE10 9NF, Umbau bis Ende 2016, danach voraussichtlich wieder täglich 10.00–17.00 Uhr, Eintritt frei)*.

Quer durch den Park geht es nun in südöstliche Richtung weiter bis zu den Gebäuden rund um das **Royal Observatory**. Vergessen Sie vorab nicht, am **Greenwich Hill**, einer der höchsten Erhebungen im Park, anzuhalten und sich einmal umzudrehen: So erleben Sie einen der besten Blicke auf London City! Beim Observatorium selbst sind Sie am Nullmeridian angekommen und damit auch am Nullpunkt der Greenwich Mean Time (GMT). Es bietet Besuchern einen lehrreichen Rundgang und gilt als eines der wichtigsten wissenschaftlichen Forschungszentren. Sie erfahren, wie unsere allgemeingültige Zeit erst im 19. Jahrhundert entstand, das erste Teleskop errichtet wurde und wie sich Wissenschaft im Wandel der Zeit verändert hat. Entdecken Sie die Wunder der Astronomie an einem Ort, an dem die Zeit im Mittelpunkt steht. Erforschen Sie auch das alte Observatorium **Flamsteed House** mit dem Nachbau einer Astronomen-Wohnung und dem roten Timeball am Dach. Und natürlich die Nulllinie, an der Sie gleichzeitig in zwei Zeitzonen stehen, oder berühren Sie einen 4,5 Milliarden Jahre alten Asteroiden. Im Planetarium können Sie schließlich noch eine mit großem technischen Aufwand initiierte Show über das Universum ansehen *(Blackheath Avenue, SE10 8XJ, täglich 10.00–17.00 Uhr, Erw. 9,50 £, Kinder ab 5 J. 5 £, Familien 22 £, mit London Pass Eintritt frei, inkl. Show im Planetarium Erw. 12,50 £, Kinder ab 5 J. 6,50 £, Familien 27,50 £, www.rmg.co.uk/royal-observatory)*.

Über **Crooms Hill** und **Great Church Street** gelangen Sie schließlich zur Bahnstation zurück. Lohnend ist vorher noch ein Abstecher zum **Greenwich Market**. Vor allem Secondhand-Klamotten, nostalgische Möbel, Tinnef zum Aufstellen, Bücher, CDs und Platten zu meist fairen Preisen werden an rund 180 Ständen verkauft. Auch für das leibliche Wohl ist gesorgt *(5b Greenwich Market, SE10 9HZ, Di–So, Hauptsaison auch täglich, 10.00–17.30 Uhr, www.greenwichmarketlondon.com).*

## WEITERE INTERESSANTE ORTE IN LONDON

### Museum of London Dockyards

In den neu gestalteten Londoner Docks auf der Isle of Dogs wurde in einem alten Lagerhaus dieses interessante Museum zur Geschichte des Quartiers, der Londoner Dockarbeiter, des Sklavenhandels und der Kolonialzeit eingerichtet. Anschaulich und zeitgemäß aufbereitet wird die Materie den Besuchern vermittelt. Auch ein ganzer Straßenzug des alten Hafenviertels samt Pubs und Geschäften wurde für das Museum nachempfunden *(West India Dock Road, E14 4AL, Bahn-Halt West India Quay, DLR Line, täglich 10.00–18.00 Uhr, Eintritt frei, www.museumoflondon.org.uk/museum-london-dockyards).*

### Olympic Stadium and Queen Elizabeth Olympic Park

Pünktlich zu den Olympischen Spielen 2012 wurde das neue Stadion eröffnet und stand die kommenden Wochen im Mittelpunkt des sportlichen Weltinteresses. Seitdem wurde einiges umgestaltet und -gebaut. Mit über 30 Großevents im Jahr, von Konzerten bis zu Rugbymeisterschaften, bleibt es ein interessanter Anlaufpunkt der Stadt. Auch an Tagen ohne Veranstaltung lohnt ein Besuch. So kann man mit einem Multimediaguide, auch auf Deutsch, eine Tour durch das Stadion unternehmen oder den umliegenden Park erkunden. Zu den Highlights zählen dort ein Besuch der 178 m hohen Aussichtsskulptur **ArcelorMittal Orbit**, ein Rundgang auf dem Olympic Trail oder eine entspannte Runde mit dem Tretboot. Auch in Sachen Shopping ist einiges geboten: Europas größtes Citykaufhaus **Westfield Stratford City** befindet sich gleich um die Ecke beim U-Bahnhof *(Queen Elizabeth Olympic Park, E20 2ST, Bahn-Halt Stratford, Central und Jubilee Line, außerdem DLR Line, und Overground, Stadion: So–Fr 10.00–16.45 Uhr, Sa 9.30–17.45 Uhr, im Winter 30 Min. kürzer, Erw. 19 £, erm. 11–16 £, Familien 56 £, bei Onlinekauf 1–2 £ Ermäßigung pro Person, www.london-stadium.com, ArcelorMittal Orbit: 10.00–18.00 Uhr, Erw. 15 £, Kinder 3–16 J. 10 £, Familien 46 £, bei Onlinekauf 5 £ Ermäßigung pro Person, mit London Pass Eintritt frei, www.arcelormittalorbit.com, Westfield Stratford City: Mo–Fr 10.00–21.00 Uhr, Sa 9.00–21.00 Uhr, So 12.00–18.00 Uhr).*

### Highgate Cemetery

Dieser 1839 eröffnete Friedhof ist romantisch und verwunschen zugleich. Nachdem er in den 70er-Jahren als nicht mehr profitabel von seinen Betreibern geschlossen wurde, verfiel das Gelände zusehends, die Natur holte sich große Teile des Geländes zurück. Erst Jahre später übernahm ein Trust die Leitung, richtete die Wege teilweise wieder her und verlangt seitdem Eintritt für den Besuch. Während man umherschlendert, kann man Gräber bekannter Persönlichkeiten wie Karl Marx, Douglas Adams, Philip Gould oder Claudia Jones entdecken. Allgemein zugänglich ist nur der Ostteil, im Westteil muss eine geführte Tour gebucht werden *(Swain's Lane, N6 6PJ, U-Bahn-Halt Archway Station, Northern Line, Mo–Fr 10.00–17.00 Uhr, in den Ferien und Sa/So ab 11.00 Uhr, Erw. 4 £, Westteil: Touren, ca. 70 Min., am Wochenende auf „First come, first served"-Basis halbstündlich zwischen 11.00 und 16.00 Uhr, Mo–Fr 13.45 Uhr, während der Ferienzeiten auch öfters, nur mit Buchung über die Website, Erw. 12 £, Kinder erst ab 8–17 J. 6 £, www.highgatecemetery.org).*

**Royal Air Force Museum**
Dieses Flugzeugmuseum ist vor allem, aber längst nicht nur für Luftfahrtenthusiasten ein lohnendes Ziel. Es befindet sich am Flugplatz Hendon im Norden von London und zeigt in fünf großen Hallen über 100 Flugzeuge deutscher, französischer, japanischer und natürlich britischer Fertigung. Auch ein 4-D-Theater, ein Flugsimulator und eine World War I Experience gehören zum Umfang des Museums *(Grahame Park Way, NW9 5LL, U-Bahn-Halt Colindale Station, Northern Line, Mo–Fr 10.00–18.00 Uhr, in den Ferien und Sa/So bis 17.00 Uhr, Eintritt frei, www.rafmuseum.org.uk).*

Guard Changing in Windsor

**Wembley Stadium**
Nicht einfach irgendein Stadion, sondern eine Legende ist zweifelsohne das Wembleystadion. Wann immer ein Fußballspiel von internationalem Format ansteht oder ein bedeutendes Musikevent für London aufgerufen wird, ist Wembley erste Wahl. Wenn Sie selbst einmal dem heiligen Rasen ganz nahe kommen möchten und in die Geschichte des Stadions eintauchen wollen, ist eine Stadiontour die richtige Wahl für Sie *(HA9 0WS, U-Bahn-Halt Wembley Park, Jubilee und Metropolitan Line; Touren, 75 Min., mindestens stündlich von 10.00 bis 17.00 Uhr, Erw. 20 £, erm. 11–12 £, Kinder bis 15 J. 12 £, Familien 50 £, mit London Pass Eintritt frei, www.wembleystadium.com).*

**Westfield London**
Über 340 Geschäfte und Cafés, ein Multiplexkino, regelmäßige Events und eine eigene Spielstadt für Kinder sind nur ein paar Eckdaten der Mall westlich der Londoner City. Wenn Sie nach dem Besuch der Innenstadt vom Shoppen noch nicht genug haben – hier können Sie nochmals ausgiebig zuschlagen, zumindest wenn Sie sich nicht daran stören, dass fast ausschließlich große, internationale Modeketten vor Ort sind *(Ariel Way, W12 7GF, U-Bahn-Halt Shepherd's Bush, District Line, oder Shepherd's Bush Market, Circle und Hammersmith & City Line, Mo–Sa 10.00–22.00 Uhr, So 12.00–18.00 Uhr, Erw. 9,50 £, Kinder ab 5 J. 5 £, Familien 22 £, mit London Pass Eintritt frei, inkl. Show im Planetarium Erw. 12,50 £, Kinder ab 5 J. 6,50 £, Familien 27,50 £, www.uk.westfield.com/london).*

**Windsor Castle**
Seit ganzen 900 Jahren ist Windsor Castle offizieller Sitz der britischen Monarchen und, neben dem Buckingham Palace in London, das am meisten genutzte Anwesen der Queen. Im und um das größte und älteste noch bewohnte Schloss der Welt können Sie die Repräsentationsräume und Staatsgemächer besuchen, die mit Stücken aus der Royal Collection geschmückt sind, darunter Gemälde von Rubens und van Dyck. Zum öffentlich begehbaren Teil des Schlosses gehört auch die **St.-Georgs-Kapelle**, die eine der prachtvollsten Außenfassaden ganz Englands besitzt. Zum Windsor-Erlebnis gehört auch der berühmte Wachwechsel „Changing of

St.-Georgs-Kapelle

the Guards“, die aktuellen Zeiten finden Sie unter www.changing-guard.com. Wenn Sie noch Zeit während Ihres London-Aufenthaltes haben, ein wirklich lohnenswerter Ausflug (Achtung: Bei offiziellen Empfängen oder anderen zeremoniellen Veranstaltungen kann der Zugang kurzfristig gesperrt werden!). Auch der Ort selbst mit kleinem **Museum in der Guildhall**, Fußgängerzone und dem nahen **Legoland Windsor** mögen weitere Gründe für den Ausflug sein. Neben der öffentlichen Verkehrsanbindung ab London können Sie auch mit dem Wohnmobil nach Windsor fahren, ideal ist Stellplatz 293, Alexandra Gardens, direkt im Ort *(Castle Hill, SL4 1NJ, ab Bahnhof London Paddington mit der Bahn nach Slough und von dort mit dem Pendelzug nach Windsor, März–Okt. 9.30–17.30 Uhr, sonst 9.45–16.15 Uhr, Erw. 20 £, erm. 18,20 £, Kinder 5–17 J. 11,70 £, Familien 51,70 £, mit London Pass Eintritt und Bahnfahrt frei, www.royalcollection.org.uk)*.

**Kew Gardens**
Als einer der größten und besten botanischen Gärten der Welt gelten die im Londoner Stadtteil Richmond gelegenen Kew Gardens. Gepflegte Rabattenpflanzungen gehören genauso zum Park wie tropische Dschungellandschaften, ein riesiger, futuristischer Bienenstock und ein Baumwipfelpfad. Weltbekannt ist das markante viktorianische Gewächshaus und die großen, alten Rhododendronbäume, die vor allem im Frühling und Frühsommer herrlich blühend anzutreffen sind. Auch der Kew Palace und eine chinesische Pagode gehören zum Gelände und können besichtigt werden *(Kew Road, TW9 3AB, U-Bahn-Halt Kew Gardens, District Line, täglich 10.00–17.00 Uhr, Erw. 9,50 £, Kinder ab 5 J. 5 £, Familien 22 £, mit London Pass Eintritt frei, inkl. Show im Planetarium Erw. 12,50 £, Kinder ab 5 J. 6,50 £, Familien 27,50 £, www.kew.org)*.

**Wimbledon**
Was Wembley für den Fußball bedeutet, ist Wimbledon in der Tenniswelt: Austragungsort der wichtigsten Spiele im jährlichen Tourkalender. Wenn Sie Ende Juni in der Stadt sind, können Sie versuchen, noch Tickets für ein Match zu ergattern, ansonsten kann aber das ganze Jahr über das zugehörige Tennismuseum besucht oder eine Tour zwischen Centre Court und Spielerkabinen unternommen werden *(Church Road, SW19 5AE, U-Bahn-Halt Wimbledon Park, District Line, täglich 10.00–17.00 Uhr, Erw. 13 £, erm. 11 £, Kinder von 5–16 J. 8 £, Familien 26 £, inkl. Tour 24/21/15/48 £, mit London Pass Eintritt frei, www.wimbledon.com)*.

**Eltham Palace**
Dieses außergewöhnliche Haus, um 1300 erbaut, war bis zum englischen Bürgerkrieg jahrhundertelang eine Hauptresidenz des Königshauses, ge-

riet danach fast in Vergessenheit und erwachte erst Anfang des 20. Jahrhunderts zu neuem Leben, als das exzentrische Ehepaar Courtauld die Überreste zu einem beeindruckenden Art-déco-Haus umbaute. Bei einem Besuch werden Sie zum Gast einer der regelmäßig stattfindenden luxuriös-dekadenten Partys. Sie können Eltham Palace sowohl öffentlich als auch mit dem Wohnmobil gut erreichen *(Court Yard, SE9 5QE, ab Bahnhof Waterloo mit Southeastern Trains nach Mottingham und von dort zu Fuß in nördliche Richtung, ca. 700 m, Parkplatzzufahrt ab der Court Road bei [N 51°26'40" E 0°03'07"], März–Okt. 9.30–17.30 Uhr, Apr.–Okt. 10.00–17.00 Uhr, Mitte Febr.–März So–Do 10.00–16.00 Uhr, Nov.–Mitte Feb. nur Sa/So, Erw. 13,60 £, erm. 12,20 £, Kinder 5–15 J. 8,10 £, Familien 35,30 £, mit London Pass und als EH-Mitglied Eintritt frei, www.english-heritage.org.uk).*

Eltham Palace

**Hampton Court Palace**

Der Hampton Court Palace ist einer der interessantesten unter allen Londoner Palästen – mit seinen beeindruckenden Gärten und hochkarätigen Kunstwerken ist der Palast Heinrichs VIII. ein echter London-Höhepunkt. Umgerechnet 18 Millionen Pfund kostete den Monarchen der Umbau des ursprünglich von Kardinal Wolsey erbauten Schlosses. Das Ziel war klar – es sollte der prächtigste Palast seiner Zeit werden *(East Molesey, KT8 9AU, Bakerloo, Jubilee, Northern oder Waterloo Line bis Waterloo Station, ab dort mit South West Trains bis Kingston Station, von dort Bus 216 bis Park House, 10.00–18.00 Uhr, Erw. 21 £, erm. 17,10 £, Kinder 5–15 J. 10,50 £, Familien 51,70 £, mit London Pass Eintritt frei, www.hrp.org.uk/hampton-court-palace).*

**Chislehurst Caves**

Wer hätte gedacht, dass London sogar eigene Höhlen besitzt, wenn auch nicht natürlichen Ursprungs! Die handgegrabenen Kalksteintunnel mit über 30 km Länge wurden über ganze 8000 Jahre erbaut und Stück für Stück erweitert. Im Lauf der Zeit dienten sie als Mine, Munitionslager, Kultstätte, Tanzsaal – und heute als Touristenattraktion und interessante Abwechslung zum üblichen Besichtigungsprogramm der Stadt *(Caveside Cl., BR7 5NL, Chislehurst, ab Bahnhof Waterloo mit Southeastern Trains bis Chislehurst, die Höhlen sind beschildert und nur ca. 150 m entfernt, Parkplatzzufahrt ab Forest Close bei [N 51°24'25" E 0°03'24"], 10.00–16.00 Uhr mindestens stündlich, Dauer ca. 45 Min., Nov.–Mitte Feb. nur Sa/So, Erw. 6 £, erm. und Kinder 3–15 J. 4 £, mit London Pass Eintritt frei, www.chislehurstcaves.co.uk).*

**Down House**

Versteckt in einem grünen, verwinkelten Außenbezirk von London versteckt sich Down House, das ehemalige Zuhause von Charles Darwin. Bei einem

West Wycombe

Besuch sehen Sie im Erdgeschoss die privaten Wohnräume des berühmten Wissenschaftlers. Darunter auch das Arbeitszimmer, in dem er seine Evolutionstheorie, die unser gesamtes Denken bis heute prägt, verfasste. Im Obergeschoss befindet sich ein Ausstellungsbereich zu Darwins Leben und Wirken, im Garten können Sie auf Spurensuche gehen und sehen, wo und wie er seine Forschungen, z.B. mit Bohnenpflanzen, manifestierte. Audioführer (auch auf Deutsch) unterstützen Sie dabei *(Luxted Rd., BR6 7JT, Downe, ab Bahnhof Waterloo mit Thameslink oder Southeastern Trains bis Orpington, dann mit R8 bis Down House, schmale Zufahrtsstraße, Parkplätze vorhanden, aber begrenzt, [N 51°19'55" E 0°03'09"], 10.00–16.00 Uhr mindestens stündlich, Dauer ca. 45 Min., Nov.–Mitte Feb. nur Sa/So, Erw. 11,10 £, erm. 10 £, Kinder 5–15 J. 6,70 £, Familien 28,90 £, EH-Mitglieder frei, www.english-heritage.org.uk)*.

## Kurzübersicht weiterer interessanter Sehenswürdigkeiten rund um London, die Sie am besten mit dem Wohnmobil ansteuern können

- **Lee Valley Regional Park:** über 40 Quadratkilometer großes Freizeit- und Erholungsgebiet nördlich von London voller Fuß- und Radwege durch Naturschutzgebiete, Möglichkeiten zum Fischen, Reiten und Angeln, mit Farmen, Gärten und Gutshäusern *([N 51°40'29" W 0°03'35"], Bulls Cross, EN2 9HG, Enfield, Infocentre im Bowles Museum, Myddelton House Gardens, www.visitleevalley.org.uk)*.
- **St. Albans Cathedral:** riesige, interessante Kathedrale aus frühnormannischer Zeit, erbaut zu Ehren des hl. Alban. Auch Verulamium Museum zur drittgrößten römischen Stadt Englands, die hier einst stand *(Parken bei [N 51°44'46" W 0°20'47"], Westminster Court, AL1 2DX, www.stalbanscathedral.org.uk)*.
- **West Wycombe und Hell Fire Caves:** elegantes, palladianisches Haus mit Landschaftspark, am Rand eines historischen Dorfes gelegen. Dort befinden sich auch die Hell Fire Caves, Kalksteintunnel, die einst von einem Geheimbund genutzt wurden. In der Nähe steht auch noch das Herrenhaus Hughenden Manor *(Parken bei [N 51°38'41" W 0°48'18"], High St., HP14 3AJ, Haus NT-Mitglieder frei, www.westwycombeestate.co.uk)*.
- **Legoland Windsor Resort**: einer der größten Freizeitparks des Landes, in

dem sich alles um die bunten Steckstein-chen aus Dänemark dreht. Viele Fahrgeschäfte und Erlebniswelten *(Parken bei [N 51°27'49" W 0°38'46"], Winfield Rd., SL4 4UT, www.legoland.co.uk)*.

Rhododendronwald bei Leith Hill

- **RHS Gardens Wisley:** tolle, seit 1903 existierende Gartenanlage voller bunter Blumen, seltener Gewächse und Treibhäuser, thematisch geordnet und das ganze Jahr über sehenswert *(Parken bei [N 51°18'55" W 0°28'13"], Wisley Ln., GU23 6UB, Woking, www.rhs.org.uk/gardens/wisley)*.
- **Polesdan Lacey:** interessantes, edwardianisches „Partyhaus" der Gesellschaftsdame Margaret Greville, in dem schon die Queen Mum und King George VI. einst ihre Honeymoon-Woche verbrachten. Tolle Gartenanlage samt Liegestühlen mit Aussicht *(Parken bei [N 51°15'34" W 0°22'19"], Dorking Rd., RH5 6BB, Great Bookham, NT-Mitglieder frei, www.nationaltrust.org.uk)*.
- **Leith Hill:** Wanderwege durch Wald, Farm- und Heideland. Darin der höchste Punkt Kents, der frei begehbare Leith Tower. Auch das Anwesen Leith Manor kann besichtigt werden. Am Weg dorthin befindet sich ein Rhododendronwald – besonders schön im Frühsommer *(Parken z.B. bei [N 51°10'24" W 0°22'59"], Tanhurst Ln., RH5 6LU, Leith Hill, Haus: NT-Mitglieder frei, www.nationaltrust.org.uk)*.
- **Knole:** Einst Heim des Erzbischofs, war das riesige Anwesen ab 1603 das Zuhause der Familie Sackville, darunter auch der Schriftstellerin und Landschaftsgärtnerin Vita Sackville-West. Ein Landgut mit viel Potenzial, versteckte Ecken zu entdecken... *(Parken z.B. bei [N 51°16'06" E 0°12'17"], Knole Ln., TN15 0RP, Sevenoaks, NT-Mitglieder frei, www.nationaltrust.org.uk)*.
- **Bluewater Mall:** riesiger Einkaufskomplex mit ebenso großen Parkflächen ringsum. Nahe der Themse, in eine ehemalige Tagebaumine gebaut, samt Naturtrail ringsum für mitreisende Shoppingmuffel *(Parken ab [N 51°26'33" E 0°16'08"], Bluewater Parkway, DA9 9ST, Greenhithe, www.bluewater.co.uk)*.

Wildblumenwiese vor Polesdan Lacey

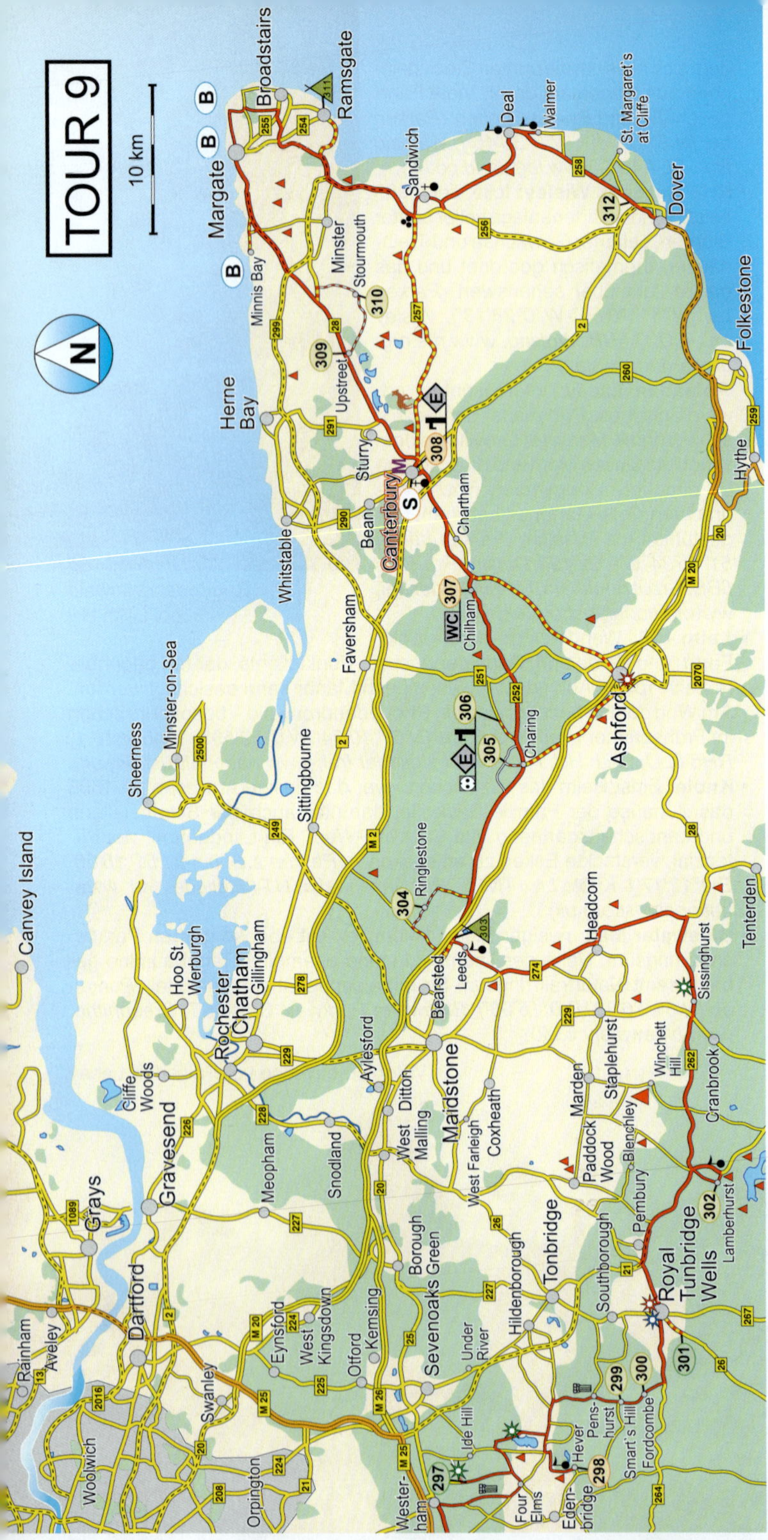

TOUR 9
10 km
N
Margate
Broadstairs
Ramsgate
Minnis Bay
Minster
Stourmouth
Sandwich
Deal
Walmer
St. Margaret's at Cliffe
Dover
Folkestone
Hythe
Herne Bay
Upstreet
Sturry
Canterbury
Bean
Whitstable
Chartham
Chilham
Faversham
Minster-on-Sea
Sheerness
Sittingbourne
Charing
Ashford
Ringlestone
Canvey Island
Hoo St. Werburgh
Rochester
Chatham
Gillingham
Leeds
Bearsted
Headcorn
Tenterden
Sissinghurst
Cranbrook
Staplehurst
Winchett Hill
Marden
Maidstone
Aylesford
Coxheath
West Farleigh
West Malling
Ditton
Snodland
Cliffe Woods
Gravesend
Meopham
Grays
Dartford
Aveley
Rainham
Woolwich
Orpington
Swanley
Eynsford
West Kingsdown
Otford
Kemsing
Sevenoaks
Borough Green
Under River
Hildenborough
Tonbridge
Paddock Wood
Blenchley
Pembury
Lamberhurst
Southborough
Royal Tunbridge Wells
Penshurst
Smart's Hill
Fordcombe
Hever
Edenbridge
Four Elms
Ide Hill
Westerham

# Tour 9: Kent (230–260 km)

**Chartwell – Hever – Penshurst**
**Royal Tunbridge Wells – Lamberhurst**
**Sissinghurst – Leeds – Ashford – Canterbury**
**Margate – Sandwich – Deal – Walmer**

| | |
|---|---|
| Stellplätze (gratis): | Toy`s Hill, Hever Castle, Eridge, Chilham |
| Stellplätze (£): | Canterbury |
| Pub-Stellplätze: | Penshurst, Fordcombe, Lamberhurst, Ringlestone, Charing (2x), Upstreet, Stourmouth, Swingate |
| Campingplätze: | Maidstone, Ramsgate |
| Besichtigen: | Chartwell, Emmetts Garden, Hever Castle, Penshurst Place, Royal Tunbridge Wells, Scotney Castle, Sissinghurst, Leeds Castle, Ashford Outlet Centre, Canterbuy, Sandwich, Deal Castle, Walmer Castle |
| Baden: | Margate, Botany Bay, Kingsgate Bay, Joss Bay |
| Wandern: | Toy`s Hill, Bough Beech Reserve |

**Auf dieser letzten Tour durch Südengland lernen Sie das County Kent besser kennen. Der „Garden of England" besticht vor allem noch einmal durch die Vielzahl interessanter Herrenhäuser und Schlösser mit üppigen Parkanlagen und langer Geschichte sowie verschiedenen Gartenanlagen. Im südwestlichsten Winkel bei Margate gibt es dann ein letztes Mal die Gelegenheit, an warmen Sommertagen Meer und Strand zu genießen.**

Chartwell

### Chartwell

Südlich des M25-Autobahnrings um London wählen Sie zur Weiterfahrt die Ausfahrt Godstone/Caterham und orientieren sich auf der parallel verlaufenden **A25** über OXTED und WESTERHAM an den Schildern nach **Chartwell** zu. Das Haus war ab 1922 und bis zu seinem Tod der Familiensitz des britischen Premiers Winston Churchill. Da er noch zu Lebzeiten darüber verfügte, das Gebäude einmal für die Allgemeinheit zu öffnen, konnten besonders viele persönliche Dinge, seinem Wunsch entsprechend, verbleiben. Besucher erfahren sowohl etwas über den Staatsmann als auch über seine Passionen, das Schreiben und Malen. Im Außengelände wandern Sie durch den von ihm selbst beauftragten Garten samt Teichen, Küchengarten und Spielhaus für seine Tochter Mary.

*[N 51°14'51" E 0°04'54"], Mapleton Rd., TN16 1PS, Westerham, 10.00–17.00 Uhr, Haus nur März–Okt. 11.30–17.00 Uhr, Sa/So ab 11.00 Uhr, Erw. 13,40 £, Kinder 6,70 £, Familien 33,50 £, NT-Mitglieder frei, www.nationaltrust.org.uk*

### Emmetts Garden und Bough Beech Reserve

Nur eine Parallelstraße entfernt können Sie am **Toy's Hill**, einer dicht bewachsenen Anhöhe mit Infotafel zu nahen Wanderwegen, übernachten. Einen freieren Blick über das Land und dazu noch viele exotische Bäume, Blühpflanzen sowie ausreichend Platz für Picknicks, zum Ausruhen oder Spielen finden Sie nur einen Steinwurf entfernt im **Emmetts Garden**.

Emmetts Garden

*[N 51°15'15" E 0°07'05"], Emmetts Ln., TN14 6BA, Ide Hill, März–Okt. 10.00–17.00 Uhr, Nov./Dez. bis 16.00 Uhr, je nach Saison Erw. 8–10 £, Kinder 4–5 £, Familien 20–25 £, NT-Mitglieder frei, www.nationaltrust.org.uk*

### (297) WOMO-Wanderparkplatz: Toy`s Hill

**GPS**: N 51°14'43" E 0°06'17", Toy's Hill Rd., TN16 1QG, TOY'S HILL.

**Max. WOMOs:** 2–3.

**Ausstattung/Lage**: großer Wanderparkplatz auf einer Anhöhe im Wald, ziemlich uneben, schattig, nachts ruhig, keine Einrichtungen.

**Ortszentrum**: ca. 6 km (Westerham).

**Zufahrt**: Von Chartwell kommend geradeaus bis zur B269, dann links bis Four Elms und dort erneut links abbiegen. Der Parkplatz folgt dann linkerhand nach rund 3,2 km.

Hever Castle

Einen weiteren schönen, naturnahen Stopp legen Sie am **Bough Beech Nature Reserve** ein. Mit einem großen Hauptsee und mehreren kleinen Tümpeln ringsum bildet es ein beliebtes Refugium für Vogelbeobachter. Regelmäßig sieht man beispielsweise verschiedene Reiherarten und Haubentaucher. Infos zu den Wegen und dem Reservat im Allgemeinen erhalten Sie am Infocenter bei [N 51°13'28" E 0°08'25"], TN14 6LD, WINKHURST GREEN.

### Hever Castle

Nächste Station ist **Hever Castle**. Das über 700 Jahre alte Schloss mit seinen großen, wunderschön angelegten Außenanlagen gehört sicher zu Kents absoluten Highlights. Seine wohl bekannteste Bewohnerin war Anne Boleyn. Lange Jahre umworben, ereilte sie als zweite von insgesamt sechs Ehefrauen des berüchtigten Königs Heinrich VIII., nur drei Jahre nach der Heirat, das Schicksal der Enthauptung – weil sie ihm keinen Sohn geboren hatte. Später zog dann Heinrichs vierte Ehefrau Anna von Kleve nach erfolgter Scheidung in

Penshurst Place

Hever Castle ein. Die ganze Geschichte Annes, zu Heinrichs Ehen und seinem Leben erfahren Sie bei einem Rundgang durch das Schloss. Die Ausstattung ist der entsprechenden Zeit, dem 16. Jahrhundert, nachempfunden und nimmt Sie so besonders anschaulich mit auf die Reise in die Vergangenheit. Zu den schönsten Ecken im Park gehören der Tudorgarten mit einem in die Hecke geschnittenen Schachspiel, der elegante italienische Garten und der große See, auf dem Sie auch Boot fahren können. Außerdem können Sie einen Blick in die Modellhaus-Ausstellung und das KSY-Militärmuseum werfen. Kinder haben im Sommer den größten Spaß im lustigen Wasserlabyrinth und auf dem Abenteuerspielplatz. Im hinteren Bereich des Parkplatzes vor Hever Castle kann man über Nacht stehen bleiben, ein Pub befindet sich gleich daneben *(**298:** [N 51°11'01" E 0°06'34"], Hever Rd., TN8 7NH)*

*Eintritt mit/ohne Schloss Erw. 13,90–16,50 £, erm. 12,40–14,40 £, Kinder 5–15 J. 8,80–9,30 £, Familien 38,10–43,60 £, bei Onlinebuchung ca. 5 % Ermäßigung, www.hevercastle.co.uk*

**Penshurst Place**

Ein weiteres Anwesen, in dem einst Könige, darunter auch der eben erst erwähnte Heinrich VIII., ein und aus gingen, ist **Penshurst Place**. Innerhalb des riesigen, bis heute in Privatbesitz befindlichen Grundstücks können Sie auf einem Waldwanderweg bis zu einem der herausforderndsten Maislabyrinthe des ganzen Landes wandern. Zur Not bekommt man eine Fahne mit, die man schwenken kann. Nur für alle Fälle – falls Sie, heillos verirrt, Hilfe benötigen. Im anderen Teil des Anwesens gelangen Sie zum gepflegten Walled Garden, der seit dem 13. Jahrhundert besteht und in seiner Erscheinung möglichst originalgetreu die vergangenen Zeiten abbildet. Beliebte Fotomotive sind die zu Tieren gestutzten Bäume und der aus Blumen geformte Union Jack, Großbritanniens Fahne. Das schlossähnliche Gebäude ist voller mittelalterlicher Gemälde, Möbel und Dekorationsgegenstände. Herzstück einer Besichtigung ist die gewaltige Baron's Hall von 1341 – eine beeindruckende Demonstration von Status und Macht dieser Zeit. Auf dem Grundstück gibt es außerdem noch einen großen Spielplatz und ein Spielzeugmuseum. *[N 51°10'31" E 0°11'18"], TN11 8DG, Apr.–Okt. und Mitte Febr.–März Sa/So 10.30–18.00 Uhr, Haus/Museum 12.00–16.00 Uhr, Labyrinth nur Mitte Juli–Anfang Sept., Eintritt nur Garten/inkl. Haus Erw. 8,80–10,80 £, Kinder 5–16 J. 6–6,60 £, Familien 27,50–30,50 £, www.penshurstplace.com*

„Heckenbär" im Penshurst Garden

Noch vor Royal Tunbridge Wells haben Sie dann am Dorfpub **The Spotted Dog** in einem Gebäude aus dem 15. Jahrhundert Gelegenheit, über Nacht zu bleiben *(**299:** [N 51°09'24" E 0°10'30"], Smarts Hill, TN11 8EP, Penshurst, www.spotteddogpub.com)*. Eine Alternative wäre das familienfreundliche **The Chafford Arms** mit großem Biergarten nur einen Ort weiter *(**300:** [N 51°08'31" E 0°10'49"], Spring Hill, TN3 0SA, Fordcombe, www.chaffordarms.com)*.

## ROYAL TUNBRIDGE WELLS

Die Stadt bietet Gelegenheit zu einem schönen Spaziergang entlang der historischen **Pantiles**, ein Fußgängerbereich mit weiß getünchten Säulengängen am Südende des Zentrums. Ringsum befindet sich eine gute Auswahl an Geschäften und Cafés. Die im Ort an die Oberfläche tretende Chalybeats-Quelle wird bis heute im Sommer von einem in traditionelle Kleidung gehüllten Schöpfer überwacht, der zur Verkostung gerne ein paar Schlucke des angeblich heilbringenden, stark eisenhaltigen Wassers reicht. Diesem „Wunderelixier" war der Aufstieg zum Kurort während des 18. Jahrhunderts zu verdanken. Einen Parkplatz, der auch für Autos mit Überhöhe frei zugänglich ist, gibt es einige Hundert Meter nach Westen versetzt zwischen den Handelshäusern Homebase und Sainsbury's. Vom dortigen Bahnhof kann man mit dem **Spa Valley Train** auch eine Dampflokfahrt durch die Umgebung unternehmen *([N 51°07'25" E 0°15'14"], Neville Terrace, TN2 5QY, mehr zu den Zugfahrten unter www.spavalleyrailway.co.uk)*.

**Gastrotipps Royal Tunbridge Wells: The Cake Shed**, 32 Pantiles, TN2 5TN, **The Old Fish Market****, 19 Upper Pantiles, TN2 5TN, **Fi-**

**ne Grind Espresso Bar**, 90 High St., TN1 1YF, **Casa Da Claudia**, 5 Castle St., TN1 1XJ, **Juliet's Café**, 54 High St., TN1 1XF, **The Warren*****, 5a High St., TN1 1UL, **The Warren*****, 5a High St., TN1 1UL, **Barn Pub and Grill****, 1 Mount Pleasant Rd., TN1 1NU.

Ein Stück entlang der **A26** befindet sich dann noch ein abgelegener Nachtparkplatz südlich der Stadt. Die Hauptroute folgt aber der **A21**.

**(301) WOMO-Wanderparkplatz: Endge Rocks**

**GPS**: N 51°05'53" E 0°13'10", Warren Farm Ln., TN3 9JG, ERIDGE.
**Max. WOMOs:** 1–2.
**Ausstattung/Lage**: einfacher Schotterparkplatz am Waldrand an einem großen Felsen, keine Einrichtungen, schattig.
**Ortszentrum**: ca. 4,8 km (Tunbridge Wells).
**Zufahrt**: Von Tunbridge Wells rechts auf der A26 in südliche Richtung auf Crowborough zufahren. In Eridge an der Kirche rechts abbiegen. Dann, entlang der schmalen Straße, nach rund 250 m rechts.

**Scotney Castle**

In LAMBERHURST kann man am großen Parkplatz hinter dem gemütlichen Pub **The Vineyard** übernachten. Es besitzt einen schönen Biergarten und WiFi *(**302:** [N 51°05'41" E 0°23'09"], Furnance Ln., TN3 8EU, Lamberhurst, www.elitepubs.com)*.

**Scotney Castle** ist die Hauptattraktion des Ortes und liegt nur rund 1 km entfernt. Während eines Spaziergangs durch die romantischen Gärten und die Parkanlagen schlendern Sie zum märchengleichen Wasserschloss aus dem 14. Jahrhundert und besuchen das viktorianische Herrenhaus. Seine Zimmer sind thematisch ganz unterschiedlich eingerichtet. Bemerkenswert ist beispielsweise das Bambus-Schlafzimmer.

*[N 51°05'32" E 0°23'37"], B2469, TN3 8JN, Lamberhurst, 10.00–17.00 Uhr, Erw. 13 £, Kinder 6,50 £, Familien 32,50 £, NT-Mitglieder frei, www.nationaltrust.org.uk*

## Sissinghurst Gardens

Auch diese Gärten erreichen Sie nach wenigen Kilometern. Gegründet wurde das Haus einst als Schweinefarm. Später war es Herrensitz, Gefängnis, eine Art Obdachlosenasyl, dann ein Privathaus und hat sein Aussehen in all der Zeit immer wieder extrem verändert. Die Gartengestalterin Vita Sackville-West haben Sie vielleicht schon beim Besuch von Knole auf Tour 8 kennengelernt. Gemeinsam mit ihrem Mann Harold Nicolson plante und formte sie die Anlagen rund um den alten Turm. Durch kleine Hecken unterteilt, überwuchern die üppig wachsenden Pflanzen an manchen Stellen die Wege durch die Castle Gardens beinahe. Beschreiben lässt sich das vielleicht am besten mit „geplanter Urwüchsigkeit". Schön ist auch der Blick von der obersten Turmebene hinab auf Grundstück und Umgebung.

*[N 51°06'59" E 0°34'45"], A262, TN17 2AB, Sissinghurst, Mitte März–Okt. 11.00–17.30 Uhr, Erw. 12,05* £, Kinder *5,85* £, Familien *30* £, *NT-Mitglieder frei, www.nationaltrust.org.uk*

## Leeds Castle

Für ein weiteres, außergewöhnliches Anwesen müssen Sie ein paar Kilometer Umweg in Kauf nehmen und in Richtung MAIDSTONE weiterfahren: **Leeds Castle** gehört zweifelsohne zu den bekanntesten und schönsten Schlossanlagen Englands. Gleich eine ganze Reihe an Einzelattraktionen gibt es zu entdecken. Nachdem Sie das Visitor Centre nahe den Parkplätzen verlassen haben, wandern Sie durch die Cascade Gardens

Im Park von Leeds Castle

Thorpe Hall im Leeds Castle

mit See, Fluss und einer Vielzahl an Wasservögeln, die Sie begleiten und auf Futter hoffen. Schließlich erreichen Sie die kleine Anhöhe, auf der Leeds Castle erbaut wurde. Wie eine Insel wirkt die einst aus dem Sumpfland emporragende Kuppe durch den wassergefüllten, seeähnlichen Graben. Per Puntingboot kann man sich für eine geruhsame Runde hindurchschippern lassen. Nachdem Sie die Brücke passiert haben, sehen Sie zuerst im Torhaus eine Ausstellung zur Entstehung von Leeds Castle und seinen Veränderungen im Wandel der Zeit. Dann gelangen Sie zum Hauptgebäude. Der Großteil seiner Einrichtung stammt von einer beinahe kompletten Umgestaltung in den 1920er- und 1930er-Jahren. Die damalige, letzte private Besitzerin von Leeds, Lady Baillie, hatte diese bei den größten Innenarchitekten ihrer Zeit beauftragt. Im weiteren Verlauf des Rundweges streifen Sie den ehemaligen Wirtschaftshof mit Gastronomie und einer Ausstellung standesgemäßer Hundehalsbänder (!). Danach folgt ein besonders üppig bepflanzter Teil des Parks, die Lady Baillie Gardens. Im hintersten Teil des Anwesens werden dann zunächst Kinder leuchtende Augen bekommen: Eine riesige Holzburg für Größere und ein Spielburghof für die Jüngeren bieten ausreichend Abwechslung zum Toben. Die Erwachsenen können derweil im Zelt nebenan wechselnde Filme und Tonbildschauen zu meist geschichtlichen Themen ansehen. Auch ein schön gestaltetes, kniffeliges Labyrinth gibt es noch, welches am Ende durch eine Grotte zurück zum Ausgang führt.

Außerdem eine Falknerei, die in den Sommermonaten tägliche Flugvorführungen mit Eulen, Falken und anderen Raubvögeln bietet. Wenn Sie müde geworden sind, haben Sie die Möglichkeit, alternativ zum Fußweg per Boot und Bummelbahn zurück zum Parkplatz zu gelangen.

Grotte unter dem Labyrinth

*[N 51°15'25" E 0°37'28"], Ashford Rd., ME17 1PL, Leeds, Apr.–Sept. 10.00–18.00 Uhr, Schloss 10.30–17.30 Uhr, Erw. 24,50* £, erm. 21,50 £, Kinder 4–15 *J. 16,50* £, www.leeds-castle.com

Gleich im Anschluss an das Schloss, nur ein paar Hundert Meter entfernt, finden Sie einen Campingplatz.

**(303) WOMO-Campingplatz: Bearsted Caravan Club Site**
**GPS**: N 51°15'52" E 0°36'11", Ashford Rd., ME17 1XH, MAIDSTONE.
**Max. WOMOs:** 66.
**Ausstattung/Lage**: alle Einrichtungen, gepflegter Platz am Rande von Maidstone, Stellflächen auf Schotter und Rasen.
**Öffnungszeiten:** Mitte März–Anfang Jan.
**Ortszentrum**: ca. 5 km.
**Zufahrt**: Von Maidstone kommend auf der A20 auswärts fahren, dann direkt an der Straße rechter Hand.
**Preis**: 30,10–39 £, CC-Mitglieder 18,10–27 £.
**Internet**: www.caravanclub.co.uk

Auch drei Pubs werben um Gäste und lassen Womo-Fahrer auf ihrem Gelände über Nacht bleiben. Da wäre einmal das abgelegene Dorfpub **The Ringlestone Inn**. Es ist nur über eine schmale Straße erreichbar und verfügt über einen etwas kleineren Parkplatz, garantiert aber echtes „local feeling" *(**304:** [N 51°16'13" E 0°41'32"], Ringlestone Rd., ME17 1NX, Ringlestone, WiFi, www.theringlestoneinn.co.uk).*

Alternativ käme das Pub **The Bowl Inn** infrage. Es besitzt einen großen Biergarten und wirbt sogar explizit mit der Option „Camping" *(**305:** [N 51°13'44" E 0°47'29"], Egg Hill Rd., TN27 0HG, Charing, WiFi, saisonal evtl. Übernachtungsgebühr fällig, www.bowlinncharing.com).*

Das dritte Pub betreibt gleich einen eigenen kleinen Campingplatz neben dem Haus.

**(306) WOMO-Pub: The Wagon & Horses**
**GPS**: N 51°13'34" E 0°50'09", Faversham Rd., TN27 0NR, CHARING.
**Max. WOMOs:** 5.
**Ausstattung/Lage**: V/E, Strom, Pub mit eigenem kleinen Campingplatz

und Biergarten an der Hauptstraße.
**Ortszentrum**: ca. 4,2 km.
**Zufahrt**: Von der A252 am Weg nach Canterbury links Richtung Throwley Forstal abzweigen. Dann nach etwa 1,8 km rechts.
**Preis:** 8–11 £.
**Internet:** www.countrypubkent.co.uk

## Ashford Outlet

Ab CHARING machen Sie auf Wunsch einen Abstecher nach ASHFORD. Die Innenstadt ist zwar ganz nett, kann aber mit dem nächsten größeren Ort Canterbury nicht mithalten. Angezogen fühlen Sie sich aber vielleicht von der letzten Gelegenheit, in einem Einkaufszentrum stöbern zu gehen... In diesem Fall sind die Wege kurz und Sie haben Ihr Fahrzeug immer im Blick: Die rund 80 Läden des **Ashford Outlet Centres** sind in einer Ellipse rund um den Parkplatz angelegt. Praktisch, um etwaige Einkäufe zwischendurch jederzeit verstauen zu können.

*[N 51°08'06" E 0°52'37"], Kimberley Way, TN24 0SD, Ashford, Mo–Do 10.00–21.00 Uhr, Fr/Sa ab 8.00 Uhr, So bis 18.00 Uhr, www.mcarthurglen.com/uk/ashford-designer-outlet*

## CANTERBURY

Entlang der Hauptroute können Sie am Ortsparkplatz vor CHILHAM über Nacht bleiben – es gibt keinerlei Verbote *(**307:** [N 51°14'40" E 0°57'34"], Taylors Hill, CT4 8BZ, WC, Chilham)*. Noch wohnmobilfreundlicher ist allerdings Canterbury selbst. Es ist die bislang einzige Stadt in ganz Südengland, die für Gäste einen echten, offiziellen Stellplatz eingerichtet hat! Da es sich dabei um einen Teil der P&R-Anlage handelt, ist auch eine optimale Busverbindung gewährleistet. Alternative Tagesparkplätze für Wohnmobile gibt es zwar auch im hinteren Teil des Busparkplatzes direkt im Zentrum, allerdings nur zu stolzenTagessätzen um die 15 £ *([N 51°17'07" E 1°05'04"], Saint John's Pl., CT1 1BD, WC)*.

### (308) WOMO-Stellplatz: Canterbury

**GPS**: N 51°15'44" E 1°06'09", Old Dover Rd., CT1 3EU, CANTERBURY.

**Max. WOMOs:** 15+.
**Ausstattung/Lage**: offizieller Wohnmobilstellplatz mit V/E und Mülleimer, beleuchtet. Direkt am P&R-Parkplatz Canterbury mit Busverbindung.
**Ortszentrum**: ca. 2,5 km.
**Zufahrt**: an der südöstlichen Ortsausfahrt A2050 rechter Hand.
**Preis**: 3 £.
**Info**: Ankunft bis max. 20.30 Uhr, dann bleibt die Einfahrtsschranke bis zum nächsten Tag geschlossen. Max. 48 h. Wenn der Stellplatz voll ist, können Sie es am Pub Old Gate Inn direkt davor gegen Einkehr versuchen.

**Rundgang durch Canterbury**

Canterbuty Cathedral

Wann genau die Stadt entstanden ist, liegt heute im Dunklen. Gesichert ist aber die römische Siedlung Durovernum Cantiacorum, die ab ca. 40 n.Chr. entstand und sich zu einem wichtigen Verwaltungszentrum entwickelte. Als die später nachfolgenden Angelsachsen zu Christen geworden waren, wurde ein erster Bischofssitz gegründet. Seinen Kirchen, der großen Kathedrale und dem bis heute bestehenden Erzbischofssitz verdankt Canterbury einen Großteil seiner Bekanntheit. Die Innenstadt bewahrte sich ihren mittelalterlichen Charakter und gehört zu den schönsten im Land. Für ausreichende Lebendigkeit neben Kirche und Kultur sorgt die Universität mit ihren rund 12.000 Studenten. Eine ganze Menge, kommt Canterbury doch insgesamt nur auf rund 55.000 Einwohner.

Sofern Sie am P&R-Parkplatz gestartet sind, fahren Sie mit dem Pendelbus ins Zentrum *(Mo–Sa 7.00–19.30 Uhr, So 10.00–18.00 Uhr, P&R-Buslinie kostenlos, Parkticket gilt auch als Busticket, Endhaltestelle Whitefriars am Beginn der Fußgängerzone)*.

Gleich hinter der Haltestelle schließt sich eine offene Fußgängerpassage an, die ähnlich einem Einkaufszentrum gestaltet ist. Sie geht dann aber in einen älteren Bebauungsteil über und öffnet sich schließlich nach beiden Seiten hin zur Hauptachse und Fußgängerzone **The Parade** und **High Street**, die Sie in Höhe der **Cote Brasserie**** erreichen *(2 Longmarket, CT1 2JS)*. Spazieren Sie einfach nach links und dann immer geradeaus. Ein erster Stopp könnte dann links ab in die **St. Margaret's Street „Canterbury Tales"** sein. Die Attraktion entführt Sie ins Canterbury des 14. Jahrhunderts. Entsprechend ausgestattete Räume und kostümierte Schauspieler erzählen amüsante Geschichten von Müllern, Rittern, Nonnen und anderen „Zeitzeugen" *(CT1 2TG, März–Okt. 10.00–17.00 Uhr, sonst bis 16.30 Uhr, Erw. 9,75 £, erm. 8,50 £, Kinder 5–15 J. 7,50 £, Familien 27,50 £, deutsche Audioführer auf Wunsch inkl., bei Onlinebuchung 15 % Ermäßigung, www.canterburytales.org.uk)*. Gleich

Weberhaus am River Stour

Butter Market

daneben können Sie zwischen **Tiny Tim's Tearoom** *(34 St. Margaret's St., CT1 2TG)* und der **City Fish Bar*** *(30 St. Margaret's St., CT1 2TG)* wählen. Zurück an der Hauptstraße folgt rechts ein schönes altes Gebäude mit der Aufschrift „Royal Museum and Free Library" über der Tür. Es beherbergt ein **Touristeninformationszentrum** und die **Beaney-Kunstgalerie**. Neben Gemälden und Wechselausstellungen werden auch Abteilungen mit Tierpräparaten und geschichtlich orientierte Sammlungen gezeigt *(18 High St., CT1 2RA, 9/10.00–17/18.00 Uhr, Eintritt frei, www.canterburymuseums.org.uk)*.
Im **Heritage Museum**, die nächste Querstraße links, erfahren Sie dann mehr zur Stadtgeschichte, beginnend mit Mammuts, Schätzen aus angelsächsischer Zeit und seltenen Fundstücken der Tudors. Bis in die Gegenwart spannt sich der gut inszenierte Bogen an Schaustücken, Geschichten und Inhalten, die den Charakter Canterburys herausarbeiten *(Stour St., CT1 2NR, 11.00–17.00 Uhr, Erw. 8 £, erm. 6 £, Kinder frei, www.canterburymuseums.org.uk)*.
Zurück an der Hauptstraße queren Sie dann den River Stour mit schönen alten Weberhäusern rechter Hand. Dort werden im Sommer auch alle 15–20 Min. Flussfahrten angeboten, die einen anderen optischen Eindruck von der Stadt vermitteln, als man ihn nur zu Fuß erhält *(mehr unter www.canterburyrivertours.co.uk)*. Auch kulinarisch ist in diesem Bereich und weiter entlang der Fußgängerzone etwas geboten: Sie haben die Wahl zwischen **The Old Weavers Restaurant**** *(1 St. Peter's St., CT1 2AT)*, dem **Kitch Café** *(4 St. Peter's St., CT1 2AT)*, **The Cricketers*** *(14 St. Peter's St., CT1 2BQ)*, **The Lady Luck*** *(18 St. Peter's St., CT1 2BQ)* und dem **Black Griffin*** *(40 St. Peter's St., CT1 2BG)*. Noch rund 200 m weiter zieht sich die Fußgängerzone, bis sie schließlich am **West Gate**, dem letzten verbliebenen Stadttor, endet. Im 18 m

hohen Bau ist ein weiteres Museum untergebracht. Es informiert über die Stadtbefestigungen und führt unter anderem durch den ehemaligen Zellentrakt einer Polizeistation. Auch die zinnengekrönte Aussichtsplattform am Dach gehört dazu *(St. Peter's Pl., CT1 2BX, 11.00–16.00 Uhr, Erw. 4 £, erm. 3 £, Kinder 5–15 J. 2 £, Familien 10 £)*.
Links befindet sich die **Guildhall**, auf der gegenüberliegenden Straßenseite das **Kent Museum of Freemasonry**. Wenn Sie sich für Geheimbünde, insbesondere die Freimaurerei, interessieren, genau das Richtige *(St. Peter's Pl., CT1 2DA, 11.00–16.00 Uhr, Eintritt frei, www.kentmuseumoffreemasonry.org.uk)*.
Viel weiter müssen Sie nicht gehen; nur wenn Sie ein wenig in den schönen Parkanlagen der **Westgate Gardens** ausspannen möchten, finden Sie den Zugang nach dem West Gate gleich links am Flussufer. Spazieren Sie dann ein Stück entlang der Hauptstraße zurück und biegen Sie links in **The Friars** ein. Sie passieren das in diesem Bereich fast etwas zu modern wirkende **Marlowe Theatre** und dann erneut den Fluss. Immer weiter geradeaus erreichen Sie schließlich einen der attraktivsten Plätze Canterburys, den alten Buttermarkt. Empfehlenswerte Gaststätten am Weg sind **Deeson's Restaurant***** *(25 Sun St., CT1 2HX)*, **Pork & Co*** *(18 Sun St., CT1 2HX)*, **The Shakespeare Restaurant**** *(5 Butchery Ln., CT1 2JR)* und das **Burgate Coffee House** *(43 Burgate, CT1 2HW)*. Linker Hand befindet sich der Eingang zur bekanntesten Sehenswürdigkeit der Stadt. Die als Weltkulturerbe gelistete **Kathedrale** ist Mittelpunkt der anglikanischen Kirche und beinahe hermetisch abgeriegelt. Selbst die Außenhöfe gehören zum Besichtigungsbereich und sind nur nach dem Lösen eines Tickets begehbar. Zu sehen bekommen Sie z.B. die ältesten mittelalterlichen Glasmalereien des Landes, den Märtyrerdom, wo einst Thomas Beckett ermordet wurde, Kreuzgang und Domkapitel sowie das Grab des Schwarzen Prinzen, Edward of Woodstock *(The Precincts, CT1 2EH, Mo–Sa 9.00–17.30 Uhr, Winterhalbjahr bis 17.00 Uhr, So 12.30–14.30 Uhr, Erw. 12 £,* erm. 10,50 £, Kinder 8 £, Familien 32 £, www.canterbury-cathedral.org).
Noch ein Stück gehen Sie am Ende entlang der Straße **Burgate**, bis Sie rechts durch den schönen **Longmarket** oder die **Iron Bar Lane** zum Ausgangspunkt zurückkehren.

Wenn Sie nicht vorhaben, noch einen Badeabstecher zur Landspitze zu machen, fahren Sie anschließend entlang der **A257** Richtung Sandwich weiter. Ein möglicher Stopp unterwegs wäre dort noch der **Howletts Wild Animal Park**. Neben vielen anderen exotischen Tieren ist der Zoo vor allem für die Nachzuchtgruppen an Tiefland-Gorillas, Afrikanischen Elefanten und Makaken bekannt, die zu den größten weltweit gehören.

*[N 51°16'11" E 1°09'25"], Bekesbourne Ln., CT4 5EL, März–Okt. 9.30–18.00 Uhr, sonst bis 17.00 Uhr, Erw. 16,95 £,* Kinder 3–15 *J. 13,95 £,* Familien 54,95 £, bei Onlinebuchung ca. 5 *% Ermäßigung, aspinallfoundation.org/howletts*

## MARGATE

Nur wenn Sie noch einmal baden möchten, lohnt der Abstecher zur südöstlichen Landspitze Englands bei MARGATE. Am Weg dorthin finden Sie, nicht weitab von der Hauptstraße, zunächst zwei wohnmobilfreundliche Gasthäuser mit dem **Grove Ferry Riverside Pub** *(**309:** [N 51°19'23" E 1°12'29"], Grove Ferry Rd.,*

*CT3 4BP, Upstreet, www.thegroveferry.co.uk)* und dem **The Rising Sun Pub** *(**310:** [N 51°18'57" E 1°14'55"], The Street, CT3 1HY, Stourmouth, WiFi, www.therisingsunstourmouth.co.uk).*

Einen ersten Badespot bietet MINNIS BAY. Der Strand ist guter Durchschnitt, hat einen großen Parkplatz und meist weniger Rummel als in Margate selbst *([N 51°22'40" E 1°16'53"], Hengist Rd., CT7 9QP).*

Der breite Margate-Hauptstrand mitten im Ort ist bei sonnigem, warmem Wetter stets sehr gut besucht, von einer Promenade und der Hauptstraße eingerahmt und hat einen großen Volksfestplatz, auf dem der Freizeitpark Dreamland als Dauereinrichtung besteht. Sofern Sie einen Parkplatz ergattern, ist das Ganze nur sinnvoll, wenn Sie auch ein wenig durch den Ort spazieren wollen oder „beachlife made in England" sprichwörtlich hautnah erleben möchten *([N 51°23'11" E 1°22'45"], Parken bei Belgrave Rd., CT9 1XG).*

Die schönsten Strände der Gegend liegen etwas versteckt am Ostende Margates; der Ortsteil gehört bereits zu BROADSTAIRS. Mit der Steilküste im Rücken, einer Felsformation und feinem Sand ist die **Botany Bay** zwar erste Wahl. Die engen Zufahrtsstraßen und wenigen Parkmöglichkeiten entlang der Anliegerstraßen können einem den Spaß aber verderben *([N 51°23'17" E 1°26'10"], Parken rund um den Marine Dr., CT10 3LG, Broadstairs).*

Nicht viel besser schaut es einige Hundert Meter weiter in der **Kingsgate Bay** aus. Es gibt zwar einen Parkplatz, der ist aber eindeutig auf Pkw-Maße ausgelegt und nicht allzu groß *([N 51°23'04" E 1°26'25"], Whiteness Rd., CT10 3QH, Broadstairs).* Somit bleibt noch die **Joss Bay** als dritter Versuch mit einem großen Parkplatz, der oft noch ausreichend Kapazitäten bietet, wenn sonst schon „nichts mehr geht" *([N 51°22'44" E 1°26'44"], Joss Cap Rd., CT10 3PG, Broadstairs).* Da es von hier bis ganz zurück zur ersten Bucht aber nur rund 1,1 km entlang des Küstenpfades sind, wäre es durchaus denkbar, sich zu Fuß auf den Weg zu Ihrer Lieblingsbucht zu machen, falls Sie mit letzterer nicht glücklich sind.

Botany Bay bei Margate

Auch in Richtung RAMSGATE gibt es noch weitere Buchten, die aber nicht schöner werden. Ein letzter Campingplatz befindet sich aber dort.

**(311) WOMO-Campingplatz: Nethercourt Touring Park**
**GPS**: N 51°20'04" E 1°23'51", Nethercourt Hill, CT11 0RX, RAMSGATE.
**Max. WOMOs:** 18.
**Ausstattung/Lage**: V/E, Strom, Duschen/WC, Spülgelegenheit, Waschmaschine/Trockner. Rasencampingplatz mitten im Ort, einige Schattenplätze, gute Busverbindung.
**Öffnungszeiten:** ganzjährig.
**Ortszentrum**: ca. 2 km.
**Zufahrt**: Von Margate in südliche Richtung auf Dover zufahren (A256). Dann über die A299 und A255 Richtung Ramsgate fahren. Der Campingplatz kommt nach dem zweiten Kreisverkehr links.
**Preis**: 19,50–26,50 £.
**Internet**: www.nethercourt.com

## SANDWICH

Am **Richborough Roman Fort** gehen Sie noch einmal auf römische Spurensuche. Die große Ausgrabungs-Anlage symbolisiert gleichermaßen den Anfang und das Ende römischer Besiedelung, denn genau in dieser Gegend begann und endete Roms „britisches Abenteuer". Die folgenden Angelsachsen bauten später ein eigenes Fort auf den Ruinen, von dem heute auch nur mehr spärliche Reste vorhanden sind. Das zugehörige Museum informiert näher über die archäologischen Bereiche ringsum.

*[N 51°17'25" E 1°19'46"], Richborough Rd., CT13 9JW, Sandwich, Apr.–Okt. 10.00–18.00 Uhr, sonst nur Sa/So bis 16.00 Uhr, Erw. 5,80* £, erm. 5,20 £, Kinder 5–15 *J. 3,40* £, Familien 15 £, EH-Mitglieder frei, www.english-heritage.org.uk

Im 4500-Einwohner-Örtchen Sandwich können Sie einen letzten Bummel einlegen. Den teils alten Fachwerkhäusern des Zentrums und den historischen Kirchen **St. Mary's** und **St. Clement's** kann man durchaus ein wenig Zeit widmen. Einen geeigneten Parkplatz finden Sie beispielsweise an der Guildhall, nur wenige Meter hinter der **Touristeninformation** *([N 51°16'26" E 1°20'17"], Cattle Market, CT13 9ET).*

**Gastrotipps Sandwich: The Hop and Huffkin*****, 10 New St., CT13 9AB, **The Beach Hut Café**, 38 Strand St., CT13 9EU, **The Crispin Inn***, 4 High St., CT13 9EA, **Papas Fish and Chips***, The Quay, CT13 9EN, **George and Dragon****, 24 Fisher St., CT13 9EJ.

## DEAL und WALMER

Man glaubt kaum, dass die recht modern wirkende, trutzige Anlage von **Deal Castle** tatsächlich aus der Zeit Heinrichs VIII. und damit aus dem 16. Jahrhundert stammt. Es gehört zu einer ganzen Kette an Verteidigungsbollwerken, die damals die englische Südküste schützten. Heute können Sie das gesam-

Walmer Castle

te Kastell an der Promenade von DEAL erforschen, von den Lagerräumen bis zum Quartier des Kommandanten im ersten Stock. Bei einem Rundgang entlang der Verteidigungsmauern haben Sie den gleichen Blick wie Soldaten Hunderte Jahre vor Ihnen und stehen an den Geschützen vergangener Tage.

*Parken bei [N 51°13'08" E 1°24'11"], The Strand, CT14 7DL, Apr.–Okt. 10.00–18.00 Uhr, sonst nur Sa/So bis 16.00 Uhr, Erw. 5,80* £, erm. 5,20 £, Kinder 5–15 *J. 3,40* £, Familien 15 £, EH-Mitglieder frei, www.english-heritage.org.uk

Unterhalb von Deal Castle gibt es einen langen Kiesstrand und eine Promenade, die sich in südliche Richtung bis zum **Walmer Castle** zieht. Wenn Sie Fahrräder dabeihaben, ein schöner Ausflug, statt mit dem Wohnmobil weiterzufahren. Einfach beträgt die Strecke nur rund 1,8 km. Ansonsten wählen Sie die Küstenstraße bis zur letzten Burg, sollten aber auch wieder über Deal zurückfahren, denn die weiterführende Schleife über den Ort WALMER ist unangenehm steil und eng.

Auch wenn Walmer Castle aus der gleichen Zeit wie Deal Castle zuvor stammt, wirkt es aufgrund seiner in sehenswerte Gärten und Parkanlagen eingebetteten Lage und seiner späteren zivilen Nutzung als Wohnstätte Lord Wardens weit weniger archaisch. Winston Churchill und die Queen-Mutter waren nur zwei der namhaften Gäste, die öfters in Walmer vorbeischauten. Der Duke of Wellington blieb sogar ganze 23 Jahre. Viele Anekdoten werden Ihnen auf einer Audioführung nähergebracht.

*[N 51°12'05" E 1°24'08"], Kingsdown Rd., CT14 7LJ, Apr.–Okt. 10.00–18.00 Uhr, sonst nur Sa/So bis 16.00 Uhr, Erw. 10,10 £, erm. 9,10 £, Kinder 5–15 J. 6 £, Familien 26,20 £, EH-Mitglieder frei, www.english-heritage.org.uk*

Bei der Fahrt zurück nach Dover bietet sich dann eine letzte Übernachtungsgelegenheit am indischen Lokal **The Swingate Inn** an der Einfallstraße *(**312:** [N 51°08'54" E 1°20'18"], Deal Rd., CT15 5DP, Swingate, WiFi, www.swingate.co.uk)*. Ansonsten finden Sie weitere nahe Übernachtungsplätze beim Rückblättern zu Kapitel 1.

## Wichtiger Hinweis für Sie und in eigener Sache vorab

Liebe Leser/-innen, Umstände verändern sich, Fehler passieren. Auch wenn wir versuchen, so genau wie nur möglich für Sie zu recherchieren, kann doch einmal eine Wegangabe zu ungenau sein oder GPS-Koordinaten nicht exakt. Auch ändern sich Preise, Örtlichkeiten etc. Für Anregungen, Tipps, Hinweise, Korrekturen, Kritik, aber natürlich auch Lob sind wir stets dankbar.
Sie können uns eine Mail senden an: **winkler@womo.de**.
Herzlichen Dank vorab dafür.

Fehler oder Änderungen, die sich zwischen Drucklegung und Ihrer Reise ergeben haben, veröffentlichen wir, sozusagen als kostenloses Update für Leser, online im Womo-Forum. Gehen Sie vor Ihrer Reise einfach auf www.womo.de, besuchen Sie das Forum und melden Sie sich an bzw. loggen Sie sich ein. Sie erhalten im Bereich „Womo-Bücher Korrekturen" unter der jeweiligen Buch-Rubrik alle wichtigen aktuellen Änderungen (sofern bereits bekannt).

In diesem Buch sind weit über 300 GPS-Koordinaten veröffentlicht, die Ihnen das Navigieren zu Übernachtungsplätzen, Sehenswürdigkeiten und Parkplätzen in den Städten enorm erleichtern. Statt sie abzutippen, können Sie im Shop des Womo-Verlags unter www.womo.de CDs mit allen Daten darauf bestellen. Sie lassen sich so komfortabel in Ihr Navigationsgerät einspeisen und sind dann stets schon auf der Karte sichtbar bzw. direkt ansteuerbar.

## Allgemeine Landeskunde: England

**Geografie:**
Hauptstadt: London.
Fläche: 130.395 Quadratkilometer.
England ist Teil des Vereinigten Königreichs und bildet den größten Landesteil der Britischen Inseln. Flächenmäßig reiht es sich im europäischen Vergleich zwischen Bulgarien und Griechenland ein. Westlich grenzt es mittig an Wales, nördlich an Schottland, die anderen Himmelsrichtungen werden von der 5500 km langen Küstenlinie umgeben. Sie besteht im Süden vornehmlich aus Stränden und Steilküsten. Südlich befindet sich der Ärmelkanal, im Westen der Atlantik und der Bristol-Kanal und im Osten die Nordsee.
Das Land wird heute in 83 Bezirke (Countys) aufgeteilt, die größten im Süden sind Devon, Somerset und Hampshire.
Die Landschaft wird durch landwirtschaftlich genutzte Wiesen-, Weide- und Ackerflächen, Hügel und Moore geprägt. Größere Teile stehen unter Naturschutz, besondere Protektion genießen im Süden die vier Nationalparks South Downs, New Forest, Exmoor und Dartmoor. In letzterem befindet sich mit dem High Willhays auch die höchste Erhebung der Region (621 m).

**Bevölkerung:**
Einwohnerzahl: ca. 54 Millionen.
Die größte Bevölkerungsdichte weist mit rund 8,3 Millionen die Metropolregion London auf. Vor allem in den städtischen Regionen ist das Land multiethnisch geprägt. Neben vielen Menschen, deren ursprüngliche Herkunft in einer der ehemaligen englischen Kolonien oder dem Commonwealth liegt (z.B. indisch- oder pakistanischstämmig), sind in den letzten Jahren auch viele Osteuropäer, vor allem Polen, zugezogen. Rund 60 % der Engländer sind Christen und in der anglikanischen Kirche oder einer der Freikirchen (z.B. Baptisten, Methodisten oder Presbyterianer) organisiert. Den zweitgrößten Anteil machen Konfessionslose aus (ca. 13 Millionen), gefolgt von Moslems (ca. 3 Millionen) und Hindus (ca. 1 Millionen).

**Politik:**
England ist seit jeher eine Monarchie. Neben dem Königshaus, das heute nur mehr repräsentative Zwecke erfüllt, wird es von der Regierung Großbritanniens geleitet, als einziger Landesteil ohne eigenes Regionalparlament. Die englische Fahne zeigt das rote St.-Georgs-Kreuz auf weißem Grund, andere öfters auftauchende Symbole sind das „Three Lions"-Wappen Richard Löwenherz' und die Rose aus Tudorzeiten. Mit „God save the queen" sind die englische und britische Nationalhymne identisch.

**Städte:**
Städte werden in England meist in Verbindung mit ihren Metropolregionen, also dem Einzugsgebiet, erfasst. Geht man rein nach der Größe der Städte selbst, sind die „Top Ten" im Süden Englands: London (7 Millionen Einwohner), Bristol (399.000), Plymouth (255.000), Southampton (214.000), Milton Keynes (197.000), Portsmouth (190.000), Luton (181.000), Southend-on-Sea (172.000), Wycombe (164.000) und Basildon (163.000).

**Wirtschaft:**
England macht, allein aufgrund seiner Bevölkerungsübermacht und der Region London, den größten Teil der britischen Wirtschaft aus. Es galt und gilt immer noch als eine der wirtschaftlich stärksten Regionen der Europäischen Union und gehört in den Bereichen „Chemie", „Technik", „Rüstung", „Software" und „Bankenwesen" zu den weltweit führenden Nationen. Ob und wenn inwieweit sich das nach dem 2016 beschlossenen, aber bislang noch nicht vollzogenen Brexit ändert, ist noch nicht absehbar.

**Kultur:**
Historisch gesehen ist die Kunst des Landes von Architektur, aber auch Malerei und bildender Kunst geprägt. Auch in der Lyrik/Dichtung gibt es große, prägende Namen wie Shakespeare, die heute aus keinem Kulturbetrieb mehr wegzudenken sind. In der Musik hat sich England vor allem im populärmusikalischen Bereich einen Namen gemacht. Die bekanntesten europäischen Bands/ Künstler kommen fast immer von der Insel, allen voran Namen wie die Beatles, Queen, Pink Floyd, David Bowie oder Elton John.

**Sport:**
England gilt als das Mutterland des Fußballs. Noch immer gilt die Premier League als lukrativste der Welt. Doch auch andere Sportarten wie Kricket und Rugby sind äußerst populär. In Kneipen, Pubs und Bars spielt man gerne Snooker, Billard und Darts.

## Ärztliche Versorgung und Medikamente

Sollten Sie wirklich einmal auf medizinische Hilfe angewiesen sein, so sind Sie in England in guten Händen. Der Ausbildungsstand der Ärzte ist dem heimischen gleichzusetzen, mit Deutsch werden Sie allerdings in der Regel nicht weiterkommen. Für kleinere Verletzungen etc. stehen vielerorts Ambulanzen und Ärztenotdienste zur Verfügung. Größere Krankenhäuser befinden sich in den Städten. Oft wird allerdings nur die Grundversorgung abgedeckt, was darüber hinausgeht, wird privat abgerechnet.

Da Großbritannien, und somit auch England, bis jetzt Mitglied der EU ist, gilt die europäische Versicherungskarte Ihrer Krankenkasse oder eine entsprechende Ersatzbescheinigung, die Ihnen Ihre Kasse ausstellt. Der kostenlose NHS (National Health Service) steht Ihnen, streng genommen, sogar schon nach Vorlage Ihres Personalausweises zur Verfügung, die Karte schadet im Zweifelsfall aber nicht. Die Neuregelungen nach dem Brexit bleiben abzuwarten.
In jedem Fall kann es aufgrund von Abrechnungs- und Leistungsunterschieden vorkommen, dass Sie einen Teil der Kosten vorstrecken müssen. Dies gilt auch für alle Behandlungen und Extras (wie ein Zimmerupgrade im Krankenhaus oder einen Heimtransport), die nicht durch das britische System abgedeckt werden. Um am Ende nicht mit hohen, unkalkulierbaren Kosten konfrontiert zu werden, macht sich daher ein zusätzlicher Auslandskrankenschutz bezahlt. Viele Versicherer bieten so etwas für verhältnismäßig wenig Geld an, teils lässt sich so etwas auch über Ihre Kreditkartenfirma oder einen Schutzbrief Ihres Automobilklubs bzw. Ihren Autoversicherer abdecken (siehe Pannenhilfe).

Auch die flächendeckende Versorgung mit Apotheken ist unproblematisch. Große, beleuchtete Kreuze kündigen diese meist gut sichtbar an. Einige Medikamente haben allerdings abweichende Namen und auch in der Apotheke gilt, dass Sie englische Sprachkenntnisse benötigen werden. Im Zweifelsfall schadet es also nicht, wenn Sie wichtige Medikamente, auf die Sie angewiesen sind, als Vorrat mitführen.

## Ausrüstung

Was Sie so einpacken, hängt natürlich stark von Ihren Interessen und der Jahreszeit ab. Für die gängigen Reisemonate sollten Sie aber für Ihr Wohnmobil Außentisch und -stühle dabeihaben, eine Markise oder ein Tarp sind ebenfalls zu empfehlen. Ansonsten gilt, dass es, sowohl an der Küste als auch im Inland, selbst im Hochsommer recht frisch und windig werden kann. Auch schnelle Wetterwechsel von Sonne zu Regen und wieder zurück zu Sonne sind keine Seltenheit und legen die Mitnahme von Regencapes o.Ä. nahe. Wenn Sie gerne wandern, sollten Sie evtl. an Stöcke und unbedingt an geeignetes Schuhwerk denken. Auch Ihre Badesachen dürfen nicht fehlen. Zu schön sind die herrlichen Sandbuchten im Südwesten, um nicht die ein oder andere Stunde dort zu verweilen. Falls Sie im Besitz von Bodyboard und Neoprenanzug sind: Packen Sie beides ein, in England sind Sie damit genau richtig.

## Baden

England ist für uns nicht das klassische Reiseland, wenn man an einen Badeurlaub denkt. Zu Unrecht. Denn vor allem im Südwesten gibt es wunderschöne, mal liebliche, mal schroffe und wilde Sandbuchten. Einige sind klein und zwischen Felswänden eingeklemmt, andere kilometerlang und vor geschwungenen grünen Hügeln gelegen. Die Wasser- und Lufttemperaturen sind dabei mit der deutschen Nord- und Ostseeküste vergleichbar. Mal ist es beinahe windstill, mal liegt oder sitzt man „hart im Wind", die Wassertemperaturen sind im Hochsommer erträglich, für „Badewannenkapitäne" aber stets recht frisch.

Beachten Sie unbedingt die Warnflaggen an den Stränden:
Rot: Gefahr, Badeverbot.
Rot/Gelb: starker Seegang, Baden nur zwischen den Markierungen unter Aufsicht von Lifeguards.
Schwarz/Weiß: Dieser Bereich ist für Surfer reserviert, dort nicht baden.
Oranger Windsack: Bei diesem Zeichen wehen starke Winde von der Küste weg. Es dürfen keine aufblasbaren Boote etc. ins Wasser eingesetzt werden.

Für FKK-Fans gibt es in England nicht allzu viele Strandabschnitte, in denen man ungeniert die Hüllen fallen lassen kann. An entsprechender Stelle weisen wir auf solche Möglichkeiten in den Tourbeschreibungen hin. „Topless" ist an den normalen Stränden zwar nicht verboten, aber eher eine Seltenheit.

## Einkaufen

Das Warenangebot in England steht dem heimischen in nichts nach, oft ist die Auswahl sogar größer. In den Dörfern gibt es oftmals nur kleine, ziemlich teure Märkte (oft Spar oder Co-Operative). Die riesigen Supermärkte an den Ausfallstraßen der Städte dagegen bieten ein sehr breites Sortiment und liegen preislich auf gehobenem heimatlichen Niveau. Unserer Erfahrung nach sind Sainsbury und Morrison meist etwas günstiger, Waitrose und Tesco etwas teurer.
Wenn Sie auf Nummer sicher gehen wollen oder die Urlaubskasse nicht überstrapazieren möchten, finden Sie flächendeckend auch eine ganze Reihe von Aldi- und Lidl-Filialen, die neben britischen Produkten auch viel Bekanntes führen. Günstiger können Sie Grundeinkäufe in keinem anderen Markt tätigen. Eine Filialübersicht erhalten Sie unter www.aldi.co.uk und www.lidl.co.uk, jeweils unter „Stores" bzw. „Store Finder".
In einigen größeren Städten gibt es Markthallen, die Sie unbedingt einmal besuchen sollten. Viele einheimische Spezialitäten wie fleischhaltige oder vegetarische Pies erhalten Sie dort besonders gut, genauso wie frisches Obst und Gemüse, süße Küchlein, Fleisch- und Fischwaren.
Zu den süßen Spezialitäten zählen allen voran Scones. Die in verschiedenen Varianten erhältlichen Gebäckstücke werden meist mit Clotted Cream und Erdbeermarmelade serviert; es gibt auch andere, darunter herzhafte Varianten mit Käse und Zwiebel-Chutney. Achtung: Suchtgefahr!

## Ein- und Ausreise

Um mit dem Wohnmobil auf die Britischen Inseln zu gelangen, müssen Sie eine Fähre oder den Eurotunnel nehmen. Die Passkontrollen finden schon bei der Einfahrt ins Hafengelände statt, denn Großbritannien ist nie dem Schengenabkommen beigetreten. Für EU-Bürger und Schweizer reicht aktuell bei einem Urlaubsaufenthalt ein Personalausweis bzw. Reisepass mit mindestens 90 Tagen Gültigkeit. Auch Kinder benötigen eigene Dokumente, schon seit 2012 ist ein Eintrag in den Ausweis der Eltern nicht mehr gültig. Möglicherweise will man einen kurzen Blick ins Innere Ihres Womos werfen. Sofern Sie keine Schmuggelware, Waffen oder illegale Mitfahrer an Bord haben, werden Sie die Formalitäten aber schnell erledigt haben.
Für Ihr Fahrzeug müssen Sie neben dem Kfz-Schein noch eine grüne Versicherungskarte mitführen und als Fahrer natürlich einen Führerschein vorweisen können.
Spezielle Zollbestimmungen bestehen aktuell innerhalb der EU nur für Kunstgegenstände und Antiquitäten sowie größere Mengen an Zigaretten (mehr als 800 Stück) und Alkohol. Zur Weiterreise in die Schweiz gibt es möglicherweise gesonderte Regelungen.
Es bestehen keine speziellen Impfvorschriften.

## Elektrizität

Die Stromstärke/-spannung beträgt 230 V/50 Hz. Damit kommen die meisten Geräte gut klar. Allerdings werden andere Steckdosen verwendet. UK-Adapter erhalten Sie problemlos in Elektrofachgeschäften, auf den Fähren und auch im Land selbst. Allzu oft werden Sie diese als Womo-Urlauber am Ende aber nicht brauchen. Die meisten Campingplätze sind mit den auch bei uns üblichen CEE-Stromanschlüssen ausgerüstet.

## Essen und Trinken in Pubs und Restaurants

Auch essen gehen ist allerorts möglich, allerdings meist zu höheren Preisen als daheim. Günstiger kommen Sie in einem der vielen schönen Pubs weg. Denn zu Local Ales, Bitter, Lagerbieren oder Cider werden oft allerlei Speisen feilgeboten. Die Namen der Biere stehen immer auf dem Zapfhahn. Auch Komplettangebote für ein Pint plus „Dish of the Day (Tagesgericht)"- oder „Two for One (zwei für eins)"-Angebote finden sich regelmäßig. Entgegen der verbreiteten Meinung, dass nur Erwachsene in Pubs dürfen, ist das heute kaum noch der Fall. Es gibt eine große Zahl an Family-Pubs, in denen Sie mit Kind und Kegel einkehren können. Teils im ganzen Pub, teils in speziellen Familienräumen oder zumindest vor einer gewissen Uhrzeit. Rauchverbot gilt übrigens

überall in geschlossenen Räumen.
Am günstigsten essen Sie in einem der vielen „Fish & Chips"- und Fast-Food-Lokale und -Buden, qualitativ darf man da allerdings nichts kulinarisch Herausragendes erwarten, solides Essen aber schon. Grundsätzlich gilt, dass die Qualität des britischen Essens besser und vielfältiger ist als ihr Ruf.
In den Tourentexten finden Sie immer wieder Gastrotipps. Diese sind mit kleinen Sternen versehen, die das Preisniveau kennzeichnen:
1 Stern: viele Gerichte unter 10 £.
2 Sterne: Mehrzahl der Hauptspeisen zwischen 10 und 15 £.
3 Sterne: Preise für Hauptgerichte oft zwischen 15 und 20 £.
4 Sterne: Hauptgerichte oftmals über 20 £.
Empfehlenswerte Cafés und Tearooms sind ohne Sterne vermerkt.
Bitte haben Sie Verständnis dafür, dass wir nur Pubs, Restaurants, Cafés und Tearooms, die vornehmlich einheimische, also britische oder internationale Kost anbieten, erwähnen. Es gibt zweifelsohne auch eine große Anzahl guter indischer, chinesischer, italienischer etc. Restaurants im Land, doch das sprengt dann einfach den Rahmen.
Pubs und Restaurants/Hotels, die auch Übernachtungen auf ihren großen Parkplätzen anbieten/dulden, haben wir ebenfalls in die Tourentexte aufgenommen.

## Feiertage

**Die gesetzlichen Feiertage in England sind:**
• New Years Day (Neujahr, 01.01. oder darauffolgender Werktag)
• Good Friday (Karfreitag, wechselnde Daten des Kirchenkalenders)
• Easter Monday (Ostermontag, wechselnde Daten des Kirchenkalenders)
• Early May Bank Holiday (1. Montag im Mai)
• Spring Bank Holiday (letzter Montag im Mai)
• August Bank Holiday (letzter Montag im August)
• Christmas Day (1. Weihnachtsfeiertag, 25.12. oder darauffolgender Dienstag)
• Boxing Day (2. Weihnachtsfeiertag, 26.12. oder darauffolgender Montag)

Zu beachten sind auch noch die Ferientermine, während denen viele Briten im Land unterwegs sind und es in Restaurants, auf Campingplätzen und an Stränden ein ganzes Stück voller wird. Sie sind ähnlich den deutschen Ferien mit wechselnden Daten angelegt, die Sommerferien dauern von Mitte/Ende Juli bis Anfang September.

## Flora und Fauna

Auf die Natur ist man heute in England sehr stolz und tut viel dafür, sie zu bewahren oder ehemalige Industrieflächen zu renaturieren. Wälder, Wiesen und Moore prägen das ländliche Bild. Es finden sich überall kleine und größere Schutzgebiete, die Nature Reserves, die meist mit angelegten Wegen aufwarten und oftmals frei zugänglich sind.
Eine andere britische Spezialität sind die vielen Gärten und Parks, die, meist gegen Eintritt, aufwendig gestaltet werden und Pflanzen aus aller Herren Länder zeigen.
Die Tierwelt ist dagegen recht artenarm, vor allem wenn es um Säugetiere geht: Dachs, Otter, Igel und Maus, viel mehr wird Ihnen nicht unterkommen. Dafür beherbergen die Küsten aber eine große Zahl an Seevögeln, die in entsprechenden Schutzzonen gehegt und gepflegt werden, z.B. Papageientaucher, Tölpel oder Kormorane. Auch im Landesinneren ist das Birdwatching ein beliebtes Hobby. Dabei beobachtet man mit etwas Glück z.B. Reiher, Eisvögel oder Rohrdommeln.

## Gas

Wenn Sie zwei gefüllte 11-kg-Gasflaschen im Wagen dabeihaben, werden Sie kaum in die Verlegenheit kommen, unterwegs Gas zu benötigen.
Da deutsche Flaschen ansonsten nicht vor Ort befüllt werden, müssen Sie notfalls auf einen Kunstgriff ausweichen: Die Fa. Calorgas verkauft 6-kg- und 13-kg-Flaschen samt Adapter, die damit an das deutsche System angepasst sind. Eine Händlerübersicht finden Sie unter www.calor.co.uk – ein Vorabanruf schadet aber nicht, Adapter sind nicht immer und überall verfügbar ...
Wenn Sie mit einem fest eingebauten Tank oder einer Tankflasche ausgestattet sind, haben Sie keinerlei Problem, sie lassen sich an Autogas-Tankstellen befüllen. Eine Übersicht finden Sie z.B. auf www.boostlpg.co.uk.

## Geld und Preisniveau

Großbritannien ist nie der Eurozone beigetreten und da der Brexit vor der Tür steht, wird es auch auf absehbare Zeit im gesamten britischen Raum beim britischen Pfund (auch Pound Sterling) bleiben. Es unterteilt sich in 100 Cent. Der Umrechnungskurs zum Euro war in den letzten Monaten recht wechselhaft, zuletzt mit fallender Tendenz.
Für 1 € erhalten Sie rund 0,85 £ (Stand: Ende 2016).
Die Münzen unterteilen sich in 1-, 2-, 5-, 10-, 20-, 50-Pence- und 1-, 2-Pfund-Münzen sowie 5-, 10-, 20-, 50-Pfund-Scheine.

Ein kleiner Vorrat an 50-Pence- und 1-Pfund-Münzen empfiehlt sich für Parkautomaten etc., die an praktisch allen Parkplätzen obligatorisch sind.
Geld umzutauschen, ist nicht ganz so einfach, wie man meinen mag.
Daheim oder auf der Fähre macht es wenig Sinn, da Sie meist einen deutlich schlechteren Kurs erhalten werden. In Banken werden meist keine Euro-Noten über 100 € pro Tag getauscht, außer Sie haben ein englisches Konto beim jeweiligen Institut, was bei den wenigsten der Fall sein dürfte (deutsche Konten einer englischen Bank wie z.B. Barclays zählen nicht).
Für den Bargeldtausch bleiben somit nur private Wechselstuben und Reiseagenturen wie Thomas Cook, bei denen der Kurs auch nicht gerade toll ist.
Am besten fahren Sie daher mit Maestro oder den anderen gängigen Kreditkarten, die an praktisch allen Bankautomaten akzeptiert werden. Beachten Sie aber, dass das Tageslimit pro Karte unseren Erfahrungen nach bei unter 500 € pro Tag liegt, was bei z.B. Autoreparaturen etc. ins Gewicht fallen kann.

Das allgemeine Preisniveau unterscheidet sich nicht exorbitant, liegt aber etwas über dem deutschen. Teurer ist leider auch der Sprit. So müssen Sie aktuell pro Liter Diesel mit etwa 1,37 € rechnen (Deutschland rund 1,10 €, Stand: 12/2016). Lebensmittelpreise wurden bereits unter „Einkaufen" erörtert. Ein Restaurantbesuch schlägt meist mit mindestens 20 € pro Person zu Buche, im Pub kommen Sie etwas günstiger weg: Für ein Pint Bier müssen Sie mit 3–6 € rechnen. Campingplätze kosten, je nach Ausstattung und Lage, 10–50 €/Nacht.

Sollte Ihnen Ihre Kredit-/Bankkarte abhandenkommen oder gar gestohlen werden, sollten Sie diese dringend schnellstmöglich sperren lassen.
Dafür gibt es in Deutschland eine zentrale Sperrrufnummer, an der aber leider nicht alle Geldinstitute partizipieren. Für Österreich und die Schweiz gibt es verschiedene Nummern.
Informieren Sie sich daher unbedingt vor Reiseantritt bei Ihrem Kreditinstitut darüber und notieren Sie sich die Rufnummern am besten mehrfach.

**Zentrale Sperrrufnummer für Deutschland (viele Bankkarten und Kreditkarten):**
+49 116 116 oder +49 30 4050 4050
**Zentrale Sperrrufnummer für Mastercard allgemein:**
+1 636 72 27 111 (R-Gespräch)
**Zentrale Sperrrufnummer für Visa allgemein:**
+1 410 581 99 94 (R-Gespräch)
**Zentrale Sperrrufnummer für American Express:**
+49 69 97 97 20 00 (D und A), +41 44 65 96 333 (CH)
**Zentrale Sperrrufnummer für Diner Club:**
+49 7531 36 33 111 (D), +43 1 50 13 50 (A), +41 58 75 08 080 (CH)

## Geschichte

Die gleichermaßen bewegte wie interessante Geschichte Englands in nur wenigen Sätzen zu erfassen, ist beinahe ein Ding der Unmöglichkeit und somit ist hier nur Platz für einen kurzen und oberflächlichen Abriss der wichtigsten Ereignisse.
Die Insel entstand etwa 8500 Jahre v.Chr. durch Ansteigen des Meeresspiegels nach der letzten Eiszeit. Woher die ersten Siedler stammten, ist unbekannt, sie betrieben aber schon während der Jungsteinzeit Ackerbau und Viehzucht. Als Kelten bildeten sie später eine erste Hochkultur, in der Megalithanlagen und Wallfestungen errichtet wurden.
Ab 55 v.Chr. gelangten die Römer nach Britannien. Sie besetzten die Insel und nahmen das heutige England vollständig ein. Ihre Herrschaft dauerte bis ca. ins Jahr 410, als sie sich, ständiger Angriffe von innen wie außen müde, zurückzogen, um ihre zentraleuropäischen Kerngebiete besser schützen zu können. Danach zog das als Dark Age bekannte „dunkle Zeitalter" herauf. Im Machtvakuum der folgenden Jahrhunderte rangen einheimische Stämme, zersplitterte Königreiche und fremde Mächte um die Vorherrschaft. Aufzeichnungen aus diesen Jahren gibt es kaum. Schließlich setzten sich die zu Hilfe gegen den schottischen Stamm der Pikten gerufenen Sachsen, Angeln und Jüten durch. Mit ihnen zog auch der christliche Glaube ein. Bis zum 10. Jahrhundert war die Missionierung des Landes weitgehend abgeschlossen. Gleichzeitig fielen regelmäßig Wikinger in Ostengland ein und nahmen dabei ganze Landstriche und Dörfer ein, die sie lange Jahre verteidigten und unter ihrer Kontrolle behielten. Besiegen ließen sie sich nur unter Einigung der vielen Kleinreiche, was schließlich unter den Königen Aethelstan und Aethelred gelang. Eine Zeit lang gab es sogar ein englisch-dänisches Königreich, dem auch weiter Teile Skandinaviens angehörten. Eine große Zeitenwende gab es im Jahr 1066. Wilhelm der Eroberer landete mit seinen Normannen im Süden und besiegte in der Schlacht von Hastings das Heer der Angeln und Sachsen unter König Harold. Er führte eine neue Lehnsordnung, Regierungssystem und die Erfassung aller Steuern, Ländereien und Besitztümer im Doomsday-Buch ein.
Durch Verbindungen mit dem französischen Haus Plantagenet entstand unter Heinrich II. ein Reich, das bis nach Frankreich und Spanien reichte. Doch ständige Streitereien um Land und Einfluss führten bald zu Zerwürfnissen und einer ersten schweren Krise mit der Kirche in Rom. In diese Zeit fallen die Ermordung des Kanzlers Thomas Becket auf Geheiß des Königs und die

Zeit Richard Löwenherz.
Der Ackerbau wurde vorangetrieben und bis ins 14. Jahrhundert verdreifachte sich die Bevölkerung auf rund 6 Millionen Menschen. Auch die geistige Entwicklung sollte Schritt halten. Die Universitäten von Oxford und Cambridge entstanden.
Im Streit um das bis dato englische Gebiet Gascogne auf französischem Boden und die französische Unterstützung der Schotten kam es zu fortwährenden militärischen Auseinandersetzungen, die in den Hundertjährigen Krieg mündeten. Viele Errungenschaften und Wohlstand wurden dafür geopfert. Dazu kam die Pest, die vor allem 1348 und 1361 extrem wütete und die Bevölkerung um beinahe die Hälfte dezimierte.
Kaum waren diese Krisen ausgestanden, folgten mit den Rosenkriegen zwischen den Adelshäusern York und Lancaster die nächsten Schlachten, diesmal um die Thronfolge. Zunächst setzte sich mit Eduard IV. das Haus York durch, doch nur 25 Jahre später gelang es dem letzten Erben der Lancasters, Heinrich Tudor VII., nach erbitterten Kämpfen, die Krone zu erringen.
Sein Enkel, Heinrich VIII., war die nächste schillernde Figur auf dem Thron. Unter ihm kam es zum endgültigen Bruch mit Rom, woraufhin alle Klöster des Landes aufgelöst wurden. Grund dafür war nicht zuletzt sein unsteter Lebenswandel, für dessen Legitimation durch Scheidung und Verheiratung nach eigenem Gutdünken der Vatikan nicht seinen Segen geben wollte. Nach der gescheiterten Rekatholisierung des Landes unter seiner Nachfolgerin Maria I. bestieg Elisabeth I. den Thron und sollte ganze 45 Jahre an der Macht bleiben. Ihr folgte mit Jakob, dem Sohn der 1589 enthaupteten Maria Stuart, ein Schotte nach, der das Haus Stuart auf den englischen Thron brachte. Während seiner Herrschaft und der seines Sohnes flammte der Parlamentarismus und die Auflehnung gegen das absolutistische Herrschaftsdenken des Adels immer mehr auf. Sie gipfelten in der Hinrichtung Karls I. und der vorübergehenden Machtergreifung des Parlaments als Commonwealth unter Oliver Cromwell. Nach dessen Tod besann man sich nur 11 Jahre später anders und setzte die Monarchie unter Karl II. wieder in Kraft. Als auch er starb, drohte unter dessen katholischem Bruder Jakob II. ein erneuter Glaubenskrieg. Am Ende flüchtete er jedoch kampflos nach Frankreich und überließ seinem Schwiegersohn Wilhelm von Oranien den Thron. Dieser bestieg ihn unter Zugeständnissen an das parallel existierende Parlament, der Bill of Rights. Dadurch wurde die moderne, parlamentarische Monarchie gegründet, die bis heute zur Trennung von (parlamentarischem) Amt und (königlichen) Würden geführt hat.
1707 erfolgte durch das Act of Union die endgültige Zusammenführung der britischen Reiche England, Schottland und Wales zu Großbritannien. Trotz weiterer schottischer Aufstände, der internationalen Auswirkungen der Erbfolgekriege und mehrerer Epidemien begannen für die Britischen Inseln im langfristigen Kontext nun ruhigere Jahre. Auch der nicht zuletzt auf die Ausbeutung der erworbenen Kolonien zurückzuführende Wohlstandsschub trug dazu einiges bei. Ein großer Dämpfer war dann die Unabhängigkeit der Vereinigten Staaten 1783 und der in der Folge damit einhergehende Einflussverlust auch in anderen Gebieten. Die Umstürze in der europäischen Monarchie und die Französische Revolution trugen ebenfalls ihr Übriges bei und eine Wirtschaftskrise weitete sich immer mehr aus. Erst die Beilegung weiterer religiöser Auseinandersetzungen, vor allem in Irland, und dessen Eingliederung ins Königreich sowie die Abwanderung der von der Leibeigenschaft befreiten Landbevölkerung in die Städte führte dann im frühen 19. Jahrhundert zu einem Aufschwung, der industriellen Revolution. Führend war dabei die Textilindustrie. Auch Napoleon konnte, nachdem er bei Trafalgar geschlagen worden war, keinen dauerhaften Einfluss darauf nehmen. Das goldene, viktorianische Zeitalter begann. Es war zumindest innenpolitisch stabil. Im Außen dagegen verlor Großbritannien seine Macht und Gebiete in Zentralasien, nachdem es mehrfach vernichtend geschlagen wurde. Man versuchte dies später durch die „Aufteilung" Afrikas zu kompensieren.
Im 20. Jahrhundert folgten weitere Kriege, in die das Königreich involviert war. Der Erste Weltkrieg aufseiten der Alliierten verlief trotz großer Verluste am Ende erfolgreich, der irische Unabhängigkeitskrieg dagegen führte 1921 zum Verlust eines Großteils von Irland. Als am 3. September 1939 das Deutsche Reich in Polen einmarschierte, erklärte Großbritannien den Nazis den Krieg und trat somit in den Zweiten Weltkrieg ein. Die große Zeit Winston Churchills begann. Durch die Landung in der Normandie setzte er gemeinsam mit den USA die Zeichen auf Sieg für Großbritannien, nachdem es zwischenzeitlich beinahe isoliert in Europa stand.
In den Nachkriegsjahren ging es mit der Wirtschaft zunächst wieder steil bergauf, es herrschte vorübergehend nahezu Vollbeschäftigung. 1952 wurde Elisabeth II. zur Königin gekrönt, ein Titel, den die inzwischen über 90-Jährige bis heute innehat. Mit ihrem Enkel William und dessen Familie stehen die Thronfolger aber schon in den Startlöchern. Es folgten erneute Krisen und ökonomische Hochs, die Ära Thatcher und die Regierungen Blair und Cameron. Unter Letzterem wurde ein Ausstiegsreferendum aus der Europäischen Union abgehalten, bei dem die Briten mehrheitlich für „Leave" votierten. Wie es mit dem Land nach dem Brexit und unter der neuen Premierministerin Theresa May weitergeht, bleibt aktuell abzuwarten.

## Haustiere

Lange Zeit war eine Mitnahme von Haustieren nach Großbritannien strikten Quarantänebestimmungen unterworfen. Erst 2000 wurden diese gelockert, im Jahr 2012 denen anderer EU-Länder noch weiter angepasst. In den folgenden Ausführungen beziehen wir uns auf Hunde; wenn Sie andere Tiere mitnehmen möchten, informieren Sie sich bitte bei Ihrem Tierarzt.
Ihr Hund benötigt einen Mikrochip oder eine Tätowierung (wenn sie vor dem 03.07.2011 erfolg-

te), eine Tollwutimpfung (mindestens 21 Tage vor Reiseantritt), einen Heimtierausweis vom Tierarzt und eine Bandwurmbehandlung (1–5 Tage vor Einreise mit Eintragung in die Reisepapiere). Maximal dürfen 4 Hunde mitgeführt werden, nicht erlaubt ist die Einreise mit Kampfhunden der Rassen Pitbull, (Japanese) Tosa, Dogo Argentino und Fila Brasileiro. Auf den meisten Campingplätzen sind Hunde erlaubt.

## Kinder

England ist ein tolles Reiseland für Kinder. Ideal unserer Erfahrung nach ab etwa 4–5 Jahren. Für kleinere ist das Wasser dann doch oft zu kalt und die Wellen teils zu rau. Die etwas größeren werden aber mit den Bodyboards ihren Spaß haben. Auch die vielen Herrenhäuser und Burgen, die fast überall mit eigenen Kinderaktivitäten von der speziellen Führung über Kostüme zum Verkleiden bis hin zu Erlebnisrallyes auf eigene Faust aufwarten, stehen bei den Kids hoch im Kurs. Dazu kommen überall Freizeit- und Vergnügungsparks, Tier- und Naturerlebnisse in den weiten Landschaften, Zoos und viele bunte Gärten zum Versteckenspielen und Herumtoben.

## Kleidung

Zu empfehlen ist für England vor allem die Zwiebeltechnik: mehrere Schichten, die sich nach Bedarf kombinieren und ausziehen lassen. So kann es an Sommertagen schon einmal richtig warm werden und nur zwei Stunden später nach einem kurzen, aber intensiven Schauer merklich abkühlen. Zum Glück bietet das Wohnmobil ausreichend Stauraum für kurze und lange Hemden, Pullis, Hosen, Röcke, Jacken und verschiedenes Schuhwerk. Brauchen können Sie bei einer Reise von beispielsweise 10 oder mehr Tagen sicher alles.

## Konsularische Hilfe und Notrufnummern

Wir drücken Ihnen die Daumen, dass Sie keine der hier aufgeführten Nummern benötigen, denn in jedem Fall wäre das wohl mit einem mehr oder minder unerfreulichen Anlass verbunden ... Nichtsdestotrotz ist im Notfall jede dieser Nummern Gold wert.
Egal ob Sie Ihren Reisepass oder andere wichtige Dokumente verloren haben, bestohlen wurden oder, aus welchen Gründen auch immer, festsitzen, hier wird Ihnen geholfen:

### Deutsche Botschaft und Konsulate:

**Deutsche Botschaft London:**
Embassy of the Federal Republic of Germany
Dr. Peter Ammon
23 Belgrave Square / Chesham Place, London SW1X 8PZ
Telefon: +44 20 78 24 13 00, Fax +44 20 78 24 14 49
E-Mail: info@london.diplo.de, Internet: www.uk.diplo.de
Termine nach Vereinbarung

**Deutsches Honorarkonsulat Dover:**
Zuständig für die Regionen Essex, Kent, East und West Sussex
John Ryeland
c/o Dover South Services
Limekiln Street, Dover, CT17 9EF
Telefon: +44 79 70 56 40 91
E-Mail: dover@hk-diplo.de
Termine nach Vereinbarung

**Deutsches Honorarkonsulat Southampton:**
Zuständig für die Regionen Dorset, Hampshire, Isle of Wight und Wiltshire
Richard Cutler
Totton & Eling Tennis Centre
Aikman Lane, Totton, SO40 8FT
Telefon: +44 23 80 66 75 32
E-Mail: southampton@hk-diplo.de
Termine nach Vereinbarung

**Deutsches Honorarkonsulat Plymouth:**
Zuständig für Devon und Cornwall
Angela Spatz
The Business Centre
2 Cattledown Road, Plymouth, PL4 0EG
Telefon: +44 75 82 22 89 76
E-Mail: plymouth@hk-diplo.de
Termine nach Vereinbarung

**Deutsches Honorarkonsulat Bristol:**
Zuständig für Avon, Gloucestershire und Somerset
Timothy Mark Illston
Burges Salmon LLP
One Glass Wharf, Bristol, BS2 0ZX
Telefon: +44 117 939 22 84
E-Mail: bristol@hk-diplo.de
Termine nach Vereinbarung

### Österreichische Botschaft:

**Österreichische Botschaft London:**
Zuständig für Gesamtengland und Wales
Embassy of Austria
Dr. Martin Eichtinger
18 Belgrave Mews West, London SW1X 8HU
Telefon: +44 20 73 44 32 50, Fax: +44 20 73 44 02 92
E-Mail: london-ob@bmeia.gv.at, Internet: www.aussenministerium.at/london
Parteienverkehr: Mo–Fr 9.00–12.00 Uhr
Notfallrufnummer: Mo–Fr 17.00–9.00 Uhr und WE/FT: +44 790 615 99 31

### Schweizer Botschaft und Konsulat:

**Schweizerische Botschaft London:**
Zuständig für Gesamtengland und Wales
Embassy of Switzerland
16–18 Montagu Place, London W1H 2BQ
Telefon: +44 20 76 16 60 00, Fax: +44 20 77 24 70 01
E-Mail: lon.vertretung@eda.admin.ch, Internet: www.eda.admin.ch/london
Parteienverkehr: Mo–Fr 9.00–12.00 Uhr

Weitere wichtige Notrufnummern in England sind:
**Polizei/Rettungsdienst/Feuerwehr: 999 und 112**

## Kartenmaterial, Navigation und Literatur

Um sich auch auf den vielen kleinen Nebenstraßen gut zurechtzufinden, empfiehlt sich eine gute Karte des Landes mit entsprechendem Maßstab. Wir haben uns viele angeschaut, konkurrenzlos ist für uns der Straßenatlas.

**• AA Big Road Atlas Britain im A3-Format**

Alle Übernachtungs- und Parkplätze, vor allem in Innenstädten bzw. wenn sie nicht offensichtlich durch die Tourenbeschreibungen zu finden sind, haben wir Ihnen mit exakten GPS-Daten angegeben, dazu auch eine ganze Reihe an Campingplätzen. Jedes moderne, einigermaßen brauchbare Navigationsgerät bietet dafür die Möglichkeit, eigene Koordinaten einzugeben.
Wählen Sie unter „Optionen“ die von uns gewählte Darstellungsvariante mit Grad, Minuten und Sekunden aus und geben Sie die jeweiligen Koordinaten händisch ein oder kaufen Sie sich die im Womo-Verlag erhältliche Zusatz-CD mit allen GPS-Daten und folgen Sie der Installationsanleitung. Natürlich sollte Ihr Navigationsgerät über entsprechendes Kartenmaterial von Großbritannien verfügen, damit das alles klappt. Leider ist das nicht immer Standard. Für die bekanntesten Systeme wie z.B. Garmin, Navigon etc. sind solche Karten jedoch erhältlich, wenn nicht sogar schon vorinstalliert. In jedem Fall sollten Sie Ihre Karten vor Reiseantritt upgraden, um auf dem neuesten Stand zu sein.

Zusätzlich zu den Koordinaten haben wir, sofern ersichtlich oder benennbar, auch Straßennamen und Hausnummern oder englische Postleitzahlen angegeben. Diese sind Wohnhaus/-block-bezogen und nicht wie bei uns für ganze Stadtteile/Ortschaften gültig.
Sie können ebenfalls in fast jedes Navi eingegeben werden und führen Sie meist auch recht zuverlässig zum Ziel.

Wir haben uns bemüht, Ihnen auch viele Informationen zu den Sehenswürdigkeiten entlang der Routen näherzubringen. Trotzdem bleibt dieser Reiseführer vornehmlich auf Wissenswertes rund ums Wohnmobil ausgelegt. Für noch tiefer gehende Informationen empfehlen wir Ihnen, je nach Interessenlage, Reiseführer aus dem Lonely-Planet-, dem Michael-Müller- oder Reise-Know-How-Verlag. Auch Wanderführer (z.B. von Rother) sind gegebenenfalls eine sinnvolle Ergänzung.

## Maße und Gewichte

Schon seit Längerem gilt, offiziell, das metrische System. Doch bis auf die Zapfsäulen an den Tankstellen hat es sich bislang im realen Leben kaum durchgesetzt. Noch immer wird im Pub ein

Pint bestellt, Höhenangaben (Vorsicht, auch bei Unterführungen!) werden in Fuß berechnet und Entfernungen in Meilen. Hier eine kurze Umrechnungshilfe:

**Längenmaße:**
1 Inch (in) = 2,54 cm 1 Foot (ft) = 30,5 cm
1 Yard (yd) = 0,91 cm 1 Mile (m) = 1,61 km

**Gewicht:**
1 Ounce (oz) = 28,35 g 1 Pound (lb) = 0,45 kg

**Andere Maße:**
1 Acre (ac) = 4047 km$^2$ 1 Pint (pt) = 0,57 l

## Mobilfunk, Internet, Telefonie

Mit Ihrem heimischen Handy samt Providerkarte oder einem Surfstick kommen Sie auch in England weiter. Informieren Sie sich aber vorher über die aktuellen Tarife. Zwar gehören horrende Roaming-Gebühren der Vergangenheit an, dennoch gibt es Preisschwankungen und Sie fahren mit einem speziellen Urlaubstarif womöglich besser, ganz nach Nutzungsdauer bzw. benötigtem Datenvolumen. Öffentliche Fernsprecher findet man, wie daheim, nur mehr vereinzelt. Die typisch britische rote Telefonzelle wird auch dort, wo sie nicht ersatzlos gestrichen wird, nach und nach durch moderne, farblich neutraler gehaltene Apparate ersetzt. Sie sind für den Gebrauch von Telefonkarten und/oder Münzbetrieb (20 p–1 £) gemacht. Einige Campingplätze und Pubs bieten WLAN; auch in den Filialen von McDonald's, Starbucks etc. und einigen Supermärkten haben Sie Zugang zu freiem Internet.

## Nationalparks

Immerhin vier Nationalparks befinden sich in Südengland. Dazu zählen:

• **South-Downs-Nationalpark** (1627 Quadratkilometer, seit 2011)
Der drittgrößte Nationalpark Englands ist erst vor wenigen Jahren entstanden. Er umfasst sanftes Hügelland, betriebsame Marktgemeinden und viele stille Winkel mit weiten Landschaften und Naturräumen. Beginnend am Birling Gap nach Eastbourne, zieht er sich über das Inland nördlich von Brighton und die Region nördlich von Arundel bis nach Winchester. Große Teile von Tour 1 und 2 verlaufen durch den Nationalpark. Mehr unter www.southdowns.gov.uk.

• **New-Forest-Nationalpark** (571 Quadratkilometer, seit 2005)
Das einstige Waldgebiet in Hampshire wurde nach seiner Teilrodung schon früh landwirtschaftlich genutzt. Die kargen Böden führten aber dazu, dass sich die Fläche mit der Zeit in eine weite Heidelandschaft verwandelte. Seit dem 11. Jahrhundert größtenteils in königlichem Besitztum, diente sie eine Zeit lang zur Hirschjagd, später als Holzlieferant während der Weltkriege. Heute ist das dünn besiedelte Land eine beliebte Freizeitfläche mit herrlichen Camping- und Picknickplätzen unter alten Baumriesen und ein Refugium für die mehreren Tausend in halbwilden Herden lebenden New-Forest-Ponys, Hirsche und Muntjaks sowie einige Natternarten. Sie fahren auf Tour 2 durch dieses Gebiet. Mehr unter www.thenewforest.co.uk.

• **Dartmoor-Nationalpark** (953 Quadratkilometer, seit 1951)
Das Dartmoor ist eine vornehmlich mit Moor und Heide bewachsene Landschaft, die sich über ein hügeliges Granitmassiv erstreckt. Außergewöhnlich viele prähistorische Funde belegen die einst rege Besiedelung, heute sind dagegen weite Teile nur zu Fuß zugänglich. Als letzte echte Wildnis Englands beschrieben, kann man wirklich stundenlang umherwandern, ohne einer Menschenseele zu begegnen. Dafür lebt eine ganze Reihe Dartmoor-Ponys auf den weiten, kargen Flächen. Eine beliebte Zusatzbeschäftigung auf Wanderungen ist das Letterboxing. Ähnlich dem Geocaching werden dabei Behältnisse mit Stempeln, Briefen und Hinweisen geborgen, die Koordinaten werden nur in einem in der Gegend erhältlichen Buch veröffentlicht. Sie gelangen auf Tour 3 in den Nationalpark. Mehr unter www.dartmoor.gov.uk.

• **Exmoor-Nationalpark** (692 Quadratkilometer, seit 1954)
Auch dieser Nationalpark an der Nordwestküste Südenglands besteht in weiten Teilen aus hügeliger Heidelandschaft. Dazu kommen mehrere Waldgebiete und die Küstenlinie. Er ist nicht ganz so dünn besiedelt wie das Dartmoor, doch die kleinen Dörfer innerhalb seiner Grenzen bringen es insgesamt auch nur auf rund 10.500 Menschen. Natürlich können Sie auch hier wandern, die älteste Ponyrasse Englands beobachten oder die meist ökotouristisch ausgelegte Infrastruktur der Ortschaften genießen. Sie durchfahren diesen Park auf Tour 5. Mehr unter www.exmoor-nationalpark.gov.uk.

Hinzu kommen noch 17 als „Gebiete von außerordentlicher Naturschönheit" gekennzeichnete Gegenden und unzählige lokale sowie regionale Naturschutzgebiete, die wir auch immer wieder mal auf den einzelnen Touren angesteuert und erwähnt haben.

## Öffnungszeiten

Öffnungszeiten lassen sich nicht grundsätzlich verallgemeinern, in etwa kann Ihnen diese Übersicht aber als Leitfaden dienen. Es handelt sich um die gängigen Maximalöffnungszeiten; vor allem in ländlichen Regionen müssen Sie mit Einschränkungen rechnen:
Banken und Postämter: oft Mo–Fr 9.00–17.00 Uhr, in kleinen Orten auch kürzer, Sa 9.00–12.30 Uhr.
Ärzte: oft Mo–Fr 8.30–18.00 Uhr, davon sind jedoch gewisse Zeiten fest für bereits bestehende Termine vorgesehen.
Geschäfte: in Haupteinkaufsstraßen oftmals Mo–Sa 10.00–18.30 Uhr, teils auch So zwischen 11.00 und 17.00 Uhr.
Supermärkte: Mo–Sa 9.00–22.00 Uhr, meist auch So geöffnet.
Gastronomie: Restaurants meist 18.00–24.00 Uhr, Pubs 11.00–23.00 Uhr, teils auch länger.
Museen: meist an 5–6 Tagen zwischen Mo und Sa 10.00–17.30 Uhr, sonntags ab 12.00 Uhr oder geschlossen.
Touristeninformationen: Mo–Fr 9.00–18.00 Uhr, Sa/So oft 10.00–17.00 Uhr.

## Pannenhilfe/Unfall

Wenn Sie eine Panne haben und Hilfe benötigen, erhalten Sie diese über die britischen Partnervereine Ihres heimischen Automobilklubs. Hier die Notrufnummern der größten Klubs:

**Deutschland**
ADAC: +49 89 22 22 22 (Schaden) bzw. +49 89 76 76 76 (Erkrankung)
ACE: +49 711 53 03 43 536
AvD: +49 69 66 06 600

**Österreich**
ÖAMTC: +43 1 25 12 000
ARBÖ: +43 1 89 12 12 85

**Schweiz**
TCS: +41 58 82 72 220
ACS: +41 44 62 88 899

Falls Sie einen Unfall haben, empfiehlt sich ein Europäischer Unfallbericht, den Sie gemeinsam mit dem Unfallgegner vor Ort ausfüllen. Solche Vorlagen können Sie z.B. im Internet kostenfrei downloaden und ausdrucken.
Auf alle Fälle müssen Sie auch die Polizei verständigen (unter 999 oder 112, siehe auch Adressen der Konsulate), schon um etwaigen Problemen durch einen sichtbaren Schaden bei der Ausreise vorzubeugen.

## Reisezeit und Wetter

Das englische Wetter ist stark durch den Atlantischen Ozean und den Golfstrom geprägt. Es ist etwas wärmer als in Schottland und im Winter im Süden und Westen milder als im Osten des Landes. Es herrscht allgemein ein gemäßigtes, feuchtes und windiges Seeklima ohne extreme Temperaturschwankungen vor. Ausnahmen bestätigen allerdings die Regel: So wurden 2003 schon 38,5 Grad in Faversham, Kent und 1982 –26,1 Grad in Newport, Shropshire gemessen. Tatsächlich können Sie sich in den Sommermonaten von Juni bis August auf Tageshöchsttemperaturen zwischen 18 und 28 Grad einstellen, nachts fallen die Temperaturen auf 12–17 Grad. Dann ist auch der ein oder andere warme Badetag am Meer drin. In dieser Zeit ist es aber auch am vollsten. Viele, meist britische Touristen verbringen ihre Ferien dann im eigenen Land. Lassen Sie sich aber nicht täuschen – das ist immer noch moderat im Vergleich zu den Urlaubsströmen im Hochsommer zwischen Spanien, Italien und Kroatien. Wenn Sie es mehr auf einen Natur- und Wanderurlaub anlegen, sind auch die Monate April/Mai und September/Oktober interessant. Die Temperaturen liegen dann tags bei 12–21 Grad, nachts zwischen 6 und 14 Grad. Die Winter sind mit 2–12 Grad zwar mild, aber auch regnerisch und windig und somit weniger ideal. Mit Regen müssen Sie im Übrigen das ganze Jahr über rechnen. 13–15 „schauerliche" Tage sind auch im Hochsommer durchaus möglich. Allerdings sind diese dann meistens nur von eher kurzer Dauer.

## Sehenswürdigkeiten

England bietet eine riesige Anzahl an oft noch üppig ausgestatteten Herrenhäusern, Schlössern und Burgen, die teils erst seit wenigen Jahren der Öffentlichkeit zugänglich sind und mancherorts wirken, als wären die Hausherren nur mal kurz weggefahren. Meist werden sie durch eine recht große Anzahl an Volunteers (Ehrenamtlichen/Freiwilligen) betreut, die sich immer freuen, Ihnen Details zu Bauwerk und Historie preisgeben zu dürfen – natürlich auch auf Englisch. Eine zweite große Gruppe an Sehenswürdigkeiten stellen die berühmten, makellos gepflegten britischen Gärten dar. Teils gehören sie zu Schloss- und Burganlagen, teils stellen sie ein eigenes Ausflugsziel dar. Auch hiervon sollten Sie sich einige dieser wirklich schönen Anlagen nicht entgehen lassen.

Neben der für sich schon sehenswerten Natur, vor allem in den küstennahen Gegenden und schönen Stränden, finden Sie außerdem Höhlen und Minen, Zoos und Farmen, Museen und Naturparkhäuser sowie einige sehr interessante Städte vor.

Für die meisten Sehenswürdigkeiten werden Eintritte verlangt, die sehr verschieden ausfallen können. So erhalten Sie mancherorts schon für 2–3 £ Zutritt, anderswo erst für happige 25 £ pro Person. Eintritt frei gilt dagegen für staatliche Museen, von denen es in England, allen voran London, eine ganze Menge gibt.
An den beiden mit dem Erhalt und der Pflege von Kultur- und Naturgütern betrauten Organisationen „National Trust" und „English Heritage" kommt man in England kaum vorbei. Vor allem wenn Sie vorhaben, einige der Schlösser und Herrenhäuser zu besuchen, lohnt eine Mitgliedschaft in einer der beiden mit der Pflege und Verwaltung betrauten Organisationen. Sie verschafft Ihnen dann freien Eintritt zu den vielen betreuten Objekten. In den Beschreibungstexten ist angegeben, wenn eine Sehenswürdigkeit o.Ä. zu einer der beiden Einrichtungen gehört und damit für Mitglieder kostenfrei ist (NT oder EH). Bei den meisten Sehenswürdigkeiten haben wir Ihnen die Internetadressen angegeben. Wenn sie zu einer der beiden unten genannten Organisationen gehören, finden Sie weiterführende Informationen auf diesen beiden Websites.
An Kassen von Sehenswürdigkeiten sind meist zwei Beträge angegeben. Der höhere ist inklusive zusätzlicher Gift Aid (Spende), die britische Bürger über die Steuer zurückbekommen. Für Sie als Tourist ist das unnötig – weisen Sie an Kassen ruhig darauf hin, falls man Ihnen den höheren Betrag gewohnheitsmäßig berechnet.

**NATIONAL TRUST:**
Der National Trust betreut in ganz Großbritannien Herrenhäuser, Schlösser, Burgen und Gärten, aber auch Strände, Naturreservate und andere Kulturgüter. Auch eine stattliche Anzahl an Parkplätzen in schönen Lagen (leider fast immer mit Übernachtungsverbot) wird durch den NT gehostet, nicht ganz uninteressant, wenn man z.B. an der Küste unterwegs ist und nicht jedes Mal Extrageld berappen möchte. Eine Mitgliedschaft schließen Sie entweder über das Internet oder, fast noch besser, vor Ort bei bekannteren Sehenswürdigkeiten ab (es ist leider nicht überall möglich). Denn dann gibt es zeitweise spezielle Angebote, die nochmals ein paar Pfund sparen. Eine Übersicht und weitere Informationen erhalten Sie unter **www.nationaltrust.org.uk**.
Für eine Jahresmitgliedschaft werden pro Person/Jahr rund 63 £ fällig, Paare zahlen rund 105 £, Familien (2 Erwachsene, bis zu 5 Kinder) 111 £ für ein Jahr.
Für Touristen, die nur ein paar Tage in England sind, gibt es außerdem als günstigere Alternative die Möglichkeit, einen Touringpass zu erwerben. Dieser gilt dann nur für 7 Tage (Erw. 26 £, Paare 47 £, Familien 53 £) oder 14 Tage (Erw. 31 £, Paare 57 £, Familien 66 £) – online erhältlich unter www.nationaltrust.org.uk/features/touring-pass oder über Dertour-Reisebüros.
Selbstverständlich können Sie aber auch ganz normal einzeln zahlen, die Preise haben wir Ihnen angegeben.

**ENGLISH HERITAGE:**
Der English Heritage ist eine rein englische Organisation, die vor allem alte, für das Land wichtige Kulturgüter betreut. Darunter fällt eine große Anzahl Festungen, Burgruinen, aber auch uralte Steinkreis- und Steingrabanlagen wie Stonehenge. Auch einige interessante Herrenhäuser gehören allerdings zum EH.
Auch in diesem Fall kann eine Mitgliedschaft online unter **www.english-heritage.org.uk** oder an einer der größeren Sehenswürdigkeiten vor Ort (teils wiederum mit Nachlässen) abgeschlossen werden. Die reguläre Jahresmitgliedschaft beläuft sich für Erwachsene auf 52 £/Jahr bzw. rund 92 £ für Paare und Familien. Für Senioren und Studenten gibt es spezielle Rabatte.
Auch hier gibt es Kurzzeitpässe (Oversea Visitor Passes), die für die meisten Sehenswürdigkeiten gültig sind. Sie können online erworben werden. Mit dem Quittungsausdruck, Ihrem Ausweis und der Kreditkarte, über die der Kauf getätigt wurde, erhalten Sie dann an der ersten EH-Attraktion Ihren Pass.
Sie gewähren Eintritt an 9 oder 16 aufeinanderfolgenden Tagen (Erw. 30/36 £, Paare 52/62 £, Familien 57/66 £).
Selbstverständlich können Sie aber auch ganz normal einzeln zahlen, die Preise haben wir Ihnen angegeben.

## Straßenverkehr

England ist grundsätzlich ein tolles Land, um es mit dem Wohnmobil zu erkunden. Ganz klar muss man aber sagen, dass Sie mit einem eher kleinen Fahrzeug besser beraten sind. Schöne Plätze liegen oft an sehr schmalen und von tief hängenden Bäumen gesäumten Nebenstraßen, die sich mit einem 6 m langen Kastenwagen noch recht gut vertragen, die Durchfahrt mit einem 5 t schweren, 8 m langen und 3,40 m hohen Luxusliner aber schnell zur Tortur für Mensch und Maschine werden lassen. Wir selbst haben alle beschriebenen Wege mit einem ca. 6,30 m langen und 3,20 m hohen Alkovenmobil bezwungen. Dort, wo es für uns (zu) eng und schmal wurde, haben wir im Text darauf hingewiesen.

Was englische Verkehrsregeln angeht, die wichtigste gleich zuerst: In ganz Großbritannien herrscht bekanntermaßen Linksverkehr. Für viele klingt das erst einmal erschreckend und nach großer Herausforderung. Wenn man nach den ersten paar Kilometern aber den Dreh raushat, ist es halb so wild. Wer auf Nummer sicher gehen möchte, klebt sich z.B. einen roten Pfeil an die Scheibe, der nach links zeigt, o.Ä. Auch ein aufmerksamer Beifahrer ist im Zweifelsfall Gold wert. Den benötigen Sie im Übrigen öfters mal. Die Straßeneinmündungen sind verständlicherweise auf Fahrzeuge ausgerichtet, die das Steuer auf der rechten Seite haben. Wenn Sie nun auf eine schräg von rechts hinten einmündende Straße zufahren, sehen Sie aus Ihrem Wohnmobil heraus ... erst einmal gar nichts. Da hilft es nur, den Mitfahrer zum Schauen und Einweisen zu verpflichten. Notfalls kann evtl. auch eine um 90 Grad gedreht angebrachte Weitwinkellinse an der Beifahrerscheibe – zumindest leidlich – für Abhilfe sorgen.
Besonders kritisch ist, wenn überhaupt, das Rechtsabbiegen. Widerstehen Sie dem Drang, auf die erste Fahrbahn ganz rechts einzuscheren, sondern holen Sie weit aus und bleiben Sie immer links!

Noch ein Thema sind die mitteleuropäischen, für Rechtsverkehr eingestellten Halogen-Scheinwerfer. Streng genommen müssen diese mit einer Schablone abgeklebt werden, wenn Sie auf die Insel fahren. Der Gegenverkehr könnte sonst geblendet werden. Auch wenn es diese Vorschrift tatsächlich gibt, halten sich längst nicht alle daran. Nur in einem Fall haben wir davon gehört, dass bei einer Kontrolle auch wirklich eine Strafe verhängt wurde. Entscheiden Sie selbst, ob Sie auf Nummer sicher gehen oder nicht, die Klebeschablonen gibt es im Internet oder den Bordshops der Fähren.

Auf was Sie noch achten sollten:
• Geschwindigkeiten werden in Meilen angegeben (= km x 1,61).
• Überholt wird immer rechts.
• Kreisverkehre sind sehr beliebt und drehen natürlich auch linksherum, also im Uhrzeigersinn. Bleiben Sie bei mehreren Spuren ganz links, wenn Sie die erste Ausfahrt nehmen wollen, auf der zweiten Spur für die mittlere Ausfahrt und auf der rechten Spur für eine späte Ausfahrt. Oft ist das am Boden auch markiert.
• Es gibt keine zwingende Links-vor-rechts-Regelung analog zu unserer. Die Vorfahrt wird normalerweise durch „Give Way (Vorfahrt achten)“-Schilder oder entsprechende Markierungen auf der Straße geregelt. Wenn Sie unsicher sind, bleiben Sie defensiv und arbeiten Sie mit Handzeichen.
• Defensiv ist allgemein ein wichtiges Stichwort: Die Nebenstraßen sind, wie schon erwähnt, häufig recht schmal oder gleich nur Single Track Roads (einspurige Straßen) mit Ausweichstellen, die von Zeit zu Zeit das Passieren von Gegenverkehr ermöglichen. Die Briten sind fast immer äußerst höflich und lassen Sie durch bzw. achten defensiv auf andere Verkehrsteilnehmer. Nehmen Sie sich das zu Herzen und verhalten Sie sich auch entsprechend.

**Hier noch einige wichtige Verkehrsregeln und -gegebenheiten**:
• Erlaubte Geschwindigkeit in Orten: 30 mph (ca. 48 km/h) oder entsprechend der Beschilderung.
• Erlaubte Geschwindigkeit außerhalb von Ortschaften: 40 mph (ca. 64 k/h) bis 70 mph (ca. 113 km/h).
• Erlaubte Geschwindigkeit auf Autobahnen: Womos bis 3,5 t meist 70 mph (ca. 113 km/h), über 3,5 t meist 60 mph (ca. 97 km/h).
• Es gilt eine 0,8-Promille-Grenze.
• Alle Fahrzeuginsassen müssen angeschnallt sein; Warnweste, Warndreieck und Verbandskasten gehören zum Pflichtinventar.
• Kinder unter 12 Jahren oder unter 135 cm Körpergröße müssen in Kindersitzen befördert werden.
• Parken ist in gelb gestrichelten Kurzparkzonen meist zwischen 30 Min. und 120 Min. kostenfrei oder mit Automat erlaubt. Eine durchgezogene gelbe Linie weist auf ein Parkverbot hin, eine durchgezogene Doppellinie auf ein Halteverbot. Auf Parkplätzen gilt fast immer Pay and Display (Zahlen und Parkzettel hinter die Windschutzscheibe legen). Achten Sie auch darauf, ob Sie, z.B. durch den Überhang Ihres Fahrzeugs, einen zweiten Parkplatz blockieren. In dem Fall müssen vielerorts zwei Parktickets gekauft werden.
• Beim Parken oder Übernachten an der Küste sollten Sie die Gezeitenstände (engl.: „tides“) des Meeres im Hinterkopf haben. Einige Parkplätze können bei besonders hoher Flut teils oder auch ganz überschwemmt werden. Eine Überraschung, die Sie sicher nicht brauchen. Gezeitenkalender erhalten Sie in küstennahen Touristeninformationsstellen, sie hängen an manchen Stränden aus oder sind online einsehbar, z.B. auf www.tidetimes.org.uk.

**Achtung:** Für die Anreise müssen Sie beachten, dass in Frankreich das Mitführen eines Alkoholtestgerätes im Auto vorgeschrieben ist. In den meisten Fällen legen Sie nur einen kurzen Weg im Land zurück. Entscheiden Sie selbst, ob Sie gesetzeskonform handeln wollen.

## Tanken

Das Netz an Tankstellen ist dicht und Sie werden kaum Probleme haben, Sprit zu bekommen. Das Mitführen von gefüllten Reservekanistern während der Fährüberfahrt ist verboten. Die Preise für Sprit sind leider relativ hoch. Sie müssen mit 30 % Aufschlag im Vergleich zu den heimischen Spritkosten rechnen (Stand: 12/2016).

## Trinkgeld

Trinkgelder (englisch: „tips") sind in den Rechnungen von Restaurants in der Regel enthalten. Ein ca. 10%iger Aufschlag ist dennoch üblich. Im Pub dagegen wird kein Trinkgeld gegeben und erwartet. Nur ganz vereinzelt findet man eine Tipbox an der Theke, in die man ein paar Pence des Change (Wechselgeldes) werfen kann.
Ansonsten kommen Sie vielleicht mit Taxifahrern (Kurzstrecke rund 10 %, sonst auch weniger) oder Fremdenführern (je nach Tourdauer und Zufriedenheit meist 1–5 £) in Kontakt, die, bei Zufriedenheit, ebenfalls Trinkgeld erhalten.

## Übernachten

Zur Übernachtung im Wohnmobil bieten sich in England verschiedene Möglichkeiten an. Grundsätzlich muss ehrlicherweise vorab gesagt werden, dass Großbritannien, vor allem wenn Sie frei übernachten möchten, nicht zu den ersten Adressen zählt. Es gibt praktisch keine offiziellen Stellplätze, viele schöne, teils auch abgelegene Park- und Übernachtungsmöglichkeiten sind mit Verbotsschildern oder Einfahrtsbeschränkungen versehen. Campingplätze dagegen gibt es zuhauf und auch einige Plätze, auf denen frei gestanden werden kann, haben wir für Sie entdeckt. Helfen Sie mit, damit das so bleibt: Hinterlassen Sie keinen Dreck und Müll, verhalten Sie sich umsichtig und höflich und fahren Sie weiter, wenn die angegebene Höchstzahl an Wohnmobilen schon erreicht ist. Die Versorgungslücke zwischen dem Freicampen und Campingplätzen schließen in England Pubs, die einkehrende Gäste mit Wohnmobil oft auf ihren Parkplätzen übernachten lassen.

**Campingplätze:**
Die gängigste Möglichkeit ist die Nutzung von Campingplätzen. Von denen gibt es eine schier unüberblickbare Zahl. Darunter alles vom Luxusplatz mit allem erdenklichen Komfort bis hin zu Einfachplätzen auf einer Kuhweide mit nicht mehr als einem improvisierten Wasseranschluss. Genauso breit gefächert ist das Preisangebot. Von 8 bis 80 £ für eine Nacht ist alles möglich. Interessanterweise sind die einfachen Plätze nicht immer die günstigsten und umgekehrt. Einige Plätze nehmen auch keine Wohnmobile auf, sondern haben sich ganz dem Zelten oder der Vermietung von Mobilheimen gewidmet (diese heißen dann meist „Holiday Park", manchmal deuten aber auch „Camping"-Schilder in diese Richtung). Unter „Glamping" versteht man luxuriöses Campen in einem gestellten, komfortabel ausgestatteten Zelt oder einer anderen Behausung. Auch an solchen Plätzen sind Womos in der Regel nicht willkommen.
Wenn Sie aber nach einem Platz suchen, werden Sie kaum allzu weit fahren müssen, um einen zu finden. Solche, die uns preislich interessant erschienen und die an der Route liegen, haben wir für Sie erwähnt und teils auch getestet. Auch besonders gut ausgestattete, etwas teurere Plätze haben wir immer wieder angegeben. Die Preisangaben beziehen sich immer auf den Richtpreis (2 Erw. + Fahrzeug + Strom, wenn vorhanden), bei mehr als einem Preis handelt es sich um den saisonal/ortsbedingt schwankenden Höchstpreis inkl. Strom und Niedrigstpreis ohne Strom.
Eine etwas merkwürdige Regel vieler schöner Plätze, gerade an Farmen, die wohl auf feierwütig über die Stränge schlagende britische Kegelgruppen und Junggesellen/-gesellinnen-Ausflügler zurückzuführen ist, besagt, dass nur Paare und Familien als Gäste akzeptiert werden. So kann es zwei oder mehr einzelnen Männern oder Frauen schon mal passieren, dass sie an einem Campingplatz abgewiesen werden. Als ausländischer Tourist haben Sie da allerdings Vorteile, mit ein bisschen Glück drücken Platzbesitzer mit solchen Regelungen dann doch mal ein Auge zu.
Erwähnenswert sind noch die englischen Campingklubs. Eine Mitgliedschaft macht unserer Erfahrung nach oftmals Sinn.

**THE CARAVAN CLUB (CC)** (www.caravanclub.co.uk)
Auf unserer Recherchereise haben wir sehr gute Erfahrungen mit diesem Campingklub gemacht. Er betreibt über 200 eigene Plätze, die durchweg vorbildlich sauber und fast überall sehr gut ausgestattet sind.
Auf diesen Club Sites zahlen Mitglieder 12 £ weniger als Nichtmitglieder. Wo die Touren diese Plätze streifen, haben wir sie angegeben.
Eine ganze Reihe dieser Plätze steht aber exklusiv nur für Caravan-Club-Mitgliedern zur Verfügung. Dazu kommen landesweit mehr als 2500 Certified Locations. Diese Mini-Campgrounds, oftmals in toller Lage am Meer oder abseits viel Rummels auf Farmland, mit jeweils nur 5 Plätzen sind ebenfalls exklusiv für Mitglieder zugelassen, bieten an Mindestausstattung immer Ver-/Entsorgung und Mülltonnen, oft aber auch Toiletten, manchmal Duschen, Waschmaschinen oder WLAN an. Die Preise liegen pro Nacht meist bei 10–12 £. Aus unserer Sicht eine ideale Möglichkeit, kostengünstig schöne Übernachtungsplätze anzusteuern und auch die sonst etwas mühsame Ver-/Entsorgung zu regeln.
Eine genaue Übersicht dieser für Mitglieder exklusiven Plätze mit Adressen und Kontaktdaten zur Reservierung (in der Hochsaison vor allem bei manchen küstennahen CLs sinnvoll) erhalten Sie über den Klub. **Wir haben Ihnen den aktuellen Bestand der Members-only-Plätze in Routennähe zur Übersicht in den Tourenkarten vermerkt. Größere rote Symbole stehen für exklusive Campingplätze, kleine für die „Certified Locations"**. Eine Mitgliedschaft kostet für ein Jahr ca. 48 £ und kann über die Website oder an einem Campingplatz abgeschlossen werden, eine Investition, die sich schnell bezahlt machen kann. Mehr Informationen online.

**Camping and Caravanning Club (CCC)** (www.campingandcaravanningclub.co.uk)
Das Angebot dieses zweiten Klubs, auf den wir uns in den Karten nicht beziehen, ist ähnlich dem erstgenannten, die Auswahl ist nur kleiner. Er betreibt rund 110 eigene Plätze und hat rund 1600 Certified Locations im Programm. Es gibt zwar eine Zeitmitgliedschaft für ausländische Besucher, diese ist aber nicht auf „Members only"-Campsites gültig und damit eher uninteressant. Die reguläre Jahresmitgliedschaft kostet rund 43 £.

**Pubs**:
Neben den offiziellen Campingplätzen gibt es an vielen Orten die Möglichkeit, an Pubs, meist in ländlicher Region, zu übernachten – zumindest, wenn ein größerer Parkplatz vorhanden ist. Einige, von denen wir sicher wissen, dass sie das Übernachten gestatten, haben wir in die Tourenübersicht aufgenommen. Immer gilt: Erst fragen und darauf hinweisen, dass man einkehren möchte, sei es auf eine Mahlzeit oder ein paar Drinks. Auch anderswo haben Sie gute Chancen, nur in wenigen Fällen wird Ihnen Ihre Bitte abgeschlagen werden. Meist nur dann, wenn ein Nachbar Campingplatzbetreiber ist oder es in der Vergangenheit schlechte Erfahrungen mit Womos gab.
Eine eigene Organisation, die solche Plätze, aber auch welche an Bauernhöfen oder Bootshäfen sammelt, verwaltet und ihren Mitgliedern anbietet, ist BritStops. Für rund 28 £ werden Sie Mitglied und erhalten das Büchlein mit den notwendigen Informationen zu Plätzen und Bedingungen. Mehr unter www.britstops.com.

**Freie Stellplätze:**
Ist das freie Übernachten in England nun gestattet oder nicht? Darüber gibt es unterschiedliche Ansichten; selbst im Land selbst erhält man widersprüchliche Meinungen dazu. Viele einheimische Camper halten es mit dem „Wo kein Kläger, da kein Richter"-Grundsatz und stehen sogar an Plätzen mit „No Camping"-Beschilderung. Diese gelten, so deren Meinung, sowieso nur für große Scharen an Travellern (meist irischstämmige „Gypsys"), die damit vertrieben werden sollen, und mit dem Wohnmobil wird ja nicht gecampt, sondern nur geparkt, und wenn das verboten wäre, würde ja „No Overnight Parking/Sleeping" dranstehen.
Wie Sie das handhaben wollen, sei Ihnen überlassen. Wir haben keine Plätze mit jedweden Verboten aufgenommen.
Von offizieller Seite konnten wir erfahren, dass, ähnlich wie in Deutschland, das dauerhafte Campen zwar verboten ist, das Wiederherstellen der Fahrtüchtigkeit durch eine Übernachtung im Fahrzeug, egal welcher Art, außerhalb von Verbotszonen aber in der Regel geduldet wird. Eine Ausnahme bilden die Nationalparks Dartmoor, New Forest und Exmoor. In den ersten beiden ist das Übernachten im Fahrzeug grundsätzlich verboten, in zweiterem de facto auch, da das Land fast vollständig in Privatbesitz ist und erst die Genehmigung des Eigentümers benötigt würde.

## Versorgung/Entsorgung

Wo es keine offiziellen Stellplätze gibt, wird es auch mit dem Ver-/Entsorgen schwierig, zumindest wenn Sie sich nicht regelmäßig auf Campingplätzen oder Certified Locations bewegen. Öffentliche Wasserstellen sind rar, am besten können Sie Wasser an Tankstellen erhalten, ein Tub (Wasserhahn) ist fast immer vorhanden. Gegen eine kleine Spende wird man Ihnen das Fassen einiger Liter nicht verwehren, zumindest nicht, nachdem Sie eben getankt haben. Teils sind sogar Wasserzapfsäulen gegen Geldeinwurf vorhanden. Für Abspülen, Toilette und Dusche ist das Wasser immer o.k., Trinkwasserqualität unseres Standards kann aber nicht immer garantiert werden.
Die Womo-Toilette kann in öffentlichen Toiletten geleert werden, die an sehr vielen Parkplätzen vorhanden sind. Damit sich dadurch niemand behelligt fühlt, macht es Sinn, die Kassette in einer großen blauen Tüte eines bekannten schwedischen Einrichtungshauses oder einer ebenso bekannten Großmarktkette zum Lokus zu befördern und diesen am Ende sauber (!) zu hinterlassen. Denken Sie auch daran, keine harte Chemie zu nutzen. Es ist nicht immer gewährleistet, dass Toiletten an die Kanalisation angeschlossen sind. Entweder verzichten Sie ganz darauf oder stellen auf ökologisch verträgliche Zusätze um. Der Fachhandel berät Sie dazu.
Am schwierigsten ist die Entsorgung des Grauwassers. Nur Campingplätze haben entsprechende Abflüsse und auch die sind mancherorts mit dem Fahrzeug kaum erreichbar. Wir behelfen uns mit einem großen Baueimer, den wir ab und an mal unter den Auslass stellen, um das Brauchwasser dann über Toiletten/Ausgüsse etc. abzukippen. Die Entsorgung in Gullys oder auf Ödland ist ökologisch an sich unbedenklich (vor allem dann, wenn Sie mit Spülzusätzen schonend umgehen und keine Chemiehämmer verwenden), aber offiziell natürlich nicht erlaubt.

## Zeit

Auch wenn wir Ihnen da vermutlich nichts Neues sagen, noch sicherheitshalber ein wichtiger Hinweis zum Schluss: In Großbritannien gehen die Uhren anders. Mit Betreten der Fähre herrscht britische Zeit, Ihre Uhren müssen Sie im Vergleich zur bei uns üblichen mitteleuropäischen Zeitzone um eine Stunde zurückdrehen (12.00 Uhr ist dann 11.00 Uhr).

# Stichwortverzeichnis

# Der WOMO®-Knackerschreck

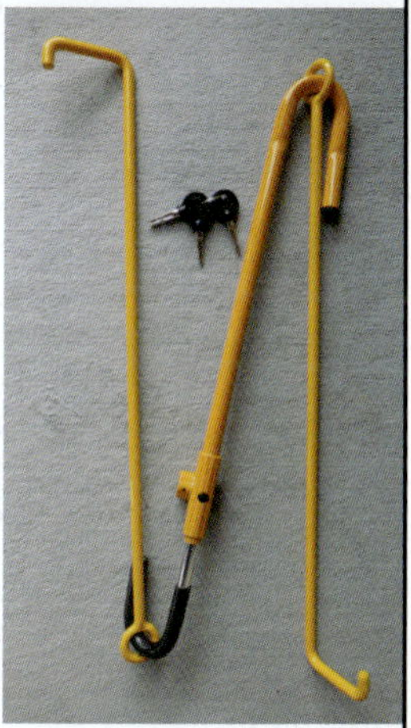

* ist die universelle und **sofort sichtbare Einbruchssperre**.
* Wird einfach in die beiden Türarmlehnen eingehängt, zusammengeschoben und abgeschlossen.
* Passend für Ducato, Peugeot, Renault Master, MB Sprinter und VW (alle Typen).
* Krallen aus 10 mm massivem, einbrennlackiertem Stahl, d. h. nahezu unverwüstlich.

**Nur 54,90 € – und nur bei WOMO!**

# Der WOMO®-Aufkleber

* passt mit 14 cm Breite auch auf Ihr Wohnmobil.
* ist das weit sichtbare Symbol für alle WOMO-Freunde.

**0,00 € – und nur bei WOMO!**

# Der WOMO®-Leserservice

Passend zu unseren Reiseführern bieten wir in unserem Online-Buchshop unter **www.womo.de** an:

* Die besten **Autokarten** von Michelin, Freytag & Berndt, Reise-know-how, die garantiert die komplette Reiseroute abdecken.
* Die Kauderwelsch-**Wörterbücher** für jede Sprache unserer Reiseländer.
* Von jedem Reiseland mindestens einen Rother-**Wanderführer** über die schönsten Wanderregionen.
* Eine **GPS-CD** für jeden Reiseführer mit allen Koordinaten zur schnellen Übertragung auf Ihr Navi (Garmin, TomTom, Falk).

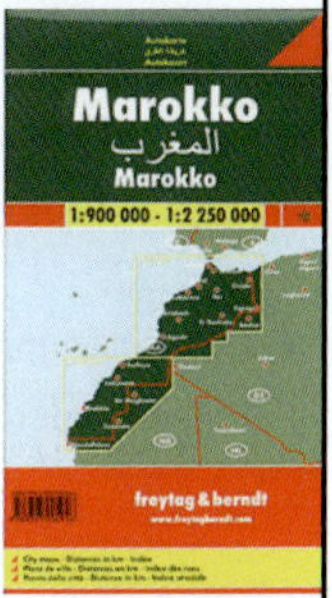

**Info-Blatt aus dem WOMO-Buch: England (S) '17**
(komplett ausgefüllt erhalte ich 10% Info-Honorar auf Bestellungen direkt beim Verlag)

Lokalität: Seite: Datum:
(Stellplatz, Campingplatz, Wandertour, Gaststätte, usw.)
unverändert gesperrt/geschlossen folgende Änderungen:

Lokalität: Seite: Datum:
(Stellplatz, Campingplatz, Wandertour, Gaststätte, usw.)
unverändert gesperrt/geschlossen folgende Änderungen:

Lokalität: Seite: Datum:
(Stellplatz, Campingplatz, Wandertour, Gaststätte, usw.)
unverändert gesperrt/geschlossen folgende Änderungen:

Lokalität: Seite: Datum:
(Stellplatz, Campingplatz, Wandertour, Gaststätte, usw.)
unverändert gesperrt/geschlossen folgende Änderungen:

Lokalität: Seite: Datum:
(Stellplatz, Campingplatz, Wandertour, Gaststätte, usw.)
unverändert gesperrt/geschlossen folgende Änderungen:

Lokalität: Seite: Datum:
(Stellplatz, Campingplatz, Wandertour, Gaststätte, usw.)
unverändert gesperrt/geschlossen folgende Änderungen:

Meine sonstigen Tipps und Verbesserungswünsche:

**Wir bestellen zur sofortigen Lieferung:** (Alle Preise in € [D], Preisänderungen vorbehalten)

- ☐ Wohnmobil Handbuch ................ 19,90 €
- ☐ Wohnmobil Kochbuch ................ 12,90 €
- ☐ Albanien ................ 19,90 €
- ☐ Allgäu ................ 17,90 €
- ☐ Auvergne ................ 19,90 €
- ☐ Baltikum ................ 20,90 €
- ☐ Bayern (Nordost) ................ 19,90 €
- ☐ Bayern (Südost) ................ 19,90 €
- ☐ Belgien & Luxemburg ................ 19,90 €
- ☐ Bretagne ................ 18,90 €
- ☐ Burgund ................ 17,90 €
- ☐ Dänemark ................ 19,90 €
- ☐ Elsass ................ 19,90 €
- ☐ England (Süden) ................ 19,90 €
- ☐ Finnland ................ 19,90 €
- ☐ Franz. Atlantikküste (Nord) ................ 19,90 €
- ☐ Franz. Atlantikküste (Süd) ................ 17,90 €
- ☐ Franz. Jura ................ 19,90 €
- ☐ Griechenland ................ 19,90 €
- ☐ Hessen (Norden + Osten) ................ 19,90 €
- ☐ Hessen (Mitte + Süden) ................ 19,90 €
- ☐ Hunsrück/Mosel/Eifel ................ 19,90 €
- ☐ Irland ................ 19,90 €
- ☐ Korsika ................ 18,90 €
- ☐ Kroatien/Montenegro ................ 19,90 €
- ☐ Latium/Rom/Abruzzen ................ 18,90 €
- ☐ Ligurien ................ 17,90 €
- ☐ Loire-Tal/Paris ................ 17,90 €
- ☐ Languedoc/Roussillon ................ 19,90 €
- ☐ Marokko ................ 19,90 €
- ☐ Mecklenburg-Vorpommern (Ost) ................ 18,90 €
- ☐ Mecklenburg-Vorpommern (West) 18,90 €
- ☐ Namibia ................ 19,90 €
- ☐ Neuseeland ................ 24,90 €
- ☐ Niederlande ................ 19,90 €
- ☐ Nord-Frankreich ................ 18,90 €
- ☐ Normandie ................ 19,90 €
- ☐ Norwegen (Nord) ................ 19,90 €
- ☐ Norwegen (Süd) ................ 19,90 €
- ☐ Österreich (Ost) ................ 19,90 €
- ☐ Österreich (West) ................ 18,90 €
- ☐ Ostfriesland ................ 20,90 €
- ☐ Peloponnes ................ 18,90 €
- ☐ Pfalz ................ 19,90 €
- ☐ Piemont/Aosta-Tal ................ 19,90 €
- ☐ Polen (Nord/Masuren) ................ 19,90 €
- ☐ Polen (Süd/Schlesien) ................ 17,90 €
- ☐ Portugal ................ 19,90 €
- ☐ Provence & Côte d'Azur (Ost) ................ 19,90 €
- ☐ Provence & Côte d'Azur (West). 19,90 €
- ☐ Rumänien ................ 19,90 €
- ☐ Pyrenäen ................ 17,90 €
- ☐ Sachsen ................ 19,90 €
- ☐ Sardinien ................ 19,90 €
- ☐ Schleswig-Holstein ................ 19,90 €
- ☐ Schottland ................ 18,90 €
- ☐ Schwarzwald ................ 17,90 €
- ☐ Schweden (Nord) ................ 18,90 €
- ☐ Schweden (Süd) ................ 19,90 €
- ☐ Schweiz (Ost) ................ 19,90 €
- ☐ Schweiz (West) ................ 19,90 €
- ☐ Sizilien ................ 18,90 €
- ☐ Slowenien ................ 18,90 €
- ☐ Spanien (Nord/Atlantik) ................ 19,90 €
- ☐ Spanien (Ost/Katalonien) ................ 18,90 €
- ☐ Spanien (Süd/Andalusien) ................ 18,90 €
- ☐ Südafrika (Krüger NP) ................ 24,90 €
- ☐ Süditalien (Osthälfte) ................ 19,90 €
- ☐ Süditalien (Westhälfte) ................ 19,90 €
- ☐ Süd-Tirol ................ 18,90 €
- ☐ Thüringen ................ 19,90 €
- ☐ Toskana & Elba ................ 20,90 €
- ☐ Trentino/Gardasee ................ 18,90 €
- ☐ Tschechien ................ 18,90 €
- ☐ Tunesien ................ 17,90 €
- ☐ Türkei (West) ................ 18,90 €
- ☐ Türkei (Mitte-Kappadokien) ................ 17,90 €
- ☐ Umbrien & Marken mit Adria ................ 18,90 €
- ☐ Ungarn ................ 17,90 €
- ☐ Venetien/Friaul ................ 19,90 €
- ☐ Wales ................ 18,90 €

* WOMO * * WOMO * * WOMO * * WOMO *

Absender:

______________________

______________________

______________________

Datum ______ Unterschrift ______

WOMO®-VERLAG
**Versandabteilung**

**Wiesenweg 4-6**

**98634 Mittelsdorf/Rhön**

DIE REISE- UND ERLEBNISFÜHRER

* Bequeme Touren durchs ganze Urlaubsland.
* Viele Plätzchen für freie Übernachtungen mit GPS.
* Genaue Hinweise auf viele Trinkwasserstellen.
* Die schönsten Badeplätze, die nicht jeder kennt.
* Bergtouren und Spaziergänge für groß und klein.
* Die besten Anreiserouten, Fähren, usw.
* 300 Tipps und Tricks – für Ausrüstung, Reisevorbereitung und Urlaub.
* Ausgefeilte Profipackliste.
* Spezialkarten mit präzisen Einträgen der freien Stellplätze, Trinkwasser- und Entsorgungsstellen.

DAS KOCHBUCH

* Einrichtung der WOMO-Küche.
* Lebensmittel-Grundausstattung.
* Konserven selbst gemacht.
* Backen in der Bratpfanne – Kuchen, Pizza, Brote.
* Viele, viele WOMO-Rezepte für zwei Gasflammen – einfach, schnell und lecker!
* Einkochen im Urlaub.
* Spezialrezepte für den Dampftopf.
* Der WOMO-Pfannenknecht.

DAS HANDBUCH

* Beratung bei Kauf und Miete.
* Gas-, Wasser-, Elektroinstallation.
* Einrichten des Wohnmobils.
* Tipps & Tricks fürs Wochenende.
* 3200 freie deutsche Stellplätze.
* 700 deutsche Entsorgungsstationen.
* Urlaubsvorbereitung, Profipackliste.
* Stellplatz-Infos für ganz Europa.
* Wohnmobil und Wintersport.
* Der WOMO-Urlaubspartner-Service.
* Gastankstellen in ganz Europa.

Unsere Bücher erhalten Sie in jeder Buchhandlung oder auf Rechnung direkt vom Verlag. Hier gibt's auch die aktuellen Infos über unsere ständigen Neuerscheinungen. (Versandkosten 1,20 €, ab 10 € portofrei / Ausland 4 €, Preisänderungen vorbehalten).

**24 Std.-Bestell-Telefon: 036946-20691*Fax: 036946-20692**
**Internet: www.womo.de *** eMail: verlag@womo.de**